国家文化产业资金支持媒体融合重大项目

21世纪高职高专精品教材·旅游类

U0648756

中国旅游地理

Zhongguo Lüyou Dili （第四版）

赵利民 主 编

梅振华 周健 副主编

东北财经大学出版社 大连
Dongbei University of Finance & Economics Press

图书在版编目（CIP）数据

中国旅游地理 / 赵利民主编. —4版. —大连：东北财经大学出版社，
2020.6（2022.6重印）
（21世纪高职高专精品教材·旅游类）
ISBN 978-7-5654-3830-1

Ⅰ. 中⋯　Ⅱ. 赵⋯　Ⅲ. 旅游地理学–中国–高等职业教育–教材
Ⅳ. F592.99

中国版本图书馆CIP数据核字（2020）第079623号

东北财经大学出版社出版
（大连市黑石礁尖山街217号　邮政编码　116025）
网　　址：http://www.dufep.cn
读者信箱：dufep@dufe.edu.cn
大连图腾彩色印刷有限公司印刷　　东北财经大学出版社发行
幅面尺寸：185mm×260mm　字数：473千字　印张：20.75　插页：1
2020年6月第4版　　　　　　　　　2022年6月第3次印刷
责任编辑：魏　巍　　　　　　　　责任校对：思　齐
封面设计：原　皓　　　　　　　　版式设计：原　皓
定价：45.00元

教学支持　售后服务　　联系电话：（0411）84710309
版权所有　侵权必究　　举报电话：（0411）84710523
如有印装质量问题，请联系营销部：（0411）84710711

第四版前言

"中国旅游地理"是高职高专院校旅游管理专业的专业基础课和重点课程。本书在总结现有《中国旅游地理》教材优缺点的基础上，结合旅游业发展的新变化，对高职高专学生应掌握的旅游地理知识进行重新整合，突出了内容的准确性和实用性。本书第一版于2011年9月出版，后来分别于2014年8月、2017年8月进行了修订再版。此次再版，我们对原有数据进行了更新，修改了部分内容，删除了一些过时的内容，并补充了一些新的内容和图片。本书的主要特点如下：

1.融入思政元素，落实立德树人

习近平总书记指出，要坚持把立德树人作为中心环节，把思想政治工作贯穿教育教学全过程，实现全程育人、全方位育人，努力开创我国高等教育事业发展新局面。本教材针对高职高专旅游人才培养的特色及要求编写，坚持以习近平新时代中国特色社会主义思想为指导，弘扬中华优秀传统文化，弘扬劳动光荣、技能宝贵，通过"大美中国"小栏目介绍祖国大美河山，教育引导学生热爱祖国，热爱中华文化，热爱旅游专业，从而不断提高学生的思想道德素养，提高学生服务国家、服务人民的社会责任感，努力实现职业技能和职业精神培养高度融合，自觉履行立德树人的义务。

2.内容丰富新颖，可读性强

本书较全面地介绍了中国旅游地理的基本理论和基础知识，内容涉及地理常识、旅游客源地理、旅游资源地理、旅游交通地理、旅游地图及我国各旅游区的旅游特色、旅游资源特点和主要的景区（景点）等，重点介绍了我国的基本情况、历史文化、经济建设成就，学生从中不仅可以了解中国旅游地理知识，还能了解中国国情，了解中国优秀传统文化，接受爱国主义教育。为了适应旅游业日新月异的发展，满足旅游工作者的实际需要，本书在修订过程中增加了大量行业新理念、新知识，如2019年列入世界遗产的中国黄（渤）海候鸟栖息地、良渚古城遗址，以及陆上丝绸之路和海上丝绸之路的相关历史和景点介绍等内容，同时参阅了国家统计局最新的统计资料、各地方政府的官方网站、最新出版的旅游地图，以及众多参考资料和同类教材，花费了大量时间进行去粗取精、去伪存真的工作，保证了内容的准确性和新颖性。此外，书中还附有大量精美图片，从而使本书内容更为多彩，可读性更强。

3.强调产教融合，职教特色鲜明

旅游地理知识涉及面广，现有教材在内容的取舍上存在较大差异。本书编写团队将多年的专业教学经验和企业实践经验融入教材，从旅游工作者的实际需要出发，安排全书体例，突出了旅游知识与地理知识的融合。将"旅游地理基础"作为本书第一章，向学生介绍必备的地理常识；以传统的地理分区作为旅游大区的分区，各旅游大区又按照行政区划分旅游区，方便学生记忆和比较；对各旅游区的介绍以该区的旅游资源特色和景区（景点）为重点，同时还介绍了该旅游区的面积、人口、方位、地貌、气候、河流湖泊、自然资源、经济、交通、历史文化、特产等概况，这些知识既是地理知识的重要组成部分，也是旅游工作者应该掌握的非常实用的知识。

4. 书证结合，助力导游证考试

本书在内容的取舍上参照了近年来导游资格证考试大纲，这使得本书能够兼顾导游资格证考试的需求。此外，本书每一章的结尾还设置了"思考与练习"栏目，配套了大量习题，以期为学生报考导游资格证提供帮助。

5. 充分运用信息技术，配套富媒体资源

为了适应"互联网+职业教育"的发展需求，本书充分运用现代信息技术，配套了大量富媒体资源。配套VR资源由苏州梦想人软件科技有限公司提供技术支持，学生可以通过增强现实技术直观感受祖国的大好河山；每章末设有"随堂测"二维码，学生可通过微信扫码实现即测即评，了解本章所学情况。

本书可作为高职高专院校、应用型本科院校、中职学校旅游管理专业的教材，也可作为旅游企业员工的岗位培训教材，还可作为旅游工作者和旅游爱好者的旅游参考资料。

本书由深圳信息职业技术学院赵利民教授担任主编，淄博职业学院旅游管理系梅振华、顺德职业技术学院周健担任副主编。具体分工如下：赵利民编第一章至第三章、第六章、第八章至第十章、第十二章、附录；梅振华编写第十一章，并与赵利民共同编写第七章；周健与赵利民共同编写第四章和第五章。

深圳中国国际旅行社有限公司导游部经理、TOP平台运营总监何涛为本书的撰写提供了建议，并提供了部分素材，在此深表谢意。

本书在编写及修订过程中，得到了东北财经大学出版社的支持和指导，并参考和借鉴了旅游界同行和专家的研究成果，在此一并表示感谢。

受时间和作者水平的限制，本书难免有不足与疏漏之处，敬请读者指正。

赵利民

2020年3月

目录

AR资源目录

上 编
总 论 篇

第一章 旅游地理基础

本章导读

太阳为什么总是从东方升起？天空为什么是蓝色的？雨是如何形成的？我国的天气为什么在7月份最热？……这些司空见惯的问题其实都已经有了可以让人信服的答案，这些答案就蕴藏在地理知识之中。地理是旅游的环境基础，对旅游地理的学习要求我们了解基础的地理知识。本章将要介绍的就是看似简单但非常重要的地理基础知识，包括我们赖以生存的地球的常识（形状、结构、运动规律等）、我国的方位与版图、我国的人口与民族、我国地理概况（地貌、气候、自然资源、地理分区）等。这些地理知识是本书知识体系的基础，掌握这些知识不仅能提高学生的知识素养，使学生热爱旅游专业对学生今后的旅游服务与管理工作也大有裨益。

第一节 认识旅游地理

一、旅游地理学的含义

旅游与地理有着天然的联系。

旅游是人们以满足某种精神和物质需要为目的，离开常住地到异地做短期停留，但不要求定居和就业所引起的一切现象和关系的总和。尽管人们现在对旅游的定义还存在分歧，但无论哪一种定义，都承认旅游具有"异地性"和"流动性"，而这些都离不开"地理"。

地理是全世界或一个地区的山川、气候等自然环境及物产、交通、居民点等社会经济因素的总体情况，上述因素又共同构成了地理环境。毫无疑问，任何一项旅游活动都依赖一定的地理环境，世界上不存在离开特定地理环境而独立存在的旅游，而旅游的"异地性"和"流动性"等特征更加增强了旅游对地理环境的依赖。同时，旅游又对地理环境产生了深刻的影响。

知识拓展1-1   旅游的特点

旅游具有"异地性"。离开日常的生活环境去观赏异地风光、体验异地生活是旅游的必备特征，没有位置移动的活动不是旅游活动。

旅游也具有"流动性"。一方面，游客在旅游客源地与旅游目的地之间流动；另一方面，游客在旅游目的地内部以及各旅游目的地之间流动。没有纯粹静止不动的旅游，因此"流动性"是旅游的另一个必备特征。

旅游地理学就是这样一门将旅游与地理结合起来的学科。简单来说，旅游地理学是一门研究人类旅游与地理环境、社会经济发展之间关系的学科。

从上述定义可以看出，旅游地理学是一门介于旅游学和地理学之间的交叉学科，它以旅游为研究对象，也以地理为研究对象，更以旅游与地理之间的相互关系作为研究重点。

二、旅游地理学的产生与发展

人类的旅游活动至少在奴隶制时代就已产生，旅游业则在近代产生，旅游地理学产生的时间更晚。尽管我国古代的文献（如《禹贡》《山海经》《史记》《水经注》《徐霞客游记》等）中多有与旅游地理有关的记载，但这些记载并没有从旅游与地理环境关系的角度来阐述，所以还不能称为旅游地理学，只能说是关于旅游地理的论述。

知识拓展1-2   徐霞客及《徐霞客游记》

徐霞客是我国明代伟大的旅行家、地理学家、史学家、文学家，江阴人，被誉为"中华旅游第一人"。

《徐霞客游记》由后人根据徐霞客生前的著作整理而成，它既是系统考察我国地质地貌的地理名著，又是详细描绘我国自然风光的旅游名篇，还是叙述优美的文学佳作，在国内外具有深远的影响。

《徐霞客游记》的开篇《游天台山日记》中记载："癸丑之三月晦（1613年5月19日），自宁海出西门。云散日朗，人意山光，俱有喜态。"5月19日这一天是徐霞客从宁海出发、有史记载的明确日子。

2011年3月30日，国务院常务会议通过决议，将《徐霞客游记》开篇日5月19日定为"中国旅游日"。2011年首个中国旅游日的活动主题是"读万卷书，行万里路"。

事实上，旅游地理学是一门新兴学科，它是随着现代旅游业的发展而产生和发展起来的。20世纪以来，尤其是第二次世界大战以后，世界经济突飞猛进，交通条件不断改善，现代旅游业日新月异，越来越多的人开始关注与旅游相关的地理环境问题，开始研究旅游与地理环境之间的关系，旅游地理学也随之产生。20世纪30年代初，美国地理学家麦克默里发表了《游憩活动与土地利用的关系》一文，这被认为是世界上第一篇关于旅游地理学研究的论文。第二次世界大战以后，随着大众旅游的发展，人们对旅游地理学的研究更加广泛。20世纪70年代中期，旅游地理学的学科理论体系开始形成。

我国旅游地理学研究的起步较晚，现在一般以1980年中国科学院成立旅游地理组作为我国旅游地理学研究的起点。尽管我国旅游地理学研究的起步较晚，但发展很快，现已出版了多部论著，发表了大量相关论文，旅游地理学已经成为近30年来最热门的学科之一，许多高校还开设了旅游地理课程。如今，旅游地理学已经与旅游学、旅游管理学、旅游经济学、旅游心理学一起被列为旅游学科体系的五大分支学科，并成为许多院校旅游管理专业学生的必修课程。

三、旅游地理学研究的基本内容

旅游由三个基本要素构成：旅游主体，即旅游者；旅游客体，即旅游资源；旅游媒介，即旅游业。旅游地理学基本上是围绕着旅游的三个基本要素展开研究的，具体包括以下几个方面：

1.旅游者地理研究

旅游者地理研究的内容包括旅游者形成的地理背景、旅游客流形成与演变的基本规律、旅游客源市场等。

2.旅游资源地理研究

旅游资源地理研究的内容包括旅游资源的地理分布和地域特色、地理条件对旅游资源形成的影响、旅游资源的保护与开发、旅游环境容量等。

3.旅游业地理研究

旅游业地理研究的内容包括旅游区划、旅游交通与旅游线路设计、区域旅游的发展与联合、旅游业的合理布局等。

4.旅游信息与旅游地图研究

旅游信息与旅游地图研究的内容包括旅游信息的收集和传播、旅游地图的特点和种类、旅游地图的作用、旅游地图的编绘和使用等。

四、中国旅游地理与旅游地理学的异同

中国旅游地理与旅游地理学既有联系又有区别。

首先，中国旅游地理与旅游地理学有着千丝万缕的联系。中国旅游地理属于区域旅游地理学的范畴，与旅游地理学的研究内容有许多相似之处。

其次，中国旅游地理与旅游地理学又有很大的区别。在研究对象方面，中国旅游地理以我国境内旅游各要素及各要素之间的关系为研究对象；旅游地理学将人类的旅游活动作为研究对象，重点研究旅游与地理环境、社会经济发展之间的关系，拟建立旅游地理学的理论体系和方法论，指导区域旅游地理的研究工作。在学科性质方面，中国旅游地理虽然也涉及一些规律性问题的总结，但研究性的内容较少，多是对某一特定区域内各种旅游资源的介绍；旅游地理学侧重于研究，力图构建旅游地理学的理论框架。在研究目的方面，中国旅游地理侧重于知识的实际应用，目的是为旅游从业者将来从事旅游工作储备必要的旅游知识及与旅游相关的地理知识；旅游地理学侧重于学科的理论研究，目的是保证学科的完整性。

第二节　认识我们的地球

地球是人类共同的家园，地球上的山山水水、一草一木，构成了人类基本的旅游环境。认识旅游地理环境，应从认识我们的地球开始。

一、宇宙中的地球

地球是宇宙中一颗普通的行星，也是目前人类所知的唯一孕育了生命的星球，它已经存在了大约46亿年。因为有了生命，所以地球又是一个非常特殊的星球。

太阳系已知有八颗行星，分别是水星、金星、地球、火星、木星、土星、天王星、海王星。按照离太阳由近及远的顺序排列，地球是太阳系中的第三颗行星，距离太阳约1.5亿千米。地球上的许多自然现象，如潮汐、日出日落及各种天气现象都起因于太阳系中各天体间的相互关系。地球有一颗忠实的卫星——月球，月地平均距离为38.4万千米，月球绕地球运行一周的时间约为27.32天。

知识拓展1-3　　　　　恒星、行星和卫星

恒星是由炽热气体组成的、能自己发光的球状或类球状天体，如太阳。

行星通常是指在椭圆轨道上环绕恒星运行的、近似球状的天体，如地球。行星的质量比恒星小，本身不发光，靠反射恒星的光而发亮。

卫星是环绕行星运转的天体，如月球。月球是地球唯一的天然卫星。

二、地球的形状和结构

地球是一个两极部位略扁、赤道稍鼓的不规则椭圆球体。地球赤道半径为6 378.137千米，极半径为6 356.752千米，赤道周长约为40 076千米。

知识拓展1-4

地球是圆的，这一点今天没有人会怀疑了，古人却为此困惑了很久。受当时的条件限制，古人往往凭直觉认识世界，并得出了"天圆地方"的结论。后来，人们根据太阳、月亮的形状，以及其他证据，推测地球是一个球体，并由此产生了向西出发，可以到达东方的念头。意大利航海家哥伦布就坚信，从欧洲一直向西航行，一定可以到达东方。1519—1522年，葡萄牙航海家麦哲伦的船队首次完成了人类环绕地球一周的航行，最终证明地球是圆的。现在，人类已经可以进入太空，还登上了月球，亲眼证实了地球的确是一个球体。

课堂互动1-1

哥伦布提出的向西航行可以到达东方的观点是奠定在"地球是圆的"这一理论基础之上的，但是在哥伦布生活的时代，人们对"地球是圆的"仍充满了疑虑。一次，西班牙一个专门的审查委员会对哥伦布的观点进行质询，其中一位委员问哥伦布："如果地球是圆的，向西航行可以到达东方，并能回到出发港，那么必然有一段航程是从地球下面向上爬坡，帆船怎么能爬上来呢？"对此问题，一直口若悬河的哥伦布也无法回答。

分析提示1-1

如果是你，你该如何解答这个问题呢？

地球表面是陆地和海洋，总面积约为5.1亿平方千米，其中海洋面积约占71%，陆地面积约占29%。全球海洋可分为彼此相通的四大洋，按面积大小依次为太平洋、大西洋、印度洋和北冰洋。全球陆地可分为七大洲，分别是亚洲、欧洲、非洲、北美洲、南美洲、大洋洲和南极洲。

地球内部可分为地壳（qiào）、地幔（也称中间层）、地核三部分。其中，地壳是由岩

石组成的坚硬外壳，主要化学成分是氧、硅、铝、铁、钙等，平均厚度约17千米。地幔是地球内部体积最大、质量最大的一层。地核是地球的核心部分，主要由铁、镍元素组成，温度非常高。

三、地球上的大气

地球周围被厚厚的大气层包围着，其主要成分为氮（约占78%）和氧（约占20.9%）。大气层的厚度在1 000千米以上，分为对流层、平流层、中间层、暖层和散逸层。大气层的空气密度随高度而减小，越高空气越稀薄。

紧靠地球表面的是对流层，其厚度从低纬度向高纬度递减。这一层的气温随着高度的上升而降低，高度每上升100米，气温下降约0.65℃。动、植物的生存，以及人类的绝大部分活动就在这一层内，与人类生活密切相关的云、雾、雨现象也发生在这一层内。

云是由水滴、冰晶聚集形成的在空中悬浮的物体。雾是近地面空气中水汽凝结的产物，在水汽充足、微风及大气稳定的情况下，当相对湿度达到100%时，空气中的水汽便会凝结成小水滴，悬浮在接近地面的空气中，从而形成雾。雨是从云中降向地面的水，当云中小水滴的体积增大到不能悬浮在空气中时，就会下降成为雨。

对流层和平流层之间有一个臭氧层，臭氧层中的臭氧主要是紫外线制造出来的。臭氧层像一道屏障保护着地球上的生物免受太阳紫外线及高能粒子的袭击。

知识拓展1-5 　　　　　　　　　　**天为什么是蓝色的**

晴朗的天空总是呈现蓝色，这其实是阳光和大气的杰作。大气本身是无色的，但空气中有许多微小的尘埃、水滴、冰晶等物质，当阳光投射在空气中时，太阳光中波长较长的红光、橙光、黄光能够顺利地穿过大气层照射到地面上，但波长较短的蓝光、紫光、靛光等很容易被空气中的微粒阻挡，使光线向四方散射，这样天空便呈现出了蓝色。

四、纬线和经线

从整个宇宙来看，地球很小，但对人类来说，地球太大了，人们无法看清它的全貌。为了方便定位，人们想到了标注纬线和经线的方法。

地球在不停地自转，这根自转轴被称为地轴。地轴北端与地球表面的交点是北极，地轴南端与地球表面的交点是南极。纬线是与地轴垂直并且环绕地球一周的圆圈，经线是地球表面连接南、北两极并且垂直于赤道的弧线。

为了区分这些纬线和经线，人们为其标注了度数，称为纬度和经度。0度纬线即赤道，是最大的纬线圈。赤道以北称为北纬，被划分为90度；赤道以南称为南纬，也被划分为90度。人们把通过英国格林尼治天文台旧址的那条经线确定为0度经线，又称本初子午线。本初子午线以东称为东经，被划分为180度；本初子午线以西称为西经，也被划分为180度。这样，人们便可以通过纬度和经度来实现精确定位了。

课堂互动1-2

游客即将到达上海，你可不可以说游客将到达东经121度、北纬31度，而不直接说上海？

分析提示1-2

五、地球的运动

（一）地球的自转

1.白天与黑夜

地球始终绕着地轴旋转，这叫地球的自转。地球自转一周的时间是一昼夜（23小时56分4秒）。

地球的自转产生了地球上的白天与黑夜。地球是一个不透明的球体，太阳光在任何时刻都只能照亮半个地球，被太阳照亮的部分就是白天，未被太阳照亮的部分就是黑夜。由于地球自转的方向是自西向东，因此东方总是比西方更早迎接太阳，并且太阳总是从东方升起，从西方落下。

2.时差的计算

地球的自转也使地球上不同地方的时间出现了差异，人们将之称为时差。时差的存在会给旅游者带来不便，因为旅游者在旅行途中经常要调整时差，这就存在一个时差计算的问题。不同经度的地方，地方时不同。人们将地球划分为24个时区（东十二区和西十二区），每个时区跨经度15度。时差的计算公式如下：

时差=两个时区标准时间（即时区数）相减的绝对值

注：东时区为+，西时区为-，且时区的数值大的时间更早。

例如，北京在东八区（+8），纽约在西五区（-5），两地的时差为13小时（8-（-5）），即北京与纽约的时差是13小时，或者说北京比纽约早13小时。

如果知道了一地的时间及两地的时差，我们就可以很快计算出另一地的时间。计算公式如下：

所求时间=已知时间+时差

注：所求时间在已知时间以西的时差为-，以东的时差为+。

例如，北京的时间是20点，那么此时纽约的时间为早上7点（20-13）。

为了避免日期的紊乱，国际上还规定将180度经线作为"今天"和"昨天"的分界线，这条线被称为"国际日期变更线"。例如，西十二区的游客4月1号越过国际日期变更线进入东十二区，日期就变成4月2号了。

知识拓展1-6　　北京时间

我国幅员辽阔，东西跨越5个时区，如果采用5种时间，必然会给人们的生活带来极大的不便。为了方便地区间的联系和协调，我国统一采用北京所在的东八区的区时（即东经120度的地方时），这就是"北京时间"。

（二）地球的公转

地球不仅在自转，同时也在不停地围绕太阳公转，方向也是自西向东。地球绕太阳运行一周的时间是一年（365.25天）。

1.一年四季的形成

地球在公转时，地轴不是垂直的，而是倾斜了一个小角度（23度26分，约23.5度）。正是这一倾斜，形成了地球上的一年四季。因为这一倾斜使得地球在公转轨道的不同位置受太阳光照射的情况不一样，所以地球上不同的地方接受的热量也不一样，从而形成了一年四季。每年的3月21日（春分）前后，太阳光直射在赤道上，这一天前后的3月、4月、5月是北半球的春季。然后，太阳直射点逐渐北移，在6月22日（夏至）前后，太阳光直射在北纬23.5度线上，这一天前后的6月、7月、8月是北半球的夏季。此后，太阳直射点开始南移，在9月23日（秋分）前后，太阳光再次直射赤道，这一天前后的9月、10月、11月是北半球的秋季。之后，太阳直射点开始移向南半球，在12月22日（冬至）前后，太阳光直射在南纬23.5度线上，这是太阳直射点离北半球最远的地方，这一天前后的12月、1月、2月是北半球的冬季。接下来，太阳直射点开始移向赤道，开始了新的一年四季的循环。南半球的四季与北半球正好相反，即北半球处于冬季时，南半球正处于夏季。

知识拓展1-7

我国古人并不知道地球在绕太阳公转，更不知道自转轴倾斜了23度26分，他们只是凭经验和直觉，将一年分为四季，并且具体化为二十四节气，依次是：立春、雨水、惊蛰、春分、清明、谷雨；立夏、小满、芒种、夏至、小暑、大暑；立秋、处暑、白露、秋分、寒露、霜降；立冬、小雪、大雪、冬至、小寒、大寒。在古代，二十四节气对人们的生产生活具有重要意义，即使在今天，记住二十四节气对我们安排日常生活也有好处。

课堂互动1-3

依据地球绕太阳运转的规律分析，在我国，一年中哪一天的白天最长？哪一天正午的太阳高度达到最大值？

分析提示1-3

2.热带、温带和寒带

由于太阳的直射点始终在北纬23.5度和南纬23.5度之间循环，因此人们形象地称北纬23.5度线为北回归线（这条线横穿我国云南、广西、广东和台湾地区），南纬23.5度线为南回归线。此外，人们称北纬66.5度纬线圈为北极圈，南纬66.5度纬线圈为南极圈。在北半球的夏季，北极圈以北的地区会出现极昼现象，南极圈以南的地区会出现极夜现象；在北半球的冬季，北极圈以北的地区会出现极夜现象，南极圈以南的地区会出现极昼现象。

地球上南、北回归线之间的区域才有可能接受太阳光直射，这一区域获得的热量是地球上获得热量最多的地区，被称为热带。北回归线至北极圈之间的区域和南回归线至南极圈之间的区域获得的太阳热量相对较少，被称为温带，位于北半球的是北温带，位于南半球的是南温带。北极圈以北和南极圈以南的区域获得的太阳热量最少，被称为寒带，位于北半球的是北寒带，位于南半球的是南寒带。

第三节　中国的方位与版图

一、中国在地球上的方位

我国的地理位置十分优越。从东西半球来看，我国位于东半球；从南北半球来看，我国位于北半球；从纬度来看，我国领土纬度跨越很广，大部分地区位于中纬度，少数地区位于北回归线以南；从海陆位置上看，我国位于亚欧大陆东部、太平洋西岸，西南距印度洋也较近。

课堂互动1-4

与俄罗斯、日本、巴西等国相比，我国的地理位置有何优越性？

分析提示1-4

二、中国的版图

我国疆域辽阔，北起黑龙江漠河以北黑龙江主航道的中心线，南到南沙群岛的曾母暗沙，西起帕米尔高原，东至黑龙江、乌苏里江主航道中心线的汇合处。陆地面积约960万平方千米，在世界各国中，我国的国土面积仅次于俄罗斯和加拿大，居世界第三位。

我国陆地边界长2.28万千米，东邻朝鲜，北邻蒙古国，东北邻俄罗斯，西北邻哈萨克斯坦、吉尔吉斯斯坦、塔吉克斯坦，西和西南与阿富汗、巴基斯坦、印度、尼泊尔、不丹等国家接壤，南与缅甸、老挝、越南相连。

我国的领海由渤海（内海）和黄海、东海、南海三大边缘海组成，内海和边缘海的水域面积合计470多万平方千米。我国有大小岛屿7 600多个，其中台湾岛最大，面积35 798平方千米；第二大岛是海南岛，第三大岛是崇明岛。

我国的大陆海岸线长约1.8万千米，东部和东南部同韩国、日本、菲律宾、文莱、马来西亚、印度尼西亚隔海相望。

三、中国的行政区划

我国的行政区域划分为以下三级：

（1）全国分为省、自治区、直辖市。

（2）省、自治区分为自治州、县、自治县、市。

（3）县、自治县分为乡、民族乡、镇。

其中，直辖市和较大的市又分为区、县。自治州又分为县、自治县、市。自治区、自治州、自治县都是民族自治地方，是中华人民共和国不可分割的组成部分。国家在必要时设立特别行政区。

目前，我国有34个省级行政区，包括23个省、5个自治区（内蒙古自治区、广西壮族自治区、西藏自治区、宁夏回族自治区、新疆维吾尔自治区）、4个直辖市（北京、上海、天津和重庆）、2个特别行政区（香港和澳门）。在历史上和习惯上，各省级行政区都有简称。省级人民政府驻地称为省会（首府），中央人民政府所在地称为首都。北京是中国的首都。

知识拓展1-8　　我国省级行政单位的名称、简称和省级行政中心

我国省级行政单位的名称、简称和省级行政中心见表1-1。

表1-1 我国省级行政单位的名称、简称和省级行政中心

名称	简称	行政中心	名称	简称	行政中心
北京市	京	北京	湖南省	湘	长沙
天津市	津	天津	广东省	粤	广州
河北省	冀	石家庄	广西壮族自治区	桂	南宁
山西省	晋	太原	海南省	琼	海口
内蒙古自治区	内蒙古	呼和浩特	重庆市	渝	重庆
辽宁省	辽	沈阳	四川省	川或蜀	成都
吉林省	吉	长春	贵州省	贵或黔	贵阳
黑龙江省	黑	哈尔滨	云南省	云或滇	昆明
上海市	沪	上海	西藏自治区	藏	拉萨
江苏省	苏	南京	陕西省	陕或秦	西安
浙江省	浙	杭州	甘肃省	甘或陇	兰州
安徽省	皖	合肥	青海省	青	西宁
福建省	闽	福州	宁夏回族自治区	宁	银川
江西省	赣	南昌	新疆维吾尔自治区	新	乌鲁木齐
山东省	鲁	济南	香港特别行政区	港	香港
河南省	豫	郑州	澳门特别行政区	澳	澳门
湖北省	鄂	武汉	台湾省	台	台北

第四节　中国的人口与民族

一、我国的人口现状

（一）人口数量

我国是世界上人口最多的国家。国家统计局2011年4月发布的《2010年第六次全国人口普查主要数据公报》显示，截至2010年11月1日零时，全国总人口13.7亿人，其中大陆31个省、自治区、直辖市和现役军人的人口共13.4亿人。国家统计局2020年2月发布的《中华人民共和国2019年国民经济和社会发展统计公报》显示，截至2019年末，全国大陆总人口140 005万人。

（二）人口增长

我国人口发展经历了两个不同的时期：一是实行计划生育政策之前，人口发展处于无计划、自发的高增长时期；二是实行计划生育政策之后，人口发展逐步走向有计划、可控制的平稳增长时期。

20世纪70年代以来，我国陆续制定和完善了明确的计划生育政策，使人口高出生、高增长的势头迅速得到控制。我国人口自然增长率1978年为12‰，1987年为16.61‰，1997年则降为10.06‰，2010年降为4.79‰。此后出现过几年的短暂回升，2015年达到了4.96‰，2016年为5.86‰，2017年为5.32‰，2018年降到3.81‰，2019年进一步降到

3.34‰。目前，我国已经进入了低生育率国家行列，但由于人口增长的惯性作用，今后一段时间内，我国人口数量仍将继续增长。

（三）平均预期寿命

中华人民共和国成立以来，我国的人口平均预期寿命在不断提高。1949年仅为35岁，1957年达到57岁，1981年为67.8岁，2015年上升到76.34岁（其中男性73.64岁，女性79.43岁），2018年提高到77岁（健康预期寿命为68.7岁）。2015年，世界人口平均预期寿命为71.4岁，我国人口平均预期寿命明显高于世界平均水平。

（四）受教育程度

1949年，我国的文盲人口（15岁及以上不识字的人）占比高达80%。随着国家对教育的重视，我国人口的受教育程度在不断提高。1986年4月，我国开始实施九年义务教育制度，对接受义务教育的学生免收学费，2006年又进一步明确义务教育免收学杂费。截至2018年，我国学前教育毛入园率达到81.7%，小学学龄儿童净入学率达到99.95%，初中阶段、高中阶段、高等教育的毛入学率分别达到100.9%、88.8%、48.1%。普通本专科生毕业生人数，1949年为2.1万人，2001年突破100万人，2018年达到753.3万人。

（五）人口分布

我国的人口分布很不均衡，总体特点是东多西少。

2010年第六次全国人口普查数据显示，我国平均人口密度是每平方千米143人，是世界平均人口密度（每平方千米46人）的3倍多。东部地区人口密度大，有的地方人口密度甚至达到每平方千米500~600人；西部地区人口密度小，多数地方的人口密度在每平方千米10人以下。东部地区的面积占全国的43%，而人口占了全国的94%；西部地区的面积占全国的57%，而人口仅占全国的6%。

过去，我国绝大多数人口分布在乡村，少数分布在城镇；现在，这种差距在缩小，乡村与城镇人口的比重趋于平衡。据统计，截至2010年末，我国城镇人口约占49.68%，乡村人口约占50.32%。截至2019年末，我国城镇常住人口84 843万人，占总人口的比重（常住人口城镇化率）上升至60.60%；乡村常住人口55 162万人。

知识拓展1-9

2000年第五次全国人口普查结果显示，常住人口数量排在前五位的省份分别是河南省、山东省、广东省、四川省、江苏省。2010年第六次全国人口普查时，常住人口数量排在前五位的省份仍然是这五个省，但排列顺序有所变化，广东省的常住人口数量跃升为第一位，山东省、河南省、四川省和江苏省紧随其后。2019年，我国常住人口数量排在第一位的仍然是广东省，达11 521万人。

（六）流动人口

随着市场经济的发展和城市化进程的加快，流动人口（即人户分离人口中扣除市辖区内人户分离的人口）与日俱增。据统计，截至2013年末，全国人户分离人口（即居住地与户口登记地所在的乡镇街道不一致且离开户口登记地半年以上的人口）2.89亿人，其中流动人口2.45亿人。近年来，流动人口有所减少。截至2019年末，全国人户分离人口2.8

亿人，其中流动人口2.36亿人。

知识拓展 1-10

　　国际上通常认为，当一个国家或地区60岁及以上老年人口占总人口的比例超过10%，或65岁及以上老年人口占总人口的比例超过7%时，就意味着这个国家或地区处于老龄化社会。1999年，我国60岁及以上人口占总人口的比例超过10%，意味着我国已经步入老龄化社会。2019年，我国60岁及以上人口占总人口比例为18.1%，65岁及以上人口占总人口的比例为12.6%。我国人口老龄化已达到较为严重的程度。

课堂互动 1-5

　　我国人口现状会对旅游业产生哪些有利影响和不利影响？

分析提示1-5

二、我国的民族

　　我国有56个民族，分别是汉族、蒙古族、回族、藏族、维吾尔族、苗族、彝族、壮族、布依族、朝鲜族、满族、侗（dòng）族、瑶族、白族、土家族、哈尼族、哈萨克族、傣族、黎族、傈（lì）僳（sù）族、佤族、畲（shē）族、高山族、拉祜（hù）族、水族、东乡族、纳西族、景颇族、柯尔克孜族、土族、达斡（wò）尔族、仫（mù）佬（lǎo）族、羌族、仡（gē）佬族、锡伯族、布朗族、撒拉族、毛南族、阿昌族、普米族、塔吉克族、怒族、乌孜别克族、俄罗斯族、鄂温克族、德昂族、保安族、裕固族、京族、基诺族、门巴族、鄂伦春族、独龙族、塔塔尔族、赫哲族、珞（luò）巴族。

　　在我国的56个民族中，汉族人口最多，约占全国人口的91.51%（2010年第六次全国人口普查数据，未包括香港、澳门和台湾地区的数据）。在少数民族中，壮族人口最多，共有1 617.88万人（2000年）；满族、回族、苗族、维吾尔族、土家族、彝族、蒙古族、藏族人口也较多，在500万人以上。

　　我国民族的分布呈"大杂居、小聚居"的特点，几乎没有一个县或市的居民是单一民族的。汉族的分布遍及全国各地，以东部和中部最为集中。少数民族主要分布在西南、西北和东北地区。

知识拓展 1-11　　　　　　　　**我国少数民族主要分布地区**

　　我国少数民族主要分布地区见表1-2。

表1-2　　　　　　　　　　　我国少数民族主要分布地区

民族名称	主要分布地区	民族名称	主要分布地区
蒙古族	内蒙古、辽宁、新疆、吉林、黑龙江、青海、河北	毛南族	广西、贵州
回族	宁夏、北京、河北、内蒙古、辽宁、安徽、山东、河南、云南、甘肃、新疆	仡佬族	贵州
藏族	西藏、四川、青海、甘肃、云南	锡伯族	新疆、辽宁
维吾尔族	新疆	阿昌族	云南

民族名称	主要分布地区	民族名称	主要分布地区
苗族	贵州、湖南、云南、重庆、广西、湖北	普米族	云南
彝族	云南、四川、贵州、广西	塔吉克族	新疆
壮族	广西、云南	怒族	云南
布依族	贵州	乌孜别克族	新疆
朝鲜族	吉林、黑龙江、辽宁	俄罗斯族	新疆、内蒙古
满族	辽宁、河北、黑龙江、吉林、内蒙古、北京	鄂温克族	内蒙古、黑龙江
侗族	贵州、湖南、广西	德昂族	云南
瑶族	广西、湖南	保安族	甘肃
白族	云南、贵州、湖南	裕固族	甘肃
土家族	湖南、湖北、重庆、贵州	京族	广西
哈尼族	云南	塔塔尔族	新疆
哈萨克族	新疆、甘肃、青海	独龙族	云南
傣族	云南	鄂伦春族	内蒙古、黑龙江
黎族	海南	赫哲族	黑龙江
傈僳族	云南、四川	高山族	台湾、福建
佤族	云南	拉祜族	云南
畲族	福建、浙江	水族	贵州、广西
柯尔克孜族	新疆	东乡族	甘肃、新疆
土族	青海、甘肃	纳西族	云南、四川
达斡尔族	内蒙古、黑龙江、新疆	景颇族	云南
仫佬族	广西	门巴族	西藏
羌族	四川	珞巴族	西藏
布朗族	云南	基诺族	云南
撒拉族	青海、甘肃		

第五节　中国地理概况

一、我国的地貌

(一) 地貌的类型

地貌是地球表面各种形态的总称，也称地形。

地球上有很多种地貌，这些地貌主要有两种分类方式：一种是按地貌形态来划分，可分为高原、平原、盆地、山地、丘陵五种常态地貌类型；另一种是按地貌成因来划分，可分为花岗岩地貌、火山岩地貌、丹霞地貌、喀斯特地貌、海岸地貌、风沙地貌、雅丹地貌、冰川地貌、地震地貌等类型。

（二）我国的主要地貌

我国的地貌类型复杂多样，山地、高原和丘陵约占陆地面积的67%，盆地和平原约占陆地面积的33%。西部以山地、高原和盆地为主，东部以平原和丘陵为主。地势的总体特征是西部高、东部低，从青藏高原向北、向东，各类地形的海拔呈阶梯状逐级降低。

⟳ 课堂互动1-6

地势的西高东低对社会经济有哪些影响？

分析提示1-6

我国山地分布广泛，山脉多呈东西走向和东北—西南走向，主要山脉有阿尔泰山脉、天山山脉、昆仑山脉、喀喇昆仑山脉、祁连山脉、冈底斯山脉、喜马拉雅山脉、横断山脉、阴山山脉、秦岭、南岭、大兴安岭、长白山脉、太行山脉、武夷山脉、台湾山脉等。呈东西走向的山脉，多成为我国地理区域的重要分界线（如秦岭和南岭）。喜马拉雅山脉是世界上最高大雄伟的山脉，其主峰珠穆朗玛峰海拔8 848.86米，是世界第一高峰。

纵横交织的山脉构成了我国地形的基本骨架，在山脉与山脉之间则镶嵌着众多高原、盆地、丘陵和平原。青藏高原、内蒙古高原、黄土高原、云贵高原被称为我国四大高原，其中青藏高原的平均海拔在4 000米以上，号称"世界屋脊"；东北平原、华北平原和长江中下游平原被称为我国三大平原；塔里木盆地、四川盆地、柴达木盆地和准噶尔盆地被称为我国四大盆地。丘陵主要有江南丘陵、山东丘陵、东南丘陵等。位于东部的平原和丘陵土壤肥沃，开发历史悠久，我国2/3以上的农业人口和耕地以及3/4以上的粮、棉、油产地都集中在这里。

知识拓展1-12　　　　地貌的修剪师——内营力和外营力

地貌是地球内营力和外营力相互作用的结果，这两种力量或相互配合，或相互斗争，不断改变着地球的容貌。

1.内营力

地壳运动会产生强大的挤压力，造成地壳运动、岩浆活动和地震等。这种强大的挤压力来自地球内部，叫内营力。内营力作用的主要类型有：（1）岩浆作用，如岩浆的喷出和侵入。（2）变质作用，又分为接触变质作用、区域变质作用、动力变质作用。（3）构造运动，如地壳的水平运动、垂直运动等。

内营力使地面变得高低不平，如出现山地与高原的隆起，甚至会出现大陆的分离与合并、海洋的诞生与消亡。

2.外营力

由地球外部产生的改变地表形态、地壳构造和地壳岩矿成分的动力，称为外营力，又称外动力。这种动力主要来自太阳辐射能及大气、水、生物等所产生的各种能量，还来自日月引力能以及重力能等。外营力的主要表现如下：（1）风化作用，是指在地表或近地表的环境下，由于气温、大气、水及生物等因素的作用，地壳或岩石圈的岩石和矿物在原地遭到分解或破坏的过程，又分为物理（机械）风化作用、化学风化作用、生物风化作用。

（2）地面流水（片流、洪流、面流）、地下水、湖泊、海洋、冰川、风力等的剥蚀作用、搬运作用和沉积作用。（3）成岩作用，是指使松散沉积物固结形成沉积岩石的作用，又分为压实作用、胶结作用和再结晶作用等。

外营力总的作用是使地表的起伏状况趋于平缓。

二、我国的气候

（一）我国气候的主要特征

我国气候的总体特征如下：气候复杂多样；季风气候显著，夏季高温多雨、冬季寒冷少雨，高温期与多雨期一致；寒潮、台风等灾害性天气频繁。

知识拓展1-13　　　　　　　　　**影响气候的因素**

纬度位置、海陆位置和地形是影响气温和降水的主要因素，进而会影响气候。

气温一般有这样的分布规律：低纬度气温高，高纬度气温低；同纬度地区，夏季陆地气温高，海洋气温低，冬季正好相反。山区气温随着海拔的升高而降低，一般海拔每升高1 000米，气温下降约6℃。

不同的纬度和海陆位置会影响降水，山地的迎风坡降水多，背风坡降水少。山地北坡易受冷空气影响，因此气候较寒冷；山地南坡因高山挡住了来自北方的冷空气，因此气候较温暖。例如，我国秦岭以南和秦岭以北的气候截然不同。

1.气候复杂多样

我国幅员辽阔，跨纬度较广，距海洋远近差距较大，加之地势高低不同，地形及山脉走向多样，因此气温及降水的组合多种多样，从而形成了多种多样的气候。从气候类型上看，东部属于季风气候（又可分为亚热带季风气候、温带季风气候和热带季风气候），西北部属于温带大陆性气候，青藏高原属于高寒气候。从温度带的划分来看，有热带、亚热带、暖温带、中温带、寒温带和青藏高原高寒区。从干湿地区的划分来看，有湿润地区、半湿润地区、半干旱地区、干旱地区。

复杂多样的气候使得世界上大多数农作物和动植物品种都能在我国找到适宜生长的地方，从而丰富了我国的农作物和动植物资源。

知识拓展1-14

一个地方气候的湿润程度反映了这个地方的降水量与蒸发量的对比关系。降水量大于蒸发量，则气候湿润；降水量小于蒸发量，则气候干燥。

2.季风气候显著

我国位于世界上最大的大陆——亚欧大陆的东部，又在世界上最大的大洋——太平洋的西岸，西南离印度洋也不远，因此气候受大陆和海洋的影响都很大。冬季盛行从陆地吹向海洋的偏北风，冬季风寒冷、干燥，在其影响下，我国大部分地区的冬季普遍降水少、气温低，北方更为突出；夏季盛行从海洋吹向陆地的偏南风（包括来自太平洋的东南季风和来自印度洋的西南季风），夏季风温暖、湿润，在其影响下，降水普遍增多，雨热同季。

课堂互动1-7

为什么会形成季风？

我国受冬、夏季风交替影响的地区广，是世界上季风最典型、季风气候最显著的地区。因此，与世界同纬度的其他地区相比，我国冬季气温偏低，夏季气温偏高，降水集中于夏季。从总体上看，大兴安岭—阴山—贺兰山—巴颜喀拉山—冈底斯山一线的东部和南部，为我国的季风区，降水丰沛；这一线的北部和西部为非季风区，夏季风很难到达，降水稀少，因此唐诗中有"羌笛何须怨杨柳，春风不度玉门关"的名句。

分析提示1-7

课堂互动1-8

广东属亚热带和热带湿润季风气候，每年10月到次年2月吹东北风，3月至9月吹西南风或东南风。请问这一季风变换对古代广东的海外贸易有什么影响？

分析提示1-8

知识拓展1-15

我国东部地区的降雨主要由夏季风带来。夏季风温暖湿润，带有大量水汽，当其北上时，会与北方南下的冷空气迎面相遇，因暖空气轻、冷空气重，所以暖空气被抬升。暖空气在上升过程中温度会不断降低，水汽在这一过程中会凝结，从而成云致雨。如果冷暖空气势均力敌，这条雨带就会长期徘徊，形成雨季。在我国长江中下游地区，每当梅子成熟的时候（6月中旬到7月上旬），就会进入这样一个雨季，人们称之为"梅雨季节"。7、8月份雨带北上，长江中下游地区的天气变得晴朗干旱，由于此时正值伏天，因此人们称这种天气为"伏旱"。

3.灾害性天气频繁

寒潮、台风和沙尘暴是我国主要的灾害性天气。

寒潮指的是一种大范围的强冷空气活动。每年的秋末至次年的初春，常有强冷空气从西伯利亚、蒙古国一带侵入我国，形成寒潮。寒潮会造成低温、大风、沙暴、霜冻等灾害。

台风是一种发源于热带洋面的大气涡旋，其中心附近最大风力在12级以上，有很强的破坏性。西北太平洋热带洋面是全球最易发生台风的地区，我国也由此成为受台风灾害影响最严重的几个国家之一。

沙尘暴是指强风卷起地表沙尘而形成的一种恶劣的风沙天气，它会给交通运输和人们的日常生活带来极大的不便。我国北方在干燥多风的春季常会发生沙尘暴。

知识拓展1-16　　　　　　　　　　　　**寒潮和台风**

我国气象部门规定，当一次冷空气入侵，使气温在24小时内下降10℃以上且最低气温降至5℃以下时，就可以发布寒潮警报。寒潮的天气特征是大风和剧烈降温，同时伴有暴风雪和霜冻。

台风能量巨大，具有突发性强、破坏力大的特点，其破坏力主要由强风、暴雨和风暴潮三个因素引起。

（二）我国的气温分布

我国最热的月份是7月，最冷的月份是1月。

冬季，我国的南北温差较大。1月份，0℃等温线穿过淮河—秦岭—青藏高原东南边缘，这条线以南的平均气温在0℃以上，这条线以北的平均气温在0℃以下。黑龙江漠河和海南海口1月份的平均气温相差近50℃。

夏季，我国普遍高温，南北温差较小，7月份的平均气温多在20℃以上，广州、哈尔滨两地7月份的温差只有6℃。一些盆地、谷地因不易散热及受下沉气流增温作用的影响，成为我国夏季最炎热的地方，但青藏高原、天山、大小兴安岭等地受地势的影响，温度偏低。

知识拓展1-17　　　　　**我国气温最低的地方和最热的地方**

黑龙江的漠河是我国冬季气温最低的地方，1月份的平均气温是-30.6℃，极端最低气温为-52.3℃。新疆吐鲁番盆地位于西北内陆，是我国大陆的最低点，最低处的海拔是-154.31米，不易散热，是我国夏季最热的地方，7月份平均气温高达32℃，极端最高气温达49.6℃，被称为"火洲"。

（三）我国的降水分布

我国年降水量的空间分布规律是由东南沿海向西北内陆递减，具体来说是沿海多于内陆，南方多于北方，山区多于平原，山地中暖湿空气的迎风坡多于背风坡。大兴安岭—张家口—兰州—拉萨—喜马拉雅山东南端一线是我国的400毫米等降水量线。在这一线的东南部，年降水量在400毫米以上，其中，淮河—秦岭—青藏高原东南边缘一线年降水量达800毫米以上，东南沿海的年降水量在1 600毫米以上；在这一线的西北部，年降水量在400毫米以下，有大片地区年降水量在50毫米以下。

从降水量的季节变化来看，全国大部分地区夏秋多雨，冬春少雨。南方降雨集中在5—10月；北方降雨集中在7—8月。

知识拓展1-18　　　　　**我国年降水量最多和最少的地方**

我国年降水量最多的地方是台湾东北部的火烧寮，年降水量在6 000毫米以上，极端值达到8 408毫米。我国年降水量最少的地方是新疆吐鲁番的托克逊，年降水量仅为5.9毫米，有些年份甚至滴水不降。

课堂互动1-9

在新疆吐鲁番一带，游客经常能看到许多用十字中空的土砖砌成的房屋，其实这不是用来住人的，而是用来晾制葡萄干的。联系这一地区的气候特点，分析葡萄为什么能在这样的房屋中自然风干。

分析提示1-9

三、我国的自然资源

我国是资源大国，自然资源种类多、数量大，许多自然资源的总量居世界各国前列，但我国人口众多，所以人均资源占有量很少。

（一）土地资源

我国国土辽阔，土地资源总量丰富、类型齐全，但各类土地资源的分布不均，人均土地资源占有量小，各种类型土地所占的比例不合理，主要表现为：耕地和林地少，难利用的土地多，耕地后备资源匮乏。

（二）水资源

水是人们日常生活和工农业生产都离不开的重要自然资源。我国水资源总量较为丰富，2019年水资源总量达28 670亿立方米。水能资源蕴藏量达6.8亿千瓦，居世界第一位。但是，我国人均水资源占有量很少，水资源的季节分配和地区分配都很不均匀。

知识拓展1-19

我国的水资源在夏季比较丰富，因为我国的降水主要集中于夏季，这时易形成洪涝灾害；冬春季降水少，易干旱缺水。我国水资源的地区分布不均，总体而言是南方多、北方少，东部多、西部少。南方集中了全国80%以上的水资源，北方则不到20%。华北平原的耕地面积约占全国的40%，水资源仅占全国的6%左右。

（三）矿产资源

我国地质条件多样，矿产资源丰富，有矿产171种，已探明储量的有157种（翟裕生，2002年）。其中，钨、锑、稀土、钒和钛等的探明储量居世界首位；煤、铁、铅锌、铜、银、汞、锡、镍、磷灰石、石棉等的储量居世界前列。我国矿产资源的地区分布不均匀，但这也使得部分矿产资源的分布相对集中，有利于大规模开发。

（四）森林资源

我国的森林植物和森林类型丰富多样，森林覆盖率不断提高。第八次全国森林资源清查（2009—2013年）结果显示，截至2013年底，我国森林面积2.08亿公顷，森林覆盖率为21.63%。天然林面积1.22亿公顷，人工林面积0.69亿公顷。第九次全国森林资源清查（2014—2018）结果显示，截至2018年底，我国森林覆盖率已提高到22.96%。然而，我国森林资源的地区分布并不均匀。东北林区是我国最大的天然林分布区，青藏高原的东南部是我国第二大林区。

四、我国的地理分区

由于各地的地理位置、自然条件不同，因此我国可分为东部季风、西北干旱半干旱区、青藏高寒区三个自然区。其中，东部季风区由于南北纬度差别较大，以秦岭—淮河为界，又分为北方地区和南方地区。因此，全国可分为北方地区、南方地区、西北地区、青藏地区四大部分。

（一）北方地区

北方地区是指我国东部季风区的北部，主要是秦岭—淮河一线以北，大兴安岭、乌鞘岭以东的地区，东临渤海和黄海，包括东北三省、黄河中下游五省二市的全部或大部分地区，以及甘肃东南部，内蒙古、江苏、安徽北部。面积约占全国的20%，人口约占全国的40%。

（二）南方地区

南方地区是指中国东部季风区的南部，主要是秦岭—淮河一线以南的地区，西面为青藏高原，东面与南面分别临东海和南海，大陆海岸线的长度约占全国的2/3以上。本区的范围包括长江中下游六省一市，南部沿海省区和西南四省、市大部分地区。面积约占全国的25%，人口约占全国的55%。

（三）西北地区

西北地区位于大兴安岭以西，昆仑山—阿尔金山—祁连山和长城以北，包括内蒙古自治区、新疆维吾尔自治区、宁夏回族自治区和甘肃省的西北部。本区面积广大，约占全国面积的30%，人口约占全国的4%，是地广人稀的地区。

（四）青藏地区

青藏地区位于中国西南部，横断山脉以西，喜马拉雅山以北，昆仑山、阿尔金山、祁连山以南，包括青海、西藏和四川西部。面积约占全国的25%，人口不足全国的1%。

知识拓展1-20　　怎样在野外快速判定方向

在一个陌生的地方旅游，最怕失去方向。失去方向不仅会给旅游带来困难，还可能发生危险。此时如果没有专业定位仪器，可尝试通过下列方法判定方向：

1.借助地物判定方向

在可以选择的情况下，我国建筑物的门窗多向南开，除非受到街道走向、地形等客观条件的限制。

草原上蒙古包的门多向东南开。

若山坡、建筑物、土堆等上面有积雪，一般积雪多、融化慢的一面是北面。

独立的大树南面的枝叶通常比较茂盛，树皮也要光滑些；北面则树叶稀疏，树皮粗糙。如果树的周围长有青草，通常南面的青草更茂盛，北面的草地更潮湿且可能有青苔。

树桩断面的年轮纹，一般是南面间隔大，北面间隔小。

我国北方草原、沙漠地区多西北风，这使得草原附近常形成许多头部大、尾部小的雪龙、沙龙，而其头部所指的方向就是西北方。

2.利用太阳判定方向

我国绝大多数地方都位于北回归线以北。一般来说，当地时间6时左右太阳在东方，12时在正南方，18时左右在西方。我们可利用这一规律判定方向。

3.利用北极星判定方向

北极星是正北天空中一颗较亮的恒星，找到了北极星，就知道哪面是北面。

4.利用太阳阴影判定方向

选择一个平整地面，立一根细杆，标注好这根细杆在太阳下的影子的位置。等待10～20分钟，标出影子的新位置，然后过两个影子的端点连一条直线，此直线即大致的东西方向线，且第一个影子的端点是西方，第二个影子的端点是东方。

思考与练习

一、选择题（有一个或一个以上正确答案）

1.下列关于地球的说法正确的有（　　）。
A.地球是太阳系的行星之一
B.地球内部可分为地壳、地幔、地核三部分
C.地球是规则的球形
D.地球有许多天然卫星

2.我国人口最多的少数民族是（　　）。
A.满族　　　　　B.回族　　　　　C.苗族　　　　　D.壮族

3.下列属于常态地貌类型的有（　　）。
A.冰川　　　　　B.平原　　　　　C.丘陵　　　　　D.山地

4.下列（　　）是我国的气候类型。
A.亚热带季风气候　　　　　B.温带季风气候
C.热带季风气候　　　　　D.温带大陆性气候

5.我国降水最集中的季节是（　　）。
A.春季　　　　　B.夏季　　　　　C.秋季　　　　　D.冬季

6.我国的主要灾害性天气有（　　）。
A.寒潮　　　　　B.台风　　　　　C.沙尘暴　　　　　D.暴雨

7.我国各地平均气温最接近的一个季节是（　　）。
A.春季　　　　　B.夏季　　　　　C.秋季　　　　　D.冬季

8.下列（　　）通常被作为我国北方地区和南方地区的地理界线。
A.黄河　　　　　B.秦岭　　　　　C.淮河　　　　　D.长江

二、判断题

1.冬至日在12月，因此12月前后是我国最冷的一个月。　　　（　　）
2.地貌是旅游开发的重要环境条件。　　　（　　）
3.经度每隔15度相差1小时。　　　（　　）
4.丹霞地貌、喀斯特地貌、海岸地貌等都是按地貌的外形来
分类的。　　　（　　）

三、简答题

1.白天与黑夜是如何形成的？
2.一年四季是如何形成的？
3.热带、温带和寒带是如何划分的？
4.简述我国的地理位置。
5.我国气候的主要特征有哪些？
6.我国降水的分布有何特点？
7.简述我国的地理分区。

四、实践训练

1.其实人们不一定要进入太空才能证明地球是圆的。如果你是导游，面对着一些对地理感兴趣的游客，你如何在身边找到"地球是圆的"的证据？

2.藏族的典型服饰是藏袍，这种服饰多是右衽大襟，长袖宽领，用飘带扎腰，且双袖是可以脱下的。试从青藏高原的气候特点分析这一服饰的优点。

3.唐朝白居易游庐山的时候曾写下这样的诗句："人间四月芳菲尽，山寺桃花始盛开。长恨春归无觅处，不知转入此中来。"这首诗描写的是气候上的一种什么自然现象？

4.我国北方和南方的传统建筑在色彩上有什么特点？试从气候上分析产生这一差别的原因。

5.我国最热的月份为什么是7月？

6.从我国的气候特点来分析，为什么我国东部地区以耕作业为主，西北地区以畜牧业为主？为什么我国北方以旱田为主，南方以水田为主？

7.时差计算。

（1）堪培拉在东十区，柏林在东一区，两地时差是多少？如果堪培拉是晚上10点，柏林是几点？

（2）巴西利亚在西三区，墨西哥城在西七区，两地时差是多少？如果巴西利亚是上午9点，墨西哥城是几点？

五、课堂讨论

1.我国的地理位置、气候和地貌会对旅游业产生什么影响？

2.你的学校所在地有什么样的气候特征？收集相关资料，讨论这一气候特征形成的原因有哪些。

第二章　中国旅游客源地理

本章导读

　　旅游者是旅游的主体，没有旅游者就没有旅游。旅游者的产生受很多因素的影响，但最根本、最直接的原因可能就是地理环境的差异性。本章主要探讨的是旅游者与地理环境的关系，内容包括旅游者产生的地理背景、旅游客流形成与演变的基本规律，以及我国的国内旅游客流、入境旅游客流、出境旅游客流等，使学生掌握扎知的旅游基础知识，从而提升学生对本专业的认知度、理解度。

第一节　旅游者及旅游客流

一、什么是旅游者

　　旅游者是旅游学的一个基本概念，但对旅游者的界定目前学术界并没有统一的标准。通常认为，旅游者是指出于移民和就业任职以外的其他原因而离开常住地到异地访问，连续停留时间不超过12个月的人（不包括因工作或学习在两地有规律往返的人）。这个定义比较简单，也比较好理解，却不便于政府有关部门和旅游行业的旅游统计工作。因此，许多国际组织和国家都对旅游者进行了技术性更强、更具操作性的定义。

知识拓展 2-1　　　　　　　　我国对旅游者的定义

　　在我国，旅游者分为入境旅游者（海外游客）和国内旅游者。

　　入境旅游者是指离开其长住国（或地区）到我国大陆连续停留时间不超过12个月，并且在我国大陆活动的主要目的不是通过所从事的活动获取报酬的人。

　　国内旅游者是指为休闲、娱乐、观光、度假、探亲访友、就医疗养、购物、参加会议或从事经济、文化、体育、宗教活动而离开常住地到我国境内其他地方访问，连续停留时间不超过6个月，并且在其他地方的主要目的不是通过所从事的活动获取报酬的人。国内旅游者包括在我国境内长住1年以上的外国人、华侨、港澳台同胞。下列人员不属于国内旅游者：

　　（1）到各地巡视工作的部级以上领导；

　　（2）驻外地办事机构的临时工作人员；

　　（3）调遣的武装人员；

（4）到外地学习的学生；

（5）到基层锻炼的干部；

（6）到境内其他地区定居的人员；

（7）无固定居住地的无业游民。

二、旅游者产生的地理背景

旅游者的形成有三个基本条件：旅游动机、可自由支配的收入和闲暇时间。然而，影响旅游者形成的因素远不止这三个，这些因素有的独立地影响旅游者的形成，有的通过影响旅游者形成的基本条件间接地影响旅游者的形成。在这些因素中，地理环境因素扮演着一个极为重要的角色。

旅游具有异地性，是一种追求美的活动，而各地方地理环境的差异性和审美性正好能够满足旅游者的需要。可以说，地理环境的差异性是激发人类旅游的最早的、最持久的因素。我们把对旅游者的产生具有持续影响的地理环境因素称为旅游者产生的地理背景，它包括自然地理背景、文化地理背景、经济地理背景和环境质量背景四个方面。

（一）自然地理背景

自然地理背景主要是指由地貌、水体、气候、植物、动物等要素构成的自然地理环境。不同的地区有不同的地貌、水体等地理要素，而将这些要素组合在一起，又构成了特色更为鲜明的自然地理景观。可以说，地球上没有哪两个地区的自然地理环境是完全相同的。这些自然地理环境的差异能够唤起人们的好奇心，有效激发人们的旅游动机。因此，自然地理环境又被称为旅游的第一环境。

自然地理环境的差异可分为如下三级：

（1）方位上的差异，指的是不同的地理方位的差异，如不同纬度带的差异。

（2）地貌上的差异，指的是山地、平原、丘陵、高原等不同地貌的差异。

（3）相同地貌内部的差异，指的是各地貌中不同部位的差异，如山底与山顶、沙漠与绿洲的差异。

自然地理背景对旅游者的影响主要表现在以下两个方面：

（1）自然地理环境的差异越大，未知程度越高，对人们的吸引力越强，从而更易激发人们的旅游动机。

（2）气候温暖湿润、阳光充足的地方，环境优美奇特的地方，景观原始的地方，一般旅游吸引力较大。

课堂互动 2-1

地球上高纬度地方的旅游吸引力更大，还是中低纬度地方的旅游吸引力更大？

分析提示 2-1

（二）文化地理背景

文化是人类在社会历史发展过程中所创造的物质财富和精神财富的总和，包括语言文字、生活方式、宗教信仰、价值观念、社会组织形式以及建筑、戏剧、音乐、舞蹈、美术、文学、民俗风情等。文化也可分为三个层次：

（1）物质方面的层次，即物质文化，是指人类创造的一切物质产品。

（2）心理方面的层次，即精神文化，如人的思想、意识形态和传统等。

（3）上述二者的统一，称为制度文化或行为文化。

任何文化都是人类在利用自然、改造自然的过程中，在一定的自然地理环境的基础上创造的，是人类的创造与自然的复合体，这构成了旅游者产生的文化地理背景。文化地理背景不仅有明显的地域性，而且同一地域的文化在不同的时期也有差异性。因此，相对于自然地理背景，文化地理背景更具有差异性和丰富性。

知识拓展 2-2

根据文化的地域发育过程和特征的不同，人们通常把现代世界分为五大文化圈：（1）欧洲文化圈（又称西方文化圈）；（2）东亚文化圈（又称东方文化圈或儒教文化圈）；（3）阿拉伯文化圈（又称伊斯兰文化圈）；（4）非洲文化圈；（5）太平洋群岛上的土著文化圈。每个文化圈又可细分为若干个文化区。

文化地理背景对旅游者的影响比自然地理背景对旅游者的影响要复杂得多。人们通常把具有相同文化特征的地区称为同质文化区，把具有相反文化特征的地区称为异质文化区。异质文化区之间会因为文化背景的差异较大而相互吸引，同质文化区之间也会因为相互认同、易产生共鸣而相互吸引。无论是同质文化区还是异质文化区，特殊的文化传统、丰富的历史古迹都可能激发人们的旅游热情，并且历史越悠久、文化景观越丰富、越集中的地区，旅游吸引力越大。

（三）经济地理背景

经济地理背景包括社会经济发展水平与社会经济结构的地区差异等。经济发达地区和经济不发达地区、城市和农村等是我们经常使用的划分经济地理背景的标准。

经济地理背景对旅游者的影响主要表现在：经济越发达的地区，输出的客源越多；经济越发达的地区，旅游接待能力越强；城市与农村之间的差异越大、特色越鲜明，相互间的吸引力越大。

1.经济发达地区是主要的旅游客源地

可自由支配收入和闲暇时间是旅游者产生的前提。在经济发达地区，较高的人均收入能为人们出游提供较好的经济保障。同时，由于生产效率较高，人们可自由支配的时间较多，因此人们出游的可能性也大得多。经济越发达的地区，人们感受外部世界、调节身心的愿望越强烈，越易产生旅游动机。此外，经济发达地区的交通设施完善，人们出游方便快捷。因此，经济越发达的地区，越容易成为旅游客源地。

知识拓展 2-3　　　**人均国民生产总值与居民旅游愿望的关系**

国际上有一个统计，当一个国家的人均国民生产总值达到800~1 000美元时，居民将普遍产生国内旅游的愿望；当人均国民生产总值达到4 000~10 000美元时，居民将产生出国旅游的愿望；当人均国民生产总值超过10 000美元时，居民将产生洲际旅游的愿望。

2.经济发达地区是主要的旅游接待地

经济发达地区有雄厚的经济实力，能有效改善旅游接待设施，兴建新的旅游景点。同时，经济发达地区有壮观的大城市风貌，有优越的物质生活和精神生活条件，有频繁的商务活动，这些都使得经济发达地区对游客具有较强的吸引力。商务旅游、购物旅游、都市观光旅游是经济发达地区主要的旅游形式。

3.城市与农村相互吸引

无论经济发达程度如何，城市与农村本身具有的差异性都会使它们相互间充满魅力。农村的田园风光、小桥流水、民俗特产等是吸引城市游客的重要因素，而城市的繁华、物质丰富等也是吸引农村游客的重要因素。

（四）环境质量背景

环境质量是指环境原始性质、状态的变化程度，包括生态环境的退化（如植被减少、水土流失、地下水枯竭等）程度、环境污染（如环境中的有害物质增加、臭氧层破坏、水质污染、固体垃圾增多等）程度等。显然，环境质量会影响游客对旅游目的地的选择，人们天生就有对良好生态环境的追求和偏爱，环境质量越高的地方，越能吸引游客。正因为如此，近年来生态旅游蓬勃发展，并且已经成为发展最快、最具生命力的旅游形式。

三、地理因素与旅游决策基本原则

决策是指为达到某一特定目的，从两个以上可替代方案中选择一个最满意方案的过程。游客的每一次旅游行为实际上都经历了一个或短或长的决策过程。现有研究表明，人们在进行旅游决策时，倾向于追求在一定的资金和闲暇时间内最大的旅游效益。也就是说，人们总是希望以最小的旅游时间比，获得最大的信息收集量。在这个过程中，地理因素起着重要的作用。

（一）最小的旅游时间比

旅游时间比是指往返居住地和旅游地的时间与在旅游地游玩所耗费的时间的比值。在总体时间一定的情况下，人们总是倾向于减少在路途上的时间，而这一时间又受距离、经济条件、交通条件等因素的影响。因此，为了将旅游时间比降到最小，人们倾向于选择距离居住地最近的旅游地。旅游目的地确定以后，人们又倾向于选择最快捷、最廉价的交通方式。

研究和实践都表明，距离是游客在选择旅游目的地时首先要考虑的因素。距离居住地越近的地方，越可能成为旅游目的地；距离居住地越远的地方，对游客的旅游吸引力越小。这一规律可以称为"距离衰减规律"。

课堂互动2-2

表2-1列出了上海市居民对不同距离目的地的到访率。这说明了什么问题？

分析提示2-2

表2-1　　　　　　　　　上海市居民对不同距离目的地的到访率

距离	0~15千米（含15千米）	15~50千米（含50千米）	50~500千米（含500千米）	500~1 500千米（含1 500千米）	1 500千米以上
到访率	94.6%	56.5%	68.8%	26.6%	6.4%

（二）最大的信息收集量

旅游的目的一般是求新、求异、求知、求乐，因此人们总是倾向于通过旅游获得最大的信息收集量，这使得人们在选择旅游地时有以下倾向：

1.选择名气大的旅游地

一个旅游地的名气实际上是人们多年来对这个旅游地形成的评价。旅游地的名气大，表示公众对其评价高，游客在这样的地方旅游能够获得更多的信息量，并且更易获得满足。我国著名城市、著名旅游景点接待的游客数量远远超过一般城市和旅游景点接待的游客数量，就是最好的例证。

2.选择与居住地环境差异较大的旅游地

环境差异越大，人们在旅游过程中获得的新鲜感越多，获得的知识越多，印象也更为深刻。因此，环境差异越大，越能激起游客的旅游兴趣。有学者做过调查，发现外国游客对我国的历史古迹和自然风光很感兴趣，但对娱乐活动、休闲度假等产品的兴趣不高，这是因为各国的历史古迹和自然风光具有较大的差异，但娱乐活动、休闲度假等产品的差异不大。

四、旅游客流的时空分布特征

旅游客流是指在一个或大或小的区域内，由于旅游需求的近似性而引起的旅游者集体性的空间移位现象。旅游客流包括三个要素：时间、流向和流量。其中，"时间"既包括旅游客流在旅游目的地持续的时间，也包括旅游客流发生的时间。

（一）旅游客流的时间特征

旅游客流在时间分布上具有明显的季节性，这主要是因为不同的旅游目的地在不同的季节会呈现出不同的特点，从而造成不同的旅游目的地在不同的时间适游状况不同。例如，有的地方季节变化明显，过于寒冷或过于炎热的季节都可能造成游客稀少，而当宜人的气候出现时，又会形成旅游旺季。此外，旅游者工作、学习、休息的时间也具有一定的规律性，这也使得旅游客流在时间分布上具有一定的规律性，如法定假日、暑假、双休日等时间段内都可能形成较大的旅游客流。

（二）旅游客流的空间特征

旅游客流的空间分布会受到很多因素的影响，如经济、区位、社会文化和历史等。这些因素的多样性、复杂性决定了旅游客流空间分布的非均衡性。从全球的角度来说，旅游客流的空间分布主要呈现以下特征：

1.旅游客流主要分布在发达国家和地区

发达国家和地区的旅游接待能力强，人们的旅游需求旺盛，因此这里既是主要的旅游客源地，又是主要的旅游目的地，自然也就是旅游客流的主要分布地。

知识拓展2-4

世界旅游组织（WTO）将全球分为六大旅游区：欧洲、美洲、东亚和太平洋地区、非洲、南亚、中东地区。其中，欧洲、美洲、东亚和太平洋地区这三大旅游区构成了世界旅游市场的主体。

2.短距离旅游客流多于长距离旅游客流

短距离旅游省钱、省力、省时间，方便又快捷，因此短距离旅游客流历来多于长距离旅游客流。距离越远、景点越分散，旅游客流越稀少。据统计，我国城市居民的出游地80%以上集中在距客源地500千米以内的范围内。

3.旅游客流的流量不对称

一般来说，流向沿海地区的旅游者多于流向内陆地区的旅游者；流向发达地区的旅游者多于流向不发达地区的旅游者；流向中心城市的旅游者多于流向普通城市的旅游者；流向温暖地区的旅游者多于流向寒冷地区的旅游者；流向环境优美奇特地区的旅游者多于流向环境普通地区的旅游者。

第二节　中国旅游客流

我国旅游客流大体上可分为国内旅游客流、入境旅游客流和出境旅游客流。

一、国内旅游客流

（一）国内旅游发展现状

20世纪80年代以前，很多中国人都没有"旅游"的概念，但现在，我国已经成为世界上最大的国内旅游市场。2019年，我国国内游客达到60.1亿人次，比上年同期增长8.4%；国内旅游收入57 251亿元，比上年同期增长11.7%。国内旅游人数远远超过入境旅游人数和出境旅游人数，国内旅游收入也占全国旅游总收入的绝大部分。

知识拓展2-5

改革开放以后，我国的国内旅游蓬勃发展。1984年，我国国内游客约2亿人次，1991年约3亿人次，1998年为6.95亿人次，2007年为16.1亿人次，2010年为21亿人次，2013年为32.6亿人次，2015年为40亿人次，2019年为60.1亿人次。可以说，我国国内旅游人数每隔几年就会上一个台阶。

（二）国内旅游的主要客源地

国内旅游的主要客源地集中在沿海经济发达地区及内地人口稠密的省、市，如广东、上海、江苏、浙江、北京、山东、辽宁、四川、河南、湖北、湖南等地，这些地方的大中城市更是客源中心。若以地区来论，珠江三角洲、长江三角洲和京津冀地区是目前我国最主要的国内旅游客源地。

课堂互动2-3

为什么珠江三角洲、长江三角洲和京津冀地区能成为我国最主要的国内旅游客源地？

分析提示2-3

（三）国内旅游的主要目的地

国内旅游的主要目的地是东部沿海经济发达地区的中心城市和旅游城市、中西部交通便利的风景名胜地和文物古迹所在地。具体来说包括：

（1）中心城市和口岸城市，如北京、上海、广州、深圳等。

（2）著名旅游城市，如桂林、大连、青岛、杭州、苏州等。

（3）风景优美的游览胜地，如长江三峡、黄山、张家界、九寨沟、海南岛等。

（4）历史文物古迹突出的地方，如西安、洛阳、敦煌、承德等。

（5）大中城市周边的一些旅游度假区。

（四）国内旅游客流的主要流向

国内旅游客流目前仍以中短程客流为主，远程客流较少。例如，苏州、杭州的游客多来自长江三角洲，北戴河的游客则多来自北京、天津、河北、辽宁。国内旅游客流主要有以下三种流向：

（1）由大中城市向周边城市流动的休闲度假客流。

（2）由中小城市及农村向大城市流动的观光购物客流。

（3）由东向西、由南向北和由北向南的长距离观光度假客流。

二、入境旅游客流

（一）入境旅游发展现状

改革开放以前，我国入境旅游发展缓慢。1978年改革开放以后，我国入境旅游人数增长很快，1978年当年就接待入境游客180.92万人次（其中，外国人22.96万人次，港澳台同胞157.96万人次），相当于过去24年的总和。1988年，我国接待入境游客3 169.48万人次（其中，外国人184.22万人次），旅游外汇收入达到22.47亿美元；1998年，我国接待入境游客6 347.84万人次（其中，外国人710.77万人次），旅游外汇收入达到126.02亿美元；2019年，我国接待入境游客14 531万人次（其中，外国人3 188万人次），国际旅游收入达到1 313亿美元。

（二）入境旅游客源结构

1.港澳台客源是我国入境旅游客源的主体

我国的入境旅游客源市场历来由两大部分组成：一是港澳台游客入境旅游客源市场；二是外国游客入境旅游客源市场。其中，港澳台游客入境旅游客源市场一直是我国入境旅游客源市场的主体。2019年，我国接待入境香港同胞8 050万人次，澳门同胞2 679万人次，台湾同胞613万人次，占全部入境游客的78%。

2.外国游客入境旅游客源市场结构

在不同的时期，外国游客占入境游客的比重是不一样的。从改革开放初期到20世纪90年代以前，入境外国游客的数量虽然每年都在增加，但其增速显然慢于港澳台游客的增速，因此这一时期，外国游客占入境游客的比重有逐年下降的趋势。20世纪90年代以后，入境外国游客的增速加快，其占入境游客的比重基本上呈上升趋势。

知识拓展 2-6

1978年，在我国的入境游客中，外国游客占13%，1980年这个数字为9%，1985年为7.7%，1988年为6%。1992年，外国游客占我国入境游客总数的10.5%，1994年这个数字为13.5%，2000年为12%，2004年为15.5%，2010年为19.5%，2016年为20.3%，2019年为22.0%。

（1）入境外国游客的洲别。我国的入境外国游客以来自亚洲的居多，其次是欧洲和美洲。自1978年以来，这种格局一直延续至今。

（2）入境外国游客的国别。入境外国游客来自不同的国家和地区，其中有些国家多年来一直是我国的主要客源国，这些国家包括：

①与我国邻近的国家，如缅甸、越南、韩国、日本、俄罗斯、蒙古国等，这些国家与我国距离较近，出游较为便捷；②经济较为发达的国家，如美国、加拿大、澳大利亚、德国、英国等，这些国家的居民消费能力强，偏好出国旅游；③与我国经济文化交流较多的国家，如日本、韩国、美国等；④华人较多的国家，如马来西亚、新加坡等。

（3）外国游客的入境方式。外国游客入境以乘飞机为主，其次是徒步和乘汽车。

（4）入境外国游客的来访时间。入境外国游客的来访时间多集中在8—11月，其中10月份人数最多；人数最少的月份是1月、2月、12月。

（5）入境外国游客的来访目的。入境外国游客的主要来访目的是观光休闲，其次是从事劳务和会议商务。

（6）入境外国游客的性别和年龄。就性别而言，入境外国游客以男性居多，且其比例较为稳定。就年龄而言，入境外国游客的年龄主要集中在25~44岁，其次为45~64岁。

（三）入境客流的入境口岸和主要流向

我国入境客流的入境口岸主要有北京、上海、天津、重庆、大连、福州、厦门、西安、桂林、杭州、昆明、广州、深圳、珠海、海口、三亚、济南、青岛、烟台、威海、成都、南京等。其中，深圳、北京、上海、广州四大口岸的入境客流最为集中。中远程游客主要从北京、上海、广州三大航空港入境，深圳则是我国陆上入境的最大口岸。

全国各地接待入境游客的数量分布不均，接待入境游客较多的地区多分布在经济发达地区、沿海地区、边疆地区和旅游资源特别丰富的地区。东部沿海地区历来是接待入境游客最多的地区，尤其是这些地区的中心城市、旅游城市和侨乡。中西部的中心城市、旅游城市、口岸城市、著名风景名胜区的入境客流也较大。

具体来说，入境客流主要流向我国的四类地区：

（1）全国政治、经济、文化中心和沿海地区著名的大城市，如北京、上海、广州等。

（2）沿海经济特区或侨乡，如深圳、厦门、汕头、珠海、泉州等。

（3）全国著名旅游城市和旅游胜地，如杭州、西安、南京、承德等旅游城市，以及张家界、长江三峡等旅游胜地。

（4）全国各大区域的中心城市，如成都、重庆、武汉、沈阳等。

（四）我国的地理条件对入境客流的影响

我国地大物博，自然环境、资源丰富多彩，有利于吸引入境客源，这使得我国很快成为世界主要的旅游目的地之一。然而，我国远离欧美等世界主要客源地，大部分国土深处内陆，东边是世界上最广阔的海域——太平洋，因此不利于吸引入境客源。美国、日本、德国、英国、法国、意大利、加拿大等发达国家是世界上主要的客源国，这些国家除日本外都离我国很远。同时，我国周边的一些国家如日本、韩国、泰国等，在自然山水方面与我国相比有一定的竞争力，是我国海外客源市场的主要竞争者，但这也说明我国海外客源市场的开发潜力巨大。

三、出境旅游客流

改革开放之初，出境游对很多中国人来说是可望而不可即的事情。现在，我国已经成为全球经济增长速度最快、影响范围最广泛的客源输出国。2003年，国内居民出境人数达到2 022万人次，首次超过日本，成为亚洲最大的客源输出国。世界旅游组织曾预测，到2020年，我国将成为世界上第四大客源输出国。然而，仅仅到了2013年，国内居民出境人数就已达到9 819万人次，出境旅游消费高达1 290亿美元，出境人数和出境旅游消费均居全球第一位。根据《中华人民共和国2019年国民经济和社会发展统计公报》，2019年国内居民出境人数达到16 921万人次。

（一）出境旅游目的地

我国公民的出境旅游目的地除港、澳、台地区外，主要为周边一些国家，如泰国、日本、越南、菲律宾、柬埔寨、俄罗斯等，以及经济文化联系较多、经济较发达或旅游资源特别丰富的国家，如新加坡、印度尼西亚、马来西亚、美国、澳大利亚、意大利、阿联酋、土耳其、英国、马尔代夫、法国、德国、西班牙、斯里兰卡等。此外，摩洛哥、突尼斯、冰岛等国对我国游客的吸引力显著提升。

（二）出境旅游的方式

跟团游是中国人出境旅游的主要方式，特别是在中小城市，人们更倾向选择跟团出境游。需要说明的是，在出境旅游方式中，自由行和定制旅游的增长速度很快，并且渐成趋势。

（三）出境游客的性别和年龄结构

我国的出境游客以女性居多，根据携程出境游订单的统计，2018年我国出境游客中，52%是女性，48%是男性，这说明女性更偏爱出境游。从年龄结构来看，30～50岁的人是出境旅游的主体。据统计，2018年，80后游客依然是出境旅游的中坚力量，占比29%；90后游客占比18%，70后游客占比17%，00后以13%的占比居第四位。

（四）出境游客的来源地

出境游客的来源地主要是人口较为集中、经济发展较好的大中型城市，如上海、北京、成都、广州、深圳、杭州、南京、武汉、天津等。此外，西安、长沙、无锡、太原等城市的出境旅游人数增长较快。

🔄 课堂互动2-4

中国旅游研究院、携程旅游大数据联合实验室联合发布的《2018年中国游客出境游大数据报告》指出，2018年最受中国游客欢迎的十大海岛目的地包括：普吉岛、芽庄、巴厘岛、冲绳、马尔代夫、长滩岛、甲米、苏梅岛、塞班岛、宿务。其中，普吉岛连续多年位居榜首。请查阅相关旅游地图和资料，分析普吉岛为什么能够吸引中国游客。

分析提示2-4

思考与练习

一、选择题（有一个或一个以上正确答案）

1.旅游者产生的地理背景包括（   ）。

A.自然地理背景　　　　　　　　B.文化地理背景

C.经济地理背景　　　　　　　　D.环境质量背景

2.自然地理环境的差异包括（   ）。

A.纬度的差异　　　　　　　　　B.生产方式的差异

C.气候的差异　　　　　　　　　D.房屋建筑的差异

3.人们喜欢去自然风光优美的著名旅游地旅游，主要是因为人们在选择旅游目的地时有（   ）的倾向。

A.选择有自然山水的旅游地

B.选择名气大的旅游地

C.选择与居住地环境差异较大的旅游地

D.选择离居住地较远的旅游地

4.下列（   ）因素会影响旅游客流的空间分布。

A.经济　　　　　B.区位　　　　　C.文化　　　　　D.历史

5.下列说法中正确的是（   ）。

A.我国已成为世界上最大的国内旅游市场

B.我国是世界上第一大入境旅游接待国

C.我国的出境旅游消费总额世界第一

D.我国是世界上第四大客源输出国

6.（   ）是我国最重要的海外客源市场。

A.欧洲　　　　　B.亚洲　　　　　C.非洲　　　　　D.美洲

7.（   ）是我国的主要客源国。

A.美国　　　　　B.日本　　　　　C.俄罗斯　　　　D.韩国

8.接待入境游客较多的地区多分布在（   ）。

A.西部地区　　　　　　　　　　B.沿海地区

C.经济发达地区　　　　　　　　D.旅游资源特别丰富的地区

二、判断题

1.相对于自然地理环境，文化地理环境更具有差异性和丰富性。（   ）

2.距离居住地越近的地方，越可能成为旅游目的地。（   ）

3.环境差异越大，游客的旅游兴趣越小。（   ）

4.发达国家和地区是主要的旅游客源地，但不是主要的旅游目的地。（   ）

三、简答题

1.什么叫旅游客流?

2.经济地理背景对旅游者的影响主要表现在哪些方面?

3.旅游客流的不对称分布主要表现在哪些方面?

4.国内旅游客流的主要流向有哪些?

5.什么是旅游时间比?

6.旅游决策的基本原则有哪些?

7.旅游客流的空间分布特征有哪些?

8.外国游客一般以什么方式入境?为什么?

9.入境客流的入境口岸和主要流向是什么?

四、实践训练

1.温泉旅游地一般会建在经济发达、人口众多的城市的周边地区,这是为什么?

2.从旅游决策基本原则的角度分析,来中国旅游的外国游客对下列哪些旅游项目更感兴趣?

(1) 体验中国人的生活方式;

(2) 参观重要的历史古迹;

(3) 欣赏美丽的自然风光;

(4) 享受舒适的旅游接待设施;

(5) 学习有助于自身事业发展的知识;

(6) 廉价的度假;

(7) 参加娱乐活动;

(8) 参加冬季运动。

3.旅游业在发展的不同阶段,其发展的历史背景、物质基础和目标任务都有所不同,体现在产业政策上也会不同。20世纪90年代,我国的旅游产业政策是"大力发展入境旅游,积极发展国内旅游,适度发展出境旅游"。2005年,这一政策改为"大力发展入境旅游,全面提升国内旅游,规范发展出境旅游"。2009年初,这一政策调整为"大力发展国内旅游,积极发展入境旅游,有序发展出境旅游",2010年又调整为"全面发展国内旅游,积极发展入境旅游,有序发展出境旅游"。

我国旅游产业政策的变化会对旅游客源市场产生什么影响?

4.在入境游客中,为什么港澳台游客多于外国游客?

五、课堂讨论

学校所在地的旅游资源有何特色?能吸引国内外哪些地方的游客?

第三章　中国旅游资源地理

本章导读

　　地理环境是人类社会生存和发展的空间和物质基础。我国地域辽阔，地形复杂，地理环境多样，再加上悠久的历史和灿烂的文明，形成了我国丰富多彩的旅游资源。这些旅游资源的数量巨大、种类繁多、分布广泛、品质超群、特征鲜明，为我国旅游业的发展打下了坚实的基础。本章主要介绍旅游资源的含义、分类和价值，分析我国旅游资源的基本特征，并分别介绍我国的自然旅游资源（地质地貌旅游资源、水体旅游资源、生物旅游资源、气象与气候旅游资源）和人文旅游资源（古遗址、遗迹与历史纪念地、古代建筑与园林、文化艺术与宗教文化、民俗风情与菜肴特产、现代建筑与人造吸引物），从而增强学生对祖国的热爱和对职业的认同感。

第一节　认识旅游资源

一、什么是旅游资源

　　旅游资源是自然界和人类社会中能够对旅游者产生吸引力，可以被旅游业所开发利用，并能产生经济效益、社会效益和生态环境效益的各种事物和因素。

　　旅游资源作为旅游吸引因素，既可以是天然的，也可以是人造的；既可以是有形的，也可以是无形的；既可以是具体的，也可以是抽象的；既可以是真实的，也可以是虚构的。符合下列条件的各种事物和因素，都可以成为旅游资源：

　　（1）能激发人们的旅游动机，对旅游者产生吸引力。

　　（2）能被旅游业开发利用。能够吸引旅游者的事物不一定都能被开发利用，不能被旅游业开发利用的事物就不是旅游资源。随着社会生产力水平的不断提高，可被开发利用的事物越来越多，旅游资源的范围也将不断扩大。

　　（3）能产生经济效益、社会效益和生态环境效益。

课堂互动 3-1

　　与土地资源、水资源、矿产资源等传统意义上的资源相比，旅游资源有哪些特点？

分析提示 3-1

二、旅游资源的类型

旅游资源基本上可以分成两大类：自然旅游资源和人文旅游资源。自然旅游资源是依照自然发展规律天然形成的、存在于自然环境中的旅游资源。人文旅游资源则是在人类历史发展和社会进程中，由人类的社会行为促使形成的具有人类社会文化属性的旅游资源。根据《旅游资源分类、调查与评价》（GB/T 18972—2003）可知，自然旅游资源和人文旅游资源可继续进行如下划分：

（一）自然旅游资源的分类

自然旅游资源可分为以下四类：

1.地文景观

地文景观包括综合自然旅游地、沉积与构造、地质地貌过程形迹、自然变动遗迹、岛礁五类。

2.水域风光

水域风光包括河段、天然湖泊与池沼、瀑布、泉、河口与海面、冰雪地六类。

3.生物景观

生物景观包括树木、草原与草地、花卉地、野生动物栖息地四类。

4.天象与气候景观

天象与气候景观包括光现象、天气与气候现象两类。

（二）人文旅游资源的分类

人文旅游资源可分为以下四类：

1.遗址遗迹

遗址遗迹包括史前人类活动场所、社会经济文化活动遗址遗迹两类。

2.建筑与设施

建筑与设施包括综合人文旅游地、单体活动场馆、景观建筑与附属型建筑、居住地与社区、归葬地、交通建筑、水工建筑七类。

3.旅游商品

旅游商品主要指地方旅游商品。

4.人文活动

人文活动包括人事记录、艺术、民间习俗、现代节庆四类。

知识拓展 3-1　　　　　　　　　**旅游资源的分类**

旅游资源的分类方法还有很多。从旅游资源利用的角度出发，旅游资源可分为观光型旅游资源、度假型旅游资源、生态型旅游资源、特种型旅游资源和专项型旅游资源。

根据旅游吸引物的性质，旅游资源可分为场所吸引因素旅游资源（如自然风景、名胜古迹等）、事件吸引因素旅游资源（如世界博览会、奥林匹克运动会等）和其他吸引因素旅游资源。

三、旅游资源的价值

旅游资源之所以能够吸引游客，是因为旅游资源有多方面的价值。

（一）美学价值

无论是自然旅游资源还是人文旅游资源，都有其独特的美。例如，自然景观的美包括形象美、色彩美、动态美、听觉美等。茂密的森林、险峻的高山、壮观的云海、飞流直下的瀑布等无不给人以美的享受。人文旅游资源也常有让人流连忘返的美，如精致的园林、宏伟的宫殿、精巧的手工艺品等。

（二）科学价值

许多名山都是地质作用的杰作，如我国的泰山、庐山都是高大的断块山，庐山上有丰富的第四纪冰川的遗迹，堪称地质博物馆。桂林山水、云南石林都是典型的喀斯特地貌，广东仁化丹霞山是典型的丹霞地貌，新疆罗布泊是典型的雅丹地貌。我国众多的国家公园、自然保护区有着丰富的动植物物种。这些旅游资源不仅有美学价值，还有科学价值，既可普及科学常识，也可进行科学研究。

（三）历史文化价值

我国有众多的文物古迹，这些文物古迹不仅是我国旅游资源的重要组成部分，也是我国人民宝贵的精神文化财富，对研究古代社会、经济、文化艺术、工程建筑都有重要的价值。

（四）经济价值

如果旅游资源开发利用得当，同样可以创造产值，产生巨大的经济效益。

四、我国旅游资源的基本特征

（一）旅游资源数量众多，种类丰富

我国幅员辽阔、地形复杂、气候多样、历史悠久、文化灿烂，从而为旅游资源的形成构筑了良好的人文地理环境。在这种环境条件下，我国旅游资源不仅数量众多，种类也非常丰富。名山大川、峡谷峰林、瀑布涌泉、椰风海韵、雪原冰川、戈壁沙漠、天文气象、珍禽异兽、奇花异草、遗址遗迹、园林建筑、现代工程、风土民情、工艺特产、美味佳肴、现代节庆等旅游资源应有尽有。

（二）旅游资源特色鲜明，品质超群

我国位于世界的东方，5 000年的文明一脉相承，这在世界文明史上极其罕见。我国特有的自然环境和历史、文化、社会等人文地理环境形成了旅游资源的独有特色，桂林山水、长江三峡、万里长城、苏州园林、陶瓷艺术、丝绸文化等无不显示出独特的魅力。

截至2020年1月7日，我国共有5A级旅游景区280家。此外，我国还建立了217处国家地质公园（截至2019年10月）、244处国家级风景名胜区（截至2017年3月）、474个国家级自然保护区（截至2018年5月31日）、897处国家森林公园（截至2019年2月）。

我国从1986年开始向联合国教科文组织申报世界遗产项目，很快成为全球世界遗产数量增长最快的国家之一，是名副其实的世界遗产大国。截至2019年7月，我国世界遗产总数已达55项，总数与意大利并居世界第一。此外，我国还有世界地质公园39个（截至2019年4月），数量亦居世界第一；有32项非物质文化遗产列入教科文组织的《人类非物质文化遗产代表作名录》（截至2019年6月）。

我国的55处世界遗产如下：

（1）世界文化遗产（32项）：长城，明清皇宫（北京故宫、沈阳故宫），秦始皇陵及

兵马俑坑，甘肃敦煌莫高窟，周口店北京人遗址，西藏布达拉宫，河北承德避暑山庄及周围寺庙，山东曲阜孔庙、孔府及孔林，湖北武当山古建筑群，云南丽江古城，山西平遥古城，江苏苏州古典园林，北京颐和园，北京天坛，重庆大足石刻，四川青城山-都江堰，河南洛阳龙门石窟，明清皇家陵寝（明显陵、清东陵、清西陵、明孝陵、明十三陵、盛京三陵），皖南古村落（西递、宏村），山西大同云冈石窟，高句丽王城、王陵及贵族墓葬，澳门历史城区，安阳殷墟，开平碉楼与村落，福建土楼，"天地之中"历史建筑群，元上都遗址，中国大运河，丝绸之路，土司遗址，鼓浪屿，良渚古城遗址。

（2）世界自然遗产（14项）：湖南武陵源、四川九寨沟（如图3-1所示）、四川黄龙、云南三江并流、四川大熊猫栖息地、中国南方喀斯特、江西三清山、中国丹霞、澄江化石地、新疆天山、湖北神农架、青海可可西里、贵州梵净山、中国黄（渤）海候鸟栖息地（第一期）。

（3）世界文化与自然双重遗产（4项）：泰山、黄山、峨眉山-乐山大佛、武夷山。

（4）世界文化景观（5项）：江西庐山、山西五台山、杭州西湖、红河哈尼梯田、左江花山岩画。

图3-1　世界自然遗产——九寨沟

大美中国3-1　　　　　　　　　　**中国的非物质文化遗产**

中国是世界上入选非物质文化遗产最多的国家。截至2019年6月，我国共有32项非物质文化遗产列入联合国教科文组织《人类非物质文化遗产代表作名录》，7个项目列入《急需保护的非物质文化遗产名录》，1个项目列入《保护非物质文化遗产优秀实践名册》。

列入《人类非物质文化遗产代表作名录》的项目包括：昆曲（2001），古琴艺术（2003年），蒙古族长调民歌（中国、蒙古国跨国项目，2005年），新疆维吾尔木卡姆艺术（2005年），中国传统蚕桑丝织技艺（2009年），福建南音（2009年），南京云锦织造技艺（2009年），安徽宣纸传统制作技艺（2009年），贵州侗族大歌（2009年），广东粤剧（2009年），《格萨（斯）尔》史诗（2009年），浙江龙泉青瓷传统炼制技艺（2009年），青海热贡艺术（2009年），藏戏（2009年），新疆《玛纳斯》（2009年），蒙古族呼麦（2009年），甘肃花儿（2009年），西安鼓乐（2009年），中国朝鲜族农乐舞（2009年），中国书法（2009年），中国篆刻（2009年），中国剪纸（2009年），中国雕版印刷技艺（2009年），中国传统木结构营造技艺（2009年），端午节（2009年），妈祖信俗（2009年），京剧（2010年），中医针灸（2010年），中国皮影戏（2011年），中国珠算（2013年），二十四节气（2016年），藏医药浴法（2018年）。

列入《急需保护的非物质文化遗产名录》的项目包括：羌年庆祝习俗（2009年），黎族传统纺染织绣技艺（2009年），中国木拱桥传统营造技艺（2009年），麦西热甫（2010年），中国水密隔舱福船制造技艺（2010年），中国木版活字印刷术（2010年），赫哲族伊玛堪说唱（2011年）。

列入《保护非物质文化遗产优秀实践名册》的项目包括：福建木偶戏传承人培养计划（2012年）。

资料来源　中国联合国教科文组织全国委员会秘书处.《人类非物质文化遗产代表作名录》收录的中国非物质文化遗产［EB/OL］.［2019-06-24］. http://www.moe.gov.cn/s78/A23/A23_wjzl/201906/t20190624_387312.html.

（三）旅游资源分布广泛，地域特色浓厚

我国旅游资源的分布范围非常广泛。从东到西，从南到北，从高原到盆地，从山川到平原，从海洋到内陆，从城市到乡村，到处都分布着丰富的旅游资源。环渤海地区、黄河中下游沿线、长江中下游沿线、珠江三角洲地区、四川中西部地区、西北古丝绸之路沿线地区等都是旅游资源分布较集中的区域。同时，受自然因素和人文因素的影响，我国各地的旅游资源又具有一定的地域特色。例如，我国的名山胜水主要分布在东部季风区，历史古迹主要集中于黄河流域和长江流域，皇家建筑、帝王陵寝主要分布在北京、西安，江南园林主要分布在苏州、杭州。东北的林海雪原、西北的沙漠绿洲、西南的石林溶洞、江南的水乡风光等，都是当地具有代表性的景观。

（四）旅游资源季节变化明显，共生性强

我国多数地区处于温带，大部分地区四季变化明显，这使得旅游资源也呈现出季节性变化。闻名遐迩的钱塘潮在农历八月十八最为壮观，故有"八月十八潮，壮观天下无"之说；海市蜃楼常见于海湾、沙漠和山顶，在春夏之交、雨过天晴之后出现的可能性最大；著名的香山红叶在秋天才能领略；如童话世界般的九寨沟，春夏青山碧水，秋季五彩缤纷，冬季则银装素裹。一些节日庆典、著名的展览会或博览会等也都是在特定的时间或季节里举办的。

由于我国南北跨度较大，具有热带、亚热带、暖温带、中温带、寒温带等多种温度带，因此我国旅游资源的共生性较强。当冬季我国北方雪漫冰封、天寒地冻之时，南方的海南岛仍然繁花似锦、瓜果飘香。此外，我国地形多样，高原与盆地、高山与平原共存，许多地方形成了"一山有四季，十里不同天"的胜景，有时在一个山坡上就会形成从热带到寒带的垂直分布型景观。

第二节　中国自然旅游资源

在我国辽阔的土地上，地势起伏，山川纵横，气候多样，植被丰富，动物繁多。这些山地高原、平原盆地、流泉飞瀑、奇花异草、珍禽异兽等共同构成了千姿百态、绚丽多彩的自然旅游资源。

一、地质地貌旅游资源

地貌对人类的生产生活有着重要的影响，也与旅游有着密切的关系。地貌是自然风景的重要组成部分，它决定了风景的骨架和气势，定下了风景的基调。地貌还是旅游开发的重要环境条件，影响着旅游资源开发的难易程度。

各种地貌都有一定的旅游价值，适宜开展不同的旅游活动。以地貌的形态来说，山地的旅游资源最集中。以地貌的成因来说，花岗岩地貌、丹霞地貌、砂岩地貌、喀斯特地貌、风沙地貌、海岸地貌、火山岩地貌、冰川地貌等都有极高的旅游价值。

（一）山地

1.山和山地的含义

山都有一定的海拔高度，但并不是所有高的地方都叫山。通常认为，山是指陆地上海拔高度在500米以上、相对高度在200米以上的，具有明显的山顶、山坡和山麓的隆起的高地。由山峰、山岭和山谷组成的地区统称为山地。高大的山体又可称为"山岳"，呈条形脊状延伸的山体可称为"山岭"或"山脉"。山有明显的山顶和山坡，这使得它有别于高原；山又有较大的高度，这使得它有别于丘陵。有时，我们也把山和丘陵统称为山。

2.山（山地）的分类

根据海拔高度的不同，山可以分为低山（海拔500~1 000米）、中山（海拔1 000~3 500米）、高山（海拔3 500~5 000米）和极高山（海拔5 000米以上）。低山和中山适宜游览观光和休闲度假，我国的旅游名山多为低山或中山，如著名的五岳（泰山、华山、恒山、嵩山、衡山）、黄山、庐山、三清山等。高山和极高山往往险峻陡峭，有的山还终年积雪，这些山由于风光奇异，因此是登山探险旅游和科学考察旅游的理想去处，并且日益成为旅游者向往的旅游目的地，如云南玉龙雪山和梅里雪山、四川贡嘎山、新疆天山等。

知识拓展3-2　　　　　**山（山地）的分类方法**

山（山地）的分类方法很多，下面是几种常见的分类方法：

根据成因的不同，山可以分为构造山、侵蚀山和堆积山。

根据旅游功能的不同，山可以分为历史文化名山、宗教名山、风景名山、疗养名山、体育活动名山等。

根据组成山体的主要岩石的不同，山地可以分为花岗岩山地、喀斯特山地、火山流纹岩山地、砂岩山地等。

3.山地是旅游资源最集中的地方

高原、平原、盆地、山地、丘陵这五种常态地貌在我国都有广泛分布。高原有独特的地理生态环境，又因旅游开发较晚，所以具有极大的旅游开发潜力。平原和盆地因地势低平、交通便利、开发历史悠久、人口众多，所以成为主要的旅游客源地和旅游目的地，如我国的长江三角洲平原、成都平原等。

在五种常态地貌中，山地往往成为旅游资源最集中的地方。这主要是因为：

（1）山体占地广阔、体量巨大，不同岩性的山石、山体在地球内营力和外营力的作用下形成了各种奇特的风景，或巍峨耸立，或雄奇伟岸，或险峻挺拔，或俏丽秀美，或绵延磅礴，具有无与伦比的美感，如泰山的雄、华山的险、峨眉山的秀、青城山的幽、黄山的奇等。

（2）山体一般都有良好的植被覆盖。山体景观一般都满目葱茏，生机盎然。由于山有一定的海拔，因此形成了从低到高、错落有致的植物群落，而缭绕山间的淡云薄雾又给群山增添了不少美感，给人以完美的视觉享受。

（3）山地不适宜人类聚居，也不适宜大规模经济开发，因此受人类的影响较少，较多地保留了原始的生态环境；较高的海拔、茂密的植被使得山地的空气清新，负氧离子浓度高，有利于身体健康。

（4）我国众多的名山大岳在历史的长河中积淀了深厚的文化，文化也往往是一座山的灵魂和精神，对游客具有强大的吸引力。例如，我国的很多山都是宗教活动场所，并形成了"佛教四大名山""道教四大名山"的说法，也出现了诸如"天下名山僧占多"的俗谚。

正因为如此，山地历来都是最有旅游价值的自然旅游资源。直到今天，许多人仍然把旅游等同于"游山玩水"。

课堂互动 3-2

山地的旅游资源虽然丰富，但在旅游开发时应注意避免山地灾害给旅游带来的危险。常见的山地灾害如泥石流、滑坡和崩塌等。请查阅相关资料，指出在什么情况下容易发生泥石流。

分析提示 3-2

（二）花岗岩地貌

花岗岩地貌是指地球内部岩浆侵入近地表处逐渐冷凝而形成的地貌。由于地壳运动，有的花岗岩岩体露出地表，再加上外力的作用，便形成了独特的花岗岩地貌。花岗岩很坚固，抗腐蚀性强，基本不透水。花岗岩构成的山体主峰明显，群峰簇拥，陡峭险峻，气势宏伟，多奇峰、怪石、深壑。球状风化、浑圆的外表、"风动石"等是其典型的景观特征。我国的花岗岩名山很多，如泰山、黄山、衡山、华山、三清山、天柱山、九华山、崂山、普陀山、天台山等。

（三）丹霞地貌

丹霞地貌是指红色砂砾岩在地球内营力和外营力的作用下发育而成的地貌。这种地貌最早发现于广东仁化的丹霞山，故称"丹霞地貌"。丹霞地貌的景观特征是碧水丹山、精巧玲珑，具有方山、奇峰、赤壁、岩洞等诸多特殊地貌。

我国的丹霞地貌分布较广，主要集中在广东、福建、江西、云南、四川、贵州等地。广东仁化丹霞山、福建武夷山、安徽齐云山、江西龙虎山（如图3-2所示）、甘肃天水麦积山等都是著名的丹霞地貌名山。

（四）砂岩地貌

砂岩地貌发育在纯石英砂岩构成的山区，其景观特征是奇峰林立、造型生动、沟壑纵横、植被茂密。以张家界国家森林公园（如图3-3所示）为代表的武陵源风景区具有独特的砂岩峰林峡谷地貌，是砂岩地貌景观的突出代表。

（五）喀斯特地貌

喀斯特地貌又称岩溶地貌，是指地下水和地表水对可溶性岩石如石灰岩进行溶蚀、侵蚀等综合地质作用而产生的各种地貌的总称。喀斯特地貌主要发育在碳酸岩类岩石地区，其景观特征是：山地高度不大，奇峰林立或孤峰突起，岩石嶙峋，造型丰富。地表常见有石芽、溶沟、石林、漏斗、落水洞、溶蚀洼地等岩溶形态，地下则发育着地下湖、地下暗河以及由石灰岩溶解沉淀而形成的石钟乳、石笋、石柱、石花等千姿百态的溶洞景观。著名的溶洞有桂林七星岩和芦笛岩、辽宁本溪水洞、贵州安顺龙宫、浙江桐庐瑶林仙境、北京房山石花洞、广西荔浦丰鱼岩、重庆武隆芙蓉洞、江西彭泽龙宫洞等。

图3-2　丹霞地貌名山——江西龙虎山　　图3-3　砂岩地貌的代表——张家界国家森林公园

我国是喀斯特地貌分布最广、类型最全的国家之一，广西、贵州、云南等地是我国喀斯特地貌的主要分布区。桂林山水是我国喀斯特地貌的典型代表。在桂林，地表的石林与清澈的江水相互辉映，地下则溶洞纵横、景观奇特。2007年6月，在第31届世界遗产大会上，中国南方喀斯特被评为世界自然遗产，这也是中国第一个跨省联合申报世界自然遗产的项目。

知识拓展3-3　　　　　　　　　　　**喀斯特地貌**

早在明代，我国著名地理学家徐霞客就考察了岩溶地貌并详细考证了其成因，这些内容均记载于他的地理名著《徐霞客游记》中。19世纪末，西方的地理学家在南欧的喀斯特高原发现了岩溶地貌容易被水溶蚀的特性，于是将这类地貌统称为喀斯特地貌。喀斯特地貌约占地球总面积的10%。中国是喀斯特地貌的集大成者，尤其是我国的南方，地表沉积了厚度达10千米、裸露区总面积达50多万平方千米的可溶性岩石。

（六）风沙地貌

风沙地貌是指干旱地区或内陆地区由于强风、流沙和间歇性地表水等因素造成的风化、侵蚀和堆积地貌的总称，主要包括沙丘、鸣沙和雅丹地貌。

1.沙丘

沙丘的形态很多，常见的、旅游价值比较高的是新月形沙丘和金字塔形沙丘。新月形沙丘迎风面缓、背风面陡，往往相连成链，蔚为壮观。

2.鸣沙

鸣沙又名响沙或"会唱歌的沙子"。鸣沙现象广泛存在于沙漠地带，在我国主要分布于下列地方：甘肃敦煌鸣沙山、内蒙古鄂尔多斯响沙湾、宁夏中卫沙坡头、新疆塔克拉玛干沙漠和古尔班通古特沙漠。

知识拓展3-4　　　　　　　　　　　**鸣沙的发声原理**

鸣沙的发声原理有很多种解释，主要有：

（1）电荷说。阳光照射下的沙粒会产生静电，带电的沙粒在外力作用下彼此摩擦，从而发出声音。

（2）共鸣说。沙丘的构成状态就像一个天然的共鸣箱，沙粒滚动时发出的声音在共鸣箱的作用下被放大。

（3）碰撞说。声音是由于沙粒彼此碰撞而发出的。

（4）吐气说。在夏日阳光的灼晒下，沙层快速增温，沙层内部空气膨胀，并顺着沙粒缝隙向外排出，从而发出声响。

3.雅丹地貌

雅丹地貌是指河湖中的地层经过风化作用、间歇性流水冲刷和风蚀作用而形成的与盛行风向平行、相间排列的风蚀土墩和风蚀凹地（沟槽）地貌组合（"雅丹"是维吾尔语，意思是"有陡壁的小山包"）。这种地貌主要分布在青海柴达木盆地西北部、疏勒河中下游和新疆罗布泊周围。其中，罗布泊东北部的雅丹地貌发育最典型，这里到处是形状奇异、大小不等、由东北向西南排列有序的又干又硬的土丘。这些土丘有的拔地而起，如柱，如树，如伞；有的匍匐在地，如狮，如虎；有的肃穆庄重，像城堡，像帐幔，像房屋，鳞次栉比，千姿百态。

知识拓展3-5

雅丹地貌一般有四个特征：（1）位于干旱少雨、植被稀少的地区；（2）所处地方风力强劲；（3）岩性松散；（4）地貌成因以风蚀为主，具有流线型外形，并且与盛行风向平行；（5）雅丹个体不大，一般不高于5米，不长于10米。

（七）海岸地貌

海岸地貌是指在地质构造运动、海浪与潮汐冲刷和堆积、生物以及气候等因素共同作用下形成的各种地貌形态，可分为海岸堆积地貌和海岸侵蚀地貌。海岸堆积地貌又可分为沙砾质海岸地貌、生物海岸地貌和淤泥质海岸地貌等。比较有旅游价值的是沙砾质海岸地貌和生物海岸地貌。沙砾质海岸在海滩坡度相宜、沙质纯净、砾石粗细合适的情况下，一般都能成为良好的海滨浴场。生物海岸有红树林海岸、珊瑚海岸等，红树林海岸很可能成为良好的景观海岸，珊瑚海岸则往往成为价值极高的潜水旅游胜地。我国的大陆海岸以钱塘江口为界，以南多岩石海岸，以北多沙砾质海岸。不同的海岸景观，形成了不同的滨海旅游特色。

图3-4 山东烟台海滨

山东烟台海滨如图3-4所示。

（八）火山岩地貌

火山岩地貌是指地下深处的岩浆喷出地表并快速冷凝而形成的各种地貌的总称，包括火山口、流纹岩、熔岩洞、火口湖、地下森林等。火山岩地貌景观具有山形圆、山体拔地而起、点状分布、排列成阵、错落有致等特征。我国的火山岩地貌主要分布在三个地带：环内蒙古高原带、青藏高原带和环太平洋带。著名的火山岩地貌景观有长白山天池、黑龙江五大连池、黑龙江镜泊湖和火山口原始森林、云南腾冲火山等。

知识拓展3-6　　　　　　　　　　　流纹岩

　　流纹岩是一种酸性喷出岩，常呈现流纹状结构。流纹岩是典型的火山岩地貌，由流纹岩构成的山地景观造型丰富逼真。此外，在不同的时间，从不同的角度进行观赏，流纹岩山地景观会呈现不同的形象。浙江的雁荡山、天目山都是典型的流纹岩山地景观。

　　（九）冰川地貌

　　冰川地貌是指主要由冰川的侵蚀和堆积作用而形成的对旅游者有吸引力的地貌景观，可分为现代冰川地貌和冰川遗迹（如刃脊、冰斗、冰窖、U形谷、角峰等）。现代冰川地貌主要分布在高纬度和高山寒冷地区，冰川遗迹的分布则较为广泛，如江西庐山、新疆喀纳斯湖等。冰川地貌多作为科学考察的对象，也有一部分被开发为旅游区，如四川贡嘎山海螺沟冰川、新疆天山托木尔峰等。

大美中国3-2　　　　　　　　　　　庐山

　　庐山是典型的第四纪冰川遗迹。庐山上的芦林湖、东谷、西谷等都曾是储存冰雪的"冰斗""冰窖"，犁头尖、太乙峰等是冰川挖蚀的"角峰"，含鄱口、大月山是冰川磨削的"刃脊"，王家坡U形谷亦是因冰川侵蚀而形成的。因此，庐山有"中国第四纪冰川遗迹天然博物馆"之称。

　　二、水体旅游资源

　　（一）水、水体和湿地的含义

　　从科学的角度讲，水是由两个氢原子和一个氧原子结合而成的最简单的氢氧化合物。水体则是指以相对稳定的陆地为边界的水域，是河流、湖泊、沼泽、水库、地下水和海洋的总称。与水体相关的另一个常用的概念是湿地。湿地是指靠近江河湖海且地表有浅层积水的地带，如沼泽、滩涂等，也包括在低潮时水深不超过6米的水域。湿地覆盖了地球表面6%的面积。湿地、森林和海洋是地球最重要的三大生态系统，它们对于维持生态平衡、保持生物多样性、调节气候、美化环境等均有重要作用。如果说森林是"地球之肺"，那么湿地就是"地球之肾"。

　　水广泛存在于自然界中，地球表面的3/4由水所覆盖。在生物体的各种组成成分中，水也占有较高的比例。水是自然环境形成和发展过程中最活跃的因素之一，它或以水蒸气、云雾等气态形式出现，或以雨、露、泉、湖、江河、瀑布、海洋等液态形式存在，或以霜、雪、雾凇、冰雹、冰川等固态形式出现。

　　（二）水体与旅游的关系

　　1.水体是旅游资源的重要组成部分

　　水是自然美景的重要构成要素，具有形、声、影、色、光、味俱全的特点，能给人以形态美、声音美、色彩美、味道美、光泽美、倒影美、奇特美和意境美等多种美感。浩瀚无垠的大海、波光粼粼的湖面、奔流不息的江河、雄伟壮观的瀑布等，都对游客有着强大的吸引力。许多水体已经成为我国著名的旅游资源，如贵州黄果树瀑布、新疆喀纳斯湖、四川海螺沟冰川、黄河三角洲湿地等。

课堂互动 3-3

什么样的水体才能成为旅游资源?

分析提示 3-3

2.水体是各类景区（点）的重要构景元素

水体的另一个作用是为其他景区（点）"锦上添花"。有水体的景区，才更有生机和活力。比如，水体常与山地巧妙结合在一起，或汹涌澎湃，或蜿蜒流淌，或烟波浩渺，或秀丽娇艳，从而构成了优美的山水风光，因此我国自古就把山水作为风景的代名词。又如，我国的园林景观历来重视水的作用，有"名园依绿水"之说。

3.水体是最能满足游客参与要求的旅游资源

水体可以提供丰富多彩的游乐和运动项目，如游泳、潜水、划船、漂流、冲浪、滑水、垂钓、滑冰等。可以说，在所有旅游资源中，水体旅游资源的游客参与程度最高。

课堂互动 3-4

"飞流直下三千尺，疑是银河落九天。""上下天光，一碧万顷。""黄河之水天上来，奔流到海不复回。""水光潋滟晴方好，山色空蒙雨亦奇。"这些都是我国古代描写水体壮美景观的诗句。想一想，这类诗句还有哪些?

分析提示 3-4

（三）水体旅游资源的类型和代表性景观

水体旅游资源的主要类型有江河旅游资源、湖泊旅游资源、泉水旅游资源、瀑布旅游资源和海洋旅游资源等。

1.江河旅游资源

（1）河流的含义。河流是一种天然的地表水流。地表水在重力的作用下，沿着陆地表面的线形凹地流动，称为河流。河流中较大的称为江、河，较小的称为溪、涧。每一条河流都可分为上游、中游和下游。大大小小的河流构成的脉络相通的系统称为水系。

河流有两种：外流河和内流河。外流河是指流入海洋的河流，其所在区域称为外流区，主要分布在我国的东部和南部。内流河又称内陆河，是指最终没有流入海洋的河流，所在区域称为内流区，主要分布在我国的北部和西部。内流河的水源主要是高山冰雪融水，河流下游或在洼地积水成湖，或消失于荒漠之中。

（2）河流与旅游。河流是地球的血脉，是人类文明的发祥地。河流两岸的山林风光与丰富多彩的人文旅游资源和谐统一，秀丽多姿，景象万千。在河流的中上游，河面狭窄，水流湍急，奇峰耸立，峡幽谷深，滩险流急，摄人心魄；在河流的下游，水面增宽，时而贴近山麓，时而延展于平川。上下游形成了风格各异、魅力无穷的旅游资源走廊。此外，河流上还可以开展多种旅游活动，如漂流、游泳、泛舟、垂钓等。在我国北方地区，冬季河流结冰后，还可以开展滑冰、冰橇等冰雪活动。

峡谷风光是河流旅游的重要组成部分。著名的峡谷有长江三峡、金沙江虎跳峡、雅鲁藏布大峡谷、怒江大峡谷、澜沧江梅里大峡谷、大渡河金口大峡谷等。

（3）我国主要的风景河溪。我国河流众多，长度在 1 000 千米以上的河流约有 20 条，流域面积在 1 000 平方千米以上的河流有 1 500 多条。在所有河流中，长江是我国最长的河流，塔里木河是我国最长的内陆河，雅鲁藏布江是我国海拔最高的大河。

所有河流都可能成为旅游资源。长江和黄河是综合性大型河流旅游资源的代表，浙江的富春江和楠溪江、武夷山的九曲溪、广西的漓江、江西的泸溪河、重庆的大宁河、湘西的猛洞河、贵州的马别河、鄂西的香溪、川西的九寨沟和岷江部分河段、滇南的大盈江和瑞丽江、藏南的雅砻河、东北的松花江和鸭绿江、海南岛的万泉河等都是著名的风景河溪。

①长江。长江（如图3-5所示）发源于青藏高原的唐古拉山脉各拉丹冬峰西南侧，全长约6 300千米，流经青海、西藏、四川、云南、重庆、湖北、湖南、江西、安徽、江苏和上海11个省、自治区、直辖市，最后注入东海，分别以湖北宜昌、江西湖口为界分为上、中、下游。长江是我国最大、最长的河流，也是世界第三长河，其长度仅次于尼罗河和亚马孙河，同时长江的水量远比世界第一长河尼罗河大。长江航运便利，有"黄金水道"之称，货运量居世界内河第一。长江也是我国最重要的河川旅游线和黄金旅游线之一。长江上游有风光旖旎的三峡景区，中游有世界罕见的"九曲回肠"荆江河段，下游则湖网密布，一派水乡景象。长江流域名胜古迹众多，是我国人口稠密、城镇密集、经济发达的地区。

图3-5　浩瀚长江（南京长江大桥附近）

课堂互动 3-5

在江西湖口县的石钟山下，鄱阳湖水与长江水在此相接，由于湖水清澈，而江水相对浑浊，因此在石钟山的水面上形成了一条泾渭分明的水上分界线，长达25千米，吸引了大量游人前往观赏。为什么会形成这一现象？

分析提示 3-5

②黄河。黄河（如图3-6所示）是我国第二长河，全长5 464千米。就水量而言，黄河在全国河流中排名第八位（排在长江、珠江、黑龙江、雅鲁藏布江、澜沧江、怒江、闽江之后）。黄河发源于青藏高原的巴颜喀拉山北麓，流经青海、四川、甘肃、宁夏、内蒙古、陕西、山西、河南及山东9个省、自治区，最后在山东省

图3-6　黄河（兰州市区段）

东营市垦利区注入渤海,分别以内蒙古托克托县双河镇河口村、河南郑州桃花峪为界分为上、中、下游。黄河上游流经有"塞上江南"之称的银川平原和河套平原;中游流经黄土高原,形成了含沙量居世界之冠的大河(近年来黄河泥沙已大量减少),举世闻名的壶口瀑布就在这一段;下游流经华北平原,形成了全球罕见的长达900千米的"地上河"。黄河是中华文明最主要的发源地,被誉为中国的"母亲河"。历史上,黄河流域长期是我国的政治、经济和文化中心,因此保留了众多的古代文化遗存,包括古人类遗址遗迹、古都城遗迹、帝都园林、帝王陵墓、宗教胜迹等。可以说,黄河是我国古代历史文化景观最丰富的河川旅游线。

知识拓展3-7

关于黄河,过去常有这样的描述:黄河每年都会携带16亿吨泥沙入海,每年在入海口新造陆地25平方千米。现在,这一情况正在变化。近年来,黄河入海泥沙大量减少,2016年,黄河入海泥沙总量只有0.1亿吨,这一方面是因为黄河入海水量减少,另一方面是因为黄河正在变清。

黄河变清主要有两个原因:第一,植被的增加。黄河90%的泥沙来自黄土高原,如今,黄河流域尤其是黄土高原退耕还林,植被增加,生态环境改善,从而使流入黄河的泥沙大为减少。第二,水库和电站的增加。黄河流域内修建了大量水库和电站,如龙羊峡水库、刘家峡水库等,水库和电站截住了大量泥沙。

2.湖泊旅游资源

(1)湖泊的含义和类型。湖泊是陆地上蓄水的洼地。我国湖泊众多,面积在1平方千米以上的天然湖泊有2 000多个。我国湖泊的分布范围广泛且相对集中,主要分布在长江中下游平原和青藏高原,其次为云贵高原和东北地区。湖泊的分类方法很多,主要有以下两种:一是根据湖水的矿化程度,湖泊可分为淡水湖、咸水湖和盐湖(矿化度小于1克/升的为淡水湖,矿化度在1~35克/升的为咸水湖,矿化度大于35克/升的为盐湖);二是根据湖泊的成因,湖泊可分为构造湖、火山湖、堰塞湖、河迹湖、潟湖、喀斯特湖、风蚀湖和人工湖。

①构造湖。构造湖是由地壳运动引起的地壳断裂、褶皱、沉陷等所形成的构造盆地,经积水而形成的湖泊。构造湖一般水体较深,如青海的鄂陵湖、扎陵湖和青海湖,西藏的纳木错(藏语"错"即"湖"),新疆的艾丁湖和赛里木湖,云南的洱海、滇池和抚仙湖等。

②火山湖。火山湖是火山喷发口被堵塞后因积水而形成的湖泊。这种湖一般较深,外形为圆形或马蹄形,如长白山天池、云南腾冲大龙潭等。

③堰塞湖。堰塞湖是河流的河道被火山喷发物和滑坡堆积物等堵塞而形成的湖泊,如黑龙江的五大连池和镜泊湖、新疆天山天池等。

④河迹湖。河迹湖又叫牛轭湖,是由于河流改道而形成的湖泊。这种湖泊多呈弯月形或牛轭形,水较浅。我国长江中下游平原的湖泊多为河迹湖,如鄱阳湖、洞庭湖、洪泽湖、巢湖等。

⑤潟湖。潟湖也称海迹湖,是由于河流泥沙在浅水海湾中堆积起来的沙堤把大片水域

与海洋隔开而形成的湖泊，如广东品清湖、杭州西湖。

⑥喀斯特湖。喀斯特湖即岩溶湖，是石灰岩地区的地下溶洞因被水侵蚀、洞顶被穿透而形成的湖泊，如贵州威宁草海、昆明黑龙潭。

⑦风蚀湖。风蚀湖是受风沙吹蚀影响的洼地积水而形成的湖泊，如敦煌月牙泉、内蒙古居延海等。

⑧人工湖。人工湖也称水库，是人类在江河上兴修水利、拦河筑坝而形成的湖泊。很多人工湖已开发成旅游资源，如浙江千岛湖、吉林松花湖以及三峡水库、三门峡水库、刘家峡水库、十三陵水库等。

（2）湖泊的旅游价值。湖泊不仅具有蓄水、灌溉、养殖、净化环境、调节气候的功能，还有重要的旅游观赏价值，是重要的旅游资源。作为观赏对象的湖泊，其景观的共同特征是或蔚蓝，或碧绿，或波平如镜，或湖光潋滟。湖中生长的植物和水中的游鱼为湖泊景观增添了许多亮色。湖泊还是康乐度假活动的重要场所，普遍适合垂钓、划船等休闲娱乐活动。因此，湖区是陆地上最重要的旅游活动区域之一。

（3）我国主要的湖泊景观。我国主要的湖泊景观有：平原大湖，主要分布于东部平原，如江西鄱阳湖、湖南洞庭湖、江苏太湖、山东南四湖（包括微山湖、昭阳湖、独山湖、南阳湖）、湖北洪湖、河北白洋淀等；山地秀湖，主要分布于山地丘陵之中，如新疆天山天池、吉林长白山天池、台湾日月潭、四川九寨沟湖泊群、新疆博斯腾湖和天鹅湖、黑龙江镜泊湖等；人工湖泊，如浙江千岛湖、吉林松花湖、福建金湖等；高原旷湖，主要分布于高原地区，如青藏高原上的青海湖和纳木错，云贵高原上的滇池、洱海、泸沽湖、草海和红枫湖等；内陆盐湖及咸水湖，如新疆艾比湖和玛纳斯湖、青海察尔汗盐湖等；园林风景湖，如杭州西湖、南京玄武湖、扬州瘦西湖、济南大明湖、武汉东湖等。

大美中国 3-3　　　　　　　　　　　神奇的盐湖

察尔汗盐湖位于柴达木盆地南部，湖面平均海拔2 670米，总面积约5 856平方千米，是我国最大的盐湖，也是世界上最著名的内陆盐湖之一。这里是盐的世界，房子用盐盖，吃盐就地取，公路用盐铺，铁路路基用盐筑。在察尔汗盐湖上，有一座长达32千米的路桥，折合市制可达万丈，因此素称"万丈盐桥"。察尔汗盐湖也是一个美妙神奇的世界，奇特的盐层溶洞、盐湖蘑菇和美丽的盐花等共同构成了难得一见的天下奇观。

察尔汗盐湖是数亿年来地质变迁的产物。几亿年前，柴达木盆地这里是一片汪洋大海，后来地壳上升，海底裸露，就变成了盆地，并形成了大大小小的湖泊，其中察尔汗盐湖最大。由于长期的风吹日晒，加之蒸发量远远大于降水量，因此湖内形成了高浓度的卤水，有的逐渐结晶成了盐粒，最终形成盐湖。

鄱阳湖、洞庭湖、太湖、洪泽湖和巢湖通常被称为我国五大淡水湖（也有一种说法认为鄱阳湖、洞庭湖、太湖、呼伦湖和洪泽湖是我国五大淡水湖）；青海湖、色林错、纳木错、扎日南木错和当惹雍错被誉为我国五大咸水湖；新疆天山天池、吉林长白山天池、青海孟达天池和浙江天目山天池被誉为我国四大天池。青海湖是我国最大的内陆湖，也是我国第一大咸水湖；鄱阳湖是我国最大的淡水湖（如图3-7所示）；察尔汗盐湖是我国最大的盐湖；森里错海拔5 386米，是世界上海拔最高的湖泊；纳木错海拔4 718米，是我国海拔最高的咸水湖；长白山天池是我国最深的湖泊；艾丁湖是我国陆地的最低点，湖面比海平面低154.31米，也是世界第二低湖。

图3-7　中国最大的淡水湖——鄱阳湖（远处为石钟山）

与湖泊景观相关的是湿地景观。我国主要的湿地景观有扎龙国家级自然保护区（黑龙江齐齐哈尔）、山口红树林国家级自然保护区（广西北海）、双台河口国家级自然保护区（辽宁盘锦）、巴音布鲁克国家级自然保护区（新疆和静）、西溪国家湿地公园（浙江杭州）、沙湖自然保护区（宁夏石嘴山）、哈尼梯田国家湿地公园（云南红河）等。

3.泉水旅游资源

（1）泉和泉的类型。泉是地下水的天然露头。不同的泉水温度差别很大，从0℃到100℃都有。一般来说，温度高于当地年平均气温的泉水称为温泉，低于当地年平均气温的泉水则称为冷泉。不同泉水的矿物质成分不同，我们把含有一定量矿物质（矿化度为1克/升以上）并且具有医疗作用和饮用价值的泉水称为矿泉。一些景观奇特、具有观赏价值的泉则被称为观赏泉。

知识拓展3-8　　　　　　　　　泉的分类

根据温度的不同，我们还可对泉水进行更细的分类：把水温在20℃以下的泉水称为冷泉，把水温在20～33℃的泉水称为微温泉，把水温在34～37℃的泉水称为温泉，把水温在38～42℃的泉水称为热泉，把水温在43～99℃的泉水称为高热泉，把水温在100℃以上的泉水称为沸泉。热泉和高热泉常被称为"汤"。

（2）温泉的形成。温泉形成的前提是充分的地下水和一定的流动通道。温泉的形成一般有两种情况：

第一种情况是埋藏较深的地下水受地热作用升温而形成温泉。在这种情况下，温泉的温度取决于地下含水层的深度。通常，在靠近地面的地壳中，每下降100米，温度约升高3℃。如果在某一特定深度的区域内存在含水层，就有可能形成温泉。我国的内陆温泉多属于此种类型，如西安骊山温泉、北京小汤山温泉等。

第二种情况是含水岩层受岩浆作用升温而形成温泉。这种温泉主要分布在地壳活动地带，即地壳板块的边缘地带，多与火山群或地热分布区伴生。这种温泉一般温度较高，达70～80℃，有时甚至超过100℃。这种温泉在我国的分布也不少，如我国东北的长白山温泉群，福建、台湾沿海地区的温泉，西藏的狮泉河-雅鲁藏布江大断裂带和云南腾冲地区的温泉等。

现在有不少地方开采深层地下水，这种水的水温也很高，但它不是温泉，只是地热水。

（3）我国泉水景观的分布。具体如下：

①温泉的分布。我国位于环太平洋地震带和地中海–喜马拉雅地震带之间，形成了遍布全国的数万处温泉，滇、藏、粤、闽、台等省、区温泉的分布最为集中，温泉数量占全国的一半。我国以温泉著称的旅游地有陕西临潼、广东从化、南京汤山、贵州息烽、北京小汤山、辽宁汤岗子、台湾北投和阳明山、内蒙古阿尔山、山东即墨、云南安宁、广西象州、湖北应城等。

②矿泉的分布。绝大多数温泉都是矿泉，但矿泉并不都是温泉。我国的矿泉主要有山东崂山矿泉、黑龙江五大连池的药泉、内蒙古阿尔山温泉等。

③观赏泉的分布。除了治疗疾病、饮用之外，泉还有特殊的观赏价值，因此泉在旅游景观中占有重要的地位。著名的观赏泉如云南大理蝴蝶泉、广西桂平乳泉、四川广元含羞泉、湖北当阳珍珠泉、台湾关子岭温泉、安徽寿县喊泉，以及西藏羊八井的沸泉等。一些观赏泉会呈现出奇特的自然现象，从而吸引了大量游客前来观赏。例如，江西于都紫阳观双味泉，逢单日水酸，逢双日水甜；四川广元的含羞泉，一遇响动，泉水便似害羞的姑娘悄悄退去，待安静后，泉水又悄然冒出。

大美中国 3-4　　　　　　　　　我国的"天下第一泉"

在我国历史上，被称为"天下第一泉"的地方主要有七个：（1）镇江中泠泉。唐代文人刘伯刍把宜于煮茶的水分为七等，扬子江南零水第一，故称"天下第一泉"。（2）庐山谷帘泉。唐代茶圣陆羽周游各地，认为庐山康王谷水帘水第一，故称"天下第一泉"。（3）济南趵突泉。乾隆皇帝至此品茗后封它为"天下第一泉"，题有"激湍"二字。（4）北京玉泉。据说乾隆皇帝为检验玉泉山泉的水质，曾命大臣取全国名泉水，用特制的银斗品量，结果玉泉水最轻，水质最好，便又封玉泉为"天下第一泉"。（5）衡山水帘洞泉。历代名人在水帘洞的题刻颇多，如唐代李商隐书"南岳第一泉"，明代计宗道书"天下第一泉"等。（6）峨眉山玉液泉。清代邢所江称其为"天下第一泉"。（7）安宁碧玉泉。明代文学家杨慎了解过国内不少温泉，认为安宁碧玉泉为"天下第一汤"。

4.瀑布旅游资源

瀑布是河、溪、泉、湖等水体遇陡坎断崖，凌空跌落而形成的水景。瀑布的大小取决于水体宽度、水量和落差。由于瀑布的形、声、色俱佳，因此瀑布是陆地上最壮观的水景，对游客具有强烈的吸引力。

我国地形复杂，河湖众多，形成了众多的瀑布。这些瀑布主要分布在东北长白山区、云贵高原、横断山区以及我国东南部广大的山地丘陵区。著名的瀑布有贵州黄果树瀑布、黑龙江镜泊湖吊水楼瀑布、云南石林大叠水瀑布、腾冲叠水河瀑布、四川九寨沟瀑布群、贵州赤水大瀑布、浙江雁荡山大龙湫瀑布、黄河壶口瀑布、江西庐山三叠泉瀑布和香炉峰瀑布、安徽黄山九龙瀑和百丈瀑等。其中，贵州黄果树瀑布是我国最大的瀑布，被称为"中国第一瀑"；黄河壶口瀑布是我国第二大瀑布，也是我国唯一的大河瀑布；黑龙江镜泊湖吊水楼瀑布是世界上最大的玄武岩瀑布。

图3-8 四川九寨沟诺日朗瀑布

图3-8是四川九寨沟诺日朗瀑布。

5.海洋旅游资源

海洋由海和洋组成，海洋的中心部分叫洋，海洋的边缘部分叫海，但二者很难截然分开。洋的面积比海大得多，但作为旅游的重点对象，主要不是洋，而是海，并且又多局限于海岸带。海岸带是海洋与陆地的接触带，海岸带的旅游资源是在水、陆、气候、生物及多种人文因素的作用下产生的，包括海水、沙滩、阳光、海边的断崖绝壁、海底景观、海洋生物、海上日出、海上观潮、海边建筑等。特别是海水、沙滩和阳光，被称为"3S"旅游资源（因其英文首字母都是"S"）。

我国有漫长的海岸线，沿海许多地方都已经形成滨海旅游胜地，如大连金石滩、厦门鼓浪屿、浙江普陀山海滨、河北的北戴河和南戴河，以及山东的青岛、烟台和威海海滨等。海南岛是我国著名的滨海旅游地，这里气候宜人，沙细滩平，全年可进行海水浴，著名的海滨有三亚天涯海角、亚龙湾、三亚湾、大东海等。

潮汐景观是海洋景观的组成部分。潮汐是由于月亮、太阳和地球间的吸引力与地球自转产生的离心力共同作用于海水而产生的海水水位定时涨落的现象。所有大陆海岸都会产生潮汐。由于月亮离地球最近，因此引潮力主要发生在月地之间。我国最壮观、最有名的潮汐是浙江钱塘江的钱塘潮。自古以来，浙江海宁盐官镇就是观潮胜地，每年农历五月至十月的初一、十五前后几天都是理想的观潮时间，其中农历八月十八是钱塘江口全年最大潮发生的时间，因此吸引着大批游人前往观潮。

知识拓展3-9　　　　　　　　　　钱塘潮的形成

钱塘潮的形成与其独特的地文条件有关。钱塘江从杭州湾入海，而杭州湾是一个典型的喇叭形海湾，最宽处达100千米，但在杭州市六和塔附近，钱塘江江面宽度不足2 000米。当潮水到来时，宽阔的湾口涌进大量海水，这些海水沿着湾口继续推进，由于杭州湾越来越窄，潮水受两岸约束累积起来，形成高耸的水墙，奔腾向前。

为什么钱塘潮在农历八月十八最壮观呢？这与海水的升降周期有关。海水水面的升降存在三种周期：（1）日周期，即海水一昼夜有两次高潮和两次低潮。当月亮处于天顶或天底时，海水上涨；当月亮处于地平线两端的天际时，海水下降。（2）月周期，即一个月有两次大潮和两次小潮，两次大潮分别出现在农历初一和十五。（3）年周期，即一年有两次最大潮和两次最小潮，两次最大潮分别出现在春分和秋分前后。中国农历八月十八在秋分前后，是最大潮发生的时节。因此，钱塘潮在农历八月十八最壮观。

三、生物旅游资源

（一）生物的旅游功能

生物是自然界中有生命物质的总称，由动物、植物和微生物组成。地球的历史已长达

46亿年，地球生命的历史也达到了约40亿年。在这40亿年中，地球上的生命经历了由简单到复杂、由低级到高级、由海洋到陆地、由海陆到空中的发展进程，最终形成了今天这个多姿多彩的生物圈。

生物是人类的衣食之源，对人类的社会、经济及文化生活产生着重大影响。同时，生物本身也可作为旅游资源，能够美化、活化、净化人类的生活环境。生物的旅游功能主要表现在：

1.构景功能

生物是自然界中最活跃的因子，其生命过程中表现出的形、态、声、色、香等审美因素是风景中重要的构景要素。

2.康乐功能

人们可利用生物开展垂钓、狩猎、采集、骑马等活动。在生态旅游已成为时尚的今天，生物旅游资源对游客产生了越来越大的吸引力。

3.求知功能

生物能够成为传播知识的载体，人们可以通过了解奇花异草、珍禽异兽等来扩大视野，增长知识。

（二）生物旅游资源的类型

总体上说，生物旅游资源可分为植物旅游资源和动物旅游资源两大类；具体来说，生物旅游资源又可分为森林与树木、草原与草地、花卉、野生动物四类。

1.森林与树木旅游资源

（1）森林旅游资源。森林是生长在一起的大片树木组成的植物群体。

我国的森林可分为天然林和人工林两类，天然林又可分为原始林和次生林。大小兴安岭、长白山地、横断山区、藏东南地区、长江中下游的山地丘陵地区等都是我国的主要林区，也是森林旅游资源的主要分布地。吉林长白山、云南西双版纳、湖南张家界、福建武夷山、湖北神农架、广东鼎湖山等都是我国具有代表性的森林旅游地。大兴安岭北部的兴安落叶松林、吉林长白山的长白松林、太行山的栎树林、河北围场的桦木林、新疆天山的冷杉林、新疆塔里木盆地的胡杨林、云南大理苍山的冷杉林、江西井冈山的杜鹃林、海南岛的椰林、四川蜀南竹海等都是具有代表性的、风景独特的林木景观。《中国国家地理》杂志曾发起"选美中国"活动，评选出了中国最美的十大森林，包括天山雪岭云杉林（新疆）、长白山红松阔叶混交林（吉林）、尖峰岭热带雨林（海南）、白马雪山高山杜鹃林（云南）、波密岗乡林芝云杉林（西藏）、轮台胡杨林（新疆）、西双版纳热带雨林（云南）、荔波喀斯特森林（贵州）、大兴安岭北部兴安落叶松林（黑龙江、内蒙古）、蜀南竹海（四川）。

图3-9为原始森林。

图3-9 原始森林

知识拓展 3-10 　　　　　　　　　　中国人工林面积已居全球首位

　　美国航天局卫星在2000—2017年收集的数据显示，全球绿化面积增加了5%，相当于多出一个亚马孙热带雨林。其中，仅中国的植被增加量就占到过去17年里全球植被增加总量的25%以上。目前，中国人工林面积已居全球首位。

　　研究数据显示，过去17年，中国新增绿色面积的42%来自植树造林，32%来自农业。在人工造林方面，中国为世界提供了无数范例：曾被称为"死亡之海"的库布齐沙漠经过近30年的治理，实现了"绿进沙退"的历史性转变，被联合国确定为"全球沙漠生态经济示范区"；中国四大沙地之一的毛乌素沙漠经过几代人的治理，止沙生绿，被联合国官员盛赞"值得世界所有国家向中国致敬"；塞罕坝机械林场经过三代建设者的不懈努力，建成了世界上面积最大的人工林，被联合国环境规划署授予环保最高荣誉"地球卫士奖"。

　　资料来源　钟声."中国绿"为地球添生机［N］.人民日报，2019-02-18（3）.

　　我国还建立了各级森林公园。森林公园是以森林为主体的自然类郊野公园，是我国森林资源保存最精华的板块之一。世界上首个森林公园是1872年由美国建立的黄石国家公园。我国于1982年建立的张家界国家森林公园是我国第一个国家森林公园。截至2017年底，我国共建立森林公园3 505处，规划总面积202 819平方千米，占国土面积的2.11%，全国森林旅游人数达到14亿人次，森林旅游综合产值首次突破万亿元大关[1]。森林公园已成为城乡居民休闲、度假、游憩的重要场所。

图3-10　庐山植物园

　　此外，我国还建有许多植物园。这些植物园可分为大型综合性植物园和独具特色的专科性植物园两种。许多植物园已成为现代林地旅游景观的重要组成部分，如华南植物园（我国规模最大的南亚热带植物园）、海南热带植物园、庐山植物园（如图3-10所示）等。

知识拓展 3-11 　　　　　　　　　　　天然林的种类

　　我国的天然林在不同的地理区域有不同的种类：①寒温带落叶针叶林，主要分布于大兴安岭北部；②中温带针阔叶混交林，主要分布于小兴安岭和长白山；③暖温带落叶阔叶林，主要分布于东北平原之南和秦岭-淮河以北的山地；④亚热带常绿阔叶林，主要分布于秦岭-淮河以南、南岭以北的亚热带地区；⑤热带雨林，主要分布于海南和云南、台湾的南部。

　　（2）古树名木旅游资源。古树名木也是一种重要的旅游资源。一般来说，被列为古树名木的树木至少应符合下列条件之一：①有百年以上树龄；②属于稀有、珍贵树种；③具

　　[1]　张红梅，赵向往.全国森林旅游人数和综合产值连年以两位数增长［EB/OL］.［2018-08-09］. http://www.for-estry.gov.cn/xdly/5197/20180809/084652467853009.html.

有历史价值、纪念意义及重要科研价值。

我国被誉为"世界树木宝库",特有的珍稀树种有水杉、银杏、鹅掌楸、金钱松、台湾杉、银杉、珙桐等。我国的古树名木遍布全国,著名的有陕西黄陵的"轩辕柏"(相传为轩辕黄帝手植)、河南登封嵩阳书院的"将军柏"(被认为是我国最古老的柏树,如图3-11所示)、安徽黄山的"迎客松"、九华山的"凤凰松"、台湾嘉义的"阿里山神木"、江西庐山的"三宝树"等。

图3-11 河南登封嵩阳书院的"将军柏"

2. 草原与草地旅游资源

草原是指在干旱、半干旱的气候条件下,以旱生或半旱生的草本植物组成的植被类型。草地是以多年生草本植物或小部分灌木组成的植物群落。草原和草地组成了一望无际的绿色海洋,再加上点缀其间的牛羊,以及蓝天、白云和新鲜的空气,从而对旅游者产生了强大的吸引力。

我国草原的主要类型有温带草原、暖温带草原和高山草甸草原等,主要分布在内蒙古、新疆、青海、西藏、甘肃南部和四川西北部等地。我国的温带草原以内蒙古草原最为典型;高山草原则主要分布在新疆天山南北坡和青藏高原等地;我国长江以南的少数地方也有高山草甸、草原分布,如江西武功山的十万亩高山草甸。内蒙古呼伦贝尔草原、锡林郭勒草原和新疆天山的高山草甸等都是我国著名的草原旅游地,适宜开展草原观光、骑马、滑草、野餐露营等活动。

3. 花卉旅游资源

花能美化环境,能给人以美好的视觉感受。自古以来,人们便赋予了花卉丰富的内涵,因此人们从花卉中可以领略到许多深刻的寓意,如梅花喻高洁顽强,牡丹喻尊贵荣华,莲花喻清雅圣洁等。

我国常见的景观花卉有牡丹、菊花、梅花、茶花、杜鹃、兰花、芍药、玉兰、水仙、莲花、桂花、月季花、山茶花等。去南京梅花山、无锡梅园、武汉东湖和江西大余等地赏梅,去河南洛阳和山东菏泽观牡丹,去江西井冈山观杜鹃,去河北白洋淀观荷花,去吉林长白山观野生花卉等,都是著名的花卉旅游项目。此外,各地定期举办的花展、花会也能吸引众多的游人,如广州迎春花市、洛阳牡丹文化节、大连国际赏槐会、杭州西湖国际桂花节、北京菊花文化节等。

知识拓展3-12 　　　　　　　　　　**部分名花的雅称**

园中三杰——玫瑰、蔷薇和月季;

花中之魁——梅花;

花中之王——牡丹花,有"国色天香"之称;

花中隐士——菊花;

花中君子——兰花;

花中皇后——月季花；

繁花似锦——杜鹃花；

花中娇客——茶花；

水中芙蓉——荷花；

十里飘香——桂花；

凌波仙子——水仙花。

4.野生动物旅游资源

我国山多林密，野生动物种类丰富，其中很多是国家重点保护的珍贵、濒危野生动物，如大熊猫、金丝猴、白唇鹿、白鱀豚、华南虎、褐马鸡、东北虎、扬子鳄、丹顶鹤、朱鹮等。其中，大熊猫、金丝猴、白唇鹿、白鱀豚被称为我国四大国宝动物，朱鹮是世界上数量最少的珍稀鸟类。

野生动物不仅具有经济、科学、文化、教育等多方面的价值，而且具有奇特性、珍稀性和表演性，因此野生动物历来都是人们喜爱的旅游景观。目前，人们观赏野生动物有两类地方：一类是动物园；另一类是野生动物栖息地。

（1）动物园。动物园可分为综合性动物园和专门性动物园两大类。

综合性动物园如北京动物园、上海动物园等。北京动物园、上海动物园和广州动物园并称为我国三大动物园。专门性动物园如水族馆、海洋公园、鸟园、蝴蝶园、蛇园、猴园、鳄鱼园等。水族馆和海洋公园是现代城市中新兴的游览地，是人们认识海洋和海洋生物的窗口，也是动物园发展的新形式。

知识拓展 3-13　　　　　　　　　　**野生动物园**

野生动物园是一种在自然环境的基础上围圈的，将动物半开放式放养的动物园。野生动物园的面积一般比较大，动物可在园内自由行动、追逐食物，游人必须乘封闭车辆观看动物。著名的野生动物园有上海野生动物园、广州长隆野生动物世界、深圳野生动物园等。其中，广州长隆野生动物世界是我国面积最大、拥有珍稀濒危动物最多的动物园，深圳野生动物园是我国第一家放养式动物园。

（2）野生动物栖息地。野生动物栖息地包括陆地动物栖息地、水生动物栖息地、鸟类栖息地和蝶类栖息地等。

著名的陆地动物栖息地有四川卧龙国家级自然保护区（主要保护对象为大熊猫及森林生态系统）、四川白河国家级自然保护区（主要保护对象为大熊猫、金丝猴）、海南南湾猴岛（主要保护对象为猕猴）、大连蛇岛、江西彭泽桃红岭梅花鹿自然保护区等。著名的水生动物栖息地有湖北长江新螺段白鱀豚国家级自然保护区、广东珠江口中华白海豚国家级自然保护区等。著名的鸟类栖息地有黑龙江扎龙国家级自然保护区（主要保护对象为丹顶鹤）、江西鄱阳湖国家级自然保护区（主要保护对象为白鹤等珍稀候鸟）、山东黄河三角洲国家级自然保护区（主要保护对象为新生湿地生态系统和珍稀濒危鸟类）等。著名的蝶类栖息地有云南西双版纳和苍山洱海、台湾高雄美浓黄蝶翠谷、南京牛首山中华虎凤蝶自然保护区等。

四、气象与气候旅游资源

气象与气候不仅是各类自然景观和人文景观形成和发育的条件和基础，而且能够直接造景、育景，从而吸引着众多游客前往观赏。

我国具有宜人的气候和独具特色的气象、气候景观，如云雾景、雨景、冰雪景、霜露景、雷鸣电闪景、日出日落景、月景以及极光、佛光、蜃景、虹、霓等。其中，云海、日出、夕阳、佛光、蜃景和雨凇又被称为"天象六景"。

知识拓展 3-14　　　　天气、气候、气象与天象

天气是指一定的区域范围内在短时间里的阴晴、风雨、冷热等大气物理状况。

气候是指一个地方多年的天气特征，是多年常见和特有的天气状况的综合。

气象是指大气中发生的云、雨、风、雷、电、雪、雾、霜、雹、露等物理现象及增温、冷却、蒸发、凝结等物理变化过程。

天象旧指天文、气象方面的现象，如日月星辰的运行等。

（一）宜人气候旅游资源

追求舒适宜人的气候是游客的天性。我国有良好的气候条件，无论是避寒还是避暑，总能找到合适的地方。我国的宜人气候主要分布在中低纬度湿润与半湿润地区，特别是海滨、海岛和有一定海拔高度的山地、高原及部分湖泊、河流地区。以海南三亚为代表的海南岛和以昆明为代表的云贵高原区是我国最著名的常年有适宜气候的区域。夏季，全国普遍高温，但东部沿海、南部山区、东北地区仍适合消夏避暑，著名的避暑地有北戴河、大连、青岛、哈尔滨、庐山（如图3-12所示）、贵阳、昆明等。冬季，我国位于北回归线以南的地区非常适合避寒，著名的避寒地有海南岛、云南的西双版纳及深圳、珠海、北海、广州、厦门等城市。春秋两季，全国气温适中，但春季南方多雨、北方多风沙，而秋季全国普遍秋高气爽，又是农作物收获的时节，因此秋季是我国大多数地区最适宜旅游的季节。

图3-12　中国避暑名山——庐山

知识拓展 3-15　　　　　**什么气候最宜人**

研究表明，气温为18～23℃，相对湿度为65%～85%，空气透明洁净，每立方厘米空气中负离子含量不少于1 000～1 500个，风速为每秒2米左右时，人会感觉比较舒适。

（二）云、雾、雨旅游资源

云、雾、雨都是生活中常见的现象，但善于发现美、感受美的人却能把普通的云、雾、雨现象当成景观。长期以来，我国已形成了一些观赏云、雾、雨景的著名地点，云、雾、雨景也往往成为该地的著名旅游景观。例如，黄山、泰山、峨眉山、阿里山、齐云山、巫山的云海以及庐山的瀑布云、苍山的玉带云、三清山的响云等都是云中奇景；新安

江雾景、柳州凝雾景、关中"草堂烟雾"等都是雾中名景；巴山夜雨、潇湘雨、江南烟雨、济南"鹊华烟雨"、蓬莱"漏天银雨"、峨眉山"洪椿晓雨"、贵州毕节"南山雨雾"、羊城"双桥烟雨"等都是著名的雨景。

⊗ **课堂互动 3-6**

在我国的雾景中，新安江雾景远近闻名。在浙江建德新安江水库大坝下游约20千米的范围内，几乎一年四季都有雾，其中夏冬季节的雾景最为壮观，请分析这一雾景的形成原因。

分析提示3-6

（三）冰雪旅游资源

冰是水在0℃或0℃以下凝结成的固体。冰川是移动的大冰块。在高山或两极地区，积雪由于自身的压力变成冰块（或积雪融化下渗冻结形成冰块），又因重力作用而沿着地面倾斜方向移动，形成冰川。

雪是从空中降落的白色结晶，多为六角形，是气温降到0℃以下，空气中的水蒸气凝结而成的。

知识拓展 3-16 冰川的分类

冰川可以分为两类：一类是大陆冰盖；另一类是山岳冰川。大陆冰盖主要分布在南极洲和格陵兰岛。我国的冰川都属于山岳冰川。

冰雪在寒冷季节或高山寒冷地区才能见到，因其洁白晶莹，所以成为重要的自然景观和构景要素。著名的冰雪景观有四川海螺沟冰川、东北林海雪原、北京"西山晴雪"、西湖"断桥残雪"、台湾"玉山积雪"、关中地区的"太白积雪"等。冰雪还可成为冰雕的原料，哈尔滨和齐齐哈尔的冰雕闻名海内外。冰雪还可以用来开发冰雪运动项目，黑龙江亚布力、吉林松花湖、内蒙古海拉尔等地都是滑雪胜地。

（四）雾凇、雨凇旅游资源

雾凇又名树挂，是在潮湿、低温的气候条件下，雾气在低于0℃的附着物上直接凝华而成的白色松絮状冰粒，可分为晶状雾凇和粒状雾凇两类。雾凇形成时，漫挂于树丛中，如同盛开的梨花，充满诗情画意。吉林松花江畔、峨眉山、五台山、衡山等地都是观赏雾凇的好地方。吉林雾凇还与桂林山水、云南石林、长江三峡并称为我国四大自然奇观。

雨凇类似于雾凇，它是在低温的情况下过冷雨滴落在0℃以下的物体上很快冻结起来的透明或半透明的冰层。庐山、峨眉山、九华山都是著名的雨凇观赏地。

（五）佛光与蜃景旅游资源

佛光与蜃景（海市蜃楼）一样，都是大气和光的杰作。

佛光又称宝光，是在阳光斜射的条件下，由云海雾珠产生的衍射分光现象。四川峨眉山金顶是最有名的观赏佛光之地，因为这里云雾天数多，湿度大，并且风速小，所以很容易产生佛光。山西五台山、安徽黄山、江西庐山、山东泰山等地也常见到佛光。

知识拓展 3-17　　　　　　　　　　佛光的形成原理

佛光的形成原理是这样的：晴朗无风的早晨或傍晚，当阳光、人和云层三者处在一条倾斜的直线上，且人位于太阳与云层之间时，由于阳光的衍射和反射，形成七色环状彩虹，面对光环的观赏者的身影投射于云幕的彩色光环之中，仿佛人影周围环绕着彩色光圈，这一现象被称为佛光。光环随人而动，人在光环中如身临仙境。

海市蜃楼是大气中由于光线的折射作用而形成的一种自然现象。古人对这一自然现象不理解，误认为是蜃（大蛤蜊）吐气而成，所以叫蜃景或海市蜃楼。

海市蜃楼形成的前提是空气出现密度不同的分层，空气各层温度的不同必然会造成密度的差异。温度高的空气密度小，温度低的空气密度大。夏季晴天的海面、沙漠、山顶很容易形成上层与下层空气温度的较大差异，因此海市蜃楼多出现在夏天的沿海、沙漠的上空和山岳顶部。出现在水面上空的蜃景成正像，又称"上现蜃景"或"侧现蜃景"；出现在沙漠地带的蜃景成倒像，又称"下现蜃景"。山东蓬莱和长岛、浙江普陀山等地都是观看海市蜃楼的理想之地。

（六）日出景、日落景和月景旅游资源

日出景、日落景和月景都是大自然赋予人类的最动人的自然景观的组成部分，观赏日出景、日落景和月景是人们旅游活动中的重要环节。黄山清凉台、泰山观日亭、庐山含鄱亭等都是著名的观日出之处，大连老虎滩和黑石礁、北戴河鹰角亭、普陀山朝阳洞等则是观海上日出的佳地。陕西临潼"骊山夕照"、河北承德"磬锤夕照"、台湾"安平夕照"、杭州"雷峰夕照"、泰山"晚霞夕照"、济南"江波晚照"等都是著名的日落景观。北京"卢沟晓月"、杭州西湖"平湖秋月"和"三潭印月"、上海豫园"登楼得月"、桂林"象山夜月"、无锡"二泉映月"、承德避暑山庄"梨花伴月"、庐山"月照松林"、扬州"二十四桥明月"、崂山太清宫"太清水月"、大理"洱海月"、宜宾"三江双月"、兰州"天野苍月"、峨眉山"云雾抱月"、苏州网师园"临风赏月"等都是著名的月景。

第三节　中国人文旅游资源

一、古遗址、遗迹与历史纪念地

古遗址、遗迹与历史纪念地是历史的真实记录，反映了不同时代的社会经济生活，能够给人以很强的历史感悟，使人了解到丰富的历史文化知识，对旅游者有一种特殊的吸引力，因而成为人文旅游资源中的重要组成部分。

（一）古遗址

古遗址是历史上人类生产、生活留下的痕迹，包括古人类遗址和古文化遗址。

1.古人类遗址

古人类遗址是人类发展到有文字记载以前的人类活动遗址。我国是世界上保存完整的古人类遗址最丰富的国家之一。这些古人类遗址遍布全国各地，以黄河流域最为集中。我国著名的古人类遗址有：旧石器时代的云南元谋人遗址、陕西蓝田人遗址、周口店北京人遗址；新石器时代的河南渑池仰韶文化遗址、山东大汶口文化遗址、陕西西安半坡遗址、浙江余姚河姆渡遗址等。其中，周口店北京人遗址（如图3-13所示）是世界上出土古人类化石、石器和用火遗迹最丰富的古人类遗址；陕西西安半坡遗址是古人类居住区规模最大、功能最全、文化层最多的古人类遗址。西安半坡博物馆如图3-14所示。

图3-13　周口店北京人遗址

图3-14　西安半坡博物馆

知识拓展3-18

　　周口店北京人遗址从20世纪20年代开始发掘，共出土珍贵的古人类头盖骨化石6个，石器、石制品10万件以上。第一个完整的北京人头盖骨化石是1929年我国古人类学家裴文中发现的。非常遗憾的是，抗日战争期间，头盖骨化石在运输途中遗失，至今下落不明。目前仅存的北京猿人头盖骨化石标本是1966年发现的2块头盖骨化石断片与此前出土的断片拼合而成的。

　　2.古文化遗址

　　古文化遗址是有文字记载以来古代人类从事政治、经济、文化活动的遗址。这类遗址在我国同样有广泛的分布，主要有：

　　（1）古城遗址，如河南偃师二里头遗址、河南安阳殷墟、丰镐遗址、汉长安城遗址、高昌故城、楼兰故城遗址等。

　　（2）古战场遗址，如三国赤壁古战场、重庆合川钓鱼城古战场遗址等。

　　（3）古道路遗址，如汉唐时期的古丝绸之路、秦汉所修的蜀道、沟通江西与广东的梅关古道等。

　　（二）名人纪念地

　　名人纪念地包括名人故居、名人活动遗迹及相关的纪念性文物与建筑，如山东曲阜孔庙、内蒙古昭君墓、成都武侯祠和杜甫草堂、浙江绍兴鲁迅故居等。

　　（三）近现代历史纪念地

　　近现代历史纪念地主要为鸦片战争以来形成的革命纪念地和重大历史事件的纪念地，包括：

　　（1）革命遗址、旧址，如南昌起义总指挥部旧址、山西平型关战役遗址、河北冉庄地道战遗址等。

（2）重要会议会址，如遵义会议会址、庐山会议旧址等。

（3）烈士陵园，如南京雨花台烈士陵园、广州黄花岗七十二烈士墓园等。

（4）纪念性建筑物，如北京天安门广场人民英雄纪念碑。

（5）重大历史事件纪念地，如山东刘公岛甲午战争纪念地、北京圆明园遗址（如图3-15所示）等。

图3-15 北京圆明园遗址

（四）历史文化名城、名镇、名村

历史文化名城、名镇、名村是我国历史文化遗产的重要组成部分。历史文化名城、名镇、名村一般具备下列条件：

（1）保存文物特别丰富；

（2）历史建筑集中成片；

（3）保留着传统格局和历史风貌；

（4）历史上曾经作为政治、经济、文化、交通中心或者军事要地，或者发生过重要历史事件，或者其传统产业、历史上建设的重大工程对本地区的发展产生过重要影响，或者能够集中反映本地区建筑的文化特色、民族特色。

我国的历史文化名城在历史上曾发挥过重要作用，它们大多数是全国性或区域性的政治、经济、文化中心，拥有大量人文古迹和风景名胜，是我国旅游资源的精华所在，现在多数已成为我国著名的旅游城市或旅游集散地。截至2018年5月，我国共评定了135座国家历史文化名城，闻名中外的七大古都（北京、西安、洛阳、开封、南京、杭州、安阳）就是其中的典型代表。

我国自2003年开始组织评选中国历史文化名镇名村，截至2019年1月，住房和城乡建设部及国家文物局联合公布了七批共799个中国历史文化名镇名村，其中历史文化名镇312个，历史文化名村487个。这些历史文化名镇名村反映了我国不同地域、不同民族、不同经济社会发展阶段聚落形成和演变的历史过程，是展示我国传统建筑风貌、优秀建筑艺术和民俗风情的真实载体。著名的村镇如江苏省昆山市周庄镇、浙江省嘉善县西塘镇、福建省上杭县古田镇、安徽省黟县西递镇西递村和宏村镇宏村、福建省南靖县书洋镇田螺坑村、江西省乐安县牛田镇流坑村等。

知识拓展3-19　　　　　　　　　　　　　　**国家历史文化名城**

截至2018年5月，我国共评定了135座国家历史文化名城，分别是：

直辖市（4座）：北京、天津、上海、重庆；

河北省（6座）：承德、保定、正定、邯郸、山海关区、蔚县；

山西省（6座）：平遥、大同、新绛、代县、祁县、太原；

内蒙古自治区（1座）：呼和浩特；

黑龙江省（2座）：哈尔滨、齐齐哈尔；

吉林省（3座）：吉林、集安、长春；

辽宁省（1座）：沈阳；

江苏省（13座）：南京、苏州、扬州、徐州、镇江、淮安、无锡、南通、泰州、常州、常熟、宜兴、高邮；

浙江省（10座）：杭州、绍兴、宁波、衢州、临海、金华、嘉兴、湖州、温州、龙泉；

福建省（4座）：福州、泉州、漳州、长汀；

江西省（4座）：南昌、赣州、景德镇、瑞金；

安徽省（5座）：亳州、歙县、寿县、安庆、绩溪；

湖北省（5座）：荆州、武汉、襄阳、随州、钟祥；

山东省（10座）：济南、曲阜、青岛、聊城、邹城、临淄、泰安、蓬莱、烟台、青州；

河南省（8座）：洛阳、开封、商丘、安阳、南阳市、郑州、浚县、濮阳；

湖南省（4座）：长沙、岳阳、凤凰、永州；

四川省（8座）：成都、自贡、宜宾、阆中、乐山、都江堰、泸州、会理；

云南省（6座）：昆明、大理、丽江、建水、巍山、会泽；

贵州省（2座）：遵义、镇远；

西藏自治区（3座）：拉萨、日喀则、江孜；

广东省（8座）：广州、潮州、肇庆、佛山、梅州、雷州、中山、惠州；

广西壮族自治区（3座）：桂林、柳州、北海；

海南省（2座）：琼山、海口；

陕西省（6座）：西安、咸阳、延安、韩城、榆林、汉中；

甘肃省（4座）：张掖、武威、敦煌、天水；

青海省（1座）：同仁；

宁夏回族自治区（1座）：银川；

新疆维吾尔自治区（5座）：喀什、吐鲁番、特克斯、库车、伊宁。

二、古代建筑与园林

古代建筑是历史的载体和见证，它们不仅是观赏性很强的旅游资源，也是历史研究的重要实物资源。我国古建筑成就巨大、风格独特，在世界建筑史上独树一帜，对游客具有持久的吸引力。

（一）我国古建筑的主要特点

我国古建筑主要有下列特点：

1.以木结构建筑为主

木材是我国传统建筑中最重要的材料，木建筑在世界建筑史上独具特色。以木材为主要建筑材料的最大优点就是省时省力，能极大地提高建筑效率，避免了长时间、大规模的集中劳役。另一个优点是防震。木材比石材更具柔韧性，再加上我国木建筑采用的榫（sǔn）卯（mǎo）连接及斗拱层等构造方式，因此我国的古建筑具有较好的防震功能。

2.采用框架式结构

基本做法是：房屋由立柱、横梁、顺檩等主要构件组成，各构件之间用榫卯相结合，从而构成了房屋的基本框架。框架式结构又可分为抬梁式、穿斗式两种类型。

3.布局整齐

多个建筑物组成一个院子，每个建筑物的正面都面向院子，规模大的建筑物由若干个院子组成。房屋布局一般采用均衡对称的方式，沿着纵轴线与横轴线布局，并且以纵轴为主、横轴为辅。

4.造型丰富

我国古建筑造型丰富，方形、长方形、三角形、圆形、半圆形、桃形、扇形、六角形、梅花形等各种形状的建筑都有。

5.装饰丰富多彩

我国古建筑善用装饰，主要包括彩绘和雕饰，所以我们常用"雕梁画栋"来形容古建筑的美。彩绘除了具有很强的装饰作用外，还具有标志、象征等作用。同时，彩绘使用的油漆可防潮、防蚁、防风化剥蚀，能够有效保护木结构建筑。

6.规模和形制有严格的等级规定

按照建筑使用者的社会等级规定建筑的规模和形制是我国古建筑的一大特点。根据等级的不同，我国古建筑可分为殿式、大式和小式三个类型，各类建筑使用的构件也能清楚反映出当时的等级意识。

⚙ 课堂互动 3-7

我国古建筑采用框架式结构有什么优点？

（二）我国主要的建筑体

分析提示 3-7

1.宫

宫最初是对房屋、居室的通称，秦汉以后开始特指皇帝的居所。此外，规格很高的寺、观也叫宫，如北京的雍和宫、山西芮城的永乐宫等。

2.殿

古代的高屋叫殿，自秦代起，皇宫主体建筑专称为殿。后来，宗教和纪念性的主体建筑也泛称为殿。我国现存最古老的殿是位于山西五台山的南禅寺大殿，它也是我国现存最古老的木结构建筑。

3.堂（厅）、室、房

古代的居所，一般前为堂后为室。堂相对高大，是行礼、待客之所；室用来住人。室的东、西两侧叫房。

4.楼

两层及两层以上的房屋称为楼。进深不是很大，曲折且较高的房屋也称为楼。我国的三大名楼分别是江西南昌的滕王阁（阁也是一种楼）、湖北武汉的黄鹤楼、湖南岳阳的岳阳楼。此外，四川成都的望江楼、云南昆明的大观楼、贵州贵阳的甲秀楼也是我国的名楼。

5.阁

阁在古代是指放在门上用来防止门自合的长木桩。现今，"楼"与"阁"的含义已基本无差别，故"楼"与"阁"二字常连用。此外，藏书的处所也叫阁。清代在北京、承德、沈阳、杭州分别设文渊阁、文津阁、文溯阁、文澜阁，以收藏《四库全书》。

6.台

台在古时指筑得高且上平的方形建筑物。在园林中，台常与亭、楼、阁等建筑共同构成一组比较高耸的建筑，故有"楼台""亭台""台榭"之说。

我国历史上曾出现过许多著名的"台"，如始建于吴王阖闾时期的姑苏台（江苏苏州）、后人为缅怀越王勾践卧薪尝胆复国而建的越王台（浙江绍兴）、三国时曹操所建的铜雀台（河北邯郸）等。

7.园

园最初是指四周用篱笆围起，种植花木、蔬果的地方。后来，供人游览、休憩的地方也称为园。

8.苑

苑在古代是指植林木、养禽兽的地方，多指帝王或贵族的园林，后来也指一般的园林。

9.榭

榭原本是讲武、阅兵和供帝王狩猎习射之所，后来指临水而建的小品建筑。明清园林中将三面环水、一面有陆地的亭式建筑称为榭。

10.轩

轩最初是指有窗的长廊，后来一般指建于高旷地方的敞亮的房子。

11.亭

亭原本是指古代的边境岗亭，秦汉以后，亭成为园林中开敞的、供人休憩的建筑物。李白曾写有"何处是归程？长亭更短亭"的诗句。亭通常不设门窗，但也有装隔扇的"暖亭"。我国的四大名亭分别是滁州醉翁亭、北京陶然亭、长沙爱晚亭、杭州湖心亭。

12.舫

舫是指建在园林的水面上，供游人宴饮、观景的像船一样的建筑物。

13.陵

陵是指大的土山，汉代以后特指皇帝的坟。

14.坟、墓、丘、林

这四者都有坟墓的意思，但略有区别。古时墓葬，有隆起封土的称为坟，与地面齐平的称为墓。丘是指封土高的坟墓。林是指圣贤的墓地。

15.庙

庙最初是指供祀先祖神位的屋舍，后来供祀神佛和先哲的地方也称为庙。

（三）宫廷与礼制建筑

宫廷建筑是古建筑中级别最高、最宏大、最豪华的部分，它突出表现了古建筑的特色，体现了历朝历代建筑的最高水平。礼制建筑是为了表达对天地和祖先、先哲、名人的崇敬和感恩而举行各种祭祀活动的场所，它也是我国古建筑的重要代表之一。凡是有重要的宫廷与礼制建筑的地方，往往都是现代重要的旅游地。

1.皇宫建筑

我国历史上曾出现过许多规模宏大的皇宫建筑，如秦朝阿房宫、汉朝未央宫、唐朝大明宫等，现存的宫殿建筑主要是北京故宫、沈阳故宫和河北承德避暑山庄内的宫殿。北京故宫是世界上现存规模最大、保存最完整的古建筑群，它集中体现了我国古代的建筑水平，是我国人民智慧和创造力的结晶。

2.礼制建筑

礼制建筑是遵从"礼"的要求而产生的建筑类型，又称为坛庙建筑。北京天坛是明清两代皇帝祭天、祈谷的地方，是我国现存规模最大、保存最完整的古代坛庙建筑。其他坛庙建筑还有位于北京的太庙、社稷坛、地坛、日坛、月坛、先农坛，位于泰山的岱庙，位于嵩山的中岳庙，位于华山的西岳庙，位于衡山的南岳大庙，位于太原的晋祠等。

我国历史悠久，名人辈出，为了纪念他们，全国各地建立了许多名人祠庙，代表性的有山东曲阜孔庙、四川成都武侯祠、浙江杭州岳飞庙、湖南汨罗屈子祠、河南开封包公祠、四川眉山三苏祠、海南海口五公祠等。尤其是孔庙，数量众多，其中山东曲阜的孔庙规模最大、建成时间最早。

在封建时代，每个县都有三庙：文庙（即孔子庙）、武庙（即关帝庙）和城隍庙。此外，妈祖庙在我国民间也有较大的影响。

（1）关帝庙。关羽是三国时期蜀国的大将，《三国演义》的故事出现后，关羽名声远扬、家喻户晓，被称为"武圣人"。各地祭祀关羽的寺庙很多，其中最有名的是关羽故里——山西省运城市解州镇的关帝庙。解州关帝庙创建于589年，以后历代不断进行扩建和重修，现存建筑为清代重修，是我国现存规模最大、级别最高的关帝庙，被誉为"关庙之祖""武庙之冠"。

（2）城隍庙。城隍是我国古代神话传说中守护城池的神。祭祀城隍神的传统由来已久，现存较有名的城隍庙有苏州城隍庙（如图3-16所示）、上海城隍庙、西安城隍庙、郑州城隍庙、陕西三原城隍庙。

图3-16　苏州城隍庙

（3）妈祖庙。妈祖庙是为了祭祀海神林默而修建的，宋代以来开始出现在我国的江海河滨。林默俗称妈祖，也被称为海神娘娘、圣妃、天妃、天后。妈祖本为福建莆田、仙游地区的民间信仰，因为历代封建政府不断封赐，所以妈祖信仰逐渐流传，甚至已流传至海外。人们认为信仰妈祖不仅能够保佑航海渡江者的安全，而且兼有消灾解厄、赐福送子等多种神通。祭祀妈祖的庙宇很多，其中最有名的是福建湄洲妈祖庙和台湾北港妈祖庙。

（四）古代民居建筑

我国地域辽阔，各地的气候、资源等差别很大，人们因地制宜，从而形成了不同风格的民居建筑。我国现存的古代民居多是明清时期的建筑，比较有代表性的包括：

1.山西民居

民居建筑素有"北山西，南皖南"的说法。山西民居主要分布在祁县、平遥、太谷等地。典型的山西民居如乔家大院（祁县）、王家大院（灵石）、马家大院（平遥）、曹家大院（太谷）、常家庄园（榆次）、渠家大院（祁县）等。山西民居的主要特点如下：

（1）外墙很高，位于巷子两旁不开窗的砖墙有时可达四五层楼高，防御性强。

（2）房屋多采取一面坡顶，这样雨水可直接流向院里，这叫"肥水不外流"。

（3）天井是东西窄、南北长，便于防风沙和日晒。

（4）大宅院常有看家楼，能够瞭望和观景。

知识拓展 3-20

乔家大院

乔家大院是山西民居的突出代表，位于山西省祁县城东北12千米处的乔家堡村。乔家大院始建于清乾隆年间，后来又多次增修，分为6个大院，内套20个小院，313间房屋。整个建筑呈双"喜"字形布局，如同城堡，四周是高达10余米的全封闭青砖墙，有一条平直的甬道将6个大院分隔两旁，院与院相衔，屋与屋相接，院内的门窗、石阶、栏杆等造型精巧。

2.徽派民居

徽派民居（如图3-17所示）又称皖南民居，主要分布在安徽南部（如黟县、歙县）和

图 3-17　徽派民居

江西北部（如婺源）。徽派民居的主要特点如下：

（1）多为三合式或四合式楼房布局，天井为中心，天井东西长、南北窄，与山西民居正好相反。

（2）马头墙（又叫封火山墙）错落有致，与屋脊共同组成富有变化的轮廓线。

（3）雕刻精美，有木雕、石雕、砖雕等，尤其以木雕出名。

（4）大门多朝北，一般为黑瓦白墙。

3.北京四合院

四合院是我国的一种传统合院式建筑，分为单进院、二进院、三进院和多进院等类型。四合院主要流行于华北、东北地区，今天的北京、天津地区仍大量存在。

北京四合院是北方民居的典型代表，辽代时已初成规模，经金、元、明、清逐渐完善。北京四合院的基本特点如下：

（1）住宅严格区别内外，尊卑有序，讲究对称。

（2）多为平房，梁柱门窗及檐口椽头有油漆彩画。

4.窑洞

在我国华北、西北的很多地区，黄土覆盖广泛，这些黄土适宜挖掘，加上这里气候干燥少雨，因此长期以来，人们就在土层中挖穴为居室，这就是我们常说的窑洞。挖窑洞是该地区百姓取得住房最方便和最经济的一种手段。

知识拓展 3-21

窑洞主要有三种形式：

（1）靠崖窑。靠着山或山崖横向挖洞，洞宽约3～4米，深约10米，洞上为圆拱形，拱顶至地面约3米，洞口装上门窗，有时还可在洞前用土墙围一个院子。

（2）地坑窑。先在平地上挖一个长方形或正方形的大深坑，然后把窑洞凿在四面的坑壁上。这种窑洞适合建在地下水位较深的地区。

（3）锢窑。这是在地面上用土坯或砖建造的类似窑洞的拱券结构的建筑，多为四合院式。

5.干栏式住宅

干栏式住宅是最早的住宅形式之一，用支柱将居住层架离地面是其主要特征。干栏式住宅有利于防水、防潮、防蚊虫，曾广泛分布于长江以南地区，西南少数民族地区至今仍保留着这种住宅样式。比较典型的如西双版纳的干栏式住宅，一般分为上下两层，下层喂养牲畜、堆放农具，上层住人。登上楼梯，即可到达前廊，这里是家务劳动、休息及喜庆时聚集宾客的地方；由前廊经门可进入室内，分内、外两室，内室为卧室，外客不可进入。

6.客家围屋

历史上，从北方南迁到江西、广东、广西、福建等地区的一部分汉族居民被称为客家人。他们的居住模式及建筑风格与当地有很大不同，最典型的是客家人的围屋。顾名思义，围屋即四周围起来的房屋。围屋集居住与防卫功能于一体，外观宏伟，内部功能齐全。客家围屋有赣南的方形围屋、闽西的圆形土楼和粤东内方外圆的围屋等不同风格。图3-18为福建土楼。

图3-18　福建土楼

大美中国3-5　客家围屋

围屋是客家人智慧的结晶。古代，从中原一带南迁来的客家人为了避免外来冲击，不得不依山经营，聚族而居。厚重封闭的围屋有很强的防卫功能，并且冬暖夏凉、防震抗风，自然受到客家人的厚爱。围屋不仅受到了建筑界的关注，而且引起了历史学、地理学、人类学、民俗学等方面学者的浓厚兴趣。

7.其他形式的民居建筑

我国其他形式的民居建筑有：蒙古族的蒙古包；藏南谷地的碉房；云南等地的"一颗印"民居；苗族、侗族等的吊脚楼；新疆维吾尔族的阿以旺等。

（五）古代工程

我国古代留下了许多著名的工程，这些工程反映了我国古代的建筑水平，是中华民族勤劳智慧的象征。今天，这些工程很多已成为重要的旅游资源。

1.军事防御工程

古代的军事防御工程主要是长城和城市城墙。

长城是我国古代最宏伟的一项工程，也是世界上体量最大的历史文化遗产，是人类历史上宏伟壮丽的建筑奇迹。现存的长城是多个朝代共同留下的遗产。战国时期，秦、赵、燕三国为了防止匈奴南下，在其北部修筑长城。秦灭六国后，将北部各国长城连为一体，形成了长达万里的长城。西汉除了修葺秦长城外，又加建了东、西两段长城。此后又有多个朝代修过长城，我们现在看到的长城多数是明代修建的。如今，长城的很多关隘和墙壕已经成为著名景点，如北京八达岭长城（如图3-19所示）、居庸关、慕田峪长城，河北山海关、金山岭长城、老龙头，以及天津黄崖关、山西雁门关、甘肃嘉峪关等。其中，八达岭长城是我国明长城中保存最完好、最具代表性的一段；金山岭长城是万里长城上构筑最复杂、楼台最密集的一段；山海关被称为"万里长城第一关"。

图3-19　北京八达岭长城

知识拓展3-22

国家文物局2016年11月发布的《中国长城保护报告》显示，我国各时代长城资源分布于北京、天津、河北、山西、内蒙古、辽宁、吉林、黑龙江、山东、河南、陕西、甘肃、青海、宁夏、新疆15个省（自治区、直辖市）404个县（市、区）。长城墙壕遗存总长度21 196.18千米，各类长城资源遗存总数43 721处（座/段），其中墙体10 051段，壕堑/界壕1 764段，单体建筑29 510座，关、堡2 211座，其他遗存185处。

我国古代出现了大量城市，并且大多筑有城墙，因此留下了许多城防建筑，著名的有西安城墙、南京城墙、平遥城墙、兴城城墙、荆州城墙、赣州古城墙等。其中，西安城墙是我国现存最完整的古城墙建筑；南京城墙是世界上最长的古代城墙；赣州古城墙是我国屈指可数的北宋砖墙之一。

大美中国3-6　　　　　　　　　　　**赣州古城墙**

赣州古城墙最初由东晋南康郡（今赣州）太守高琰所筑，五代时群雄割据，起义军首领卢光稠将城区扩大，形成了王城的规模。当时城墙为土城，后来因土城年年被江水冲坏，至北宋嘉祐年间（1056—1063年），孔宗翰任赣州知州时，始用砖修筑城墙。此后900多年间，经多次修缮、加固，赣州城形成了一道周长约6 500米的城墙。

赣州古城墙现存约 3 600 米，保存有墙垛、城楼、马面等军事设施。尤为珍贵的是，古城墙上保留有数以万计带文字的城砖，这种砖被称为铭文砖，上面载有不同时代的不同内容，具有极高的考古价值。1996 年，国务院将赣州古城墙列为全国重点文物保护单位。

2.水利工程

水是人类生存和社会发展的必备条件，古人很早就开始了水利工程的修建，发现于浙江杭州良渚古城遗址的水利工程被认为是我国最早的大型水利工程，距今约 5 000 年。现今保留下来的著名水利工程有京杭大运河、海塘、坎儿井、都江堰、灵渠、安丰塘（古名芍陂）和它（tuō）山堰等。

（1）京杭大运河（如图 3-20 所示）。京杭大运河最早开凿于春秋时期，元代全线贯通，清代最终定型，它既是我国的南北交通大动脉，也是世界上开凿时间最早、里程最长、工程最大的运河。京杭大运河北起北京，经河北、天津、山东、江苏直至浙江杭州，全长 1 794 千米，分为通惠河、北运河、南运河、鲁运河、中运河、里运河和江南运河七段。

图 3-20　繁忙的京杭大运河（摄于苏州寒山寺）

（2）海塘。海塘是为了抵御海潮侵袭，保护沿海城乡安全和生产的堤防工程。早在秦汉时期，古人就在筑建海塘，经过历代的修建，终于形成了一条总长达 1 300 余里的防海长城，主要分布在江苏、浙江、上海等地沿海，包括浙西海塘、浙东海塘、江苏海塘等，其中以浙西海塘规模最大。

（3）坎儿井。坎儿井，即"井穴"的意思，是一种特殊的灌溉系统，主要分布在我国新疆地区，尤其以吐鲁番的坎儿井最多、最典型。吐鲁番地区降水量少且蒸发量大，于是当地人使用在地下的暗渠将高山雪水引出，供灌溉和饮用。同时，沿暗渠每隔 20～30 米打一口竖井，这样既可为暗渠水平定位，也方便出渣、通风和日后维修。

3.古桥

我国有悠久的造桥历史。除了独木桥等较原始的桥梁外，一般的桥梁均由跨空与支撑跨空的部分组成。根据跨空部分的构造情况，桥梁可分为梁桥、拱桥、悬索桥和浮桥四种。

梁桥又叫平桥，是一种以桥墩和横梁为主要承重构件而建造的桥梁，是我国古代桥梁中最基本、最主要的一种形式，也是建造历史最悠久的一种桥梁。我国现存较著名的梁桥有福建泉州的洛阳桥和安平桥等。

拱桥是一种以拱券为主要承重构件而建造的桥梁。拱桥设计科学、造型优美，它的创建是我国桥梁建筑中的一项突出成就。我国现存最有名的拱桥是河北赵县的赵州桥，其他拱桥还有江苏苏州的宝带桥、北京的卢沟桥、江西南城县的万年桥等。

悬索桥又称吊桥，是一种以锚固于两岸（或桥两端）的缆索（或钢链）为桥身主要承重构件而建造的桥梁。我国现存著名的悬索桥有四川泸定桥和都江堰安澜桥等。

浮桥是用船、筏或浮箱代替桥墩，浮在水面上的桥梁。浮桥架设简便，成桥迅速，拆卸方便，至今仍有广泛用途。《诗经》中记载，周朝周文王为娶妻而在渭水上架起一座浮桥，这是世界上建造浮桥最早的记录。江西赣州古浮桥始建于宋代，至今已有800多年的历史，是我国古浮桥的代表。

知识拓展3-23   **我国桥梁建设成就令世界惊叹**

我国的古桥体现了高超的造桥技艺，今天，我国的桥梁建设成就仍然令世界惊叹。

据统计，截至2019年10月，我国高铁桥梁数量已超过3万座，里程超过1.8万千米。在四川宜宾合江口至上海吴淞口的这段总长2 940千米的长江干流上，我国已建成各类长江大桥115座。目前各类桥梁的世界排名前10位的名单里，"中国桥"都占据了很大比例：跨海桥梁我国占6座、梁桥占5座、拱桥占7座、悬索桥占6座、斜拉桥占7座。

（六）陵墓建筑

古人认为，人死后灵魂依然存在，且仍能祸福后代。因此，人们对于死去的祖宗除了情感上怀念外，还希望他们在另一个世界过上美好的生活并庇护后人，由此便形成了一套隆重的丧葬制度，其主要特征就是厚葬、隆葬和祭祀。受这一观念的影响，古代中国留下了许多著名的陵墓建筑。这些陵墓建筑既是我国古建筑的重要组成部分，也是我国旅游资源的重要组成部分。

作为旅游资源的陵墓主要有古代帝王陵寝、纪念陵、历代名人墓、特殊墓葬等。

1.古代帝王陵寝

古代帝王陵寝因其规模宏大、随葬品丰富，所以在陵墓建筑中最引人注目。现存的主要帝王陵寝有秦始皇陵、汉武帝的茂陵、唐太宗李世民与文德皇后长孙氏的昭陵、唐高宗李治和武则天的乾陵、明孝陵、明十三陵、清东陵和清西陵等。

帝王陵墓建筑主要由以下三部分组成：

（1）封土。古代最早的墓葬是没有坟头的，大约从周代起，开始出现有封土的坟头，且按官吏等级来确定坟头封土的大小。春秋战国以后，坟头越做越大，最大的显然是帝王的陵墓。秦汉时期的帝王陵采用"方上"（类似上小下大的截顶方锥体）这一封土形式，规模宏大，好像垒起了一座小山，如秦始皇陵。宋代帝王陵也采用方上形式，但规模较小。唐代陵墓多"依山为陵"，明清时期陵墓则采用"宝城宝顶"形式。

（2）地面建筑。地面建筑包括祭祀建筑（如祭殿、配殿、廊庑、祭坛）、神道和护陵监等。

（3）地下建筑。陵墓的地下建筑（墓穴）经历了一个由简单到复杂的过程，即由起初的简单土墓穴发展为类似于地面宫殿的地宫（也称玄宫、幽宫等）。

知识拓展3-24   **定陵地宫**

我国于20世纪50年代开始有组织地发掘定陵地宫，从而对地宫的布局有了一些了解。定陵（如图3-21所示）是明朝万历皇帝的陵墓，定陵的主要建筑有祾恩门、祾恩殿、宝城、明楼和地宫等。地宫是定陵的主要部分，深27米，总面积1 195平方米。整个地宫均用汉白玉、艾叶青石和花斑石等材料砌成，包括前、中、后三殿及左、右两个配殿，顶部铺琉璃瓦，各殿之间用门和道分隔。后殿是地宫内最大的一个殿，汉白玉垒成棺床，万历皇帝的棺椁放在棺床正中，两旁是孝端、孝靖两位皇后的棺椁。棺椁外还有红木漆箱26只，内有随葬品。整个地宫的平面布局采用"前朝后寝"制度，追求"虽死犹生"。

2.纪念陵

纪念陵主要是指史前传说人物的纪念性陵园，如太昊（伏羲氏）陵、女娲陵、黄帝陵、炎帝陵、少昊陵、尧陵、舜陵、禹陵等。由于这些陵墓是后人根据传说而修建的，因此一个人物往往有多处陵地。

3.历代名人墓

我国历史悠久，历史记载丰富，名人辈出，留下了许多名人墓葬，如孔子墓、张良墓、司马迁墓、霍去病墓、张衡墓、诸葛亮墓、关羽墓（如图3-22所示）、李白墓、杜甫墓、白居易墓、岳飞墓等。位于山东曲阜城北的孔林，是孔子及其子孙的家族墓地，延续了2 400多年，有坟冢10万余座，其延续时间之长、墓葬数量之多、保存之完好为世界罕见。

图3-21　定陵

图3-22　位于河南洛阳的关羽墓

4.特殊墓葬

这些墓葬因形制特殊，或技艺高超，或文物丰富而成为旅游资源，如江西龙虎山春秋战国崖墓、河南南阳汉画像石墓、湖南长沙马王堆汉墓等。

（七）中国古典园林

园林是以模拟自然山水为目的，把自然或经过人工改造的山水、植物和建筑物，按一定的审美要求组成的建筑综合艺术。在世界三大园林体系中，中国园林历史最为悠久，内涵也最为丰富，有"世界园林之母"的美誉。

1.园林的分类

对园林的分类，有两种比较常见的方法：一是根据占有者身份的不同，可将园林分为皇家园林、私家园林、寺观园林、公共园林等；二是根据园林所处地理位置的不同，可将园林分为北方园林、江南园林（以苏州园林为代表）和岭南园林（主要指广东珠江三角洲一带的古园，如顺德清晖园、东莞可园、番禺余荫山房等）。

2.园林的审美

我国的古典园林是具有生活、游憩和观赏功能的综合艺术品，山石、水体、生物、建筑、匾额、楹联等都是这一艺术品的有机组成部分，它们共同构成了园林的基本造景要素。抑景、对景、借景、框景、漏景、添景、夹景、移景等是园林常见的构景手法。我国的园林艺术讲究自然山水的协调，"虽由人作，宛自天开"是造园艺术的基本准则，由此便形成了与西方几何图形式园林迥然不同的风格。

3.我国主要园林

（1）皇家园林。如北京颐和园、承德避暑山庄等，其主要特点是规模宏大、富丽堂皇，突出建筑形象的造景作用，寓意于景。

图3-23 留园

（2）私家园林。如苏州的拙政园和留园（如图3-23所示）、北京的恭王府等，其主要特点是规模较小，但建造精巧、素雅朴实，追求自然的美感。江南园林和岭南园林基本上都是私家园林。

（3）寺观园林。寺观园林在南北朝时开始形成，附属于宗教建筑，多处于山地和旷野。寺观园林内广种林木，以营造肃穆、清幽的氛围，如北京潭柘寺、成都青羊宫等。

（4）公共园林。如杭州西湖、济南趵突泉、昆明大观楼、北京什刹海、扬州瘦西湖等。

三、文化艺术与宗教文化

（一）文化艺术

1.文化艺术与旅游

文化艺术包括诗词、散文、游记、小说、传说、绘画、雕刻、书法、戏曲、音乐、舞蹈、杂技、武术等。有的文化艺术形式本身就能构成旅游资源，如敦煌壁画、古代石刻、杂技表演、古代戏剧表演、少林武术表演等。有的文化艺术形式能创造旅游资源，或者提升旅游资源的知名度。例如，李白《望庐山瀑布》中的"飞流直下三千尺，疑是银河落九天"诗句使庐山瀑布（如图3-24所示）名扬海内外，庐山瀑布由此几乎成为中国瀑布的文化形象代表。张继《枫桥夜泊》中的"姑苏城外寒山寺，夜半钟声到客船"诗句，不仅使寒山寺扬名，还造就了苏州枫桥景区。陶渊明的《桃花源记》广为传诵，各地由此出现了众多"桃花源"景区。苏轼的《念奴娇·赤壁

图3-24 "飞流直下三千尺，疑是银河落九天"的庐山瀑布

怀古》则激发了无数游客前往赤壁怀古的情怀。张择端的《清明上河图》描绘了北宋开封城的繁华，各地于是建起了"宋城"或"清明上河园"等景区。

2.旅游文学

旅游文学是指以旅游景观、旅游者及其活动为对象的文学作品，包括诗词、散文、楹联、小说、传说等。楹联即对联，是我国特有的一种体制短小、文字精练、历史悠久、雅俗共赏的传统文学形式。我国的名胜古迹随处可见楹联的存在。在诗词、散文方面，我国古代出现了许多著名的山水诗、田园诗、边塞诗、游记散文，从而极大地丰富了旅游资源的文化内涵。一些动人的传说也往往与旅游资源结合在一起，从而增强了旅游资源的吸引力，如杭州西湖断桥和雷峰塔与"白蛇传"的传说、重庆忠县石宝寨与"女娲补天"的传说、山海关长城与"孟姜女哭长城"的传说等。

知识拓展3-25　　　　　　　　对联

对联一般由上联和下联（也叫出句与对句）组成，有的对联还有横额（横批）。横批应精练，多为四个字，也有少于四个字或多于四个字的情况。上联和下联应竖写，不用标点符号。

要欣赏一副对联，首先要了解对联的特点。对联有以下特点：

（1）出句与对句内容相关，可分为正对、反对和串对；

（2）出句与对句字数相等；

（3）出句与对句语法结构一致；

（4）出句与对句平（第一、二声）仄（第三、四声）相谐。

3.书法、绘画、雕塑和摩崖字画

（1）书法。书法是一门具有中国文化特色的艺术。在我国的旅游风景地，经常可以看到以楹联、匾额、碑林、石刻等形式存在的书法墨迹。中国书法从字体上看可分为篆、隶、楷、草、行五类，每一类都有各自的代表人物和作品。东晋的王羲之是我国书法史上一位划时代的人物，他在楷书、行书、草书方面都有创造性的贡献，王羲之最有代表性的行书作品是《兰亭集序》。唐代的颜真卿是我国书法史上继王羲之之后又一位划时代的人物，是"颜体"的开拓者、书坛革新的领袖，其代表作有《大唐西京千福寺多宝佛塔感应碑文》和《有唐抚州南城县麻姑山仙坛记》等。

知识拓展3-26　　　　　　　　《兰亭集序》

王羲之的《兰亭集序》被称为"天下第一行书"。据传，唐太宗特别喜爱王羲之的《兰亭集序》，遂珍藏于身边。唐太宗死后，《兰亭集序》亦被葬入昭陵，今世所藏者皆为摹本。

（2）绘画。中国绘画有着悠久的历史和优良的传统，在世界绘画领域中自成体系、别具一格。东晋的顾恺之、唐朝的吴道子和阎立本、北宋的张择端、明清时代的唐寅和朱耷等，都是我国历史上杰出的画家。从游客的角度来说，其观赏最多的可能是壁画。我国著名的壁画有山西芮城永乐宫壁画、甘肃敦煌莫高窟壁画等。

（3）雕塑。我国的雕塑历史悠久，在新石器时代已有雏形。秦始皇兵马俑、西汉霍去病墓前的石雕、唐代"昭陵六骏"石雕、重庆大足石刻等都是我国著名的雕塑作品。

（4）摩崖字画。摩崖字画是指在山崖石壁上镌刻的文字和绘制的图画。刻在崖壁上的字叫"摩崖石刻"，画在崖壁上的画叫"岩画"。我国著名的摩崖石刻有陕西汉中褒斜道摩崖石刻、山东泰山摩崖石刻、福建武夷山摩崖石刻（如图3-25所示）、江西赣州通天岩摩崖石刻、广东肇庆七星岩摩崖石刻等；著名的岩画有宁夏贺兰山岩画、新疆阿尔泰山岩画、广西左江花山岩画等。

图3-25　福建武夷山摩崖石刻

4.戏曲、杂技和武术

（1）戏曲。戏曲是中国传统戏剧文化的统称，它是一门综合性的艺术，集历史、文学、音乐、舞蹈、雕塑、体育、绘画、说唱等于一体，具有浓郁的地方风格和民族艺术特色，是重要的人文旅游资源。目前，我国有京剧、越剧、秦腔、川剧、豫剧、赣剧、黄梅戏、湖南花鼓戏、江西采茶戏、绍剧、沪剧、扬剧等300多个剧种。其中，京剧、豫剧、越剧、评剧和黄梅戏被称为我国五大戏曲剧种。

大美中国3-7　　　　　　京剧

京剧集我国戏曲之大成，是我国影响最大、最有代表性的剧种。它是在徽剧（徽调）、汉戏（楚调）、昆曲、秦腔和弋阳腔等戏曲的基础上，融合了它们的优点和长处而形成和发展起来的。

京剧的角色分为生、旦、净、丑、杂、武、流等行当，后三行已不再立专行。生是扮演男性角色的一种行当；旦是京剧表演中唯一扮演女性人物的行当；净是扮演性格、品质或相貌上有特异之处的男性角色的一种行当，因脸上画有彩色脸谱，故又称为"花脸"；丑一般是扮演语言幽默、行动滑稽或奸诈刁恶、悭吝卑鄙的人物的一种行当。

京剧讲究功法，因此有四功五法之说。"四功"即唱（唱功）、念（念白、道白）、做（表演）、打（武打）；"五法"一般是指手（手势）、眼（眼神）、身（身段）、步（台步）、法（上述四种技艺的规格和方法）。

在京剧形成的百余年历史中，名家辈出，其中著名的有"四大名旦"（梅兰芳、尚小云、程砚秋、荀慧生）、"四小名旦"（李世芳、张君秋、毛世来、宋德珠）以及周信芳（麒麟童）、马连良、张英杰（盖叫天）等。

（2）杂技。我国的杂技艺术历史悠久、源远流长，在春秋战国时代就已萌芽，是中华民族宝贵的文化遗产。我国有许多杂技之乡，如河北吴桥、肃宁和霸州，河南濮阳、周口，山东聊城、菏泽，江苏建湖，湖北天门，安徽广德，天津武清等。河北省沧州市吴桥县的杂技历史悠久、群众基础雄厚，在海内外影响巨大。自1987年以来，这里每年都举办中国吴桥国际杂技艺术节。

（3）武术。武术是我国传统的技击术，它是以踢、打、摔、拿、击、刺等技击动作为主要内容，通过徒手或借助器械的身体运动表现攻防格斗的能力。武术在我国具有极其广泛的群众基础，是我国人民在长期的社会实践中不断积累和丰富起来的一项宝贵的文化遗产。中国武术套路众多，有拳术、棍术、刀术等，并形成了少林、武当、峨眉、南拳等武术流派。

（二）宗教文化

宗教是一种社会现象，它是人类社会独有的；宗教也是一种历史现象，它是社会发展到一定阶段的产物；宗教还是一种文化现象，它是人类活动所创造的精神产品，是人类文化的一个组成部分。

知识拓展 3-27　　　　　　　　　　**宗教产生的原因**

宗教产生的原因在于社会物质生活和社会经济基础的变化。当人类社会发展到一定阶段时，生产范围有所扩大，人与人之间的关系变得复杂化，人的抽象思维能力提高，对于自然现象与自己生活的关系有了一些初步的认识，并试图更深入地认识自然现象，甚至控制自然。然而，由于生产力水平低下，人类面临着许多无法战胜的力量和无法解释的现象，为了解释说明这些力量和现象，人们很自然地会把这些力量和现象虚幻化、神奇化，从而产生了宗教意识的萌芽。生活在北京周口店龙骨山山顶的山顶洞人（距今约3万年）已在其墓葬中撒上红色粉末，这说明山顶洞人很可能有了宗教意识。

我国是一个多宗教的国家。目前，在我国影响最大的宗教是佛教、道教、伊斯兰教和基督教。

1.宗教文化的旅游吸引力

宗教文化的旅游吸引力主要表现在以下三个方面：

（1）宗教文化景观对旅游者具有吸引力。这些宗教文化景观包括与宗教有关的名山福地、宗教建筑（石窟、寺庙、佛塔、宫观、教堂、清真寺等）、雕刻壁画等。

（2）宗教文化活动形成的肃穆、虔诚的浓厚宗教气氛对旅游者具有吸引力。

（3）宗教文化表现出的突出的历史、文化及科学研究价值，对旅游者具有吸引力。

2.我国主要的宗教文化旅游资源

（1）佛教寺庙。寺庙是佛教徒修行、供佛、讲经、居住的主要场所，一般包括山门、天王殿、大雄宝殿、东西配殿、法堂、罗汉堂、方丈室、藏经楼等建筑。汉代在洛阳建造了中国第一个佛教寺院——白马寺（为纪念白马驮经而命名），白马寺也因此被称为"中国第一古刹"。此后，寺庙建筑大量出现。

知识拓展 3-28　　　　　　　　　　**中国佛教八宗祖庭**

中国佛教八宗祖庭指的是：天台宗祖庭——浙江天台国清寺；三论宗祖庭——江苏南京栖霞寺；法相宗祖庭——陕西西安大慈恩寺及兴教寺；华严宗祖庭——陕西西安华严寺及草堂寺；律宗祖庭——陕西西安净业寺；密宗祖庭——陕西西安大兴善寺和青龙寺；净土宗祖庭——山西交城玄中寺、陕西西安香积寺、江西庐山东林寺；禅宗祖庭——河南登封少林寺、安徽潜山三祖寺、湖北黄梅四祖寺、江苏南京清凉寺、江西吉安净居寺（如图3-26所示）等。

（2）佛教石窟。石窟起源于古印度，原来是佛祖释迦牟尼及其弟子坐禅苦修的石室，在印度称为"僧伽蓝"。我国佛教石窟的兴建大约始于公元3世纪，公元5—8世纪达到鼎盛。我国是世界上佛教石窟文化最发达的国家之一，石窟的分布广、数量多、规模大。代表石窟有被称为我国四大石窟的甘肃敦煌莫高窟、山西大同云冈石窟、河南洛阳龙门石窟和甘肃天水麦积山石窟。

（3）佛塔。佛塔起源于印度，公元1世纪前后随佛教传入我国。在发展过程中，佛塔的结构和形式逐渐融合了我国传统建筑的元素，成为具有中国特色的塔。我国的佛塔数量众多，分布广泛，形式多样，比较著名的佛塔有：山西应县木塔（我国现存最高的木塔）、河南登封嵩岳寺塔（我国现存最早的砖塔和唯一的十二边形塔）、山东济南四门塔（我国现存最早的石塔）、山东济宁铁塔、河北定州开元寺塔、陕西西安大雁塔、云南大理千寻塔，以及河南开封铁塔（如图3-27所示，我国现存最高的琉璃塔）等。

图3-26　江西吉安净居寺　　　　　　　　图3-27　河南开封铁塔

知识拓展3-29

我国的佛塔按形状的不同可分为楼阁式塔、密檐塔、覆钵式塔、金刚宝座塔等，按建筑材料的不同可分为木塔、砖塔、石塔、金属塔、琉璃塔等。两汉至南北朝时，以木塔为主；唐宋时，砖石塔得到了发展。我国的佛塔一般由地宫、塔基、塔身、塔顶和塔刹组成。塔的层数一般为单数，"救人一命，胜造七级浮屠"中的"七级浮屠"指的就是七层塔。

（4）佛教名山。我国自古就有"天下名山僧占多"的说法，并形成了佛教四大名山，分别是山西五台山、四川峨眉山、浙江普陀山、安徽九华山。相传这四座山分别是佛教四位菩萨说法的道场，故亦称"四大道场"。其中，五台山是文殊菩萨的道场，峨眉山是普贤菩萨的道场，普陀山是观音菩萨的道场，九华山是地藏菩萨的道场。

（5）道教宫观。道教的宫观建筑是从古代中国传统的宫殿、神庙、祭坛建筑发展而来的，是道教徒祭神、礼拜的场所，也是他们隐居、修炼之所。全真道兴起后，宫观又成了全真道士出家后集体诵经、修养之地。这些宫观虽然规模不等、形制各异，但总体上不外乎有以下三类：一是宫殿式的庙宇；二是一般的祠庙；三是朴素的茅庐或洞穴。传统的道教大型宫观一般由神殿、膳堂、宿舍和园林四部分组成，沿南北中轴线坐落着主要建筑：前建影壁，然后是山门殿（供奉道教青龙神和白虎神）、幡杆、钟鼓楼、灵官殿（内设道教护法神将王灵官）、玉皇殿、四御殿、三清殿，还有各自的祖师殿等，两侧有配殿、执事房、客堂、斋堂和道士住房等。帝王敕封的大宫观前建棂星门、华表、石狮等。

　　我国的道教宫观遍布各地。陕西省周至县楼观台被认为是我国最早的道观，被道教奉为圣地，相传老子曾在此讲经。北京白云观、山西芮城永乐宫、陕西西安重阳宫并称为全真道三大祖庭，其中北京白云观是全真道第一祖庭。著名的道教宫观还有：河南鹿邑太清宫、江苏苏州玄妙观（主殿三清殿是江南现存最大的宋代木构建筑）、辽宁沈阳太清宫（东北地区最大的道观）、江西龙虎山上清宫和正一观、湖北武当山紫霄宫和太和宫、四川成都青羊宫（如图3-28所示）等。

　　（6）道教名山。我国道教名山遍布，著名的有道教四大名山和五岳。道教四大名山包括湖北武当山、四川青城山、江西龙虎山和安徽齐云山。五岳是指山东泰山（东岳）、陕西华山（西岳）、湖南衡山（南岳）、山西恒山（北岳）、河南嵩山（中岳）。五岳是远古山神崇拜、五行观念和帝王巡猎封禅相结合的产物，为道教所继承，被视为道教名山。其中，泰山有"五岳独尊"的美誉，自古为帝王封禅之处。华山是五岳之中唯一为道教独占的名山。其他道教名山还有山西王屋山、江苏茅山、江西阁皂山等。

图3-28　四川成都青羊宫

知识拓展3-30

　　道教将神仙所居的名山胜境称为"洞天福地"。"洞"即"通"，一方面指洞室可以通达上天，另一方面指居山修道可以成神通天；"福"即"福祥"，指就地修道可以得福度世。因此，道教有"十大洞天""三十六小洞天""七十二福地"之说。

　　（7）清真寺。清真寺是伊斯兰教信徒进行宗教活动的场所。唐代称"礼堂"，宋代称"礼拜堂"，元代重修西安清修寺时奏请赐名"清真"，以称颂清净无染的真主安拉，于是清真寺成为伊斯兰教寺院的通称。我国现存的主要清真寺有西安化觉巷清真大寺、广州怀圣寺、泉州清净寺、杭州凤凰寺、北京牛街清真寺、喀什艾提尕尔清真寺、同心清真大寺、西宁东关清真大寺等。其中，西安化觉巷清真大寺是具有中国传统建筑风格的清真寺的典型代表，泉州清净寺是我国现存最古老的阿拉伯式清真寺。

知识拓展3-31

　　中国清真寺建筑有中国传统式建筑和阿拉伯式建筑两种风格。中国传统式清真寺建筑多采用四合院形式，有明显的中轴线。阿拉伯式清真寺建筑没有明显的中轴线，布局灵活。中国清真寺建筑必须遵循如下原则：

图3-29 哈尔滨圣·索菲亚教堂

①无论寺址位于什么方向，礼拜大殿一律坐西朝东，圣龛均背向西面。这是因为穆斯林礼拜时必须面向伊斯兰教圣城麦加，而中国在其东方。

②大殿内不供奉偶像。

③室内外装饰常用植物纹、几何纹和阿拉伯文字，一般不用动物纹。

（8）教堂。教堂是基督教信徒举行宗教活动的场所。我国现存的教堂主要有北京南堂、北京北堂、上海徐家汇天主教堂、上海佘山天主教堂、广州石室圣心大教堂、上海沐恩堂、上海圣三一基督教堂、哈尔滨圣·索菲亚教堂（如图3-29所示）、上海圣母大堂等。

四、民俗风情与菜肴、特产

（一）民俗风情

民俗是一定地域的特定人群在生产、生活中形成的关于行为和思想的较为稳定的文化事项。简单地说，民俗就是民间习俗。这些习俗并不是法律所规定的，而是民间约定俗成的；这些习俗的执行也不能依靠法律，而是靠惯性来维系的。

民俗的内容非常丰富，几乎涉及人类生活的方方面面，如饮食民俗、服饰民俗、居住民俗、生产民俗、旅行民俗、买卖交易民俗、婚姻民俗、丧葬民俗、人际交往民俗、岁时节日民俗、礼仪禁忌民俗、游艺娱乐民俗等。

我国地域辽阔，民族众多，民俗风情多姿多彩，自古就有"千里不同风，百里不同俗"的说法。各地的民俗风情不仅有很强的观赏价值，还有很高的文化考察价值。今天，民俗风情已成为人文旅游资源中最生动、最绚丽多彩的组成部分。

（二）名食佳肴

1.菜肴

中国烹饪、法国烹饪和土耳其烹饪被认为是世界三大烹饪流派，中国烹饪因为历史悠久、内涵丰富、影响深远而备受关注。中国烹饪选料严谨，刀工精湛，配料合理，技法多样，善于调味，注重火候，讲究盛器，经过长期积累，形成了地方菜、宫廷菜、素菜、药膳等不同体系和层次的菜系、菜种。

地方菜是指在一定的区域内，因物产、气候、习俗不同而形成的有地方特色的菜肴。我国有四大菜系（川菜、苏菜、鲁菜、粤菜）、八大菜系（四大菜系加上湘菜、徽菜、浙菜、闽菜）、十大菜系（八大菜系加上京菜、沪菜）之说。各地方菜的菜品之丰富、种类之繁多，更是令人叹为观止。

（1）川菜。川菜是四川地方风味菜肴的总称。川菜以味多、味厚、味广著称，味型以麻辣、鱼香、怪味等为主，技法以小炒、小煎、小烧、干烧、干煸见长。代表菜肴有鱼香肉丝、宫保鸡丁、麻婆豆腐、水煮肉片、干烧岩鱼、回锅肉等。

（2）苏菜。苏菜是江苏地方风味菜肴的总称。苏菜的主要特点是选料不拘一格且物尽其用，重鲜活；加工精细，讲究刀工、火工和造型；善于炖、焖、煨、焐；重视调汤及保持原汁；风味清鲜，浓而不腻，淡而不薄。代表菜肴有金陵盐水鸭、三套鸭、扬州煮干丝、镇江肴肉、清炖蟹粉狮子头、霸王别姬等。

（3）鲁菜。鲁菜是山东地方风味菜肴的总称。鲁菜的主要特点是注重以当地特产为选料来源；讲究菜的丰富实惠；烹调方法全面，以爆、炒、熘最为突出；精于制汤和以汤调味；味型以咸鲜为主，善于用葱香调味。代表菜有葱烧海参、清汤燕菜、糖醋鲤鱼、清蒸加吉鱼、九转大肠、锅塌豆腐、熘肝尖等。

（4）粤菜。粤菜是广东地方风味菜肴的总称。粤菜的主要特点是取料广博，为全国各菜系之最；在口味方面，讲究清脆鲜爽且突出原味；烹调方法多用煎、炒、煲、炖、蒸等，尤其善于焗、熏、软炒等。代表菜有龙虎斗、白云猪手、脆皮烤乳猪、东江盐焗鸡、潮州冻肉、太爷鸡等。

> **知识拓展3-32**　　　　　　　　　　**中国烹饪方法**
>
> 经过长期实践，中国烹饪已形成了几十类近百种烹调方法，常见的有炒、爆、炸、熘、烹、炖、焖、烩、煎、贴、汆、煮、蒸、烤、熏、炝、涮、泥烤、拌、腌、卤、冻等。光炒就有煸炒、熟炒、软炒、清炒等多种。

2.面点及风味小吃

面点及风味小吃是我国饮食文化的重要组成部分，其品种繁多，原料广泛，技法多样，造型逼真，并且往往具有浓郁的地方特色，与当地的菜系特点有密切联系。从流派上讲，我国的面点及风味小吃大体可分为京式、苏式、广式、川式、晋式、秦式六大流派；从品种上讲，可分为包子类、饺子类、糕点类、卷类、酥类、饼类、果类、粽类、馒头、馄饨、面条等种类；从烹制方法上看，有蒸、煮、煎、炸、烤、烙、炒等多种。

（1）京式面点及风味小吃。它一般是指黄河以北以北京为代表的包括天津、河北、山东、辽宁、吉林、黑龙江等地制作的面点及风味小吃。京式面点及风味小吃的特点是讲究技法和工艺，口味爽滑，柔软松嫩。代表性小吃有天津狗不理包子、老二位饺子、李连贵熏肉大饼、冷面、豌豆黄、艾窝窝、王麻子锅贴、豆汁儿、打糕等。

（2）苏式面点及风味小吃。它一般是指长江中下游以江苏为代表的包括浙江、上海等地制作的面点及风味小吃。苏式面点及风味小吃自古就有色、香、味、形俱佳的特点，讲究馅心，重视调味。代表性小吃有太湖船点、苏州糕团、宁波汤圆、南翔小笼馒头、嘉兴五芳斋粽子、黄桥烧饼、乌米饭、喉口馒首、重油酥饼、擂沙圆、三丁包子等。

（3）粤式面点及风味小吃。它一般是指珠江流域及南部沿海一带以广东为代表的包括广西、海南、福建等地制作的面点及风味小吃。粤式面点及风味小吃的特点是造型精巧，味道清淡鲜爽，吸收了许多西式点心的制法，粥品繁多，富有营养，多使用油、糖、蛋、鱼、虾等。代表性小吃有叉烧包、肠粉、蟹黄灌汤饺、娥姐粉果、蚝煎、煎堆、竹筒饭、土笋冻、手抓面等。

（4）川式面点及风味小吃。它一般是指长江中上游以四川为代表的包括云南、贵州等地制作的面点及风味小吃。川式面点及风味小吃的特点是技法多样，注重传统，善于调多种多样的复合味。代表性小吃有担担面、过桥米线、肠旺面、龙抄手、宜宾燃面、烧豆腐、雷家豆腐圆子、叶儿粑、丝娃娃、夜郎面鱼等。

（5）晋式面点及风味小吃。它一般是指山西省的面点及风味小吃，山西面食素有"一面百味"之誉。代表性小吃有卷卷、剔尖、头脑、茶食、刀削面、生炒面、溜溜面、油面、豌豆糕等。

（6）秦式面点及风味小吃。它一般是指黄河中上游以陕西为代表的包括宁夏、甘肃、青海等地制作的面点及风味小吃。秦式面点及风味小吃的特点是以面粉和牛羊肉为原料，以油酥制品为主，口味注重咸辣鲜香。代表性小吃有羊肉泡馍、兰州牛肉面、石子馍、乾州锅盔、泡泡油糕、金钱油塔、葫芦头、窝窝面、搅团等。

（三）特产

1.名茶

茶叶是以茶树上的芽叶嫩梢（称鲜叶）为原料加工制成的产品，它与咖啡、可可并称为世界三大非酒精饮料。茶叶的分类方式有很多种，通常可以把茶叶分为绿茶、红茶、青茶、黄茶、白茶、黑茶六大类，此外还有花茶、紧压茶等。

（1）绿茶。绿茶是我国生产最早、产量最大、品种最多的一种茶叶。绿茶冲泡后呈现出绿叶绿汤，清香芬芳，味爽鲜醇。我国著名的绿茶有西湖龙井、洞庭碧螺春、黄山毛峰、六安瓜片、庐山云雾茶等。

（2）红茶。红茶十分耐泡，冲泡后呈现出红叶红汤，具有水果香气和醇厚的滋味。我国著名的红茶有祁红（安徽祁门）、滇红（云南南部及西南部）、宁红（江西修水）等。

（3）青茶。青茶也称乌龙茶，属于半发酵茶，是介于不发酵茶（绿茶）与全发酵茶（红茶）之间的一类茶叶。青茶的主要产区分布在福建、广东和台湾三省。我国著名的青茶有安溪铁观音、武夷岩茶、大红袍、铁罗汉、武夷肉桂等。

（4）黄茶。黄茶冲泡后呈现出黄叶黄汤，香气清雅。我国著名的黄茶有君山银针、蒙顶黄芽、远安黄茶、霍山黄芽等。

（5）白茶。白茶表面覆盖着白色茸毛，冲泡后汤色浅淡。白茶主要产于福建的福鼎、政和、松溪和建阳等地。我国著名的白茶有白毫银针、白牡丹、贡眉等。

（6）黑茶。黑茶叶色油黑，冲泡后汤色深，香味醇厚。黑茶主要产于湖南、湖北、四川、云南、广西等地。各种黑茶压制的紧压茶是藏族、蒙古族和维吾尔族同胞日常生活的必需品。我国著名的黑茶有云南普洱茶、湖南黑茶、四川边茶、广西六堡茶等。

（7）花茶。花茶是用茶叶和香花进行拼和窨制，使茶叶吸收花香而制成的香茶。我国最有名的花茶是茉莉花茶。

（8）紧压茶。将各种散茶经渥堆、蒸、压等典型工艺过程加工而成的砖形或其他形状的茶叶称为紧压茶。根据采用的原料茶的不同，紧压茶可分为绿茶紧压茶、红茶紧压茶、青茶紧压茶等。我国著名的紧压茶有沱茶、竹筒香茶、普洱方茶、米砖茶等。

我国不仅有着世界上最丰富的茶树资源，也是世界上最早种茶、制茶和饮茶的国家，从而形成了各具特点的众多名茶。1915年举行的巴拿马万国博览会将洞庭碧螺春、信阳毛尖、西湖龙井、君山银针、黄山毛峰、武夷岩茶、祁门红茶、都匀毛尖、安溪铁观音、六安瓜片列为中国十大名茶。

知识拓展 3-33　　　　　　　　　　**茶的发展**

最初，茶被当作一种药材，到西汉时期，茶叶才开始成为一种日常饮料。三国时期，江南民间已有饮茶习惯。唐代，饮茶之风盛行，不仅出现了专门的茶馆，还出现了世界上第一部茶叶专著——陆羽的《茶经》。然而，唐人饮茶并非采用泡茶的方式，而是将茶饼切碎碾成粉末，加入姜、葱、橘皮、薄荷、盐等煎煮。宋代出现了不加调料直接煎煮的方法，但直到元代才有了现在通行的用开水泡茶之法。

2.名酒

酒是用高粱、麦、米、葡萄或其他水果等原料经糖化、发酵制成的含有食用酒精等成分的饮料。酒是一种世界性的饮料，中国是世界上最早酿酒的国家之一，美酒之多，在世界上首屈一指。主要名酒有：

（1）茅台酒，产于贵州省仁怀市茅台镇，是大曲酱香型白酒的鼻祖，与苏格兰威士忌、法国科涅克白兰地并称为世界三大蒸馏名酒。

（2）汾酒，产于山西省汾阳市杏花村，是我国清香型白酒的典型代表，有"中国第一文化名酒"之称。

（3）五粮液，产于四川宜宾，是浓香型白酒的杰出代表，以高粱、大米、糯米、小麦和玉米五种粮食为原料制成。

（4）剑南春，产于四川绵竹，属于浓香型大曲酒。

其他名酒还有：西凤酒，产于陕西凤翔；四特酒，产于江西樟树；二锅头酒，产于北京顺义；竹叶青酒，产于山西汾阳；加饭酒和女儿红，产于浙江绍兴；古井贡酒，产于安徽亳州；董酒，产于贵州遵义；泸州老窖，产于四川泸州等。

知识拓展 3-34　　　　　　　　　　**酒的分类**

（1）根据酒液中酒精含量的不同，可将酒分为高度酒（一般在41度以上）和低度酒（在41度以下）两类。酒精度还可以用容积百分比表示，如38度也可以写成38%，意思是100毫升酒中含纯酒精38毫升。

（2）根据酿酒方法的不同，可将酒分为蒸馏酒、发酵酒和配制酒三大类。

（3）根据质量等级的不同，可将酒分为中国名酒、国家级优质酒、部优及省优名酒、普通酒四类。

（4）根据商业习惯，可将酒分为白酒、黄酒、葡萄酒、啤酒、果酒、露酒和药酒七大类。

3.丝织刺绣品

我国是世界上最早发明蚕丝织物的国家。在浙江省湖州市郊区钱山漾遗址出土的家蚕丝织物距今已有4 200多年的历史，是世界上最早的丝织品，钱山漾遗址也因此被誉为"世界丝绸之源"。公元前3世纪，我国因盛产丝织物而闻名。汉代以后，我国的丝织品通过陆上、海上"丝绸之路"远销中亚、西亚、地中海沿岸各地，我国也因此被誉为"丝国"。

我国的丝绸种类繁多，有绸、缎、纺、绉、绢、绫、罗、纱、葛、绡、呢等。我国传统的丝绸名品也很多，最知名的是被称为中国三大名锦的四川蜀锦、南京云锦和苏州宋锦。现代丝绸工艺以上海、杭州、苏州等地最为有名。

刺绣是我国驰名世界的优秀传统手工艺品，被誉为"东方艺术明珠"。我国刺绣的历史悠久，战国、两汉时的绣品已有很高水平，明清时期刺绣进一步发展，出现了很多名品。其中，苏绣、粤绣、湘绣和蜀绣并称为我国四大名绣。

4. 工艺美术品

（1）陶瓷。我国是世界上最早生产陶瓷的国家，我国精美的陶瓷产品很早就远销世界各地。我国著名的陶器有江苏宜兴的紫砂陶、广东佛山的石湾陶塑、山东淄博的釉陶、四川会理的绿陶等。其中，江苏宜兴的紫砂陶享誉世界，因此宜兴素有"陶都"之称。

瓷器是我国重要的发明之一，它为中华文明做出了重要贡献。其中，江西景德镇瓷器驰名世界，景德镇也因此有"瓷都"之称。景德镇瓷器和北京景泰蓝、福州脱胎漆器并称为我国传统工艺三绝。青花瓷（如图3-30所示）是景德镇制瓷工艺的重要成就，是我国古代流行时间最长、产量最大的一种瓷器。

目前，我国瓷器的主要产地有江西景德镇、湖南醴陵、福建德化、广东佛山、河南禹州、河北唐山、山东淄博等。其中，江西景德镇与湖南醴陵、福建德化并称为我国三大瓷都，而广东佛山被誉为"南国陶都"。

图3-30　青花瓷

知识拓展3-35

在日常生活中，我们常常会用到"陶瓷"这个词，其实陶瓷是陶器与瓷器的总称，并且陶器与瓷器有很大的区别。陶器是用黏土或陶土经捏制成一定形状后，经800～1 100℃的高温焙烧而成的无釉或上釉的日用品和陈设品。陶器坯体不透明，具有吸水性，叩之声音不脆。瓷器是在陶器的基础上制成的器物，与陶器相比，瓷器有下列特点：第一，瓷器胎料的成分主要是高岭土，瓷胎烧结后，胎色白，质地致密，基本不吸水；第二，具有透明或半透明性，叩之发出清脆悦耳之声；第三，瓷器的烧成温度必须在1 200℃以上，胎釉经高温烧结后不易脱落。

（2）景泰蓝。景泰蓝并不是一种颜色，而是一种工艺品的名称。景泰蓝又名"铜胎掐丝珐琅"，是我国金属工艺品中的重要品种。景泰蓝的制作既运用了青铜和瓷器工艺，又融入了传统手工绘画和雕刻技艺，堪称我国传统工艺的集大成者，具有较高的收藏和欣赏价值。

（3）漆器。漆器是指将漆涂在各种器物的表面所制成的日常器具及工艺品、美术品等。漆器是我国古代在化学工艺及工艺美术方面的重要发明，它不仅美观，而且具有耐潮、耐高温、耐腐蚀等特殊功能，在古人的生产和生活中具有重要作用。我国著名的漆器有福州脱胎漆器、扬州漆器、大方漆器、四川漆器等。

（4）蜡染。蜡染是我国古老的民间传统纺织印染工艺。首先用蜡刀蘸熔蜡绘图案于布上，然后以蓝靛浸染，最后去蜡，布面就会呈现出蓝底白花或白底蓝花的多种图案。在浸染过程中，作为防染剂的蜡会自然龟裂，使布面呈现出独具魅力的"冰纹"。蜡染制品色调素雅，古朴大方，富有民族特色。蜡染至今仍盛行于贵州、湖南、四川等少数民族聚居区，并且以贵州安顺、黔东南等地的蜡染最为有名。贵州安顺被称为"蜡染之乡"。

（5）雕塑工艺品。我国的雕塑工艺品种类繁多，有木雕（如图3-31所示）、竹雕、玉雕、石雕、牙雕、泥塑、面塑等类型。我国的木雕工艺品遍布大江南北，浙江东阳木雕、广东潮州木雕、浙江黄杨木雕、福建龙眼木雕被称为我国四大木雕。其中，浙江东阳又被称为"雕花之乡"。玉器原料以新疆和田玉最为著名，玉雕工艺则以北京玉雕、扬州玉雕、苏州玉雕见长。

图3-31　建筑木雕

（6）文房四宝。笔、墨、纸、砚是书写、绘画的工具和材料。在漫长的历史进程中，我国的笔、墨、纸、砚无论是在造型设计方面，还是在生产制作方面，都融合了绘画、雕刻、书法、装饰等艺术手法，因此它们在实用价值之外还具有突出的观赏和收藏价值，是我国历史文化的重要组成部分。笔、墨、纸、砚不仅被古人所喜爱和珍藏，而且至今魅力不减，也是中外游客非常喜爱的工艺品。我国的传统名笔有浙江湖州善琏湖笔、河北衡水毛笔、江西李渡毛笔等；墨以"徽墨"最为有名；纸以宣纸最为有名；砚以广东端砚、安徽歙砚、甘肃洮河砚、山西澄泥砚等最为有名。

五、现代建筑与人造吸引物

现代建筑与人造吸引物包括三项内容：一是现代建筑与工程；二是现代文化与体育设施；三是现代人造旅游吸引物。

（一）现代建筑与工程

1.都市风光

现代都市是人类社会发展成果的集中展示，这里有便捷的交通、完善的生活设施、宏伟的城市建筑，能很好地解决游客的食、住、行、游、购、娱等需求，因此都市风光日益成为重要的旅游资源。我国的都市风光集中分布在沿海大城市和区域性的中心城市，如北京、上海、广州、深圳、西安、南京、武汉、成都、重庆、天津、大连、青岛等。

2.现代工程

现代科技的发展使人们有能力建设一些重大、宏伟的工程建筑，这些建筑或因为雄伟，或因为独特，或因为科技含量高而成为重要的旅游吸引物。著名的现代工程有南京长江大桥、长江三峡水利枢纽工程、青藏铁路、港珠澳大桥等。

大美中国 3-8　　　　　　　　　　**我国现代杰出工程**

南京长江大桥位于南京市鼓楼区下关和浦口区桥北之间，是长江上第一座由我国自行设计和建造的双层式铁路、公路两用桥梁。南京长江大桥的建成通车标志着我国的桥梁建设达到世界先进水平，开创了我国"自力更生"建设大型桥梁的新纪元，体现了社会主义建设的伟大成就，具有极大的经济意义、政治意义和战略意义，因此南京长江大桥又称为"争气桥"。

长江三峡水利枢纽工程位于湖北宜昌，是我国有史以来建设最大型的工程项目，也是世界上最大的水利枢纽工程，具有防洪、发电、航运等综合效益。

青藏铁路是通往西藏腹地的第一条铁路，也是世界上海拔最高、线路最长的高原铁路。青藏铁路的建成密切了西藏与国内其他地区的时空联系，拉动了青藏带的经济发展，加深了藏族与其他各民族的文化交流，促进了各民族团结进步和共同繁荣，被人们称为"发展路""团结路""幸福路"。

港珠澳大桥是我国境内一座连接香港、珠海和澳门的桥隧工程，也是世界上里程最长、钢结构最大、沉管隧道最长的跨海大桥，于2018年10月24日开通运营。习近平主席在港珠澳大桥开通仪式上这样评价："港珠澳大桥的建设创下多项世界之最，非常了不起，体现了一个国家逢山开路、遇水架桥的奋斗精神，体现了我国的综合国力、自主创新能力，体现了勇创世界一流的民族志气。这是一座圆梦桥、同心桥、自信桥、复兴桥。大桥建成通车，进一步坚定了我们对中国特色社会主义的道路自信、理论自信、制度自信、文化自信，充分说明社会主义是干出来的，新时代也是干出来的！"

（二）现代文化与体育设施

丰富知识和扩大视野是现代人旅游的动机之一，现代文化与体育设施能很好地满足游客的这一愿望。这些设施包括博物馆、图书馆、美术馆、体育馆、文化馆等。

其中，博物馆是集中陈列或展示富有知识性和教育性的分类实物、图像和模拟物的场所。这些场所能在很短的时间内有效满足游客丰富知识、扩大视野的旅游需求，因此受到了很多游客的青睐。我国的博物馆主要有：

（1）综合性博物馆，如中国国家博物馆及各省、市的博物馆；

（2）专题性博物馆，如西安半坡博物馆、中国丝绸博物馆（杭州）、苏州园林博物馆、中国陶瓷博物馆（景德镇）、泉州海外交通史博物馆、自贡恐龙博物馆、洛阳古代艺术博物馆、秦始皇帝陵博物院、广东阳江海上丝绸之路博物馆等。

（三）现代人造旅游吸引物

现代人造旅游吸引物广义上包括各类城市公园、游乐场所及休闲性康体健美场所，狭义上是指专为旅游目的而修建的主题公园等人造景观。目前，我国主要的主题公园有北京欢乐谷、芜湖方特欢乐世界、广州长隆欢乐世界、香港海洋公园，以及深圳的锦绣中华、中国民俗文化村和世界之窗等。

☁ 思考与练习

一、选择题（有一个或一个以上正确答案）

1.旅游资源的形成条件包括（　　）。

A.必须是有形的物体

B.对旅游者有吸引力

C.能被旅游业开发利用

D.能产生经济效益、社会效益和生态环境效益

2.以张家界森林公园为代表的武陵源风景区属于（　　　）地貌。

A.砂岩　　　　　B.丹霞　　　　　C.花岗岩　　　　D.喀斯特湖

3.我国现存最古老的木结构建筑建于（　　　）代。

A.汉　　　　　　B.唐　　　　　　C.宋　　　　　　D.明

4.下列不属于我国五大咸水湖的是（　　　）。

A.色林错　　　　B.青海湖　　　　C.巢湖　　　　　D.纳木错

5.下列不属于我国五大淡水湖的是（　　　）。

A.洞庭湖　　　　B.鄱阳湖　　　　C.太湖　　　　　D.青海湖

6.下列属于世界自然遗产的是（　　　）。

A.九寨沟　　　　B.三江并流　　　C.三清山　　　　D.中国丹霞地貌

7.下列属于著名的赏梅地的是（　　　）。

A.河南洛阳　　　B.南京梅花山　　C.江西大余　　　D.山东菏泽

8.下列不属于我国七大古都的是（　　　）。

A.开封　　　　　B.南京　　　　　C.成都　　　　　D.安阳

9.下列不属于我国四大菜系的是（　　　）。

A.川菜　　　　　B.湘菜　　　　　C.粤菜　　　　　D.鲁菜

10.下列说法中正确的是（　　　）。

A.我国是世界上最早发明蚕丝的国家

B.我国是世界上最早生产陶瓷的国家

C.我国是世界上最早酿酒的国家

D.我国是世界上最早种茶、制茶和饮茶的国家

二、判断题

1.在各种常态地貌中，山地的旅游资源最集中。（　　　）

2.丹霞地貌只分布于我国的南方，北方没有丹霞地貌。（　　　）

3.喀斯特地貌又称岩溶地貌。（　　　）

4.我国是世界上森林公园数量最多的国家。（　　　）

5.客家围屋都是圆形的建筑。（　　　）

随堂测3-2

三、简答题

1.什么是自然旅游资源和人文旅游资源？

2.我国旅游资源有哪些基本特征？

3.水体有哪些旅游价值？

4.我国有哪些著名的瀑布景观？

5.我国古建筑有哪些特点？

6.我国古建筑常用的彩绘有何作用？

7.我国有哪些有代表性的民居建筑？

8.我国有哪些著名的水利工程？

9.帝王陵墓建筑主要由哪些部分组成?

10.请列举我国主要的佛教名山和道教名山。

11.根据茶叶的类型列举我国的主要名茶。

12.我国有哪些主要名酒?

13.请列举我国的"文房四宝"名品。

四、实践训练

1.查阅相关资料,解释喀斯特地貌为什么多在南方。

2.直到今天,许多人仍然把旅游等同于"游山玩水",分析一下这一说法合理与否。

3.查阅相关资料,分别讲解海上蜃景和沙漠蜃景的成因。

4.我国的古建筑以木材为主要建筑材料,这会给建筑物的保存带来什么不利影响?

五、课堂讨论

1.试分析中国自然地理环境对旅游资源形成的影响。

2.你的学校所在地最突出的旅游资源是什么?分析产生这一旅游资源的地理背景。

3.所有的水体都能成为旅游资源吗?

第四章　中国旅游交通地理

本章导读

　　旅游交通是旅游活动的必要条件，是旅游业存在和发展的前提之一，它不仅具有一般交通运输的共同要求，如安全性、计划性、及时性等，而且具有游览性、舒适性、季节性等。旅游交通可分为大交通、小交通、内部交通三个层次。现代旅游交通主要包括航空交通、铁路交通、公路交通、水路交通和特种旅游交通五种方式，每一种交通方式都各有特点。在进行旅游交通工具的选择时，既要考虑到不同交通工具的优点和缺点，还要考虑到旅途距离的长短、时间是否充裕、是否能满足旅游行程的安排等因素。

　　在国内综合交通运输体系中，民航运输的增长速度是最快的，并且越来越大众化。铁路交通是最重要的旅游交通运输方式之一，近年来同样增长很快。公路交通是最重要的中短途客运方式，目前仍是最主要的旅游交通运输方式，但比重正在下降。水路交通是一种独特的旅游交通运输方式，它曾发挥过重要的作用，在一些水域风光景区，水路交通的作用仍然不可替代。特种旅游交通方式往往既可以满足游客实现位移的需要，又可起到观赏、游乐的作用。

第一节　认识旅游交通

一、旅游交通的含义和构成

（一）旅游交通的含义

　　旅游交通是为旅游者实现旅游目的而提供空间位移服务的经营活动的总称。这些经营活动包括：将旅游者从居住地运送到旅游目的地；将旅游者从一个旅游目的地运送到另一个旅游目的地；将旅游者从旅游地运送回居住地等。

（二）旅游交通的构成

　　旅游交通由下列部分构成：

　　（1）旅游交通线路，如公路、铁路、空中航线、水上航线、索道等。

　　（2）旅游交通工具。其中，现代旅游交通工具包括飞机、火车、汽车、轮船、地铁、电车等；传统旅游交通工具包括马车、帆船、人力车、自行车、雪橇、滑竿、轿子等；特殊旅游交通工具包括汽艇、滑翔机、热气球、缆车等。

（3）旅游交通站点及辅助设施，如飞机场、火车站、汽车站、码头等。

（三）旅游交通的层次

依据旅游交通涉及的空间尺度及在旅游活动中承担的角色，旅游交通可分为三个层次：

1.大交通（或称外部交通）

大交通是指在旅游客源地到旅游目的地间往返所依托的中心城市间的交通，一般是跨省（自治区、直辖市）或跨国的交通。因距离较远，所以交通运输方式主要是铁路、民航和公路运输。

2.小交通（或称中间交通）

小交通是指由中心城市到风景区间的交通，一般距离较短。交通运输方式主要是公路、铁路和水路运输，有时也包括航空运输。

3.内部交通

内部交通是指风景区内部的交通。交通运输方式主要是汽车（观光车）和一些特殊交通运输方式，如索道、轿子、竹筏等。

例如，一个北京游客要去四川九寨沟旅游，从北京到成都间的交通（飞机或火车）是大交通，从成都到九寨沟间的交通（汽车）是小交通，九寨沟景区内的环保车是内部交通。

课堂互动 4-1

一个上海游客要去庐山旅游，打算以南昌为中转站。请问，他这次旅游的大交通、小交通、内部交通分别是什么？

分析提示 4-1

二、旅游交通的特点

旅游交通是整个交通运输业的重要组成部分，具有一般交通运输的共同要求，如安全性、计划性、及时性等。然而，由于旅游交通运输的服务对象是旅游者，因此旅游交通运输与一般的交通运输相比还有一些自身的特点。

（一）游览性

旅游交通运输必须能够满足旅游者游览的实际需要：在线路编排上，尽量将沿途各景区、景点连起来，组成一条完美的旅游线路，不能拘泥于传统的交通运输线；在时间安排上，以保证游客充分游览为前提，并不完全追求快捷。近年来，日益增多的旅游包机、旅游专列、旅游观光巴士等都是明显的例子。旅游交通运输的游览性还体现在一些独具特色的交通运输方式上，如骑马、骑骆驼、坐轿子、乘竹筏等仍然盛行于一些旅游地。这主要是因为这些旅游交通运输方式能够给旅游者带来新奇、惊险、愉悦等心理感受，而这是一般交通运输方式所不具备的。

（二）舒适性

旅游是一种业余性的消遣活动，是人们满足了日常的衣、食、住等基本生活需求后自然产生的一种高层次的消费活动。正因为如此，旅游交通运输工具往往比其他交通运输工具更注重舒适度。例如，人们对旅游列车的性能、美观度、车厢设施、服务项目、服务质量等方面都有较高的要求；游轮及旅游汽车在内部设施方面一般也优于普通的客轮和汽车。

（三）季节性

一般来讲，旅游业有旺季和淡季之分，旅游交通运输也免不了有旺季和淡季之分。在旅游旺季，旅游交通运输的需求量大，交通票据价格上扬；在旅游淡季，旅游交通运输的需求量下降，交通票据价格下降。

三、旅游交通的作用

（一）旅游交通是旅游活动的必要条件

旅游的基本特征之一是存在空间位移，而要实现空间位移，必须依赖于交通。游客从居住地到旅游目的地要依赖旅游交通；到达旅游目的地后，游客要想在旅游目的地内各景点间移动或在多个旅游目的地间移动，也要依赖旅游交通；游客游玩结束后回到居住地，同样要依赖旅游交通。总之，要实现游客"进得来，散得开，出得去"的目标，必须依赖旅游交通，没有旅游交通就没有现代旅游。

（二）旅游交通是旅游业存在和发展的前提之一

旅游交通对旅游业的存在和发展起到了巨大的推动作用，是旅游业存在的前提之一。在古代，生产力水平低下，交通工具落后，人们外出只能靠步行或畜力，旅游活动受到了极大的限制，旅游经营活动也无法产生。19世纪初，火车、轮船的问世，使人们的大规模出行成为可能，也使得有组织的旅游经营活动成为可能，这直接导致了近代旅游业的产生。19世纪末，内燃机的发明、汽车的出现和普及推动着旅游活动和旅游业不断壮大，近代旅游开始向现代旅游过渡。第二次世界大战以后，随着现代交通工具的快速发展，特别是大型喷气式客机的普及和更新换代，高速公路和高速铁路的出现，旅游交通的速度、运量、安全性、舒适度都大为提高，从而极大地推动了现代旅游业的发展。

知识拓展4-1

旅游业的产生和发展与交通运输的发展密切相关。在古代，由于交通工具落后，因此人们的出行受到很大限制。1825年9月27日，全球第一条铁路在英国启用。这条铁路全长约27千米，当时列车的速度为每小时4.5千米，后来达到每小时24千米。欧洲其他国家及北美洲国家看到铁路的种种优势后，很快掀起了修建铁路的热潮。铁路的出现和发展引发了交通运输领域的革命，大大促进了工业革命的发展，同时也促进了旅游业的发展。随后，英国人托马斯·库克于1841年组织了世界上第一个火车旅行团，这是近代旅游及旅游业的开端。

（三）旅游交通能够促进旅游地的兴起与发展

高等级的旅游资源是实现旅游地崛起的重要条件，但如果没有旅游交通的支撑，旅游地的兴起和发展将困难重重。旅游交通可以提高旅游资源的可进入性，减少游客进入旅游地的成本，提高游客的舒适度，进而大大提高旅游资源的吸引力，增加到访游客的数量，促进旅游地的兴旺。交通闭塞的地方即使旅游资源很丰富，旅游业也难以发展起来。

（四）旅游交通收入是旅游业稳定和重要的收入来源

对旅游者来说，交通费用是每次旅游活动都必不可少的一项支出。据统计，旅游者旅游费用的20%~40%都用在了旅游交通方面。如果是长距离旅游，交通费用的占比可能更高。因此，对旅游业来说，来自旅游交通的收入是旅游总收入的重要组成部分，它是旅游业稳定和重要的收入来源。

（五）旅游交通本身也可能成为旅游吸引物

旅游交通的便捷、舒适、新奇等特点使得旅游交通本身也可能成为旅游吸引物。例如，未乘过飞机的人会把乘飞机本身也当作旅游目的之一；当磁悬浮列车、动车组列车刚刚出现的时候，有人会把享受磁悬浮列车、动车组列车的舒适、快捷当作旅游目的之一。一些特殊的旅游交通方式更有可能成为旅游吸引物，如骑马、骑骆驼、乘快艇、坐热气球、坐竹筏、坐缆车等，它们既可能是交通方式，也可能是旅游目的。

知识拓展 4-2

在一些热衷旅游的游客眼中，机场本身也可能成为旅游观光的对象，这些机场或者有先进的设施或艺术化的设计，或者有厚重的历史和独特的景观。例如，北京大兴国际机场是我国新的标志性建筑，在英国媒体评选的新世界七大奇迹中居榜首，未来将成为世界最大空港，成为展现我国国家形象的新国门。加格达奇嘎仙机场位于大兴安岭林区，乘客在此可以领略大兴安岭林海的浩瀚无际。四川稻城亚丁机场是世界上海拔最高的民用机场，其航站楼外形酷似飞碟，并且设有观景台，乘飞机在这里起降，可一览青藏高原最典型的古冰体遗迹——海子山。西藏林芝米林机场既是山区机场，也是峡谷机场，其飞行难度国内第一，但风景绝佳，有时甚至可以看到南迦巴瓦峰。

四、现代旅游交通的主要方式及特点

（一）航空交通

飞机是远程旅游中最主要的交通工具之一，也是现有主要的旅游交通方式中最新的交通方式。一个国家或地区航空运输的能力和机场的吞吐量往往能够反映该国家或地区国际旅游业的发展水平。目前，航空交通分为定期航班服务和旅游包机服务两种。定期航班服务是指民航按照已对外公布的航班时刻表飞行的民航服务；旅游包机服务是一种不定期的航空包机服务，可按照旅行社的要求安排时间和路线。

知识拓展 4-3

1903年，美国的莱特兄弟发明了飞机并首飞成功；1913年2月，德国开办了柏林至魏玛的民用航线，这是世界上第一条国内民用航线。20世纪五六十年代以后，民用喷气式客机开始应用并普及。20世纪70年代，宽体客机得到发展，乘飞机旅行越来越舒适、快捷。

1.航空交通的优点

（1）快速。快是飞机最大的优势，目前民航客机的时速在900千米左右，能够大大缩短人们的在途时间。

（2）安全。飞机是高科技的产物，一般都有自动导航和驾驶系统，安全保障条件较好。可以说，在远距离旅行中，航空交通是各种常用的旅游交通方式中最安全的。

（3）舒适。飞机的设计越来越注重人性化，尤其是现代大型喷气式客机，不仅飞行平稳、噪声小、乘坐舒适，而且休息、娱乐设施齐全。此外，乘飞机能看到平时很难看到的空中和地表景观，飞机起降时的速度之快也能够给人以特殊而愉快的感觉。

（4）灵活。飞机航行不受地面障碍物的影响，也不受自然和人为原因导致的道路阻断的影响，可以选择两点间最短的航线，可以到达其他交通工具难以到达之地。

2.航空交通的缺点

（1）飞行成本高导致票价高，从而增加了旅行成本。

（2）航班易受天气的影响，易导致旅游计划的变更。

（3）机场离中心城区和旅游景点一般较远，因此飞机一般不能独立完成旅游交通运输，需要与其他交通工具相配合。

知识拓展4-4

尽管航空运输不需要借助道路就能实现，但航空运输借助的交通工具——飞机造价高昂，并且对机场的要求很高。一个大型民用机场至少需要3 000米长的跑道。在热带国家，特别是热带高原地区，由于空气密度小，因此跑道要建得更长才能保证飞机有足够长的滑行距离，从而获得更大的抬升力。因此，并不是所有地方都适合建机场。

航空运输还存在一个经济距离问题。由于航空运输成本高，如果运输距离太短，每位乘客就要承担相对而言更高的费用，并且频繁起降也易增大飞机的损耗，因此航空运输在远距离（一般为800千米以上）旅行中更占优势。

（二）铁路交通

铁路交通是最重要的旅游交通运输方式之一。

1.铁路交通的优点

（1）价格相对低廉，能够有效降低长途旅行的成本。

（2）安全系数高。

（3）列车的计划性较强，车次和运行时间较稳定，列车出行不易受天气的影响，行程安排较有保障。

（4）载客量多，能够满足大团队集体出行的需要。

（5）可观赏沿途风光。

2.铁路交通的缺点

（1）行程会受到铁路线和列车运行时间表的限制，不够灵活。

（2）铁路的修建受地理条件的影响较大，且造价高、工期长。

课堂互动4-2

青藏铁路通车后，很多人都认为会给民航运输带来冲击，但事实是，拉萨的航班客座率和运输量大增，因为有部分乘火车进入西藏的游客选择乘飞机离开。试从航空和铁路运输特点的角度分析产生这一现象的原因。

分析提示4-2

（三）公路交通

公路交通是最重要的中短途客运方式，也是最主要的旅游交通运输方式之一。

1.公路交通的优点

（1）灵活、方便、自由，旅游者可以乘汽车去任何通公路的旅游景点参观游览，并且能随时下车参观自己想参观的地方，基本上可以做到点对点，还可以随意改变旅游线路。

（2）独立性强，基本不需要借助其他交通工具。

（3）公路的修建投资小、见效快。

2.公路交通的缺点

（1）速度慢，不够舒适，乘车过久易使人疲劳。

（2）安全系数较低，事故率是几种交通运输方式中最高的。

（3）易受天气和路面状况的影响。

（4）运载量小，运输成本较高。

（5）汽车尾气和噪声易带来环境污染，这使得许多景点已禁止外部汽车入内。

（四）水路交通

水路交通一般包括内河航运、沿海航运和国际航运等类型，交通工具通常有普通客轮、豪华客轮、客货混装船和气垫船等。每种客轮又分别设有不同等级的舱位，以满足不同乘客的要求。

1.水路交通的优点

（1）客舱空间往往较大，生活设施齐全。尤其是一些大型游船（又称邮轮），通常船体庞大，设备齐全，休闲娱乐设施完备，能够给人悠闲、舒适的体验。

（2）客运量大，价格较低。

（3）沿途可观两岸风光。

（4）独特的水上航行方式能够给游客带来新鲜感。

2.水路交通的缺点

（1）速度太慢。

（2）受天气和水情的影响，准时性较差。

（3）受航道的影响，灵活性差。

知识拓展 4-5

水路交通的最大缺点可能就是速度慢，所以在常规的四种旅游交通方式中，水路交通完成的运输任务最少。然而，在一些水域风光景区（如长江三峡、漓江山水、千岛湖等），水路交通的作用仍然是不可替代的。

（五）特种旅游交通

特种旅游交通是指除航空、铁路、公路、水路这些常规的交通方式外，为满足旅游者的某种特殊需要而产生的对旅游交通起补充作用的交通方式。特种旅游交通往往既可满足游客实现位移的需要，又可起到观赏、游乐的作用，如缆车、索道、竹筏、快艇、羊皮筏子、雪橇等。

知识拓展 4-6　2019年我国各种运输方式完成旅客运输量及其增长速度

2019年我国各种运输方式完成旅客运输量及其增长速度见表4-1。

表4-1　　　　　　　　2019年我国各种运输方式完成旅客运输量及其增长速度

指标	单位	绝对数	比上年增长（%）
旅客运输总量	亿人次	176.0	-1.9
铁路	亿人次	36.6	8.4
公路	亿人次	130.1	-4.8
水运	亿人次	2.7	-2.6
民航	亿人次	6.6	7.9
旅客运输周转量	亿人公里	35 349.1	3.3
铁路	亿人公里	14 706.6	4.0
公路	亿人公里	8 857.1	-4.6
水运	亿人公里	80.2	0.8
民航	亿人公里	11 705.1	9.3

资料来源　中华人民共和国国家统计局. 中华人民共和国2019年国民经济和社会发展统计公报[EB/OL].［2020-02-28］. http://www.gov.cn/xinwen/2020-02/28/content_5484361.htm.

第二节　航空交通

一、我国航空交通的发展

改革开放前，我国的民航运输发展缓慢。1950年，我国民航业开始起步，当时仅有30多架小型飞机，年旅客运输量仅为1万人次。1978年，我国民航客运量也仅为231万人次。1978年底，我国开始实行改革开放，经济迅速增长，民航业的发展速度也大大加快。1980年，我国民航旅客运输量达到343万人次，2002年达到8 594万人次，成为令世界瞩目的民航大国。

现在，我国民航运输系统已成为全球第二大航空运输系统。截至2019年底，我国共有定期航班航线5 155条，完成运输总周转量1 292.7亿吨公里、旅客运输量6.6亿人次。

知识拓展4-7　　　　　　　　　我国民航安全水平世界领先

党的十八大以来，我国民航安全水平大幅度提高，民航运输重要安全指标均低于世界平均水平。2013—2017年，我国运输航空百万小时重大事故率为0，同期世界平均水平约为0.0872；我国民航百万架次重大事故率为0，同期世界平均水平为0.1745；我国民航亿客公里死亡人数为0，同期世界平均水平为0.0074。2019年，我国运输航空实现持续安全飞行112个月、8 068万小时的安全新纪录，连续17年7个月实现空防安全零责任事故。

资料来源　佚名.数说民航：中国民航安全水平世界领先［EB/OL］.［2017-07-28］. https://www.so-hu.com/a/160644420_748666.佚名.民航局：我国运输航空实现安全飞行110个月［EB/OL］.［2019-11-12］. http://news.china.com.cn/2019-11/12/content_75397561.htm.

在全球航空运输业中，我国民航业的增长速度最快、效益最好。在国内综合交通运输体系中，民航运输的增长速度也是最高的。如今，民航运输已覆盖全国绝大部分地区和人口。可以说，民航运输已经越来越大众化。

知识拓展 4-8 　　　　　　　　**我国航空运输的分类**

我国航空运输分为国内航空运输和国际航空运输两种。国内航空运输是指根据当事人订立的航空运输合同，运输的出发地点、约定的经停地点和目的地均在中华人民共和国境内的运输。国际航空运输是指根据当事人订立的航空运输合同，无论运输有无间断或者有无转运，运输的出发地点、目的地或者约定的经停地点之一不在中华人民共和国境内的运输。

二、我国航空旅游交通的空间格局

2019 年，我国境内运输机场（不含香港、澳门和台湾地区，下同）共有 238 个，其中定期航班通航机场 237 个，定期航班通航城市 234 个。全年境内机场旅客吞吐量达 135 162.9 万人次，其中，国内航线完成 121 227.3 万人次。

2019 年，国内各地区旅客吞吐量的分布情况是：华北地区占 14.4%，东北地区占 6.2%，华东地区占 29.5%，中南地区占 24.3%，西南地区占 16.3%，西北地区占 6.6%，新疆地区占 2.8%。

2019 年，境内各机场旅客吞吐量在 1 000 万人次以上的机场有 39 个（见表 4-2），200 万 ~ 1 000 万人次的机场有 35 个，200 万人次以下的机场有 165 个。

表 4-2　　　　　2019 年民航机场旅客吞吐量排名（1 000 万人次以上）

机场	旅客吞吐量（人次）			
	名次	2019 年	2018 年	同比增速（%）
北京/首都	1	100 013 642	100 983 290	-1.0
上海/浦东	2	76 153 455	74 006 331	2.9
广州/白云	3	73 378 475	69 720 403	5.2
成都/双流	4	55 858 552	52 950 529	5.5
深圳/宝安	5	52 931 925	49 348 950	7.3
昆明/长水	6	48 075 978	47 088 140	2.1
西安/咸阳	7	47 220 547	44 653 311	5.7
上海/虹桥	8	45 637 882	43 628 004	4.6
重庆/江北	9	44 786 722	41 595 887	7.7
杭州/萧山	10	40 108 405	38 241 630	4.9
南京/禄口	11	30 581 685	28 581 546	7.0
郑州/新郑	12	29 129 328	27 334 730	6.6
厦门/高崎	13	27 413 363	26 553 438	3.2
武汉/天河	14	27 150 246	24 500 356	10.8
长沙/黄花	15	26 911 393	25 266 251	6.5
青岛/流亭	16	25 556 278	24 535 738	4.2
海口/美兰	17	24 216 552	24 123 582	0.4
乌鲁木齐/地窝堡	18	23 963 167	23 027 788	4.1
天津/滨海	19	23 813 318	23 591 412	0.9
贵阳/龙洞堡	20	21 910 911	20 094 681	9.0

续表

机场	旅客吞吐量（人次）			
	名次	2019年	2018年	同比增速（%）
哈尔滨/太平	21	20 779 745	20 431 432	1.7
沈阳/桃仙	22	20 544 044	19 027 398	8.0
三亚/凤凰	23	20 163 655	20 039 035	0.6
大连/周水子	24	20 079 995	18 758 171	7.0
济南/遥墙	25	17 560 507	16 611 795	5.7
南宁/吴圩	26	15 762 341	15 091 614	4.4
兰州/中川	27	15 302 975	13 858 151	10.4
福州/长乐	28	14 760 226	14 393 532	2.5
太原/武宿	29	14 002 582	13 588 423	3.0
长春/龙嘉	30	13 934 969	12 969 503	7.4
南昌/昌北	31	13 637 151	13 524 159	0.8
呼和浩特/白塔	32	13 151 840	12 159 175	8.2
宁波/栎社	33	12 414 007	11 718 416	5.9
温州/龙湾	34	12 291 707	11 218 701	9.6
珠海/金湾	35	12 282 982	11 220 703	9.5
合肥/新桥	36	12 282 384	11 110 596	10.5
石家庄/正定	37	11 922 801	11 332 518	5.2
银川/河东	38	10 575 393	8 944 837	18.2
烟台/蓬莱	39	10 052 929	8 433 179	19.2

资料来源　中国民用航空局. 2019年民航机场生产统计公报［EB/OL］.［2020-03-09］. http://www. caac.gov.cn/XXGK/XXGK/TJSJ/202003/t20200309_201358.html.

年旅客吞吐量在1 000万人次以上的机场的区域分布具有以下特点：

（1）分布于国家中心城市及各区域的中心城市，如北京、成都、昆明、西安、重庆、杭州、南京、郑州、长沙、武汉、哈尔滨、沈阳等；

（2）分布于沿海经济发达地区，如上海、广州、深圳、青岛、天津、大连等；

（3）分布于旅游热点地区，如三亚、海口等。

北京、上海和广州是我国三大航空枢纽。2019年，三大城市机场旅客吞吐量占全部境内机场旅客吞吐量的22.4%（2016年为26.2%）。其中，北京首都国际机场的旅客吞吐量居全球第二位，2018年突破1亿人次。

知识拓展4-9　　　　　**我国高海拔机场数量全球第一**

根据机场所在位置的海拔高度，我们可以将机场分为非高原机场（海拔1 524米以下）、高原机场（海拔1 524（含）—2 438米）、高高原机场（海拔2 438米及以上）。我国有众多高海拔机场，数量全球第一，主要包括四川稻城亚丁机场、西藏昌都邦达机场、西藏阿里昆莎机场、四川康定机场、四川甘孜格萨尔机场、青海玉树巴塘机场、西藏日喀则和平机场、西藏拉萨贡嘎国际机场、青海果洛玛沁机场。其中，四川稻城亚丁机场海拔 4 411 米，是世界上海拔最高的民用机场。

第三节　铁路交通

一、我国铁路交通的发展

我国在 1876 年开始兴建铁路，但发展缓慢，直到 1949 年，铁路通车营运里程仅为 2.2 万千米，并且只分布于东部地区。中华人民共和国成立后，我国铁路建设迅猛发展，铁路里程大幅度增长。

截至 2019 年底，我国铁路营业里程达 13.9 万千米以上，居世界第二位，其中高铁营业里程达 3.5 万千米，居世界第一位。一个横跨东西、纵贯南北、干线支线相结合的铁路运输网络已经形成。同时，铁路旅客运输量持续增长，2012 年为 18.9 亿人次，2019 年达到 36.6 亿人次。

在这一过程中，铁路交通进行了一系列卓有成效的改革，出现了许多可喜的变化：

（1）火车提速。从 1997 年到 2007 年，我国铁路已经进行了六次大提速，火车的平均时速从过去的 30～40 千米提高到 100～120 千米，最高时速可达 160 千米。2007 年 4 月 18 日，我国铁路第六次大提速正式实施，在京哈、京沪、京广、陇海、沪昆、胶济、广深等既有繁忙干线大量开行了时速 200～250 千米的"和谐号"动车组列车（如图 4-1 所示），标志着我国铁路进入高速时代。

图 4-1　"和谐号"动车组列车

（2）乘车的舒适度提高。采用新型列车，开行旅游专列、城际列车等，火车的舒适度大幅提高。

（3）列车班次更为合理。科学调整列车运行时间，各大城市间普遍开行了"夕发朝至"的夜行列车，从而节省了游客的出行时间，方便了游客出行。

（4）加快了高速铁路的建设。我国的城际铁路、高速铁路、客运专线从无到有，发展迅猛，取得了举世瞩目的成就。目前，我国已经成为世界上高速铁路发展最快、系统技术最全、集成能力最强、运营里程最长、运行速度最快、在建规模最大的国家。一个以高速铁路为骨架、城际铁路为补充的快速客运网络已经初步建成。

知识拓展 4-10　　　　　　　　中国高铁成就

2008 年 8 月 1 日，京津城际铁路开通运营。京津城际铁路是我国第一条具有完全自主知识产权、世界一流水平的高速铁路，最高运行时速达 350 千米。它的通车运营为我国和世界高速铁路建设提供了示范和宝贵的经验。

2009 年 12 月 26 日，京广高速铁路武广段（即武广高速铁路）开通运营。武广高速铁路全长 1 069 千米，最高运行时速达 350 千米。它的通车运营昭示着我国能够建设工程类型齐全、大规模、长距离世界一流的高速铁路。

2011 年 6 月 30 日，京沪高速铁路正式开通运营。京沪高速铁路是中华人民共和国成立以来投资规模最大的建设项目。

2012 年 12 月 26 日，京广高速铁路全线开通运营。京广高速铁路是世界上运营里程最长的高速铁路。

2014 年 12 月 26 日，兰新高速铁路全线贯通。兰新高速铁路是世界上一次性建成通车里程最长的高速铁路。

截至 2019 年 11 月 23 日，我国已系统掌握各种复杂地质及气候条件下高铁建造成套技术，攻克铁路工程建造领域一系列世界性技术难题；全面掌握构造速度 200～250 千米/小时、300～350 千米/小时动车组制造技术，构建了涵盖不同速度等级、成熟完备的高铁技术体系。

二、我国铁路交通的空间格局

（一）东北区域

东北区域包括东北三省及内蒙古自治区东部，这一区域已形成了较为完善的铁路运输网。其中，滨洲铁路、滨绥铁路、京哈铁路和沈大铁路等组成了"才"字形主干线，另有平齐铁路、大郑铁路、沈吉铁路、长图铁路、哈佳铁路、京通铁路、京承铁路、锦承铁路、集通铁路、通让铁路等多条干线。

东北区域已建成的高速铁路有：哈大高铁、盘营高铁、哈齐高铁、哈牡高铁、沈丹高铁、新通高铁、长珲城际铁路、丹大快速铁路、哈佳快速铁路等。

（二）环渤海区域

环渤海区域包括北京、天津、河北、山西、辽宁、山东和内蒙古自治区中部。这一区域是全国铁路网的中心，路网密集而完善，许多主要干线都经过本区，如京山—沈山—哈大铁路、京沪铁路、京广铁路、京九铁路、京通铁路、集通铁路、京承铁路、锦承铁路、丰沙铁路、大秦铁路、京原铁路等。其中，京沪铁路北起北京，经天津、济南、南京等城市到达上海，纵贯七省、市，跨越海河、黄河、淮河和长江四大水系，是我国最繁忙的铁路干线之一。京广铁路北起北京，南到广州，贯穿北京、河北、河南、湖北、湖南、广东六省、市，跨越海河、黄河、淮河、长江和珠江五大水系，是我国南北铁路交通大动脉。

环渤海区域已建成的高速铁路有：京广高铁、京沪高铁、京津城际铁路、石太客运专线、胶济客运专线、津秦高铁等。此外，京哈高铁承沈段已于 2018 年 12 月 29 日开通运营，京雄城际铁路北京西至大兴机场段于 2019 年 9 月 26 日开通运营，京张高铁于 2019 年 12 月 30 日正式开通运营。

（三）长江三角洲及沿长江区域

长江三角洲及沿长江区域包括上海、浙江、江苏，以及安徽、江西、湖南、湖北、四川、重庆的部分地区。这一区域的铁路网正在快速完善，主要有沪昆铁路、京沪铁路、京广铁路、京九铁路、襄渝铁路、汉丹铁路、武大铁路、合九铁路、合西铁路、宜万铁路等。

长江三角洲及沿长江区域已建成的高速铁路有：沪昆高铁、沪汉蓉快速客运通道、武广高铁等。此外，南京至上海、上海至杭州、宁波—温州—福州间都已开通高铁。

大美中国 4-1　　　　　　　　　　　　　　宜万铁路

宜万铁路全长 377 千米，东起湖北省宜昌市，西至重庆市万州区，贯穿武陵山区腹地。早在 1909 年，詹天佑就主持开建了宜万铁路的前身——川汉铁路，但因地质条件复杂，从宜昌往秭归修了 20 多千米就被迫停工。中华人民共和国成立后，经过反复勘测研究，宜万铁路于 2003 年开始修建。全线桥梁、隧道的总长度约 278 千米，占铁路总长的74%，有 34 座高风险的岩溶隧道，地质复杂程度世界罕见。宜万铁路建成时是我国修建难度最大、单位里程造价最高、历时最长的山区铁路，被业界称为"桥隧博物馆"和"中国西南山区铁路艰险之大成者"。宜万铁路的修建对国家实施西部大开发战略、加快中西部地区发展、促进少数民族地区的繁荣富裕具有十分重要的意义。

（四）东南沿海区域

东南沿海区域包括福建、广东两省。这一区域的经济发展水平在全国处于领先地位，铁路建设也快速发展，路网布局日益完善，主要有京广铁路、京九铁路、广深铁路、广梅汕铁路、鹰厦铁路、横南铁路、三茂铁路、赣龙铁路、向莆铁路等。

东南沿海区域已建成的高速铁路有：武广高铁、广深港高铁、合福客运专线等。

（五）中部区域

中部区域包括安徽、江西、河南、湖南、湖北五省。这一区域的铁路交通四通八达，铁路网日益完善，主要有京九铁路、京广铁路、陇海铁路、武九铁路、襄渝铁路、汉丹铁路、焦柳铁路、湘桂铁路、洛湛铁路、合九铁路、赣龙铁路、铜九铁路、宣杭铁路、宁铜铁路等。其中，京九铁路北起北京，南至香港九龙，是纵贯我国中部的主要铁路干线之一，对于缓解我国南北铁路运输的紧张状况、完善我国铁路网的布局具有重要意义。

中部区域已建成的高速铁路有：昌九城际铁路、京广高铁、郑西客运专线等。

（六）西南及华南部分省区

西南及华南部分省区包括四川、贵州、云南、广西、西藏、海南、重庆七省、区、市及广东部分地区。这一区域铁路网的密度较小，但建设步伐正在加快，主要有成渝铁路、川黔铁路、渝怀铁路、襄渝铁路、达万铁路、黔桂铁路、贵昆铁路、湘黔铁路、成昆铁路、南昆铁路、内昆铁路、昆玉铁路、广大铁路、大丽铁路、青藏铁路（如图 4-2 所示）、拉日铁路、粤海铁路等。

这一区域已建成的高速铁路有：海南环岛铁路、成渝高铁、沪昆高铁、贵广高铁、南广高铁、南昆客运专线、郑渝高铁等。

图 4-2　青藏铁路上奔驰的列车

（七）西北区域

西北区域包括甘肃、青海、陕西、宁夏、新

疆五省、区及内蒙古西部。相对于其他区域而言，这一区域的路网密度最小，主要有陇海铁路、兰新铁路、包兰铁路、兰青铁路、宝成铁路、宝中铁路。其中，陇海—兰新—北疆线是亚欧大陆桥的组成部分，这条铁路线从黄海之滨的连云港起，经兰州、乌鲁木齐等城市，直到阿拉山口，横贯我国中部。

西北区域已建成的高速铁路有：兰新高铁、郑西客运专线等。

知识拓展 4-11　　亚欧大陆桥

大陆桥是指连接两个海洋之间的陆上通道，是横贯大陆的、以铁路为骨干的、避开海上绕道运输的便捷运输大通道，其主要功能是开展海陆联运，缩短运输里程。目前，世界上著名的大陆桥有亚欧大陆桥、北美大陆桥、南美大陆桥、南亚大陆桥等。亚欧大陆桥是指把欧洲与亚洲两侧海上运输线连起来的便捷铁路运输线，现有三条已运行，两条在规划中。其中，第二亚欧大陆桥东起我国的连云港，西至荷兰的鹿特丹港，全长约 10 800 千米，跨越亚、欧两大洲，连接太平洋和大西洋两大水域，是世界上最长、最年轻的大陆桥。

第四节　公路交通

一、我国公路交通的发展

我国的公路按其在公路网中的地位可分为国道、省道、县道和乡道，按技术等级可分为高速公路、一级公路、二级公路、三级公路、四级公路和等外公路。其中，二级以上的公路又称为高等级公路。

我国的公路始建于 1906 年，但直到中华人民共和国成立以前，我国的公路建设速度一直十分缓慢。1922 年，全国仅有公路 1 185 千米，1936 年为 10.8 万千米。到 1949 年，全国约有公路 13 万千米。自 1906 年首建公路以来，44 年间平均每年修建公路不超过 3 000 千米。

中华人民共和国成立以来，我国公路里程持续增长。截至 2019 年末，我国公路总里程达到 501.25 万千米，公路运输完成旅客运输量达 130.1 亿人次（2016 年为 156.3 亿人次）。同时，公路技术等级和路面状况也得到很大改善。如今，公路已成为我国经济社会发展的重要基础设施，公路运输是我国覆盖面积最广、公益性最强的交通运输方式。2019 年，我国 73.9% 的客运量是通过公路运输完成的（2016 年为 81.4%）。此外，公路运输也是中短距离旅游中最受欢迎的交通运输方式，是适应性最强的陆上运输方式。图 4-3 为四川山区的盘山公路。

图 4-3　四川山区的盘山公路

大美中国 4-2   **苏通大桥**

　　苏通长江公路大桥（简称苏通大桥）位于江苏省南通市和苏州市之间，东距长江入海口约 100 千米。苏通大桥全长 32.4 千米，其中跨江部分长 8 146 米。工程于 2003 年 6 月开工，2008 年 6 月 30 日建成通车。

　　苏通大桥的建成开创了世界斜拉桥史的新纪元：

　　（1）苏通大桥跨径为 1 088 米，是当时世界上跨径最大的斜拉桥，桥面线形平顺，索力分布均匀，高程偏差小于 1 毫米，取得了国内外同类桥梁施工的最好成绩。

　　（2）苏通大桥主墩基础由 131 根长约 120 米、直径 2.5～2.85 米的群桩组成，是当时世界上规模最大、入土最深的群桩基础。

　　（3）苏通大桥采用高 300.4 米的混凝土塔，是当时世界上最高的桥塔。

　　（4）苏通大桥最长的斜拉索长达 577 米，是当时世界上最长的斜拉索。

　　今天，苏通大桥已不仅仅是一座公路桥，作为一项宏伟的工程，它已成为一个旅游热点。

　　二、我国公路交通的空间格局

　　目前，公路交通是我国最普及、分布最广泛的一种交通方式，全国所有县级行政单位都已经通了公路。截至 2019 年末，全国公路密度为 52.21 千米/百平方千米（2009 年为40.22 千米/百平方千米）。

大美中国 4-3   **墨脱公路**

　　墨脱县地处喜马拉雅山脉东段，雅鲁藏布江贯穿县域全境，海拔由 7 000 多米急速过渡到低谷地带的 200 米，且地震、滑坡、泥石流等灾害频发，曾是我国唯一不通公路的县城。但这一情况在 2010 年 12 月 15 日随着嘎隆拉隧道的爆破成功而得到改变。2013 年 10月 31 日，墨脱公路正式通车，我国从此县县通公路。

　　墨脱公路全长 117 千米，1975 年首次动工，多次被自然灾害破坏，修修停停，2009 年4 月 20 日再次开工建设。由于这里地形起伏大、自然坡降大、降雨量大、地震烈度高、地质灾害多，因此工程难度极大。嘎隆拉隧道是墨脱公路的控制性工程，全长 3 310 米，东方入口海拔 3 700 多米，西方出口海拔 3 400 多米。建设者解决了大量复杂的技术难题，创造了公路建设史上的奇迹。

　　受自然条件和社会经济条件的限制，我国公路的空间分布不均，总体上是东部密、西部疏，平原密、山区疏，道路车流量也呈现同样的规律。交通运输部的统计数据显示，2019 年，全国国道观测里程 21.75 万千米，机动车年平均日交通量为 14 852 辆，其中车流量较大的地区主要集中在北京、天津、河北、上海、江苏、浙江、山东、河南和广东。

　　国道构成了我国公路网的骨架。其中，"五纵七横" 12 条国道构成了国道主干线系统，是国家高速公路网的雏形。"五纵"即同江至三亚、北京至福州、北京至珠海、二连浩特至河口、重庆至北海五条纵向国道；"七横"即绥芬河至满洲里、丹东至拉萨、青岛至银川、衡阳至昆明、上海至瑞丽、上海至成都、连云港至霍尔果斯七条横向国道。

三、我国的高速公路

高速公路属于高等级公路，其建设情况往往反映了一个国家和地区的交通发达程度，甚至经济发展的整体水平。目前，世界各国的高速公路没有统一的标准，命名也不尽相同，但一般认为高速公路至少应符合下列条件：

（1）4车道以上，两向分隔行驶；

（2）全线封闭，出入口控制；

（3）仅供汽车高速行驶。

我国的高速公路建设起步较晚，但发展迅速。1970年，台湾兴建北起基隆、南至高雄的南北高速公路，并于1978年10月竣工通车，全长373千米。1984年6月27日，沈阳至大连高速公路动工建设，这是我国大陆第一条开工兴建的高速公路。1988年10月31日，上海至嘉定的高速公路（沪嘉高速）建成通车，这是我国大陆首条投入使用的高速公路。截至2019年末，我国高速公路里程达到14.96万千米，高速公路总长度世界第一。

大美中国4-4　　我国最长的高速公路隧道——秦岭终南山公路隧道

巍峨的秦岭是我国南北气候的天然分界线，但天堑般的秦岭也制约了陕西南部交通的发展。秦岭终南山公路隧道是国家高速公路网包头至茂名线的控制性工程，于2001年1月开工建设，2007年1月20日建成通车。隧道单洞长18.02千米，双洞长36.04千米，是我国最长的高速公路隧道，也是世界上双洞最长、技术标准最高、建设规模最大的高速公路隧道，具有国际领先的防灾救援系统、监控管理系统和运营服务系统。

遍布全国的高速公路组成了我国的高速公路网。国家高速公路网是国道网的重要组成部分，采用放射线与纵横网格相结合的布局，由7条首都放射线、9条南北纵线和18条东西横线组成，简称"7918"网。根据《国家公路网规划（2013—2030年）》中的规划方案，我国的国家高速公路网将由7条首都放射线、11条北南纵线、18条东西横线，以及地区环线、并行线、联络线等组成，约11.8万千米，另规划远期展望线约1.8万千米。

知识拓展4-12　　我国国家高速公路的命名和编号

我国国家高速公路网路线名称按照路线起、讫点的顺序，在起、讫点地名中间加连接符"—"组成，全称为"××—××高速公路"。路线简称采用起、讫点地名的首位汉字表示，也可以采用起、讫点所在省（市）的简称表示，格式为"××高速"。

我国国家高速公路路线字母标识符用"国"的汉语拼音首字母"G"表示；我国国家高速公路网主线的编号，由字母标识符"G"加一位或两位数字顺序号组成，编号结构为"G#"或"G##"，具体有以下几种情况：

（1）首都放射线的编号为一位数，以北京市为起点，放射线的止点为终点，编号区间为G1～G7。例如，G1表示京哈高速（北京—哈尔滨）。

（2）纵向路线以北端为起点，南端为终点，按路线的纵向由东向西顺序编排，路线编号取两位奇数，编号区间为G11～G89。例如，G11表示鹤大高速（鹤岗—大连）。

（3）横向路线以东端为起点，西端为终点，按路线的横向由北向南顺序编排，路线编号取两位偶数，编号区间为G10～G90。例如，G42表示沪蓉高速（上海—成都）。

（4）并行线的编号由国家高速公路字母标识符"G"+两位"主线编号"+路线类型识别号"2"+一位"并行线顺序号"组成，放射线的并行线的编号在主线的一位数字编号前填"0"补位，后两位数值用下标表示。例如，$G03_{21}$表示德上高速（德州—上饶）。

（5）地区环线按照由北向南的顺序依次采用G91～G99编号。例如，G94表示珠三角环线高速。

（6）联络线的编号由国家高速公路字母标识符"G"+"主线编号"+数字"1"+"联络线顺序号"组成，后两位数值用下标表示。例如，$G94_{11}$表示莞佛高速（东莞—佛山）。

（7）城市绕城环线的编号由国家高速公路字母标识符"G"+"主线编号"+数字"0"+"城市绕城环线顺序号"组成，后两位数值用下标表示。例如，$G40_{01}$表示合肥绕城高速。

课堂互动4-3

国道和国家高速公路的编号都由字母标识符（"G"）和阿拉伯数字组成，你如何从编号上区分国道和国家高速公路？

分析提示4-3

第五节　水路交通

一、我国水路交通的发展

我国河流众多，湖泊星罗棋布，又拥有漫长的海岸线，因此适合发展水路交通。在公路、铁路交通发展起来以前，水路交通是最主要的运输形式，许多城市往往因为水运发达而崛起。随着新的更快捷的交通方式的出现和发展，水路交通的重要性逐渐下降，但其仍然是我国交通运输的重要组成部分。

截至2019年末，我国内河航道通航里程12.73万千米，比上年增加172千米；等级航道通航里程6.67万千米，占总里程的52.4%；三级及以上航道通航里程1.38万千米，占总里程的10.9%。2019年完成水路客运量2.73亿人次，比上年下降2.6%。

二、我国水路交通的空间格局

（一）内河航运

我国的内河航运主要由长江、珠江、黄河、淮河、黑龙江、闽江、京杭大运河及其各自的支流水系组成。2019年，我国各水系内河航道通航里程分别为：长江水系64 825千米，珠江水系16 495千米，黄河水系3 533千米，黑龙江水系8 211千米，京杭大运河1 438千米，闽江水系1 973千米，淮河水系17 472千米。我国主要的内河客运港口有重庆、宜昌、武汉、九江、安庆、南京、上海等。2019年，我国内河港口完成旅客吞吐量0.05亿人次，约占全国港口完成旅客吞吐量的5.7%（2016年为56%）。

长江水量丰富，发展航运的条件优越，其水系通航里程占我国内河航道通航里程的一半以上；同时，长江流经地区又是我国旅游资源富集的地区。因此，长江是我国内河航运最繁忙的河流，也是一条水上黄金旅游线。珠江是华南地区的主要河流和交通大动脉，漓江是珠江支流桂江上游河段的通称，乘船游珠江和漓江已成为当地知名的旅游项目。京杭大运河流经扬州、无锡、苏州、杭州等著名旅游城市，游客乘船可欣赏江南水乡风光和古运河风采。

（二）海洋运输

海洋运输的重点是货运。2018年，全球港口货物吞吐量和集装箱吞吐量排名前10位的港口中，我国均占7席。其中，宁波舟山港年货物吞吐量超过10亿吨，排名世界第一；上海港集装箱吞吐量世界第一。

尽管客运在海洋运输中所占比重不大，但仍然对旅游业有直接的影响。我国主要的沿海客运港口有海口、湛江、厦门、宁波—舟山、大连、珠海、烟台、深圳、上海、香港等。大连至烟台、威海、秦皇岛、天津航线，海口至雷州半岛航线，香港至澳门航线，宁波、上海至舟山群岛航线，青岛至上海、大连航线等，都是繁忙的海上客运航线。2019年，我国沿海港口完成旅客吞吐量0.82亿人次，约占全国港口完成旅客吞吐量的94%（2016年为44%）。

随着我国经济的发展，邮轮旅游开始兴起，我国已经成为仅次于美国的第二大邮轮客源市场。2019年，我国各港口完成邮轮旅客运输量221.4万人次。上海吴淞口国际邮轮港是亚洲第一、全球第四的国际邮轮母港。深圳太子湾邮轮母港（又名蛇口邮轮中心）是我国华南地区唯一集"海、路、空、铁"于一体的现代化国际邮轮母港。

第六节　特种旅游交通

特种旅游交通并不是常规的旅游交通方式，它只对旅游交通起辅助作用。在多数情况下，特种旅游交通的旅游作用要大于其交通作用。

一、特种旅游交通的种类

特种旅游交通的种类多样，尚没有统一的分类方法。

按照动力类型的不同，特种旅游交通可分为机械动力类、自然动力类、畜力类和人力类等类型。

按照作用的不同，特种旅游交通可分为以下两种类型：一是使旅游者的旅游更舒适、方便的特种旅游交通，如索道、缆车等；二是特色鲜明，能满足旅游者探奇需要的特种旅游交通，如独木舟、乌篷船、溜索等。

二、特种旅游交通工具

特种旅游交通工具的类型很多，一般有以下三种：

（1）为规范景区车辆管理、满足景区环保要求而安排的专门交通工具，如观光车、电瓶车、渡船等。

为了规范管理，减少汽车尾气污染，方便游客游览，现在有越来越多的景区开始使用观光车，如九寨沟、庐山、峨眉山等。在一些景区，观光车采用独特的外形，如小火车等，以吸引游客乘坐。采用观光车的景区一般范围较大，有独立的管理区。

（2）在景区的特殊地段，为节省游客体力、保障游客安全而设置的交通工具，如缆车、索道等。

　　缆车和索道主要出现在需要登高的景区（如山区）和不便于修路的景区，并没有地域特征。自20世纪80年代开始，我国有很多景区修建了缆车和索道，如泰山、黄山、华山、香山、三清山等。索道省力、省时，但它在给游客带来方便的同时，也增加了游客的旅游成本。然而，如果索道建设不当，就会破坏景观的完整性。

大美中国4—5　　　　　　　　　　**重庆嘉陵江索道**

图4-4　重庆嘉陵江索道

　　在人们的印象中，索道只会出现在旅游景区，但是在重庆，索道却被用于公共交通。1982年1月1日，位于重庆市区的嘉陵江索道（如图4-4所示）建成通行，这是我国首条城市跨江客运索道，全长740米，车厢最大容量为46人。在当时缺少跨江大桥的情况下，嘉陵江索道最高峰时，日客流量达到2万余人次。数十年来，嘉陵江索道不仅发挥了公共交通的功能，还吸引了许多游客来体验、观赏，在嘉陵江索道上俯瞰山城美景是许多游客难忘的回忆。

　　然而，由于索道站台位置与地下隧道布局规划相冲突，因此自2011年3月起，嘉陵江索道在一片惋惜声中停止运营。2013年12月底，重庆嘉陵江索道开始拆除，轿厢和驾驶室等重要部件将作为文物保留并陈列。

　　（3）带有游览、体验、娱乐、探奇性质的交通工具，如直升机、热气球、游船、竹筏、快艇、气垫船、独木舟、橡皮艇、羊皮筏子、乌篷船、溜索、轿子、雪橇、马、骆驼、驴、大象等。

　　①直升机。乘直升机旅游是一项新兴旅游项目，游客不仅可以从空中尽览山川之美，还可免除舟车劳顿之苦。四川九寨沟、桂林阳朔等地都开通了乘直升机旅游的项目。

　　②竹筏（竹排）。竹筏用竹材捆扎而成，是流行于江南水乡的水上交通工具，也是江南水乡独具特色的景致。20世纪80年代以来，浙江、福建、江西、广西等地开始将竹筏应用于旅游，在风景如画的江面上开展竹筏漂流旅游项目，如福建武夷山九曲溪竹筏漂流、江西龙虎山泸溪河竹筏漂流等。

　　③羊皮筏子。皮筏有羊皮筏子和牛皮筏子之分，是撒拉族、回族、东乡族等民族的传统水上交通运输工具。它的制法简单，结实耐用，并且重量轻，一个人便可携带，深受黄河沿岸各族人民的青睐。现在，黄河岸边不少景点都为游客提供可乘坐的羊皮筏子。

　　④雪橇（爬犁）。东北地区在冬季道路雪多冰厚，雪橇便成为当地富有特色的交通工具，主要种类有马拉爬犁、牛拉爬犁、驯鹿拉爬犁和狗拉雪橇等。

　　⑤骆驼。骆驼自古被誉为"沙漠之舟"，在西北沙漠地区，骆驼至今仍然是重要的交通运输工具。骑骆驼在沙漠地带旅游也是很有吸引力的旅游项目。

三、特种旅游交通的空间分布

　　在多种多样的特种旅游交通中，有的特种旅游交通具有普适性，其地域特征不明显，如观光车、索道、快艇等，但多数特种旅游交通是一个地方独特的自然地理环境和人文历史环境的产物，具有明显的地域文化特征。具体来说，特种旅游交通的空间分布具有下列特点：

（1）地处偏远的少数民族地区，较多地保留了适应当地自然、人文条件的特种旅游交通，特种旅游交通资源丰富。

（2）北方少数民族地区历来以畜牧业为主，畜力资源丰富，因此多使用以畜力为主的特种旅游交通，如雪橇等。

（3）西南少数民族地区属于热带、亚热带湿润气候，地形以山地高原为主，因此其特种旅游交通以种类繁多的桥为特色。

（4）江南地区地处水乡，河网密布，其特种旅游交通以各类渡船为特色，如乌篷船、竹筏、独木舟等。

思考与练习

一、选择题（有一个或一个以上正确答案）

1.下列属于旅游交通的有（　　　）。
A.将旅游者从居住地运送到旅游目的地
B.将旅游者从一个旅游目的地运送到另一个旅游目的地
C.将旅游者从旅游地运送回居住地
D.居民乘地铁上班

2.旅游交通由（　　）组成。
A.旅游交通线路　　　B.旅游交通工具　　C.旅行社　　　　　　D.旅游交通站点

3.下列属于高等级公路的有（　　　）。
A.三级公路　　　　　B.二级公路　　　　C.一级公路　　　　　D.高速公路

4.中短距离旅游中最受欢迎的交通运输方式是（　　　）。
A.公路运输　　　　　B.铁路运输　　　　C.水路运输　　　　　D.航空运输

5.我国民航运输系统已成为全球第（　　　）大航空运输系统。
A.一　　　　　　　　B.二　　　　　　　C.三　　　　　　　　D.四

6.世界上海拔最高、线路最长的高原铁路是（　　　）。
A.宝成铁路　　　　　B.成昆铁路　　　　C.青藏铁路　　　　　D.南昆铁路

随堂测4-1

二、判断题

1.小交通（或称中间交通）不包括航空运输。 （　　）

2.在国内综合交通运输体系中，民航运输的增长速度是最快的。 （　　）

3.我国铁路营业里程居世界第一位。 （　　）

4.旅游交通是旅游业存在和发展的前提之一。 （　　）

5.目前，我国已经成为世界上高速铁路发展速度最快的国家。 （　　）

6.特种旅游交通没有实际的旅客运输功能。 （　　）

随堂测4-2

三、简答题

1.什么是旅游交通?

2.旅游交通可分为哪三个层次?

3.旅游交通运输与一般的交通运输相比有哪些特点?

4.旅游交通有哪些作用?

5.我国吞吐量大的机场的区域分布有何特点?

6.请列举我国主要的铁路线。

7.请分析我国铁路网的空间分布特点。

8.国道的编号和国家高速公路的编号有何规律?

9.特种旅游交通工具有哪些?

四、实践训练

1.据统计,在我国的入境游客中,外国游客入境以乘飞机为主,其次是徒步和乘汽车。从各种交通运输方式的优缺点的角度,分析产生这一现象的原因。

2.有专家做了一项研究,高铁的出现对民航有较大的冲击,但冲击的程度与距离有很大的关系:在500千米以内,高铁对民航的冲击达到50%以上;在500~800千米,高铁对民航的冲击达到30%以上;在800~1000千米,高铁对民航的冲击大约是20%;在1000~1500千米,高铁对民航的冲击大约是10%;在1500千米以上,高铁对民航没有影响。

请分析出现这一现象的原因,并分析高铁的出现会给旅游者出行带来什么影响。

五、课堂讨论

1.试分析航空交通、铁路交通、公路交通、水路交通各自的优点和缺点。

2.你的学校所在地最有优势的旅游交通方式是什么?当地在发展旅游交通方面还有哪些地方需要改进?

3.水路交通的重要性为什么不如以往?

4.列举索道的优点和缺点,并判断景区内应不应该建索道。

第五章　旅游地图

～本章导读～

　　地图是表达空间现象的一种主要的图形形式，具有科学性、概括性、符号性等基本特征。比例尺、图例和指向标是地图的基本要素。地图可分为普通地图和专题地图两大类。旅游地图是一种主要表示旅游要素及其时空分布规律的专题地图，包括景区（景点）、旅游交通、旅游接待服务设施等内容。旅游地图具有服务功能、广告功能和科教功能，并应满足实用性、准确性、及时性、通俗性、艺术性等要求。

第一节　认识地图

一、地图的含义

　　地图是运用符号、颜色、文字注记等按一定比例描绘显示地球表面的自然地理、行政区域、社会经济状况的图形，有"空间信息的载体"和"空间信息的传递通道"之称。传统地图的载体多为纸张，随着科技的发展，电子地图已越来越普及。

　　地图是表现空间现象的一种主要的图形形式。通过地图，人们可以形成对一定区域的整体认识，明确各物体的空间位置，建立正确的地物与地物或现象与现象间的空间关系。

知识拓展 5-1　　　　　　　　　　　　什么是沙盘

　　说到地图，很多人会想到沙盘。沙盘不同于地图，它是一种地形模型，在军事题材的影视作品中，我们经常能看到这样的模型。沙盘是根据地形图、航空相片或实地地形，按一定的比例关系，用泥沙、泡沫塑料板、石膏粉、纸浆等材料制作成的。与地图相比，沙盘更加形象直观。沙盘既可用于军事指挥，也可用于经济建设。在旅游规划开发、旅游教学中，沙盘同样可以发挥很大的作用。

二、地图的基本特征

（一）科学性

　　地图必须具有科学性，保证能够为读者提供准确的信息。地图必须真实反映客观实体的位置、大小、名称，地图上的每一条线、每一个文字、每一个图形都有自己的位置，不能随意摆放。

（二）概括性

地图通过一个大大缩小了的平面反映一个复杂的立体空间，不可能容纳地面上所有的事物，因此每一张地图都有高度的概括性。

（三）符号性

地图要反映的各类地理信息丰富而复杂，只有通过完整的符号系统，才能准确表达出这些信息。

三、地图的基本要素

（一）比例尺

比例尺是指地图上某一线段的长度与地面上相应线段的水平长度之比，表示图上距离和实地距离缩小的程度。

比例尺主要分为数字式（如 1∶100 000 000）、文字式（如"1厘米代表实地距离100千米"）和线段式三种。

知识拓展 5-2　　　　　　　　　　**比例尺的大和小**

比例尺是一个比值，如果这个比值大，我们就说这个比例尺大。例如，1∶50 000这个比例尺就比1∶100 000这个比例尺要大。显然，在同等大小的两张地图中，比例尺越大的地图，所反映的客观实体越小，但也越详细。

通常，我们把比例尺大于和等于1∶100 000的地图称为大比例尺地图，把比例尺小于1∶100 000且大于1∶1 000 000的地图称为中比例尺地图，把比例尺小于和等于1∶1 000 000的地图称为小比例尺地图。

课堂互动 5-1

在一张比例尺为1∶6 000 000的地图上，如果两个城市的距离是1厘米，那么这两个城市的实际距离是多少？

分析提示 5-1

（二）图例

图例是地图的语言，包括各种地理名称、数字、符号及文字说明。

（三）指向标

指向标是用来指示地图上的方向的标志，通常为指针或箭头，所指方向一般为北方（N）。但并不是所有地图都有指向标，没有指向标的地图可以通过下面两种方式判断方向：

1.经纬网定向法

采用地球上的经线和纬线确定方向，经线（竖线）指示南北，纬线（横线）指示东西。

2.一般定向法

一般是"上北下南，左西右东"。

四、地图的种类

地图的分类方式有很多种，下面是一些主要的分类方式：

（一）按区域范围分类

按区域范围的不同，地图可分为世界地图、洲地图、国家地图、省（自治区、直辖市）地图、市县地图、乡镇地图等。

（二）按内容分类

按内容的不同，地图可分为普通地图和专题地图等。

普通地图是指以相对平衡的详细程度表示自然和人文要素的地图，这些要素包括山川河湖、交通网络、城镇乡村、建筑设施等。

专题地图是指以普通地图为底图，重点反映某一种或几种专门要素的地图，又可分为自然地理图、社会经济图和工程技术图等。地形图、交通图、旅游图等都是专题地图。

知识拓展 5-3

随着社会经济的快速发展，许多新的富有特色的专题地图开始出现，如美食地图、购物地图、特产地图、房产地图、金融地图、火锅地图、求医地图、自驾游地图、公厕地图、公园地图等。

（三）按表现形式分类

按表现形式的不同，地图可分为纸质地图（传统地图）、电子地图、影像地图等。

电子地图是指以地图数据库为基础，在适当尺寸的屏幕上显示的地图。它可实时显示各种信息，具有缩放、动画、开窗、编辑等功能，并可进行图形的输出打印，因此具有很强的表现力，使用起来也非常方便。

影像地图是一种带有地面遥感影像的地图，是利用航片或卫星遥感影像，运用一定的地图符号、注记，直接反映制图对象的地理特征及空间分布的地图。

课堂互动 5-2

电子地图与纸质地图相比有什么不同？

分析提示 5-2

第二节　认识旅游地图

旅游地图是地图的一种。在所有旅游信息载体中，旅游地图的历史最悠久。在现今各种地图中，旅游地图的版本最多、发行量最大。

一、旅游地图的含义和内容

旅游地图是一种主要表示旅游要素及其时空分布规律的专题地图，它以满足游客、旅游工作者和旅游管理部门的需要为基本出发点，以旅游信息和其他相关信息为主要内容。

旅游地图有狭义和广义之分。狭义的旅游地图是指为游客服务的专门地图，主要反映景区中景点的分布、交通设施、生活服务设施等的情况，也被称为导游图。广义的旅游地图不仅包括导游图，还包括旅游资源图、旅游规划图、旅游区划图等为旅游管理部门和专业研究人员提供信息和参考的地图。

知识拓展 5-4

地图的历史已有数千年，它出现的年代甚至可能早于文字。传说禹铸九鼎时，在鼎上刻有图案和花纹，各地妖魔鬼怪都开列于上，一个鼎对应一个州。人们想去哪个州，只要记住鼎上的图案，就可知道并预防可能会遇到的妖魔鬼怪，这可能是中国最早的旅行指南了。《周礼》中已有"九州之图"的记载，长沙马王堆汉墓出土的西汉地图已达到较高的绘制水平，唐代已有了长安风景名胜导游图，清代已出现了城市导游图册。《海内华夷图》由唐代地理学家贾耽绘制，是我国历史上首次采用古今对照、双色绘画的地图。《郑和航海图》是郑和下西洋的伟大航海成就之一，是世界上现存最早的航海图集。

随着现代旅游和旅游业的发展，旅游地图迅速成为地图出版发行业中一个重要的图种，其发行量和读者数量均超过其他地图，一些国家旅游地图的发行量甚至占各种地图发行总量的30%～40%。20世纪80年代以来，我国的旅游地图也大量出现，旅游地图一度成为游客出行必备的旅行指南，但电子地图出现以后，游客携带纸质旅游地图出行的情况渐渐减少了。

旅游地图的内容会直接影响地图的质量和使用价值。不同的旅游地图，其内容的侧重点不同，但基本上都包括景区（景点）、旅游交通、旅游接待服务设施等内容。

具体来说，旅游地图包括以下内容：景区简介、景区特色、旅游点名称和方位、旅游交通线和交通站点（机场、火车站、汽车站等）、旅游接待中心、旅游服务机构、商店、娱乐场所、公园、公厕、车（机）票代售点、银行、邮局、书店、学校、医院、海关和公安局、旅游咨询电话、旅游投诉电话等。少数旅游地图还能够反映旅游业发展情况和旅游规划情况。普通地图中常见的地貌、水体、气候、行政区划、重要单位名称、居民点等，也可能出现在旅游地图中。

二、旅游地图的功能

（一）服务功能

服务功能是旅游地图的主要功能。旅游地图既是游客旅游时的助手，也是旅游从业人员开展工作的帮手，更是旅游管理者和科研人员的重要参考资料。

（二）广告功能

一方面，旅游地图的内容丰富、发行量大，有的旅游地图还是免费赠送的；另一方面，旅游地图的读者往往来自五湖四海。这些因素都有利于地图上内容的传播，有利于提高景区的知名度和影响力。

（三）科教功能

旅游地图中包含风景资源概况、景观特色评价、地理环境成因、景区人文历史概况、文物价值介绍、旅行游览常识等内容，是进行科普教育的良好读物。同时，阅读旅游地图还可以提高读者的环境保护意识和文物保护意识。

三、旅游地图的分类

旅游地图的分类方法很多。

按地域大小的不同，旅游地图可分为世界旅游图、国家旅游图、区域旅游图、城市旅游图、景区游览图等。

按服务对象的不同，旅游地图可分为供游客使用的旅游地图和供旅游管理部门、专业研究人员使用的旅游地图。

按功能的不同，旅游地图可分为导游图、旅游交通图、旅游宣传图、旅游管理图等。

按表示方法的不同，旅游地图可分为平面图、立体图、影像图等。

按比例尺大小的不同，旅游地图可分为大比例尺旅游图、中比例尺旅游图和小比例尺旅游图。

按装帧形式的不同，旅游地图可分为单页折叠旅游地图、活页散装旅游地图、旅游地图集、旅游地图册等。

课堂互动 5-3

据统计，旅游地图中需求量最大的是旅游交通图，而旅游交通图中需求量最大的是公路交通图，分析一下这是为什么。

分析提示 5-3

四、旅游地图的要求

（一）实用性

旅游地图内容的取舍应以是否能满足游客和旅游工作者的实际需要为标准。因此，旅游地图上提供的信息应尽量实用，不必面面俱到，与旅游无关的事项可不列入或简单列入。为方便游客携带，旅游地图一般开本较小，或易于折叠，因此旅游地图的制作应使用高质量的纸张，既可折叠，又不易磨损，最好具有一定的防水性。

知识拓展 5-5

在一张旅游地图上，内容通常越详细越好，但内容越详细，地图上的文字和符号就会越多、越密、越小，这样不利于阅读。因此，内容过多反而会降低旅游地图的实用性。

（二）准确性和及时性

旅游地图提供的信息一要准确，二要及时。所谓准确，是指旅游地图提供的旅游信息一定要准确无误，旅游线路的长短、景点的位置、景区的组成等信息对旅游活动的开展具有重要影响，一旦信息失真，就会影响游客的决策。所谓及时，是指旅游地图一定要经常更新，及时反映旅游业和与旅游有关的各类事项的变化。

（三）通俗性和艺术性

旅游地图是为了方便旅游而绘制的，因此应有一定的通俗性和艺术性。旅游地图宜采用图文并茂的方式，经典的图片能够提高读者对所介绍内容的感性认识，简练的文字说明可使读者了解景区的历史和基本情况，能够指导游客沿着科学的游览线路、从恰当的角度去观赏。旅游地图还可采用特定的象形符号、素描或照片等来突出重要的旅游点或景物，以使所有游客都看得懂。为了方便阅读并提高旅游地图的吸引力，旅游地图应印制精美、色彩丰富，这又使得旅游地图有了一定的收藏价值。有的旅游地图并不是以普通的纸张为载体，而是绘制在手帕、折扇、菜单、T恤衫等物品上，这样既实用，又新颖，还可作为旅游纪念品长期保存。

课堂互动 5-4

在绘制某一景区旅游地图的时候，应选择大比例尺还是小比例尺？

分析提示 5-4

五、旅游地图的阅读

一般的旅游地图都通俗易懂，人们阅读起来不会有太大的困难，但是如果掌握了一些阅读技巧，对于提高阅读效率会有很大帮助。旅游地图的阅读一般包括以下几个步骤：

（一）阅读图名、出版日期和说明

图名即旅游地图的名称，它清楚地显示了旅游地图的主题。比如《江西省旅游交通图》，从图名就可看出该图反映的是江西省主要旅游资源的名称、位置、分布和主要交通线路的情况。了解旅游地图的出版日期，有助于读者分析旅游地图的更新程度，从而对旅游地图所载知识的可靠性进行准确判断。虽然并不是所有的旅游地图都有说明，但对于印有说明性文字的旅游地图来讲，这些文字往往反映了该旅游地图的一些重要信息（如地图编制区域的地理位置、范围等），掌握这些信息对于阅读旅游地图非常重要。

（二）阅读旅游地的简介

旅游地图上一般都有该旅游地的简介，内容精练，特色突出。阅读简介有助于读者加深对旅游地的整体印象，对旅游地图做进一步详细阅读时也可做到有的放矢。

（三）弄清方向

读者可以通过查看旅游地图的指向标，弄清旅游地图的方向。如果没有指向标，则说明这张旅游地图的方向是"上北下南，左西右东"。

（四）查阅比例尺和图例

查阅比例尺不仅有助于读者了解旅游地图的详略程度，还可以大致判断两地间的距离。熟悉和掌握图例也是阅读旅游地图的关键步骤。图例是地图的语言，只有读懂了图例，才能正确阅读和分析旅游地图。不同类型的地图，图例的差别可能很大，但许多旅游地图都有较为固定的图例。例如，用线状符号表示交通线路（一般以红线表示公路，以黑线表示铁路）等；用几何符号表示购物点、饭店等；用象形符号表示旅游点、公园等；用柔和的浅色表示城市街区，以示宁静安全等。

（五）阅读旅游地图的内容

一张旅游地图能够反映的信息很多，读者可根据自己的需要，并对照图例来阅读各类信息，重点阅读自己感兴趣的内容。

思考与练习

一、选择题（有一个或一个以上正确答案）

1.下列（　　）不属于地图的基本特征。

A.科学性　　　　B.符号性　　　　C.专业性　　　　D.概括性

随堂测5-1

2.比例尺主要分为（　　）三种。

A.数字式　　　　B.符号式　　　　C.文字式　　　　D.线段式

3.按（　　）的不同，旅游地图可分为导游图、旅行交通图、旅游宣传图、旅游管理图等。

A.服务对象　　　　B.功能　　　　C.地域大小　　　　D.表示方法

4.下列属于旅游地图的是（　　）。

A.旅游交通图　　　B.旅游资源图　　　C.旅游规划图　　　D.旅游区划图

二、判断题

1.每一张地图都有高度的概括性。　　　　　　　　　　（　　　）

2.1∶50 000这个比例尺比1∶100 000这个比例尺要小。　（　　　）

3.所有地图都有指向标。　　　　　　　　　　　　　　（　　　）

4.旅游地图是专题地图的一种。　　　　　　　　　　　（　　　）

5.图例是地图的语言，仅包括各种数字和符号。　　　　（　　　）

6.旅游地图又称为导游图。　　　　　　　　　　　　　（　　　）

随堂测5-2

三、简答题

1.地图的基本要素有哪些？

2.怎样对地图进行分类？

3.什么是电子地图？

4.旅游地图一般包括哪些内容？

5.旅游地图有哪些功能？

6.如何看懂旅游地图？

四、实践训练

1.查看一张普通地图，指出地图上分别用什么符号表示铁路、公路、居民点、水系、山脉？

2.地球赤道周长约4万千米，在一张地图上量得的赤道长度是100厘米，那么这张地图的比例尺是多少？

五、课堂讨论

1.你认为现在的旅游地图在制作和内容上有什么优点和缺点？

2.电子地图最终会替代纸质地图吗？

下　编
旅游区划篇

第六章 东北旅游区

本章导读

东北旅游区包括位于我国东北部的黑龙江、吉林、辽宁三省。因位于山海关以东、以北，所以俗称"关外"或"关东"。

东北地区的地形以山地和平原为主。长白山、大小兴安岭是东北地区最主要的山脉，它们成一个弧形，环绕着三江平原、松嫩平原、辽河平原构成的东北大平原。东北地区位于环太平洋火山地震带的边缘，是我国火山熔岩地貌类型最丰富、数量最多、分布最广的区域。黑龙江、松花江、辽河、鸭绿江、图们江、乌苏里江等是东北主要的河流，松花湖、镜泊湖、五大连池、长白山天池等是东北主要的湖泊。

东北地区是我国纬度最高的地区，属于大陆性季风气候，四季分明、雨热同期。因纬度高，又紧邻亚洲北部寒冷的冬季风源地，加上山体高度有限，所以冷空气可长驱直入，导致东北地区的冬季寒冷而漫长，这里也是地球上同纬度陆地气温最低的地区。东北地区临近海洋，因此冬季降雪日多，雪量大，积雪时间长，适宜开展滑雪运动和冰雪旅游。东北地区的夏季暖湿短促，白天时间长而温暖，夜晚时间短而凉爽，适宜避暑。

东北地区物产富饶，是我国重要的木材、矿产生产基地，有丰富的野生动植物资源。煤、石油、油页岩、石墨、菱镁石、铁等矿产的储量均在全国占有重要的地位，东北虎、紫貂、丹顶鹤、梅花鹿、大马哈鱼、猴菇菌、人参、黄芪、松茸等驰名中外。

东北三省的经济起步较早，是著名的老工业基地，为中华人民共和国的发展壮大做出过历史性的贡献。这里的土地俗称"黑土地"，土层深厚，土质肥沃，为农、林、牧、渔业的发展提供了得天独厚的条件。东北地区有丰富的农产品资源，是我国重要的粮食生产基地。

东北地区有丰富的旅游资源，其地方特色主要表现为：以冰雪资源为物质基础的体育、艺术、娱乐活动及赏景活动；以火山熔岩地貌及温泉为基础的游览、疗养活动；以山地风景名胜、海滨为基础的游览、登山、避暑及海滨观光、休养等活动；以民俗风情及东西方文化交融的建筑艺术为基础的乡村或都市旅游活动。

第一节 黑龙江旅游区

一、黑龙江概况

黑龙江省简称黑，因省境东北有黑龙江而得名。全省土地面积47.3万平方千米（含加格达奇和松岭区），居全国第六位。截至2019年末，全省常住人口3 751.3万人（2016年为3 799.2万人），有汉族、满族、朝鲜族、蒙古族、回族、达斡尔族、鄂伦春族、赫哲族等民族。现辖12个地级市和1个地区（大兴安岭地区），省会是哈尔滨市。

（一）方位

黑龙江省位于我国的东北边疆，是我国位置最北、纬度最高的省份。东部、北部与俄罗斯隔江相望，西部与内蒙古自治区毗邻，南部与吉林省接壤。

（二）地貌

黑龙江省的地势大致是西北部、北部、东南部高，东北部、西南部低平，主要由山地、台地、平原和水面构成。主要山脉有大兴安岭、小兴安岭、张广才岭、老爷岭、完达山脉等，东北部的三江平原、西部的松嫩平原是我国最大的平原——东北平原的一部分。

大美中国6-1　　大、小兴安岭和三江平原、松嫩平原

大、小兴安岭是我国重要的林区，动植物资源丰富。大兴安岭全长1 400多千米，均宽约200千米，海拔1 100～1 400米，山峰形态浑圆，有冰蚀谷存在，谷中多沼泽，地下有永久冻土层。小兴安岭的海拔一般为500～1 000米，山间谷地宽阔平坦，有很多沼泽和湿地，当地人称为"甸子"。

三江平原和松嫩平原土壤肥沃，是重要的农业区。三江平原由黑龙江、松花江、乌苏里江冲积而成，也有大面积的沼泽和湿地分布。

（三）河流与湖泊

图6-1　松花江

黑龙江省江河众多，有黑龙江、乌苏里江、松花江（如图6-1所示）和绥芬河四大水系。黑龙江是我国北方重要的边境河流，纳乌苏里江后流入俄罗斯境内。松花江是黑龙江在我国境内的最大支流，流经黑龙江省中部，是黑龙江省经济价值最高的河流。嫩江是松花江的最大支流。黑龙江省有常年水面面积在1平方千米及以上湖泊253个，面积最大的湖泊是位于黑龙江省东南部中俄边境上的兴凯湖，著名的风景湖泊有镜泊湖和五大连池等。

（四）气候

黑龙江省属于寒温带与温带大陆性季风气候。夏季受东南季风的影响，降水充沛；冬

季在干冷西北风的控制下，干燥少雨。全省年平均气温为-2~3℃，其中，漠河是全国最冷的地方。全省年平均降水量为400~700毫米。春旱、夏涝、秋霜冻为主要自然灾害。

（五）自然资源

黑龙江省的土地资源丰富，土地条件居全国之首，人均耕地面积和农民人均经营耕地面积均高于全国平均水平。同时，土壤有机质含量高于全国其他地区，黑土、黑钙土和草甸土等占耕地面积的60%以上，是世界仅有的四大块黑土区之一。天然湿地面积居全国第四位，占全国天然湿地面积的1/7，拥有扎龙、洪河、兴凯湖和三江等8处国际重要湿地。森林资源丰富，且以天然林资源为主，森林覆盖率达47.1%（2018年）。有国家一级保护植物东北红豆杉，国家一级保护动物东北虎、丹顶鹤等。优势矿产有石油、煤炭、石墨等。

知识拓展 6-1

黑龙江省的土地条件非常优越，耕地面积占全省土地面积的1/3左右，全省总耕地面积和可开发的土地后备资源均占全国的1/10左右。中华人民共和国刚成立时，黑龙江省只在交通线附近开辟了一些农田，广大的嫩江流域、黑龙江谷地和三江平原仍保存着原始面貌，被称为"北大荒"。中华人民共和国成立后，大批人员来到这里，开垦耕地，建立了许多农场，为国家提供了大批商品粮，使"北大荒"变成了"北大仓"。

（六）经济

黑龙江省盛产大豆、水稻、玉米、小麦、马铃薯等粮食作物以及甜菜、亚麻、烤烟等经济作物，农业机械化水平较高，农业产值全国第一，是我国产粮第一大省，粮食产量连续多年位列全国第一。奶牛饲养量和产奶量均居全国第一位。黑龙江省是我国重要的工业基地之一，已形成装备、能源、食品、机械、化工、电子等主导产业，原油、木材、乳制品产量居全国前列，是我国最早的石油生产基地。

2019年，黑龙江省实现地区生产总值13 612.7亿元，人均地区生产总值36 183元。

（七）交通

黑龙江省已形成以铁路为主干线，公路、内河、航空相互衔接的交通运输网。铁路线几乎覆盖全省，并通过全国最大的陆路口岸——满洲里口岸和居第三位的绥芬河口岸与俄罗斯铁路接轨。截至2019年末，全省公路线路里程16.9万千米，其中高速公路4 512千米。黑龙江省的主要河流基本都可通航，但因冬季封冻期长，所以内河通航期只有六七个月。江海联运航线可直达日、韩等国及我国东南沿海港口。哈尔滨、佳木斯两港被交通部列为主要港口，哈尔滨港是我国八大内河港口之一。哈尔滨、齐齐哈尔、牡丹江、佳木斯、黑河、漠河、伊春、大庆、鸡西、加格达奇等多个城市建有机场。

（八）历史文化

早在旧石器时期，此地就有人类活动。古时为肃慎地，汉代时为挹娄、夫余地，唐代设忽汗州，辽金时归东京、上京二道（路），元代隶属辽阳等处行中书省，明代设奴儿干都司，清代置黑龙江省。由于黑龙江省是多民族聚居的边疆省份，因此黑龙江文化既荟萃了北方少数民族的文化特色，又融入了外国文化元素。

（九）特产

黑龙江省的特产主要有"东北三宝"（人参、貂皮、鹿茸），哈尔滨三大特色食品（大列巴、红肠、黏豆包），三花五罗（"三花"是鳌花、鳊花、鲫花三种鱼的合称，"五罗"是哲罗、法罗、雅罗、铜罗、胡罗五种鱼的合称），大马哈鱼，兴凯湖白鱼，山核桃，哈尔滨熏鸡，黑龙江鳇鱼，勃利黑陶等。

知识拓展6-2　　　　　哈尔滨三大特色食品

大列巴、红肠和黏豆包是哈尔滨三大特色食品。

大列巴又叫大面包，被称为哈尔滨一绝，呈圆形，重达5斤，具有传统的欧洲风味。

红肠是一种表皮呈枣红色的香肠，19世纪末随着中东铁路的修建由俄国传入，香气浓郁、味美质干。

黏豆包原本是满族人的一种传统食品，据传早在金代就已闻名。在哈尔滨的农村，人们习惯在春节前夕包很多黏豆包，以便节日期间食用或赠送给城里的亲朋好友。

二、黑龙江旅游概况

黑龙江省地域辽阔，气候凉爽宜人，旅游资源特色鲜明，可概括为"春季活力世界，夏季清凉世界，秋季多彩世界，冬季冰雪世界"。黑龙江省旅游资源的类型主要有：

（1）冰雪旅游资源。黑龙江的降雪期长达4个多月，滑雪、冰雕、雪塑、冬泳、冬钓资源十分丰富，拥有亚布力、吉华、帽儿山等著名滑雪场，哈尔滨冰雪大世界是世界上著名的冰雪主题游乐园。

（2）森林旅游资源。森林旅游资源主要分布于大小兴安岭、张广才岭和完达山脉等林区。

（3）火山遗迹旅游资源。如五大连池的温泉和熔岩地貌、镜泊湖的吊水楼瀑布及火山口原始森林等。

（4）江河湖泊旅游资源。如黑龙江、松花江、兴凯湖、镜泊湖、五大连池、连环湖、莲花湖等。

（5）历史人文旅游资源。如唐代渤海国上京龙泉府遗址、金代上京会宁府遗址等。

（6）民族风情旅游资源。黑龙江为满族世居之地，省内还有赫哲族、鄂伦春族、达斡尔族等北方少数民族，从而形成了极具民族特色的旅游资源。

（7）城市风光旅游资源。如哈尔滨的亚欧大陆风情、大庆石油文化、伊春林都风貌和黑河市、绥芬河市等的边境风光。

三、黑龙江主要旅游景区

（一）哈尔滨

哈尔滨位于黑龙江省南部，松花江沿岸，是全省政治、经济、文化和交通中心，也是我国面积最大的省会城市，常住人口1 085.8万人（2018年）。历史上，哈尔滨从来没有修过城墙，这在大城市中是极少见的。哈尔滨拥有丰富的旅游资源和众多名胜古迹，是著名的避暑胜地，也是一座风光旖旎、充满欧陆风情的国际旅游城市，尤其以冰雪旅游闻名，素有"江城""冰城""天鹅颈下的珍珠"之称。旅游胜地有太阳岛、中央大街（亚洲最大最长的步行街)、极乐寺、圣·索菲亚教堂(我国保存最完好的拜占庭式建筑)、松峰山、兆麟公园(冰灯游园会举办地)等。图6-2为哈尔滨中央大街。

太阳岛风景区位于哈尔滨市松花江北岸,与市区隔水相望,由太阳岛和附近诸岛及沙洲组成,是我国著名的旅游避暑胜地。这里碧水环绕,花木繁茂,具有质朴的北方原野风光特色,是野游、野餐的好去处。20世纪90年代,一曲《太阳岛上》风靡大江南北,让更多的人记住了太阳岛。

图6-2 哈尔滨中央大街

太阳岛冰雪艺术馆占地面积5 000平方米,馆内净高7米,是世界上最大的室内冰雪艺术馆。2007年,太阳岛风景区被评为国家5A级旅游景区,并获得"国家旅游名片"称号。

(二)齐齐哈尔

齐齐哈尔位于松嫩平原西北部,是黑龙江省西部地区的经济、文化、交通中心及黑龙江省第二大城市,是我国最早兴建的老工业基地之一。齐齐哈尔生态环境良好,扎龙国家级自然保护区繁衍着世界珍禽丹顶鹤,因此齐齐哈尔又被称为"鹤城"。旅游景点有明月岛、龙沙公园、大乘寺、石碑山、塔子城等。

扎龙国家级自然保护区位于松嫩平原西部、齐齐哈尔市东南30千米处,是我国最大的水禽、鸟类保护区。全区地势低洼,由于没有固定河道,因此河水漫溢,形成了一望无际的芦苇沼泽地,这里鱼虾丰富,是水禽栖息繁衍的好地方。栖息于此的鸟类主要为鹤类,尤其以丹顶鹤闻名,因此这里也被称为"丹顶鹤的故乡"。

(三)镜泊湖和火山口原始森林

镜泊湖为国家级风景名胜区,在黑龙江省南部宁安市境内,是我国最大、世界第二大高山堰塞湖,附近有唐代渤海国上京龙泉府遗址。第四纪更新世晚期和全新世初期,张广才岭深山中的火山喷发,熔岩堵塞了牡丹江河谷,形成了这个面积约95平方千米、南北总长约45千米的湖泊,因湖平如镜而得名"镜泊湖"。吊水楼瀑布、白石砬子、大孤山、小孤山、城墙砬子、珍珠门、道士山和老鸹砬子是其八大名景。吊水楼瀑布幅宽约70米(雨水量大时,幅宽可达300余米),落差约20米,激流飞泻而下,冲入深约60米的深潭,水雾弥漫,涛声雷动,是我国著名的瀑布之一。2011年,镜泊湖景区被评为国家5A级旅游景区。

火山口原始森林位于镜泊湖西北,又称"地下森林",这里林海茫茫,神奇莫测,展示着原始生态的天然之美。在镜泊湖和火山口原始森林之间,火山熔岩流形成了200多平方千米的熔岩台地,展现了千姿百态的熔岩地貌。

知识拓展6-3　　　　　　　　"地下森林"是如何形成的

"地下森林"其实并不在地下,而是在火山口内壁上。火山喷发后,喷出的岩浆冷却和收缩,火山顶部塌落,从而形成了内壁陡峭的火山口。镜泊湖周边的火山口不仅深,而且宽阔，有的火山口之间有隧洞连通，由于土质及湿度适合植物生长，因此这里森林茂密，形成了奇特的"地下森林"。

（四）五大连池

五大连池位于五大连池市北部，由5个串珠状相连的湖泊组成。五大连池以近代火山景观和矿泉疗养为特色，素有"天然火山博物馆"和"火山奇观"之称，是国家级风景名胜区、我国重要的火山地质保护区和矿泉疗养区。这里保存了非常完整的火山地貌，可观赏到完好的火山口和各种火山熔岩构造及浩瀚的熔岩海，熔岩台地上有熔岩流动过程中形成的石海以及蛇状、绳状、碟状、象鼻状等玄武岩景物，还有石塔林、石熊等，形象生动。2011年，五大连池被评为国家5A级旅游景区。

知识拓展6-4

1719—1721年，讷谟尔河中游的两座火山——老黑山和火烧山曾多次喷发，喷出的熔岩堵塞了讷谟尔河支流白河的河道，陆续形成了五个相互连通的熔岩堰塞湖，形如串珠，故名五大连池。火山喷发还带来了丰富的矿物质，形成了优质的矿泉水。五大连池的矿泉水与法国维希矿泉、俄罗斯北高加索矿泉并称为世界三大冷矿泉。每年农历五月初五，人们都会聚集在五大连池的饮泉旁，欢度隆重的饮水节。

（五）漠河北极村

漠河北极村位于漠河市北极镇，地处黑龙江上游右岸，黑龙江省最北部，被称为我国的"北极"。这里是全国观赏白夜和北极光胜景的最佳之处。每年夏至前后，这里就会出现白夜现象，晚上11点钟才天黑，过了两个多小时，天又亮了。冬天，这里的黑夜长达18个小时以上。这里还多次出现过北极光的奇景。北极村是全国最北的一个旅游景点，被列入第一批全国特色景观旅游名镇（村）示范名单。

知识拓展6-5　　　　　　　　　　　　　　　极光

极光是高纬度地区高空中大气稀薄的地方出现的一种绚丽多彩的发光现象。太阳的高能带电粒子受到地球磁场的影响，进入地球高纬度高空，激发了大气中的原子和分子，从而形成了这种发光现象。在地球北部出现的极光称为北极光，在地球南部出现的极光称为南极光。极光没有固定的形态，颜色也不尽相同，以绿、白、黄、蓝居多。极光只有在寒冷的秋冬夜晚才可能发生，最佳观赏时间是晚上10点到凌晨2点。

（六）亚布力滑雪场

亚布力滑雪场位于尚志市亚布力镇西南20千米处，距哈尔滨市193千米，总面积22.55平方千米，是我国最大的高山滑雪场。这里群山环抱，林密雪厚，积雪时间长，山势陡而不险，气温低而风小，滑雪条件可以和世界上最好的滑雪场媲美。这里曾举行过全国体育运动会的滑雪比赛，国家赴南极考察队的适应性训练基地也建在这里。除了滑雪，这里在夏、秋季节同样景色优美，适合旅游度假。

（七）黑龙江雪乡国家森林公园

黑龙江雪乡国家森林公园位于牡丹江市西南部大海林林业局施业区内。这里"夏无三日晴，冬雪漫林间"，每年10月开始降雪到次年4月，雪期长达7个月，积雪厚度可达2米左右。这里的积雪不仅深，而且雪质好、黏度高，往往能随物聚形，从而吸引了大批游客前来观光游览。

第二节　吉林旅游区

一、吉林概况

吉林省简称吉，因省会最初设在吉林市而得名。全省土地面积18.74万平方千米。截至2019年末，全省常住人口2 690.73万人（2016年为2 733.03万人），有汉族、朝鲜族、满族、蒙古族、回族、锡伯族等民族。现辖8个地级市和1个自治州（延边朝鲜族自治州），另设长白山保护开发区管理委员会，省会是长春市。

（一）方位

吉林省位于我国东北地区中部，北部、南部、西部分别与黑龙江省、辽宁省、内蒙古自治区相邻，东与俄罗斯接壤，东南部与朝鲜隔江相望。

（二）地貌

吉林省以中部大黑山为界，东部为海拔千米以上的长白山地和海拔500米以下的低山丘陵，中西部是松嫩平原和辽河平原，地势总体上由东南部向西北部递降。全省最高点为长白山白云峰，海拔2 691米，白云峰也是东北地区第一高峰。

（三）河流与湖泊

吉林省的主要河流是松花江、鸭绿江、图们江、牡丹江、绥芬河等，均发源于长白山。松花江是全省经济价值最大的河流。著名的湖泊有松花湖、天池、查干湖等。其中，松花湖是人工湖，即丰满水库。

（四）气候

吉林省东部距黄海、日本海较近，西部临近蒙古高原，从而形成了显著的温带大陆性季风气候，春季干燥风大，夏季高温多雨，秋季天高气爽，冬季寒冷漫长，年平均气温为2～6℃，年平均降水量为400～600毫米，雨热同期。

（五）自然资源

吉林省土地资源丰富，土壤肥沃，是著名的"黑土地之乡"。耕地面积约占全省土地面积的37%，人均耕地面积约3亩，是全国平均水平的2倍多。森林覆盖率达43.4%（2018年），野生动植物资源丰富，是闻名中外的"东北三宝"（人参、貂皮、鹿茸）的故乡。优良树种有红松、长白松、鱼鳞松、水曲柳等，珍贵动物有梅花鹿、紫貂、东北虎、金钱豹等，珲春市被称为"中国东北虎之乡"。长白山区野生药用植物资源丰富，是我国三大天然药材宝库之一。油页岩、硅灰石、火山渣、石油、天然气、煤炭等矿产储量丰富。吉林省矿泉水总允许开采量居全国首位，东部长白山地区是我国少有的矿泉水资源集中的区域，也是世界三大矿泉水富集地之一（另两处为阿尔卑斯山和北高加索地区）。

知识拓展6-6

长白松

长白松为长白山特有的珍稀树种，树干挺拔，树皮鲜艳，树形娇美，被称为"美人松"。1999年，长白松被列入《中国国家重点保护野生植物名录（第一批）》。

（六）经济

吉林省地处享誉世界的"黄金玉米带"和"黄金水稻带"，盛产玉米、大豆、水稻等农作物，是我国重要的商品粮生产基地，粮食人均占有量、粮食商品率、粮食调出量、玉米出口量连续多年处于全国领先地位。吉林省也是我国重要的畜牧业基地，2018年畜牧业增加值占吉林省农业增加值的41%。吉林省还是我国重要的工业基地，是我国汽车工业和石油化学工业的摇篮。汽车、石化、食品、装备制造、医药健康为五大重点产业，汽车、高铁制造在国内处于领先水平。

2019年，吉林省实现地区生产总值11 726.82亿元。

知识拓展6-7

中华人民共和国第一辆汽车在长春诞生，如今中国第一汽车集团公司已进入世界500强。长春也是我国轨道车辆的摇篮，我国第一辆轨道客车、第一辆有轨电车、第一列地铁列车、第一辆磁悬浮列车都在长春诞生。长春轨道客车股份有限公司是我国最大的轨道客车研发、制造、检修及出口基地。长春大成实业集团有限公司是我国最大的以玉米精深加工为主的高科技生物工程企业，也是世界上最大的赖氨酸生产企业。皓月集团是我国乃至亚洲地区最大的肉牛加工企业，也是我国最大的优质牛肉出口基地。

（七）交通

吉林省是国家"一带一路"向北开放的重要窗口。旅客运输以公路和铁路交通为主体，2019年，公路完成全省旅客运输量的71%，铁路完成全省旅客运输量的27%。民航旅客运输量所占比重较小，但增长很快。哈大高铁、长图铁路、长白铁路、平齐铁路、沈吉铁路等为吉林主要铁路线，铁路密度居全国前列。大安港、吉林港、宁江港为吉林省主要内河港口。长春、吉林、延吉、通化、长白山等地建有机场，其中长白山机场是我国首个森林旅游机场。

（八）历史文化

舜、禹时代，吉林省境内的古代民族就开始与中原王朝建立了具有隶属性质的贡纳关系。从先秦开始，此地就被历代中央政权划入行政区域管辖之下。清代前期，此地一直处于封禁状态，清代中后期逐渐开禁，经济有了发展。吉林省的地域文化以长白山文化和黑土地文化为代表，四平市梨树县被誉为"中国二人转之乡"，辽源市东丰县南屯基镇、白山市抚松县抚松镇、松原市前郭尔罗斯蒙古族自治县查干花镇、延边朝鲜族自治州龙井市智新镇被誉为"中国民间文化艺术之乡"，松原市前郭尔罗斯蒙古族自治县被誉为"中国马头琴之乡"。长春电影制片厂是我国第一家电影制片厂，拍摄了大量优秀的经典影片，培育了一大批电影人才。

知识拓展6-8

长春电影制片厂拍摄的经典影片有《白毛女》《董存瑞》《英雄儿女》《上甘岭》《党的女儿》《冰山上的来客》《五朵金花》《人到中年》《开国大典》等。长影世纪城是一处特效电影主题公园，是我国十大影视基地之一。长春电影节创办于1992年，每两年举办一次，是国内较为知名的电影节之一。

（九）特产

吉林的特产主要有人参、貂皮、鹿茸、长春木雕、吉林白山木画、德惠草编、松花石砚，以及松仁烧鹿筋、东北坛肉、长春酱肉、牛腩炖柿子、东北血肠、排骨炖豆角、东北大拉皮、杀猪菜、朝鲜族冷面、打糕等特色美食。

大美中国6-2　　　　　　　　　**"东北三宝"**

人参、貂皮、鹿茸被称为"东北三宝"。

人参为多年生草本植物，地下有纺锤形的肉质主根及分枝，形似胖娃，故称人参。野生的人参称为"野山参"，多生长在深山老林中，生长缓慢，采挖困难，但药用价值极高，所以非常珍贵，被人们称为"中药之王"和"百草之王"。人工栽培的人参称为"园参"，一般6年以上就可采收，但药用价值不如野山参。人参已被列为国家珍稀濒危保护植物。

貂皮是指紫貂皮。紫貂主要生长在我国东北和俄罗斯的西伯利亚针叶林中，貂皮光亮、柔软、美观，并且御寒性好，是极其珍贵的毛皮。现在紫貂已能人工饲养和繁殖了。

鹿茸是指雄性梅花鹿的带茸毛的嫩角，是珍贵的中药。雄鹿每年4月中旬左右旧角脱落，长出新角，每只雄鹿一年可割取两次鹿茸。

二、吉林旅游概况

吉林省的旅游资源非常丰富。截至2019年末，吉林省拥有国家A级旅游景区231家，其中，5A级旅游景区7家。自然保护区面积广阔，占全省土地面积的14.33%。长白山自然保护区拥有天池、瀑布、温泉群及大峡谷等景观，举世闻名。吉林省还有冰清玉洁的吉林雾凇、碧波荡漾的松花湖、鱼群成队的查干湖、古火山喷发口辉南三角龙湾、集安鸭绿江风光带、蛟河红叶谷、向海自然保护区、伊通火山群等自然景观。著名的人文景观有集安高句丽王城文化遗址、长春伪满皇宫博物院、位于农安县的辽金两代军事重镇黄龙府古城、敦化六顶山古墓群等。

三、吉林主要旅游景区

（一）长春

长春位于吉林省中部，是全省政治、经济、文化和交通中心，素有"汽车城""电影城""科教文化城""森林城""雕塑城"之称。长春风光秀美，是一座享誉中外的绿色城市，主要旅游景点有伪满皇宫博物院、净月潭森林公园、长影世纪城、长春电影制片厂、长春世界雕塑园、南湖公园等。图6-3为长春站。

图6-3　长春站

大美中国 6-3　　　　　　　　　　　　长春

长春从1989年开始实施"森林城"建设规划，经过多年的努力，长春市区的绿化覆盖率已居亚洲大城市前列。长春享有"北国春城"的美誉，城在林中，林在城中，满眼绿色，是我国四大园林城市之一。

1.伪满皇宫博物院

伪满皇宫博物院位于长春市光复北路，占地面积25.05万平方米，清朝末代皇帝爱新觉罗·溥仪曾迁居于此，它是日本武力侵占中国东北、炮制伪满洲国、推行法西斯殖民统治的历史见证。伪满皇宫博物院包括勤民楼、同德殿、怀远楼、嘉乐殿、缉熙楼等建筑。伪满皇宫博物院收藏了大批伪满宫廷文物、日本近现代文物、东北近现代文物等艺术精品，是国家5A级旅游景区和全国爱国主义教育示范基地。

2.净月潭森林公园

净月潭森林公园位于长春市东南部，距市中心仅18千米，景区面积96.38平方千米，其中水域面积5.3平方千米，森林覆盖率达到96%以上，分为潭北山色、潭南林海、月潭水光、潭东村舍四个景区。这里潭水清澈，森林茂密，有"亚洲第一大人工林海"之誉。夏季可划船、钓鱼、游泳，冬季可滑冰、滑雪、赏冰雕等。2011年，净月潭森林公园被评为国家5A级旅游景区。

（二）长白山

长白山位于吉林省东南部，由多列东北—西南向平行褶皱断层山脉和盆地、谷地组成，山地大部分海拔500～1 000米，少部分可达到2 000米以上。山体岩石主要是花岗岩，因全山白色岩石明润莹洁，又多积雪，所以得名长白山。长白山区是我国六大林区之一，素有"长白林海"之称，长白山国家级自然保护区是我国温带森林生态系统的综合性自然保护区，已被联合国教科文组织批准加入世界人与生物圈保护区网络，被评为具有国际意义的A级自然保护区。长白山也是我国5A级旅游景区，这里集奇峰、怪石、幽谷、秀水、古树、珍草于一体，景色壮美、神奇、秀丽，广泛分布着各种火山地貌。

天池位于长白山主峰巨大的火山锥体上，是长白山最著名的景点。天池湖面海拔2 189.1米，水面面积9.82平方千米，是我国最大、海拔最高的火山口湖，也是我国最深的高山湖泊，平均水深204米，最深处可达373米。湖水清澈透明，16座海拔2 500米以上的山峰环列四周。著名的长白山瀑布从天池一角流出，高达68米，如玉带般从天而降，景象壮观。天池北约800米处还有长白山温泉群，泉眼密布，水温多在70～80℃。

知识拓展 6-9

天池不仅海拔高，其所处的纬度也很高，所以湖水温度终年很低，即使在夏季也只有8～10℃。冰期也较长，从11月底到次年6月中旬，冬季冰层厚度可达3米。

（三）高句丽王城文化遗址

高句丽王城文化遗址位于吉林省集安市，是公元1—7世纪奴隶制国家高句丽王朝的遗迹，其坚固的山城、雄伟的陵墓、辉煌的古墓壁画，体现了灿烂的古代文明。遗址由国内城、丸都山城、王陵（14座）及贵族墓葬（26座）组成，其中太王陵、将军坟和千秋墓等规模宏大，将军坟还有"东方金字塔"之称。2004年，高句丽王城、王陵及贵族墓葬被列入《世界遗产名录》。

（四）吉林雾凇

吉林雾凇位于吉林市松花江岸。这里每年有60多天可观赏雾凇，是我国最有名的雾凇观赏地。吉林雾凇出现于冬季，多属于晶状雾凇。每当雾凇来临，松花江岸的十里长堤松柳凝霜挂雪，披银戴玉，可谓"忽如一夜春风来，千树万树梨花开"，美不胜收，展现了"冬天里的春天"，充满了诗情画意。在不同的时间段，雾凇景观各有特色，正所谓"夜看雾，晨看挂，待到近午看落花"。自1991年开始，吉林每年都举办雾凇冰雪节。

🔄 **课堂互动6-1**

吉林市为何多雾凇？

（五）松花湖

分析提示6-1

松花湖位于吉林市东南，是由丰满水电站大坝拦截松花江而形成的。松花湖湖形狭长，最宽处约10千米，最深处达70多米，面积超过500平方千米。湖面碧波荡漾，两岸绿树叠嶂，湖光山影，目不暇接。松花湖风景名胜区由骆驼峰、凤舞池、五虎岛、卧龙潭等10个风景区组成。

知识拓展6-10　　　　　　　　　　**吉林陨石**

陨石是未燃尽的宇宙流星脱离原有运行轨道而成碎块散落到地球表面的物质，也称"陨星"。陨石多半带有地球上没有或不常见的矿物组合，是人类直接认识宇宙天体的实物标本，极具收藏价值，也是科普旅游的热点。

1976年3月8日15时，在吉林省吉林市永吉县及蛟河市近郊方圆500平方千米的平原地域内，突然降下一阵陨石雨，后来人们共收集到较大陨石138块，总重量达2 616千克，是极为珍贵的宇宙样品，现被吉林市博物馆收集展出。其中，"吉林一号陨石"重1 770千克，是目前世界上最大、最重的石陨石，为国家一级藏品。吉林陨石雨范围之大、重量之巨、数量之多、形状之奇居世界首位，它在为当代科学界带来大量宇宙信息的同时，也为吉林旅游业增添了奇彩。

吉林陨石的母体原是火星与木星之间小行星带中的一颗行星，年龄约为46亿年。大约在800万年以前，它在运行时和其他星体相撞，一部分物质从行星脱离出来，形成了新的运行轨道，并且同地球轨道有了交叉，这使其同地球相撞成为必然，而这个相撞时间就定格在了1976年3月8日。陨石进入地球大气层后，由于受到高温高压气流的冲击而不断发生破裂，在19千米的高空发生了一次主爆裂，大大小小的陨石碎块散落下来，形成了吉林陨石雨。陨石雨的威力强大，落地时的巨响和震动如同原子弹爆炸，陨石溅起的碎土块最远达150米，造成的震动相当于1.7级地震。

（六）查干湖

查干湖大部分位于吉林省西北部的前郭尔罗斯蒙古族自治县境内，处于嫩江与霍林河交汇的水网地区，碧波荡漾，山水相依。冬季在查干湖凿冰捕鱼的独特原始渔猎习俗沿袭至今。2006年，查干湖冬捕以规模最大、单网产量10.45万千克的佳绩被载入吉尼斯世界纪录。冬季到查干湖观"冬捕"、品"头鱼宴"已经成为中外游客向往的盛大民俗旅游项目。

（七）防川风景名胜区

防川风景名胜区位于珲春市南部，东与俄罗斯接壤，西南与朝鲜隔江相望，规划面积达139平方千米，是国家级风景名胜区。防川风景名胜区濒江临海，依山傍水，素有"雁鸣闻三国，虎啸惊三疆"之誉。主要景点有"一眼望三国"、沙丘公园、莲花湖公园、张鼓峰战役遗址、防川朝鲜族民俗村等。

（八）伊通火山群

伊通火山群位于伊通满族自治县境内，距长春65千米，面积7.65平方千米，是一个由16座火山连绵成带构成的火山群落，属于国家级自然保护区。伊通火山群高230～430米，其复杂多变的岩石柱状节理构成了宏伟、奇特、罕见的火山风光和地质景观。

（九）向海国家级自然保护区

向海国家级自然保护区位于吉林省通榆县境内，科尔沁草原中部，面积1 054.67平方千米。保护区内地势平坦，湖沼密布，苇草丛生，生物物种丰富，被评为具有国际意义的A级自然保护区，是世界上著名的湿地。

第三节　辽宁旅游区

一、辽宁概况

辽宁省简称辽，取"辽河流域永远安宁"之意而得名。全省土地面积14.8万平方千米。截至2019年末，全省常住人口4 351.7万人（2016年为4 377.8万人），有汉族、满族、蒙古族、回族、朝鲜族、锡伯族等民族。下设14个地级市，省会是沈阳市。

（一）方位

辽宁省位于我国东北地区南部，是东北地区唯一既沿海又沿边的省份。西南与河北省接壤；西北与内蒙古毗连；东北与吉林省为邻；东南以鸭绿江为界与朝鲜隔江相望；南濒黄海、渤海，辽东半岛斜插于两海之间，隔渤海海峡与山东半岛遥相呼应。

（二）地貌

辽宁省地势两翼高、中间低，东、西部为山地、丘陵，中部为辽河平原，辽河平原是东北平原的一部分。西部山地丘陵区东缘的临海狭长平原，习惯上称为"辽西走廊"，是我国东北地区沟通华北地区的主要陆上通道。

（三）河流与岛屿

辽宁省的主要河流有辽河、浑河、大凌河、太子河以及中朝两国共有的界河鸭绿江等，大部分河流自东、西、北三个方向往中南部汇集，最后注入海洋。辽河是辽宁省内第一大河流，也是我国七大江河之一。辽宁省有海洋岛屿266个，主要岛屿有外长山列岛、里长山列岛、石城列岛、大鹿岛、觉华岛（又名菊花岛）、长兴岛等。

（四）气候

辽宁省属于温带大陆性季风气候，四季分明。年平均降水量为400～970毫米，年平均气温为 5.2 ~ 11.7℃，是东北地区光照最多、降水最丰沛的省份。

（五）自然资源

辽宁省各类土地中面积最大的是林地，其次是耕地。森林覆盖率为 40.9%（2018 年），主要林木品种为落叶松、油松、红松、冷杉等。动物种类丰富，白鹳、丹顶鹤、蝮蛇、爪鲵、赤狐、海豹、海豚等都具有科学价值和经济意义。渔业资源丰富，海水养殖面积居全国第二位。菱镁矿、硼矿、铁矿、金刚石等矿产保有储量居全国首位，玉石保有储量居全国第二位，石油保有储量居全国第四位（2016 年）。丹东有"中国硼海"和"硼都"之誉。岫岩满族自治县被称为"中国玉都"，岫岩玉质地坚韧，细腻温润，光泽明亮，闻名中外。

（六）经济

辽宁省农牧渔业资源丰富，主要农产品为玉米、稻谷、大豆、棉花等。盛产水果，瓦房店、绥中、盖州是主要苹果生产基地。辽宁省是我国生产柞蚕茧最多、分布最集中的省区。辽宁省还是我国重要的老工业基地，是全国工业行业最全的省份之一。辽宁省的装备制造业和原材料工业比较发达，冶金矿山、输变电、钢铁、石油化学工业在全国占有重要位置。鞍山是驰名中外的"钢都"，本溪、抚顺是铁矿、煤炭基地，大连是重要的造船基地、服装城和金融中心。

2019 年，辽宁省实现地区生产总值 24 909.5 亿元，人均地区生产总值 57 191 元，常住居民人均可支配收入 31 820 元。

（七）交通

辽宁省是东北地区通往关内的交通要道和联结亚欧大陆桥的重要门户，区位优越，交通便利。旅客运输以公路和铁路交通为主体。辽宁省公路网稠密，2019 年，全省公路通车里程（不含城管路段）达 123 830 千米，其中高速公路通车里程达 4 331.4 千米，公路完成旅客运输量 54 599 万人。2019 年，全省铁路营运里程（不含地方铁路）达到 6 132.4 千米，完成旅客运输量 15 137 万人，哈大高铁、秦沈客运专线、沈丹高铁等为主要铁路线。黄海、渤海沿岸形成了包括大连、营口、丹东、锦州、葫芦岛在内的港口群，大连港是我国北方地区最好的深水不冻港，沟通了世界各大港口。辽宁省境内有沈阳桃仙、大连周水子等 9 座民航机场。

（八）历史文化

早在 40 万 ~ 50 万年以前，辽宁地区已有古人类活动。我国中原地区进入奴隶社会后，辽宁逐渐与之建立了隶属关系。春秋战国时期属于燕国，此后辽宁一直是东北地区的政治、经济和军事中心。辽宁也是清朝的发祥地，留下了沈阳故宫、关外三陵等文化遗存。

（九）特产

辽宁的特产主要有岫岩玉雕、沈阳羽毛画、大连贝雕工艺品、抚顺琥珀工艺品、沈阳彩石镶嵌画、抚顺煤精雕刻、沟帮子熏鸡、朝鲜族烤牛肉、海八珍海参、老山记海城馅饼、老边饺子、沈阳陈酿酒、大连苹果、北镇鸭梨、朝阳大枣、盘锦大米、耿庄大蒜、冻秋子梨等。

二、辽宁旅游概况

辽宁历史悠久，古迹众多，山海景观优美壮丽，形成了丰富的旅游资源。截至 2019

年末，辽宁省有国家A级旅游景区514个，其中5A级旅游景区6个。沈阳、大连、丹东是辽宁省旅游资源的富集区，构成了辽宁旅游的"金三角"。

辽宁省的旅游资源主要有：

（1）人文景观，如九门口长城、沈阳故宫、昭陵、福陵、永陵和五女山城等，其中沈阳故宫、昭陵、福陵、永陵都已列为世界文化遗产。

（2）滨海景观，如大连海滨、金州东海岸、大黑山风景区、兴城海滨、葫芦岛海滨等。

（3）山岳景观，如千山、凤凰山、闾山、龙首山、辉山、大孤山、冰峪沟等。

（4）岩洞景观，如本溪水洞、庄河仙人洞等。

（5）温泉景观，如汤岗子温泉、五龙背温泉、兴城温泉等。

（6）旅游度假区，如大连金石滩、葫芦岛碣石、沈阳辉山、庄河冰峪沟、瓦房店仙浴湾、盖州白沙湾等。

此外，辽宁还有不少特异景观，如蛇岛、鸟岛、怪坡、响山等。

三、辽宁主要旅游景区

（一）沈阳

沈阳位于辽宁省中部，浑河北岸。因浑河原名沈河，故名沈阳。沈阳是辽宁省的政治、经济、文化和交通中心，常住人口达832.2万人（2019年），是东北地区最大的城市、全国工业重镇和国家历史文化名城、我国重要的装备制造业基地，先后获得"国家环境保护模范城市"和"国家森林城市"称号。沈阳有2 300多年的建城史，有沈阳故宫、昭陵、福陵等古迹，"九·一八"历史博物馆、张氏帅府博物馆、沈阳市植物园、沈阳怪坡风景区、棋盘山等也是沈阳的主要旅游资源。

AR全景6-1：沈阳故宫

1.沈阳故宫

沈阳故宫（如图6-4所示）位于沈阳市沈河区，是清太祖努尔哈赤和清太宗皇太极的皇宫。沈阳故宫始建于1625年，建成于1636年，全部建筑有100余座、500余间，占地面积63 272平方米，是我国仅存的两大皇家宫殿建筑群之一。宫内建筑物保存完好，以崇政殿为核心，以大清门及清宁宫为中轴线，可将故宫建筑分为东、中、西三路。位于中路的崇政殿是沈阳故宫最重要的建筑，是皇太极日常临朝的地方。崇政殿北有一座凤凰楼，共三层，是当时盛京城内最高的建筑物。

图6-4 沈阳故宫

2.张氏帅府博物馆

张氏帅府位于沈阳市沈河区，又称"大帅府"或"少帅府"，是北洋军阀张作霖及爱国将领张学良的官邸和私宅，是全国重点文物保护单位。它始建于1914年，总占地面积3.6万平方米，是由东院、中院、西院和院外建筑四个部分组成的庞大建筑群，总建筑面积2.76万平方米，是迄今为止东北地区保存最完好的名人故居。2002年，张氏帅府正式更名为张氏帅府博物馆暨辽宁近现代史博物馆。

3.昭陵

昭陵（如图6-5所示）位于沈阳市区北部，又称北陵，是清太宗皇太极与孝端文皇后的陵墓，始建于1643年，建成于1651年，此后又多次增建和改建，是关外三陵中气势最宏伟、最具代表性的一座。昭陵占地面积16万平方米，主要有隆恩殿、宝城、宝顶、月牙城、大明楼、大碑楼、方城、隆恩门、石牌坊等建筑，规模宏大，气势雄伟。其中，北陵公园是一个将清代皇陵和现代园林完美结合的游览胜地。

图6-5 昭陵

4.沈阳市植物园

沈阳市植物园位于沈阳市浑南区，又称沈阳世博园，始建于1959年，1993年正式对外开放。园区栽植有露地木本植物、露地草本植物和温室植物2 000余种，是东北地区展示植物种类最多的植物展园。这里每年都会举办不同类型的大型花展，如4—5月的郁金香展、杜鹃花展、精品兰花展、樱花展，5—6月的牡丹芍药花展、鸢尾花展、睡莲花展，7月的百合花展、荷花展，10月的菊花展等。2006年，中国沈阳世界园艺博览会在此举行。2007年，沈阳市植物园被评为国家5A级旅游景区。

5.沈阳怪坡风景区

沈阳怪坡风景区位于沈北新区，面对旷野，背依群山，景色宜人。景区内有一段长80余米、宽约25米，呈西高东低走势的斜坡，熄火的汽车能向坡上滑行，下坡的自行车需要使劲蹬踏才能行动，故称"怪坡"。怪坡吸引着大量游客前去一探究竟。在怪坡附近还有一座"响山"，用石块敲打（或脚踏）它的特定部位时，可听到一种特殊的声响。

（二）大连

大连位于辽东半岛南端，东濒黄海，西临渤海，南与山东半岛隔海相望，北倚辽阔的东北平原，是辽宁省副省级市、计划单列市，以及全国14个沿海开放城市之一。大连是辽宁省第二大城市、辽宁沿海经济带的金融中心、航运物流中心，也是东北亚国际航运中心、东北地区最大的港口城市，有"东北之窗""北方明珠""足球城""服装城"之称。

知识拓展6-11　　　　　　　　　　　**大连名称的由来**

大连最早的名称为"青泥洼"，之所以称为"大连"，是因为大连旁边的"大连湾"。"大连湾"本名"大蛎湾"，因为这一海湾盛产海蛎子而得名，后来改称"大连湾"。1897年，沙俄将军舰强行开进旅顺口，决定在青泥洼开港建市，称"达里尼"（俄文"远方"之意）。1905年，日本在日俄战争中取胜，将青泥洼改称为古代中国称大连湾所用的"大连"二字。

大连气候宜人，冬无严寒，夏无酷暑，依山傍海，环境优美，是我国著名的避暑胜地和旅游热点城市，是我国首批优秀旅游城市之一。大连的旅游资源极为丰富，不仅有丰富的近代人文历史旅游资源，还有许多风景奇秀的自然旅游资源。此外，大连国际服装节、大连赏槐会、国际马拉松赛等大型活动也为这座城市增添了无穷的魅力。大连主要的旅游景区有老虎滩海洋公园（国家5A级旅游景区）、金石滩景区（国家5A级旅游景区）、大连森林动物园、大连圣亚海洋世界、发现王国主题公园、冰峪沟旅游度假区、星海广场、大连现代博物馆、世界和平公园、东鸡冠山景区、大连观光塔等。

大美中国6-4 **大连的广场**

　　大连的广场特别多，是我国广场最多的城市。城市街道一般以广场为中心，向四面八方辐射。其中，星海广场是亚洲最大的城市广场。在大连，"广场"的概念与其他城市并不完全一样，有的"广场"只是一块儿很小的地方，但因为有四面辐射的街道，所以也被称为广场。大连不仅广场多，广场文化也同样丰富多彩，绿地、白鸽、雕塑、喷泉往往成为广场的重要点缀。

　　1.大连老虎滩海洋公园

　　大连老虎滩海洋公园（如图6-6所示）位于大连南部海滨的中部，占地面积118万平方米，是集游览、观赏、娱乐、科普、购物于一体的现代化海洋主题公园。这里三面环山，一面临海，海岸线蜿蜒4 000余米，礁石嶙峋，蓝天碧水，是观赏海滨自然风光的胜地。园内建有体验极地冰雪世界的场馆——极地馆、以展示珊瑚礁生物群为主的现代化海洋生物馆——珊瑚馆、半自然状态的人工鸟笼——鸟语林、花岗岩动物石雕——群虎雕塑，并建有大型跨海空中索道。老虎滩海洋公园还设有侏罗纪激流探险、飞越大连等游乐项目，以及鲸豚互动表演、群鸟表演、海象海狮表演、美人鱼表演、潜水表演等节目。

　　2.大连金石滩景区

　　大连金石滩景区（如图6-7所示）位于大连市东北端的黄海之滨，是国家级旅游度假区、国家5A级旅游景区。景区依山傍海，海岸线绵延30多千米，自然环境优美，有"东北小江南"之美誉。诞生于6亿年前震旦纪的岩石形成了壮丽的奇石景观，构成了罕见的生物灰岩海蚀喀斯特景区，因此大连金石滩景区有"凝固的动物世界""天然地质博物馆""海上石林"之美誉。主要景点有金石蜡像馆、金石缘公园（金石园）、黄金海岸、万福鼎公园等。

图6-6　大连老虎滩海洋公园

图6-7　大连金石滩景区

（三）丹东

丹东位于辽宁省东南部，南临黄海，西界鞍山，西南与大连市毗邻，北与本溪市接壤，东与朝鲜新义州隔江相望。丹东是我国万里长城的最东端起点和我国万里海疆的最北端起点，具有沿海、沿江、沿边的独特优势，是我国最大、最美的边境城市，也是我国唯一同时拥有边境口岸、机场、高铁、河港、海港、高速公路的城市。丹东境内江、河、湖、海、山、泉、林、岛等自然景观俱全，形成了数十处国家级、省级以上旅游风景区、自然保护区和森林公园。主要景区（景点）有鸭绿江、虎山长城、凤凰山、五龙山、天华山、黄椅山、大孤山、天桥沟、青山沟、蒲石河、玉龙湖、大鹿岛、獐岛等。

图6-8　鸭绿江大桥夜景

1.鸭绿江风景名胜区

鸭绿江风景名胜区位于丹东市鸭绿江下游浑江口至江海分界处的大东港之间，由水丰湖、太平湾、虎山、鸭绿江大桥、东港五部分组成。中朝界河鸭绿江在景区段长达210千米，江面碧波荡漾，江中翠岛棋布、鹤鸟翱翔，沿岸群山叠翠、人文景观密布，构成了一幅独具风情的边陲画卷和蔚为壮观的鸭绿江百里文化旅游长廊。图6-8为鸭绿江大桥夜景。

大美中国6-5

虎山长城

虎山环境优美，是鸭绿江风景名胜区的核心景区，有长城、睡佛、虎口崖等28个景点。虎山长城（如图6-9所示）距丹东市20千米，始建于明成化五年（1469年）。努尔哈赤称王以后，将包括虎山长城在内的绝大部分辽东长城拆除。20世纪90年代初，考古部门发掘出虎山长城墙体和墙基，经罗哲文等专家的实地考察，最终认定虎山长城为万里长城东端起点，这一发现使中国万里长城延长了1 000多千米，使教科书中的传统说法得以改写，在海内外引起了强烈反响。

图6-9　虎山长城

2.凤凰山

凤凰山为国家级风景名胜区，位于凤城市区东南3 000米处，距丹东市60千米，景区面积达200多平方千米，最高峰海拔836米。凤凰山山势雄伟，泉洞清幽，花木奇秀，文物古迹极多，有"万里长城第一名山""中国历险名山"之称，与千山、闾山、药山合称为辽宁四大名山。

（四）兴城海滨风景区

兴城海滨风景区是国家级风景名胜区，位于辽宁省西南部、辽西走廊中部的兴城市。景区集山、海、城、泉、岛五大景观于一地，有50多个景点。首山是国家级森林公园，海拔329.7米，险峻且旖旎，可眺望海滨及古城。海滨浴场绵延14千米，呈半月形，坡缓沙细且水质洁净。兴城古城即明代的宁远卫城，是明朝末年山海关外的防御重镇，始建于明宣德三年（1428年），呈正方形，城壁外为青砖，内为石块，是我国保存最完整的四座明代古城之一（其他三座是陕西西安古城、湖北荆州古城和山西平遥古城），是全国重点文物保护单位。兴城温泉北近首山，南傍平原，距今已有1300多年的历史，具有较高的医疗价值。觉华岛是辽东湾第一大岛，古迹众多，山石秀美，素有"北方佛岛"之称。

知识拓展6-12　　　　　　　　　　**宁远保卫战**

兴城古城历来是兵家必争之地，这里发生的最著名的战役是明朝名将袁崇焕指挥的宁远保卫战。明天启六年（1626年），努尔哈赤率兵13万围攻宁远城，袁崇焕以不足2万的兵力击败了努尔哈赤，努尔哈赤本人亦被大炮击中，身负重伤，回盛京之后不久身亡。明天启七年（1627年），皇太极统军再攻宁远城，再败于城下。宁远保卫战成为我国古代军事史上著名的以少胜多的战役，史称"宁远大捷"。后来皇太极施反间计，袁崇焕被多疑的崇祯帝处死。崇祯帝自毁长城，为明王朝的灭亡埋下了伏笔。

（五）本溪水洞

本溪水洞位于本溪市东郊，是国家级风景名胜区、国家5A级旅游景区、全国科普教育基地。本溪水洞是大型石灰岩充水溶洞，属于典型的喀斯特地貌。洞内分水、旱两洞。水洞全长5 800米，已向游人开放2 800米，河道曲折蜿蜒，河水清澈见底，洞内分三峡、七宫、九弯，故名"九曲银河"，它是迄今世界上已发现的能乘船游览的最长的地下暗河。旱洞长300米，怪石嶙峋，洞中有洞，有古井、龙潭、百步池等景点，现辟为古生物宫。

（六）千山风景区

千山风景区位于鞍山市东南17千米处，是国家级风景名胜区、国家5A级旅游景区，有"东北明珠"之称。千山自然景观秀美，人文景观丰富，以峰秀、石峭、谷幽、庙古、佛高、松奇、花盛而著称，奇峰、怪石、苍松和梨花是千山四大自然景观。

图6-10　千山风景区

思考与练习

一、选择题（有一个或一个以上正确答案）

1.下列关于黑龙江的说法正确的有（　　　）。

A.乳制品产量居全国前列　　　　　　B.原油产量居全国前列

C.木材产量居全国前列　　　　　　　D.土地条件居全国之首

随堂测6-1

2.哈尔滨三大特色食品是（　　　）。

A.大列巴　　　　　B.酱肉　　　　　C.红肠　　　　　D.黏豆包

3.（　　　）素有"天然火山博物馆"和"火山奇观"之称。

A.镜泊湖　　　　　　　　　　　B.火山口原始森林

C.五大连池　　　　　　　　　　D.天池

4.（　　　）是吉林省经济价值最大的河流。

A.鸭绿江　　　　　B.图们江　　　　　C.牡丹江　　　　　D.松花江

5.吉林的（　　　）连续多年处于全国领先地位。

A.大豆产量　　　　　　　　　　B.粮食人均占有量

C.玉米出口量　　　　　　　　　D.粮食调出量

6.吉林被称为（　　　）。

A."中国二人转之乡"　　　　　　B."中国民间文化艺术之乡"

C."中国马头琴之乡"　　　　　　D."黑土地之乡"

7.下列省份中，既沿海又沿边的是（　　　）。

A.辽宁　　　　　B.河北　　　　　C.黑龙江　　　　　D.吉林

8.辽宁的（　　　）储量居全国首位。

A.硼　　　　　B.铁　　　　　C.石油　　　　　D.菱镁

9.（　　　）拥有全国最大的陆路口岸。

A.黑龙江省　　　　　B.辽宁省　　　　　C.吉林省　　　　　D.内蒙古自治区

10.下列关于大连的说法，正确的有（　　　）。

A.辽宁省第一大城市　　　　　　B.东北地区最大的港口

C."足球城"　　　　　　　　　　D."服装城"

二、判断题

1.黑龙江的石油和煤炭储量居全国第一位。　　　　　　　　　（　　　）

2.太阳岛风景名胜区内有世界上最大的室内冰雪艺术馆。　　　（　　　）

3.长白山机场是我国首个森林旅游机场。　　　　　　　　　　（　　　）

4.温泉群是长白山最著名的景点。　　　　　　　　　　　　　（　　　）

5.吉林省吉林市有我国最有名的雾凇观赏地。　　　　　　　　（　　　）

随堂测6-2

三、简答题

1.黑龙江省的旅游资源主要有哪些类型？

2.简要介绍哈尔滨。

3.很多地方都有雾凇，为什么吉林雾凇最有名？

4.被称为我国四大自然奇观的是哪些景观？

5.吉林省有哪些著名的旅游资源？

6.辽宁省有哪些主要的旅游资源？

7.简要介绍一下沈阳和大连。

四、实践训练

1.有人把黑龙江旅游形象定位为"黑龙江——中国旅游 COOL（酷）省"，你觉得有道理吗？

2.东北地区又被称为"白山黑水"，为什么？

3.查找沈阳怪坡景区的资料，解释怪坡的成因。

五、课堂讨论

东北的地理位置、气候和地貌会对东北旅游业产生什么影响？

第七章　黄河中下游旅游区

本章导读

　　黄河中下游旅游区包括五省二市，即河北、山西、陕西、河南、山东五省和北京、天津二市。

　　本区黄河横贯，依山临海，库湖散布，地貌类型齐全。山地主要是北部的燕山和南部的秦岭、伏牛山，平原主要是由海河平原、黄淮平原、鲁西北平原组成的华北平原，丘陵和高原则主要是山东丘陵和黄土高原。黄土高原是世界上最大的黄土分布区。五岳中的泰山、华山、恒山、嵩山都在本区，五台山是我国佛教四大名山之一。

　　秦岭—淮河一线是我国重要的南北气候分界线。该区多属暖温带季风气候，冬夏长，春秋短。农作物多为两年三熟或一年两熟。对农业生产的有利条件是：热量充足，夏季高温多雨，水热同期，作物种类丰富。不利条件是：水分不足，降水集中，易产生洪涝旱碱灾害。降水集中在7—8月份，春季和初夏的降水往往不足，所以春旱是威胁农业生产的一个比较普遍的问题。

　　本区水、陆、空交通四通八达。铁路网较密，天津、秦皇岛、青岛、烟台、日照等海港都有铁路线与内陆相连。

　　本区是杂粮、小麦、棉花的重要产区。棉纺织工业发达，棉纺织工业中心有北京、天津、青岛、石家庄、邯郸、郑州、洛阳、西安、咸阳，主要沿京广和陇海铁路线分布。

　　本区具有丰富的煤炭、石油、海盐资源。山西省是我国最大的煤炭能源基地，素有"煤海"之称。华北平原和渤海海域的石油资源很丰富，主要油田有胜利油田、华北油田和中原油田等。渤海长芦盐区的海盐产量高，是我国最大的盐场。京津唐工业区是黄河中下游地区的经济核心带，是全国钢铁工业基地、石油化工和海洋化工基地、燃料动力基地、机械工业基地、电子工业基地和轻纺工业基地。

　　本区是中华文明的主要发祥地，是我国旅游活动兴起和发展最早的地区之一，也是我国最发达的旅游区。

第一节　北京旅游区

一、北京概况

　　北京市简称京，是中华人民共和国的首都，四个中央直辖市之一，全国政治、文化、国际交往和科技创新中心，全国第二大城市，世界著名古都。全市面积 16 410.54 平方千米。截至 2019 年末，全市常住人口 2 153.6 万人（2016 年为 2 172.9 万人），常住人口密度为每平方千米 1 313 人。现辖 16 个区。2019 年 1 月，北京市人民政府机关驻地迁至通州区。

（一）方位

北京市位于华北平原西北边缘，除东面与天津相邻外，其余各面均与河北省相邻。

（二）地貌

北京市总的地势是西北高、东南低。西北和东北群山环绕，东南是缓缓向渤海倾斜的北京平原。平原海拔 20~60 米，山地一般海拔 1 000~1 500 米，与河北交界的东灵山海拔 2 303 米，是北京市的最高峰。

（三）河流和水库

图 7-1　十三陵水库

北京市内有密云水库、怀柔水库和十三陵水库（如图 7-1 所示）等众多水库；永定河、潮白河、北运河和拒马河等是境内主要河流，从山地流向平原，贯穿整个东南部。

（四）气候

北京市属于典型的暖温带半湿润大陆性季风气候，夏季高温多雨，冬季寒冷干燥，春、秋季短促。降水季节分配很不均匀，全年降水的 80% 集中在夏季 6、7、8 三个月。

（五）自然资源

北京市属于缺水区，水资源人均占有量较低，随着节水措施的加强和南水北调工程的实施，北京市用水紧张的局面逐步得到缓解。北京市的绿化率较高，2019 年，全市林木绿化率达到 62%，森林覆盖率和城市绿化覆盖率分别达到 44% 和 48.46%。北京市有较为丰富的地热资源，西北部的温泉和昌平区的小汤山温泉久负盛名。北京市的矿产资源和煤炭资源也较为丰富。

（六）经济

北京市是全国的金融与商业中心之一，是综合性产业城市。著名的商业中心包括王府井、西单、前门、大栅栏等。

2019 年，北京市实现地区生产总值 35 371.3 亿元，人均地区生产总值为 16.4 万元，居民人均可支配收入为 67 756 元。

（七）交通

北京市是全国铁路、民航交通的总枢纽，有京广、京沪、京九、京哈、京包、京原、京承等铁路线通往全国各地。北京市老城区（二环路以内）的城市道路是棋盘式的格局，横平竖直。北京首都国际机场是全球规模最大的机场之一，旅客吞吐量居全球第二位。2019 年 9 月 25 日，北京大兴国际机场正式投入使用，北京成为拥有两座国际机场的城市。

大美中国7-1

北京大兴国际机场

北京大兴国际机场于2014年12月26日开工建设，是首都重大标志性工程，也是目前全球最大规模的单体航站楼。北京大兴国际机场以其先进的技术、独特的设计、精湛的工艺、便捷的交通，创造了多项世界之最。截至2019年末，北京大兴国际机场共完成旅客量吞吐量313.82万人次。

（八）历史文化

北京历史源远流长，有着3 000余年的建城史和800余年的建都史。历史上，辽、金、元、明、清都曾在此建都。自秦汉以来，北京一直是我国北方的军事和商业重镇，曾被称为蓟城、燕都、燕京、幽州、涿郡、中都、大都、京师、顺天府、北平、北京等。北京市名校荟萃，有北京大学、清华大学等著名学府。

（九）特产

北京的工艺品主要有象牙雕刻、玉器雕刻、漆雕、景泰蓝、地毯等。北京的风味小吃历史悠久，主要有豆汁儿、豆面酥糖、茯苓饼、果脯蜜饯、艾窝窝、豌豆黄、驴打滚、灌肠、炸酱面、卤煮、焦圈、小窝头、糖火烧、爆肚、炒肝等。

二、北京旅游概况

北京是我国历史文化名城和我国四大古都之一，是全球拥有世界文化遗产最多的城市。北京的旅游资源非常丰富，主要有北京故宫、恭王府、颐和园、北海公园、天坛、地坛、明十三陵、周口店北京人遗址、圆明园、香山公园、八达岭长城、慕田峪长城、司马台长城、什刹海、石花洞国家地质公园、十渡风景区、龙庆峡等。

三、北京主要旅游景区

（一）北京中心区

1.天安门

天安门始建于明永乐十五年（1417年），原名"承天门"，取"承天启运，受命于天"之意。清顺治八年（1651年），更名为"天安门"，是新帝登基、皇后册封而颁诏天下的地方，是皇帝金殿传胪、招贤取士的场所，也是皇帝出征赴太庙祭祖的必经之路。天安门广场南北长880米，东西宽500米，面积达44万平方米，是新北京十六景之首。

2.北京故宫

北京故宫是明清两代的皇家宫殿，旧称"紫禁城"，位于北京天安门广场北侧。

北京故宫是中华民族珍贵的历史文化遗产，始建于明永乐四年（1406年），基本建成于明永乐十八年（1420年）。平面呈长方形，南北长961米，东西宽753米，四周环绕着10米高的宫墙，设有午门、神武门、东华门、西华门四门。

AR全景7-1：北京故宫

北京故宫占地面积约72万平方米，建筑面积约15万平方米。总体布局延续了周代以来的"三朝五门""前朝后寝"之制，整个建筑群轴线对称、层次分明、主次有序，主体建筑分为外朝和内廷两部分。

图7-2 北京故宫太和殿

外朝以太和殿、中和殿、保和殿三大殿为主体，建在三层汉白玉石台基上，是皇帝行使权力和举行隆重典礼的地方。太和殿（如图7-2所示）是皇帝登基、大婚、册封、命将、出征等盛大仪式举行的地方；中和殿是皇帝出席重大典礼前休息和接受行礼的地方；保和殿是皇帝赐宴和举行殿试的场所。内廷包括乾清宫、交泰殿、坤宁宫以及东西两侧的东六宫和西六宫，这是皇帝及其嫔妃居住的地方，俗称"三宫六院"。北京故宫布局严整，建筑精美，富丽华贵，藏有许多稀世文物和艺术品，是我国古代建筑、文化、艺术的精华。1987年，北京故宫被列入《世界遗产名录》。

3.中山公园

中山公园位于天安门西侧，与北京故宫一墙之隔，是明清皇帝祭祀土地神和五谷神的地方。公园的主体建筑社稷坛位于轴线中心，坛呈正方形，为汉白玉砌成的三层平台，坛上覆五色土（中黄、东青、南红、西白、北黑），表示"普天之下，莫非王土"的意思。

（二）城西

1.北海公园

北海公园与中南海仅一桥之隔，占地面积约7平方千米，是一座古典皇家园林。全园以神话中的"一池三仙山"（一池为太液池，三仙山为蓬莱仙山、方丈仙山、瀛洲仙山）的构思布局，形式独特。北海公园名胜古迹众多，包括琼华岛、永安寺、白塔、画舫斋、五龙亭、九龙壁等。

2.白云观

白云观始建于唐，享有"全真第一丛林"之誉。中华人民共和国成立后，中国道教协会、中国道教学院及中国道教文化研究所等机构均设立在白云观。

（三）城东

1.雍和宫

雍和宫位于北京雍和宫大街，是北京规模最大、保存最完好的藏传佛教寺院。雍和宫建于清康熙年间，整座建筑分东、中、西三路，中路建筑主要包括昭泰门、雍和门殿、雍和宫殿、永佑殿、法轮殿、万福阁等，另外还有东西配殿、讲经殿、密宗殿、时轮殿、药师殿。1961年，雍和宫被列为全国重点文物保护单位。

2.天坛

天坛是明清两代皇帝举行祭天大典，向上天述职以示皇权天授，并祈求风调雨顺、五谷丰登的地方，位于东城区永定门内大街东侧，始建于明永乐十八年（1420年）。天坛总占地面积约2.73平方千米，有内外两重坛墙，北部围墙均为圆角，南部呈方形，象征"天圆地方"。天坛的布局打破了我国古建筑中传统的中轴对称的格局，将主体建筑集中于中轴线偏东，而在西部留出大片空旷地域广种柏树，营造出了肃穆宁静、天高地阔的氛围。天坛的主要建筑有祈年殿、皇穹宇、圜丘、丹陛桥、斋宫、神乐署等。祈年殿（如图7-3所示）为天坛的象征，是一座有三层台基、三重飞檐的圆形无梁木结构大殿，高38米，是皇帝祈祷丰年的祭坛。圜丘是皇帝举行祀天大典的地方。皇穹宇是平日供奉祀天大典所供神版的地方。1998年11月，北京天坛被列入《世界遗产名录》。

图7-3　北京天坛祈年殿

（四）近郊

1.颐和园

颐和园位于北京西郊，总面积约2.9平方千米，是我国现存规模最大、保存最完整的皇家园林。颐和园原名清漪园，是清代的皇家花园和行宫，1860年遭英法联军火烧，后来慈禧太后挪用巨额军费重新建造，并更名为颐和园。全园分三个区域，包括以仁寿殿为中心的政治活动区，以乐寿堂、玉澜堂和宜芸馆为主体的帝后生活区，以万寿山和昆明湖为主要景点的风景游览区。万寿山前山的建筑群是全园的精华之处，41米高的佛香阁（如图7-4所示）是颐和园的象征。

图7-4　颐和园佛香阁

万寿山下昆明湖畔的长廊全长728米，1992年以"世界上最长的长廊"列入吉尼斯世界纪录。南北轴线从长廊中部起，依次为排云门、排云殿、德辉殿、佛香阁等。

颐和园的水域面积占全园面积的3/4，南部的湖泊区是典型的杭州西湖风格，一道"苏堤"把湖泊一分为二，十七孔桥横卧湖上，造型优美；北部的苏州街，店铺林立，水道纵通，是典型的水乡风格。颐和园构思巧妙，集中国园林艺术之大成，有"皇家园林博物馆"之称。1998年11月，颐和园被列入《世界遗产名录》。

2.圆明园

圆明园始建于清康熙年间，由圆明园、长春园、绮春园三园组成，所以又称圆明三园，是清朝五代皇帝精心营造的皇家园林，被世人冠以"万园之园""一切造园艺术的典范"等称号。1860年，圆明园遭英法联军掠夺和焚烧，只留下残垣断壁。

知识拓展7-1　　　　　　　　　十二生肖兽首铜像

十二生肖兽首铜像原是圆明园喷水池中"水力钟"的喷头。十二生肖兽首铜像呈"八"字形排列在海晏堂前一个水池的两边，每个兽首都是一个喷泉机关，每隔一个时辰，属于该时辰的兽首就会自动喷水。1860年英法联军侵略中国，火烧圆明园，兽首铜像流失海外。目前，牛首、猴首、虎首、猪首、鼠首、兔首、马首铜像已经通过不同方式回归祖国，龙首铜像在我国台湾地区保存完好，蛇首、羊首、鸡首、狗首铜像至今仍然下落不明。

3.卢沟桥

卢沟桥（如图7-5所示）因跨越卢沟河（今永定河）而得名，它与河北赵州桥和泉州洛阳桥并称为我国古代三大名桥，迄今已有800多年的历史。1937年7月7日，日本在此发动全面侵华战争，中国抗日军队在卢沟桥打响了全面抗战的第一枪。1961年，卢沟桥被评为全国重点文物保护单位。1987年7月6日，中国人民抗日战争纪念馆在卢沟桥畔落成。

图7-5　卢沟桥

（五）远郊区

1.潭柘寺

潭柘寺始建于西晋永嘉元年（307年），初名"嘉福寺"，清代康熙皇帝赐名"岫云寺"，但因寺后有龙潭、山间有柘树，所以民间一直称为"潭柘寺"。潭柘寺总面积达1.21平方千米以上，现存建筑为明清遗物。这里四面环山、九峰拥立、古树参天、佛塔林立，寺内泉水终年潺潺，修竹丛生，颇有些江南园林的意境。

2.明十三陵

明十三陵位于北京昌平天寿山南麓，葬有明朝13位皇帝，故称明十三陵。各陵均依山面水而建，布局庄重和谐。主体是明成祖朱棣的长陵，规模最大，其他十二陵依附于长陵而建，建筑布局、规制基本相同。平面形制为长方形，后面有圆形（或椭圆形）的宝城。2003年，明十三陵被列入《世界遗产名录》

知识拓展7-2　　　　明朝历经十六帝，为什么叫明十三陵

明十三陵是明朝13位皇帝的陵墓。明朝开国皇帝朱元璋建都于南京，死后葬于南京钟山之阳，称"明孝陵"。建文帝朱允炆不知所终，没有陵墓。第七帝朱祁钰因其兄英宗皇帝被瓦剌所俘，所以他在太后和大臣的旨意下继承了帝位。后英宗被放回，英宗在心腹党羽的策划下，搞了一场"夺门之变"，英宗复辟，朱祁钰死后被以"王"的身份葬于北

京西郊玉泉山。

3.八达岭长城

八达岭长城位于延庆区军都山关沟古道北口，是我国开放最早的一段长城。八达岭长城地势险要，城关坚固，历来是兵家必争之地，由关隘、城墙、城台和烽火台四部分组成。1987年，八达岭长城被列入《世界遗产名录》。

4.十渡风景区

十渡风景区位于房山区，其名称来自拒马河蜿蜒形成的十个渡口。拒马河两岸奇峰翠峦，山石嶙峋，刀削斧劈般的峡谷和宽阔的河谷相间，河水清澈见底，人称"京郊小桂林"。

第二节 天津旅游区

一、天津概况

天津市简称津，是四个中央直辖市之一，面积11 966.45平方千米，素有"渤海明珠"之称。截至2019年末，全市常住人口1 561.83万人（2016年为1 562.12万人），其中城镇人口1 303.82万人，城镇化率为83.48%。现辖16个区。

（一）方位

天津市地处太平洋西岸、华北平原东北部、海河流域下游，东临渤海，北依燕山，西靠首都北京，是海上通往北京的咽喉要道。

（二）地貌

天津市地处燕山山地向滨海平原的过渡地带，北部山区属燕山山地，南部平原属华北平原的一部分，东南部濒临渤海湾。总地势是北高南低，由北部山地向东南部滨海平原逐级下降。最高峰为九山顶，海拔1 078.5米；最低处为滨海带大沽口，海拔高程为零。

（三）河流

天津市位于海河下游，地跨海河两岸，是海河五大支流南运河、子牙河、大清河、永定河、北运河的汇合处和入海口，素有"九河下梢""河海要冲"之称。天津市地下水蕴藏量丰富，山区多岩溶裂隙水，水质好，矿化度低。

（四）气候

天津市属于暖温带半湿润大陆性季风气候，具有明显的由陆到海的过渡特点：四季分明，长短不一；降水不多，分配不均；季风显著，日照较足；地处海滨，大陆性强。年平均气温约14℃。7月最热，月平均气温可达28℃；1月最冷，月平均气温为-2℃。年平均降水量为360～970毫米，夏季降水量约占全年降水量的80%。

（五）自然资源

天津市有丰富的油气资源，渤海和大港两大油田都属于国家重点开发的油气田。天津市有丰富的海盐资源，长芦盐场是我国最著名的海盐产区。天津市地热资源储量丰富，具有埋藏浅、水质好的特点。天津市土地资源丰富，在海河下游的滨海地区，有大面积待开发的荒地、滩涂，是发展石油化工和海洋化工的理想场地。

（六）经济

天津市位于环渤海经济圈的中心，是著名的国际港口城市和生态城市，也是我国北方最大的沿海开放城市、我国近代工业的发源地、我国北方的海运与工业中心。

2019年，天津市实现地区生产总值14 104.28亿元，居民人均可支配收入42 404元。

（七）交通

天津市区位条件优越，是中、蒙、俄经济走廊的主要节点、海上丝绸之路的战略支点、"一带一路"交汇点，是联系南北方、沟通东西部的重要枢纽。天津市拥有我国北方第一大港——天津港，有30多条海上航线通往300多个国际港口，是从太平洋彼岸到亚欧内陆的主要通道和亚欧大陆桥的主要出海口。天津市已基本形成以港口为中心的海陆空相结合立体交通网络。铁路和公路辐射华北、西北、东北广大地区。天津滨海国际机场是我国国际航空物流中心、我国主要的航空货运中心之一。

（八）历史文化

天津的形成始于隋朝大运河的开通。"天津"这个名称最早出现在明朝永乐初年，意思是"天子经过的渡口"。天津地处渤海湾，是京师的门户所在，故又称"津门"。明朝永乐二年（1404年），作为军事要地，天津开始筑城设卫，称"天津卫"，后又增设天津左卫和天津右卫。至此，天津城初具规模。19世纪中叶，天津被辟为通商口岸，此后逐步发展成为当时我国北方最大的金融商贸中心，在我国近代史上具有重要的地位。

（九）特产

天津的四大民间艺术品有杨柳青年画、泥人张彩塑、魏记风筝、刻砖刘的砖雕。传统的风味食品多种多样，"津门三绝"（狗不理包子、桂发祥十八街麻花和耳朵眼炸糕）深受广大群众和外宾的称赞。

二、天津旅游概况

天津历史遗址众多，城市建筑既有古建筑的风格，又有近代建筑和现代建筑并存的特色，有"万国建筑博物馆"之称。天津拥有黄崖关长城、盘山、独乐寺、大悲禅院、石家大院、清真大寺、天尊阁、天成寺、东丽湖自然艺苑景区、九龙山国家森林公园、滨海旅游度假区等景观。由于开埠较早，且有九国租界，因此天津以风格各异的小洋楼为特色，保留着19世纪末到20世纪初东西

图7-6　天津海河两岸

方各国的各类建筑1 000多幢。

天津旅游资源丰富，旅游活动丰富多彩。现已形成以自然风景和名胜古迹为特点的蓟州旅游观光区；以海湾旅游为特色的塘沽滨海游乐区；以海河（如图7-6所示）为风景轴

线，以津河、卫津河、月牙河、北运河、繁华金街、鼓楼商贸街等为辅的市中心旅游区。同时，天津每年都会举办具有民族特色和天津特色的各种赛事及娱乐活动。

近年来，随着全国旅游业的蓬勃发展，天津也出现了很多专题旅游，如国际游船旅游、修学旅游、自行车旅游、新婚蜜月旅游、经贸考察旅游等，这些专题旅游有的妙趣横生，有的民族色彩浓郁，有的紧随时代潮流。

三、天津主要旅游景区

（一）独乐寺

独乐寺俗称大佛寺，位于天津市蓟州区，是我国仅存的三大辽代寺院之一，以古建、泥塑、壁画"三绝"享誉中外。独乐寺包括山门、观音阁、韦驮亭、报恩院、乾隆行宫、清代民居等建筑，占地面积1.6万平方米。独乐寺山门是我国现存最早的庑殿顶古建筑，正脊两端的鸱吻生动逼真，是我国现存年代最早的鸱吻造型实物。观音阁高23米，是我国现存双层楼阁建筑中最高的一座，也是我国现存年代最早的木结构楼阁。观音阁的壁画是研究我国绘画和佛教史的重要资料。

（二）盘山

盘山位于蓟州区西北，是国家5A级旅游景区，以优美的自然风光和丰富的名胜古迹著称。盘山兼具"泰山之雄、华山之险、峨眉之秀、雁荡之幽"，被称为"京东第一山"。盘山占地面积达106平方千米，主峰挂月峰海拔864.4米。主要景点有五峰八石、三盘之胜（上盘松胜、中盘石胜、下盘水胜）、北少林、玉石庄等。

知识拓展7-3

相传东汉末年，无终（今蓟州区东南部）人田畴率宗族隐居于此，因此被称为"田盘山"，后来简称"盘山"。盘山是历代帝王将相、文人墨客竞游之地，并留下了大量的诗文、石刻、碑记。清代乾隆皇帝先后32次巡幸盘山，留下诗作1702首，还发出了"早知有盘山，何必下江南"的感叹。

（三）黄崖关长城

黄崖关长城位于蓟州区北28千米的崇山峻岭中，始建于北齐，明代名将戚继光任蓟辽总兵时，曾进行重新设计并大修。关城地势险要，历来为兵家必争之地。因山崖峭壁在夕阳西照时会反射出金黄色的光芒，故名黄崖关。黄崖关长城游览区的主要景点有黄崖正关、长城博物馆、八卦城等，黄崖夕照、云海烟波、二龙戏珠被称为三大奇观。

（四）大沽口炮台遗址

大沽口炮台遗址位于天津市滨海新区东南、海河入海口。大沽口自明代开始设防，清代开始修炮台、置大炮，设施不断加强，因此大沽地区是北方军事要地、入京咽喉、津门屏障，有"南有虎门，北有大沽"之说。第二次鸦片战争及八国联军入侵之时，大沽口都是重要战场。作为中华民族抗击外来侵略的历史见证，1988年，大沽口炮台遗址被列为全国重点文物保护单位。现遗址区建有大沽口炮台遗址博物馆。

第三节 河北旅游区

一、河北概况

河北省简称冀，面积18.88万平方千米。截至2019年末，全省常住人口7 591.97万人（2016年为7 470.05万人）。下设11个地级市，省会是石家庄市。

知识拓展7-4 雄安新区

2017年4月1日，中共中央、国务院决定设立河北雄安新区，规划范围涵盖河北省雄县、容城、安新三县及周边部分区域。这是继深圳经济特区和上海浦东新区之后又一个具有全国意义的新区。2019年10月，雄安新区入选国家数字经济创新发展试验区；2019年12月，雄安新区入选首批交通强国建设试点。

（一）方位

河北省地处华北平原的北部，兼跨内蒙古高原。全省环抱首都北京，东与天津毗连并紧傍渤海，东南部、南部衔山东、河南两省，西倚太行山与山西为邻，西北部、北部与内蒙古交界，东北部与辽宁接壤，东临渤海。

（二）地貌

河北省是全国唯一兼有高原、山地、丘陵、平原、盆地和海滨的省份，分为坝上高原、燕山和太行山山地、河北平原三大地貌单元。地势由西北向东南倾斜，西北部为山地、丘陵和高原，其间分布有盆地和谷地，中部和东南部为广阔的平原。小五台山海拔2 882米，为全省最高峰。

（三）河流与湖泊

河北省河流众多，境内河流大都发源或流经燕山、冀北山地和太行山脉，主要河流从南到北依次有漳卫南运河、子牙河、大清河、永定河、潮白河、蓟运河、滦河等。位于河北省中部的白洋淀是河北省最大的湖泊，总面积366平方千米，由143个大小不等的淀泊组成。白洋淀以大面积的芦苇荡和荷花淀而闻名，有"华北明珠"之称。

（四）气候

河北省属于温带大陆性季风气候，四季分明，春季干旱多风，夏季炎热多雨，秋季凉爽晴朗，冬季干燥寒冷。年平均降水量484.5毫米。

（五）自然资源

河北省蕴藏着丰富的煤炭和油气资源，有华北、冀东、大港三大油田。地热、风能、太阳能等其他能源也得到不同程度的开发，张家口坝上地区的风电基地是我国第一个风电示范基地。河北省沿海地区处于环渤海经济圈的中心地带，海洋资源丰富，适合发展海水养殖、盐化工、港口运输和滨海旅游。河北省的水资源较为紧张，2018年，全省水资源总量为164.04亿立方米，比多年平均值少40.65亿立方米。

（六）经济

河北省已基本形成新能源、汽车、电气、煤炭、纺织、冶金、建材、化工、机械、医药等优势产业。河北省还是我国重要的粮棉产区，粮食播种面积占耕地总面积的80%以上，小麦、玉米、高粱是主要的粮食作物，棉花是最主要的经济作物。河北省与北京市、天津市共同构成了京津冀经济区。2014年，京津冀协同发展上升为重大国家战略。

2019年，河北省实现地区生产总值35 104.5亿元，人均地区生产总值46 348元，居民人均可支配收入25 665元。

（七）交通

河北省交通发达，旅客运输以铁路和公路为主体。2019年，全省公路通车里程达19.7万千米（包括村路），其中，高速公路通车里程达到7 475.7千米。铁路纵横交错，京沪、石太、京广、津秦、京九、京包、京通、京哈等铁路线通过河北省。石家庄正定国际机场、秦皇岛山海关机场、秦皇岛北戴河国际机场、邯郸机场等为河北省主要机场。河北省海运便利，有秦皇岛港、唐山港和黄骅港等港口。

（八）历史文化

河北省是中华民族的发祥地之一。早在四五千年以前，黄帝、炎帝和蚩尤就曾大战于涿鹿之野。战国时期，河北大部分属于赵国和燕国，所以被称为"燕赵之地"，又因历史上英雄辈出，所以自古有"燕赵多慷慨悲歌之士"之说。元、明、清三朝定都北京，河北成为京师的畿辅之地。

（九）特产

定窑、邢窑、磁州窑和唐山陶瓷是我国历史上北方陶瓷艺术的典型代表。蔚县剪纸、曲阳石雕、衡水内画、易水古砚等名扬中外；河北梆子、老调、皮影、丝弦等饶有特色；沧州武术、吴桥杂技、永年太极等魅力独特；赵县雪花梨、沧州金丝小枣、深州蜜桃、宣化葡萄、昌黎苹果、迁西板栗等畅销国内外。

二、河北旅游概况

河北省是旅游资源大省，既有璀璨的历史文化，又有秀美的湖光山色，如长城、承德避暑山庄及周围庙宇、清东陵和清西陵等世界文化遗产，邯郸、保定、承德、正定、山海关等国家历史文化名城，保定白洋淀景区、保定涞水县野三坡景区、石家庄平山县西柏坡景区等国家5A级旅游景区。河北省境内长城蜿蜒，长达2 000多千米。河北省是长城途经距离最长、保存最完好的省份，老龙头、山海关、金山岭长城、潘家口水下长城等均在河北省境内。此外，河北省拥有的国家级非物质文化遗产项目、省级非物质文化遗产项目的数量均居全国前列。

三、河北主要旅游景区

（一）承德

承德位于河北省东北部，有"紫塞明珠"的美称，是首批国家历史文化名城之一。

1.承德避暑山庄及外八庙

承德避暑山庄（如图7-7所示）位于承德市

图7-7　承德避暑山庄

中心区以北，武烈河西岸一带狭长的谷地上，始建于清康熙四十二年（1703年），历经康熙、雍正、乾隆三代皇帝，耗时89年建成，是清代皇帝夏日避暑和处理政务的场所。承德避暑山庄占地面积5.64平方千米，由皇帝宫室、皇家园林和宏伟壮观的寺庙群所组成。承德避暑山庄以朴素淡雅的山村野趣为格调，取自然山水之本色，吸收江南塞北之风光，是我国现存的占地面积最大的古代帝王宫苑。

在承德避暑山庄东部和北部丘陵起伏的地段上，如众星拱月之势环列着一些色彩绚丽、金碧辉煌的大型寺庙，这就是外八庙。外八庙建筑精湛、风格各异，是汉、蒙、藏文化交融的典范。1994年12月，承德避暑山庄及周围寺庙被列入《世界遗产名录》。

2. 木兰围场

木兰围场位于承德市围场满族蒙古族自治县境内，是清代皇家猎场，建于清康熙二十年（1681年），面积10 000多平方千米。木兰围场被广袤的草原所环抱，绿茵如毡，坦荡无际。周边的坝下为冀北山地，奇峰林立，怪石嶙峋；坝上为蒙古高原南麓，中部丘陵起伏，西部沙丘绵延，雄浑壮美。

（二）秦皇岛

秦皇岛位于河北省东北部，历史悠久，是我国唯一以皇帝名号命名的城市。公元前215年，秦始皇东巡到达碣石，刻下著名的"碣石门辞"。三国时，曹操北征乌桓路过此地，写下了《观沧海》。秦皇岛的旅游景观以山、海见长，同时拥有众多历史遗迹，曾获中国最美海滨城市、中国北方最宜居城市、中国最佳休闲城市、中国最具爱心城市、中国最具幸福感城市等荣誉。

1. 山海关

山海关位于秦皇岛东北15千米处，是明长城的东北关隘之一，被誉为"天下第一关"。山海关古称榆关，明洪武十四年（1381年），大将军徐达迁民置关修城，控制险要，更名为山海关。山海关是东北、华北间的咽喉要冲，是历代兵家必争之地。山海关与其关内、关外纵横交错的城墙、敌台、墙台等共同组成了一个防御体系。1961年，山海关被列为全国重点文物保护单位。

2. 北戴河

北戴河位于秦皇岛西南，海岸线长约15千米，海滩沙质较好且坡度平缓，是我国著名的避暑胜地，清光绪二十四年（1898年）正式辟为旅游避暑区。北戴河森林茂密、雨量充沛、冬无严寒、夏无酷暑、空气清新、海水清澈、沙软潮平，是海水浴、沙浴和日光浴的天然理想场所，极适宜避暑和疗养。北戴河现已形成了以鸽子窝、中海滩、联峰山为主的三大风景区。

3. 昌黎黄金海岸

昌黎黄金海岸位于秦皇岛西南，海岸线全长52.1千米，具有沙细、滩缓、水清、潮平的特点，是优良的天然海水浴场。黄金海岸西侧有连绵40多千米的沙丘，如今这里建有两处滑沙场，一处由沙山滑向谷底，另一处滑向大海，滑沙运动每年都吸引了众多游客。

（三）石家庄

石家庄位于河北省中南部，是河北省的省会。石家庄旅游资源丰富，名胜古迹众多，是全国文明城市、国家森林城市、中国优秀旅游城市。

1.赵州桥

赵州桥（如图7-8所示）原名安济桥，坐落在石家庄赵县城南的洨河上，始建于隋朝，至今已有1 400多年的历史，桥长64.4米，跨径37.02米，是世界上现存年代久远、跨度最大的单孔坦弧敞肩石拱桥，在我国造桥史上占有重要地位，对世界桥梁建筑有着深远的影响。

图7-8　赵州桥

2.西柏坡

西柏坡位于石家庄平山县境内、太行山脚下滹（hū）沱河北岸。西柏坡景区是我国的革命圣地之一，是全国重点文物保护单位、国家5A级旅游景区。西柏坡景区的主要景点有西柏坡中共中央旧址（包括毛泽东、朱德、刘少奇、周恩来、任弼时、董必武旧居以及军委作战室、中国共产党七届二中全会会址等）、西柏坡陈列馆、西柏坡石刻园、西柏坡青少年文明园、国家安全教育展览馆。

3.正定古城

正定古城位于石家庄市正定县。正定古城历史悠久，名胜古迹众多，素有"九楼四塔八大寺，二十四座金牌坊"之誉。主要文物古迹有隆兴寺、开元寺、广惠寺华塔、临济寺澄灵塔、天宁寺凌霄塔、文庙大成殿、府文庙、唐代风动碑、正定古城墙等。隆兴寺（如图7-9所示）始建于隋开皇六年（586年），是我国十大名寺之一，寺内的摩尼殿建筑风格独特，为海内孤例。开元寺钟楼是我国现存唯一的唐代钟楼。

4.嶂石岩风景区

嶂石岩风景区位于石家庄市西南的赞皇县西南，总面积约120平方千米，最高峰黄庵垴海拔为1 774米。景区峰峦叠嶂、奇峰突兀、怪石林立、幽洞深深、泉瀑淙淙，险峻中现奇伟，是一处自然风光绝佳的旅游胜地。

图7-9　隆兴寺

（四）邯郸

邯郸地处河北省最南端，西依巍巍太行山，东依华北大平原，邻接晋、鲁、豫三省，是一座具有3 000多年悠久历史的文明古城，战国时期是赵国的都城。"邯郸学步""黄粱美梦""毛遂自荐""负荆请罪""完璧归赵"等脍炙人口的成语皆诞生于此。

1.响堂山石窟

响堂山石窟位于邯郸市峰峰矿区鼓山，是北齐时代造像最集中且最具代表性的石窟。石窟分南、北两处，相距约15千米，现存石窟16座，摩崖造像450余龛，大小造像5 000多尊。石窟构思巧妙，石像栩栩如生。石窟附近均有寺院，规模宏大，是我国古代建筑、雕刻、书法绘画艺术的珍贵遗产。

2.邯郸学步桥

邯郸学步桥位于邯郸城主城区串城街，原为一座小木桥，明万历四十五年（1617年）改建为石拱桥。桥面宽9米、长32米、高近8米，两旁各有19块栏板和18根望柱，均雕有神兽，栩栩如生。桥头立有寿陵少年邯郸学步雕像。

（五）清东陵和清西陵

清东陵位于遵化市西北30千米处的马兰峪，占地面积达80平方千米，是我国现存规模最宏大、体系最完整、布局最得体的帝王陵墓建筑群。清东陵共有15座陵园，埋葬着清代顺治、康熙、乾隆、咸丰、同治5位皇帝，以及15位皇后、136位妃嫔、3位阿哥、2位公主。清西陵位于保定市易县城西15千米处的永宁山下，有帝陵4座（包括雍正的泰陵、嘉庆的昌陵、道光的慕陵和光绪的崇陵）、后陵3座、其他陵寝7座。2000年11月，清东陵和清西陵被列入《世界遗产名录》。

（六）野三坡风景名胜区

野三坡风景名胜区位于河北省保定市涞水县。具有雄、险、奇、幽特点的百里峡谷，保持原始森林风貌的白草畔，水浴、沙浴、日光浴相结合的天然浴场，历史悠久的摩崖石刻、大龙门城堡等文物古迹，无不值得游人细细体验与品味。

第四节　陕西旅游区

一、陕西概况

陕西省简称陕或秦，面积20.56万平方千米。截至2019年末，全省常住人口3 876.21万人（2016年为3 812.62万人）。下设10个地级市，省会是西安市。

知识拓展7-5　　　　　　　　陕西各种名称的由来

西周初期，周、召二公分陕而治。陕以东，周公治之；陕以西，召公治之。此后，人们就把陕州（现为河南省陕县）以西称为陕西，简称陕。

陕西还有一个简称是秦，这是因为春秋战国时期，秦国的辖区主要在这一带。

陕西又被称为三秦，这里有两种解释：第一种解释是从陕西的地理特征分为关中、陕北、陕南三个自然区域来理解的；第二种解释源自项羽分封诸侯，让秦的3个降将分治秦之故地。"三秦"便由此得名。

（一）方位

陕西省地处中国内陆腹地，黄河中游。东邻山西、河南，西连宁夏、甘肃，南抵四川、重庆、湖北，北接内蒙古，地理位置重要。中华人民共和国大地原点（经纬度的起算点和基准）在陕西省泾阳县永乐镇北横流村。

（二）地貌

陕西省地域狭长，地势南北高、中间低，有高原、山地、平原和盆地等多种地形。北山和秦岭从北到南把陕西省分为黄土高原、关中平原、秦巴山地三个地貌区。秦岭在陕西省境内有许多全国著名的峰岭，如华山、太白山、终南山、骊山等。

大美中国 7-2　　　　　　　　　　　**"北山"和"八百里秦川"**

"北山"泛指陕北黄土高原南缘与关中盆地过渡地带的一系列以石灰岩为主的石质山丘。陕西关中盆地南倚秦岭、北界北山、西起宝鸡峡、东至潼关，是由河流冲积和黄土堆积形成的，地势平坦，土质肥沃，水源丰富，机耕、灌溉条件都很好，是陕西自然条件最好的地区，号称"八百里秦川"。

（三）河流

秦岭以北为黄河水系，主要支流从北向南有窟野河、无定河、延河、洛河、泾河（渭河支流）、渭河等。秦岭以南属长江水系，有嘉陵江、汉江和丹江等。

（四）气候

陕西省从北到南纵跨中温带、暖温带、北亚热带三个气候带，气候差异较大。陕南具有北亚热带气候特点，水热条件优越，但光照不足；关中及陕北大部分地区具有暖温带气候特点，光照和水热条件居中；陕北北部长城沿线具有中温带气候特点，光照充足，但水热资源不足。

（五）自然资源

陕西省的自然资源种类多，盐矿、煤、石油、天然气、钼、汞、金、石灰岩、玻璃石英岩、高岭土、石棉等矿产资源不仅储量可观，且品级、质量较好，在国内、省内市场具有明显优势。水资源时空分布不均，河水含沙量大，属于贫水省份。生物资源丰富，全省森林覆盖率为43.06%（2019年），林地面积约占土地总面积的60%，植被类型复杂多样，动物的地带性和非地带性明显。其中，秦巴山区是陕西省动物资源最丰富的地区，也是一个天然植物园。

（六）经济

陕西省工业基础雄厚，形成了煤炭、电力、石油、钢铁、机械、电子、纺织、化工等优势产业。纺织工业是陕西省的支柱工业和出口创汇行业。陕西省是我国农业主要产区之一，农业耕地以旱地为主，关中平原是我国著名的麦、棉产区。

2019年，陕西省实现地区生产总值25 793.17亿元，人均地区生产总值66 649元，居民人均可支配收入24 666元。

（七）交通

陕西省既是联结我国东部地区与西北地区的交通枢纽，也是联结西北地区与西南地区的交通枢纽。陕西省的主要铁路线有陇海铁路、宝成铁路、郑西客运专线等。西安火车站是西北地区重要的铁路交通枢纽。全省公路以西安为中心向东、西、南、北呈"米"字形辐射。航空运输以西安为轴心，呈辐射形展开。

（八）历史文化

陕西省是中华民族光辉灿烂的古代文明的发祥地之一。大约在80万年前，蓝田猿人就生活在这块土地上；大约在6 000年前，半坡人在这里从事农业；大约在3 000多年前，这一地区就同许多国家有政治和经济等方面的交往，著名的"丝绸之路"就是以古长安为起点的。

（九）特产

西凤酒、桂花稠酒、杜康酒、肉夹馍、水晶饼、火晶柿子、临潼石榴、羊肉泡馍、臊子面、汉中米皮、炸油糕、凉粉、大荔西瓜等非常受人欢迎。特色工艺品有唐三彩、青花瓷器、剪纸、青铜器、石雕等。

二、陕西旅游概况

陕西历史悠久，文化底蕴深厚，地理环境优越，是我国旅游资源最富集的省份之一。主要名胜古迹有蓝田人遗址、半坡遗址、黄帝陵、周原遗址、秦始皇陵及兵马俑、汉武帝茂陵及其石刻艺术、三国遗迹五丈原及武侯祠等、唐代法门寺地宫、女皇帝武则天与唐高宗李治的合葬墓乾陵、陕西历史博物馆、西安碑林、西安城墙等。

目前，陕西已初步形成了以西安为中心，以人文古迹为特色的向东、西、南、北辐射的四条旅游线路；同时，也形成了不同内容、不同风格、景观别致的十大旅游区，即西安古都旅游区、骊山风景名胜旅游区、长安古寺庙旅游区、华山旅游区、咸阳帝王陵墓旅游区、宝鸡法门寺旅游区、延安旅游区、榆林塞上风光旅游区、黄河旅游区和柞水溶洞旅游区。

三、陕西主要旅游景区

（一）西安

西安位于关中平原中部，有1 000多年的建都史，3 000多年的建城史，是我国历史上建都朝代最多、时间最长的城市，是我国四大古都之一、世界四大文明古都之一，被誉为"天然的历史博物馆"。西安城区著名的旅游景点有西安古城墙、钟楼、鼓楼（如图7-10所示）、大雁塔、小雁塔、碑林、陕西历史博物馆等。周边地区的主要景点有秦始皇陵及兵马俑、乾陵、黄帝陵、半坡遗址、华清宫景区、法门寺等。

图7-10 西安鼓楼

AR全景7-2：秦始皇陵及兵马俑

1.秦始皇陵及兵马俑

秦始皇陵位于西安市临潼区城东5 000米处的骊山北麓，是秦始皇的陵园。史料记载，秦始皇为造此陵征集了70多万工匠，建造时间长达39年（公元前247—公元前208年）。秦始皇陵规模之巨大、陪葬坑之多、陪葬物之丰富，居历代帝王陵墓之冠。

1974年，在秦始皇陵坟丘东侧1 500米处，当地农民在打井时，无意中挖出了一个陶制武士头。后来经过发掘，终于发现了令全世界震惊的秦始皇兵马俑（如图7-11所示）。我国先后发掘了一、二、三号俑坑，它们成"品"字形排列，出土陶俑8 000多件、战车百乘以及数万件实物兵器。其中，一号坑为"右军"，埋葬着和真人、真马同等大小的陶俑、陶马约6 000件；二号坑为"左军"，有陶俑、陶马1 300余件，战车89辆，是一个由3个兵种混合编组的军阵，也是俑坑的精华所在；三号坑有武士俑68个、战车1辆、陶马4匹，是统帅地下大军的指挥部。我国现已在一、二、三号坑成立了秦始皇兵马俑博物馆，并对外开放。1987年12月，秦始皇陵及兵马俑坑被列入《世界遗产名录》。

图7-11　秦始皇兵马俑

2.大雁塔

大雁塔位于西安南郊大慈恩寺内。公元652年，唐代高僧玄奘为保存其从天竺带回的佛经和佛像而主持修建了大雁塔。玄奘为大慈恩寺首任住持。现存大雁塔为七层方形楼阁式砖塔，高64.517米，是我国佛教名塔之一。图7-12为西安大雁塔广场。

图7-12　西安大雁塔广场

3.小雁塔

小雁塔（如图7-13所示）位于西安城南荐福寺内，建于707—710年，是一座方形密檐式砖塔，高43.4米，因规模小于大雁塔而得名。小雁塔原有15层，塔顶因地震被毁，现存13层。小雁塔造型优美，比例匀称，秀丽挺拔，与荐福寺钟楼内的古钟合称为"关中八景"之一的"雁塔晨钟"。

知识拓展7-6

公元1487年，西安地区发生地震，导致小雁塔中间从上到下出现了一条一尺多宽的裂缝。然而时隔34年，在1521年的大地震中，裂缝在一夜之间又合上了。人们百思不得其解，将此事称为"神合"。此事记载在小雁塔门楣刻石上："明成化末，长安地震，塔自顶至足，中裂尺许，

图7-13　小雁塔

明澈如窗牖，行人往往见之。正德末，地再震，塔一夕如故，若有神比合之者。"

其中的奥秘就在于：古代工匠根据西安的地质情况，将塔基用夯土筑成了一个半圆形球体，受震后压力均匀分散，这样小雁塔就可像"不倒翁"一样，虽历经数十次地震，仍然屹立不倒。我国古代能工巧匠高超的建筑技艺实在令人叹服。

4.半坡遗址

半坡遗址位于西安市东郊，因靠近半坡村，遂命名为"半坡遗址"。半坡遗址于1954年开始发掘，是黄河流域一处典型的母系氏族公社村落遗址，也是我国新石器时代仰韶文化的重要遗迹。半坡遗址出土了大量的石器、骨器、陶器，是了解、研究我国6 000年前新石器时代生产、生活情况的珍贵实物资料。半坡遗址上现建有西安半坡博物馆，这是我国第一座史前遗址博物馆。

5.西安碑林

西安碑林位于西安城南三学街，是收藏我国古代碑石时间最早、名碑最多的地方，被誉为"石质书库"。西安碑林始建于北宋哲宗元祐二年（1087年），原为保存唐代的石经而设。西安碑林博物馆是陕西省创建最早的博物馆，以收藏、研究、陈列历代碑刻、墓志和石刻为主，有馆藏文物11 000多件，被誉为"汉唐石刻精品的殿堂"；同时，馆内还集中了欧阳询、颜真卿、柳公权等著名书法家的亲笔刻石以及王羲之、苏轼等名家的墨宝，因此又被称为"书法艺术的宝库"。西安碑林博物馆现有7座碑室、8座碑廊、8座碑亭，加上石刻艺术室和4座文物陈列室，陈列面积达4 900平方米，是普及弘扬我国经典文化的重要窗口。

6.华清宫景区

华清宫景区位于西安城东30千米，倚骊峰山势而筑，规模宏大，建筑壮丽，楼台馆殿遍布骊山上下。因其亘古不变的温泉资源、烽火戏诸侯的历史典故、唐明皇与杨贵妃的爱情故事、"西安事变"发生地而享誉海内外。

骊山海拔1 302米，山上松柏常青，郁郁葱葱，远看形似一匹青色的骏马，故名"骊山"。每当夕阳西下，骊山辉映在金色晚霞之中时，景色格外绮丽，有"骊山晚照"之美誉。

图7-14　华清宫景区入口

骊山北麓是我国著名的温泉胜地——华清宫。相传周幽王就曾在这里修建过骊宫；秦始皇时以石筑，曰"骊山汤"；汉武帝时扩建为离宫；唐代两次大肆扩建，治汤井为池，环山列宫室，宫周筑罗城，称为"华清宫"，也称"华清池"。著名诗人白居易在《长恨歌》中留有"春寒赐浴华清池，温泉水滑洗凝脂"的名句。图7-14为华清宫景区入口。

（二）咸阳

咸阳位于关中平原腹地，是秦汉文化的重要发祥地。秦始皇定都咸阳，使这里成为"中国第一帝都"。咸阳遍地秦砖汉瓦，众多汉唐帝王陵寝连绵百里，被誉为"中国的金字塔之都"。

1.茂陵

茂陵是汉武帝刘彻的陵墓，位于兴平市南位镇茂陵村，汉武帝建元二年（公元前139年）开始修建。茂陵在西汉帝陵中规模最大，修建时间最长。茂陵外部全部用夯土筑成，形似覆斗、庄严稳重，周围有李夫人、卫青、霍去病等人的陪葬墓。霍去病墓形似祁连山，并有马踏匈奴、卧马、跃马、石人、伏虎、卧象、卧牛、人抱熊、怪兽吞羊、野猪、鱼等大型石刻，是我国石刻艺术的杰作。

2.昭陵

昭陵位于礼泉县东北的九嵕（zōng）山上，是唐太宗李世民与文德皇后长孙氏的合葬陵墓。昭陵是陕西"唐十八陵"中规模最大的一座，陪葬墓颇多且有珍贵石刻，著名的昭陵六骏大型浮雕就曾陈列于此。陵园建设持续了107年之久，地上地下遗存了大量文物，是初唐走向盛唐的实物见证，被誉为"天下名陵"。

知识拓展7-7　　　　　　　　**昭陵六骏**

昭陵六骏是指昭陵北面祭坛东西两侧的六块骏马青石浮雕石刻。六骏是唐太宗李世民在唐朝建立前先后骑过的战马，曾立下了赫赫战功。为了纪念这些战马，李世民命人按每匹战马生前的姿态、性格，用石料进行雕刻，排列于陵前。唐代著名画家阎立本为这六匹战马作画稿。昭陵六骏浮雕均匀、健美，出神入化，是文物中的瑰宝。1914年，昭陵六骏浮雕中的两块被盗运至美国，现存于美国费城宾夕法尼亚大学博物馆，其余四块现藏于西安碑林博物馆。

3.乾陵

乾陵位于乾县城北的梁山上，是唐高宗李治与女皇武则天的合葬墓。乾陵依山而建，规模宏大、气势雄伟，是唐陵中具有代表性的一座。现有华表一对，翼马、朱雀各一对，石马五对，将军石人十对，无字碑（如图7-15所示）和述圣纪碑各一座，并有当时参加唐高宗葬礼的少数民族首领和外国使者石刻像61尊，内城四门各有大型石狮一对。石刻艺术精湛，具有很高的历史价值。乾陵周围有17座陪葬墓，已发掘的有永泰公主墓、章怀太子墓、懿德太子墓等，出土文物极多。现建有乾陵博物馆。

图7-15　乾陵无字碑

（三）延安

延安位于陕北高原，是国家历史文化名城，也是全国爱国主义教育、革命传统教育和

图 7-16 华山

延安精神教育三大教育基地。1937—1947 年，中共中央驻于此地并领导了全国抗日战争和解放战争，留下了大批宝贵文物，还留下了珍贵的精神财富——延安精神。著名的景点有枣园革命旧址、杨家岭革命旧址、南泥湾、王家坪革命旧址、宝塔山、延安革命纪念馆等。

（四）华山

西岳华山（如图 7-16 所示）又名太华山，位于华阴市境内，自古以来就以雄伟奇险闻名天下。华山分东、西、南、北、中五座山峰：东为朝阳峰，南为落雁峰，西为莲花峰，北为云台峰，中为玉女峰。五峰各有特色，紧凑集中，远望犹如五瓣莲花凌空怒放，俊秀异常。最高峰南峰海拔 2 154.9 米，处处是悬崖峭壁，山路险峻。华山也是我国九大观日地之一，最佳观日地点是华山东峰的朝阳台。

华山的东、西、南三面为悬崖峭壁，无法攀登，北面的华山峪是唯一可登华山峰顶的道路，因此有"自古华山一条路"之说。华山名胜古迹众多，庙宇道观、亭台楼阁、雕像石刻随处可见，著名的景点有玉泉院、镇岳宫、金天宫（白帝祠）等。

第五节 山西旅游区

一、山西概况

山西省简称晋，面积 15.67 万平方千米。截至 2019 年末，全省常住人口 3 729.22 万人（2016 年 3 681.64 万人）。现辖 11 个地级市，省会是太原市。

知识拓展 7-8

山西在春秋时期为晋国故地，因而简称"晋"。战国初期，韩、赵、魏三家分晋，因而又称"三晋"。因在黄河以东，古时又有"河东"之称。因居太行山之西，故得名"山西"。山西东依太行山，西、南依黄河、吕梁山，北临长城，因外河而内山，故有"表里山河"之称。

（一）方位

山西省位于黄河中游、黄土高原的东部，与河北、河南、陕西、内蒙古等省、区为邻。

（二）地貌

山西省的地形较为复杂，境内有山地、丘陵、高原、盆地、台地等多种地貌类型，整个地貌是被黄土广泛覆盖的山地型高原，大部分海拔 1 000~2 000 米。从地图上看，山西省的轮廓呈由东北倾向西南的平行四边形。其中，山区面积约占全省总面积的 80% 以上，东有太行山，西有吕梁山，北有恒山、五台山，南有中条山，中有太岳山。

（三）河流

山西省河流较多，主要有黄河、汾河、桑干河、滹沱河、漳河、沁河等，这些河流水量变化的季节性差异大。其中，汾河全长713千米，流域面积占全省总面积的1/4，沿汾河形成的平原河谷地带水源充足，土地肥沃，养育了全省41%的人口，是山西省重要的人口聚集地。

（四）气候

山西省属于温带大陆性季风气候，日照充足，四季分明。春天多风沙，夏天降水集中，秋天气候温和但短暂，冬季寒冷干燥。此外，受地势影响，山西省南、北部气候差异较大，昼夜温差也较大。

（五）自然资源

山西省矿产资源丰富，有20多种矿产资源的储量居全国前十位。煤、煤层气、铝土矿、铁矿等储量丰富。其中，煤炭是山西省最重要的矿产，因此山西省有"煤乡"之称。山西省的森林覆盖率为22.8%（2019年），动物种类繁多，其中褐马鸡、金雕、朱鹮等是国家一级保护动物。

（六）经济

山西省的农业以种植业为主、养殖业为辅，粮食作物主要为玉米和小麦。作为全国能源重化工基地，山西省已初步建成了门类齐全的现代化工业体系。煤炭、电力工业是山西省的支柱产业。

2019年，山西省实现地区生产总值17 026.68亿元，人均地区生产总值45 724元。

（七）交通

山西省是华北地区重要的交通枢纽。同蒲铁路、京包铁路、大秦铁路、石太客运专线、大西高铁等重要铁路线在此交会。截至2019年末，山西省公路里程达14.4万千米，其中高速公路里程达5 711千米。主要机场有太原武宿国际机场、大同云冈机场、忻州五台山机场等。

（八）历史文化

山西省是中华民族的发祥地之一，被誉为"华夏文明的摇篮"。"女娲补天"的传说就发生在山西，华夏民族的始祖黄帝和炎帝都曾在山西活动，我国上古时代的三个帝王尧、舜、禹均在山西南部建都；春秋时期，晋文公重耳是春秋五霸之一；北魏时，大同（当时称为平城）曾作为北魏的都城而名重一时；隋朝末年，李渊父子起兵晋阳（今太原市），继而夺取长安，建立唐朝，后把太原定为大唐帝国的北都；元末明初，中原连年战乱，灾荒频繁，而山西尤其是晋南一带，经济繁荣，人口稠密，成为明初向外移民的主要地区；明清时期，晋商和山西票号崛起，享誉中外。近代，山西省是著名的革命老区，为中国革命的胜利做出了重大贡献。

知识拓展7-9　　　　　**移民史实的见证者——洪洞大槐树**

在山西临汾洪洞县西北2 000米的贾村，有一棵名扬四海的大槐树——洪洞大槐树。

民谣中说"问我祖先在何处，山西洪洞大槐树"，指的就是这里。

明朝初年，由于战乱和天灾，人口锐减，而山西未经战乱，人口仍然稠密，明政府于是决定迁山西人口到全国各地。此后的50多年间，经历18次大规模迁徙，山西人口分布到了18个省、500多个市县，而洪洞大槐树被认为是这些移民的共同出发地。作为移民史实的见证者，洪洞大槐树成为移民心目中的老家，每年有20余万人前往祭祖，抒发思乡之情。

（九）特产

山西省的特产种类繁多。杏花村汾酒是我国传统名酒，色如水晶美玉，清香醇正，味美无穷，畅销国内外；山西老陈醋甜绵酸香，不仅调味上佳，还可消食、美容、杀菌；沁州黄小米形如珍珠，曾是皇家贡品；平遥牛肉色、香、味俱全；清徐葡萄、汾阳核桃、柳林木枣、同川梨、太原头脑等土产名吃风味各异，令人回味无穷。

二、山西旅游概况

自然美景、历史文明、革命史迹和新时期的建设成就，共同构成了山西得天独厚、古今兼备、多姿多彩的旅游资源。

山西历史悠久，素有"中国古代建筑艺术博物馆"之称，现存宋、辽、金以前的地面古建筑占全国的70%以上。山西复杂的地质地貌和水文气象条件，造就了引人入胜的名山大川、溶洞怪石、湖泊瀑布等自然景观，其自然旅游资源之丰富居全国前列，如北岳恒山、五台山、北武当山、壶口瀑布等。近年来，山西省正着力打造八大文化品牌，即华夏之根、黄河之魂、佛教圣地、晋商家园、边塞风情、关圣故里、古建瑰宝、太行神韵。

知识拓展7-10

有人说："地下文物看陕西，地上文物看山西。"的确，山西是我国地上文物最丰富的省份，现存各类古建筑18 418处（其中木结构建筑有9 053处），居全国第一位。唐、五代、宋、辽、金时期的建筑，全国现存146座，有106座在山西，占总数的72.6%。山西省已发现旧石器时代遗存260多处，居全国第一；现存古戏台2 888座，居全国第一；现存唐代以来彩塑12 712尊，居全国第一；现存寺观和墓葬壁画2.4万平方米，居全国第一。

资料来源　王新娜，踪卫华.黄土上下蕴藏着最多最好的文物国宝［J］.中国国家地理，2017（10）.

三、山西主要旅游景区

（一）太原

太原市有2 500多年的建城史，古称晋阳。太原位于华北地区黄河流域中部，三面环山，西临汾河。太原市民风淳朴、人杰地灵，历代名人辈出，如战国名将廉颇，唐代宰相狄仁杰，诗人白居易、王翰、王昌龄、王之涣，宋代名将呼延赞、杨延昭，书画家米芾，《三国演义》的作者罗贯中等。

1.晋祠

晋祠位于太原市区西南25千米处，创建于西周时期，是为了纪念周武王的次子叔虞而建，因叔虞封国为唐，故称唐叔虞祠，又因临晋水，故称晋祠。宋代增建了纪念叔虞之母邑姜的圣母殿（如图7-17所示）及鱼沼飞梁。晋祠有殿、堂、楼、阁、亭、台、桥、榭等建筑近百座，可分为中、北、南三部分。晋祠有悠久的历史和丰富的文化遗产，集祭祀建筑、园林、雕塑、壁画、碑刻艺术于一体。圣母殿、鱼沼飞梁、献殿被称为"晋祠三大国宝建筑"；宋代彩塑、周柏唐槐、难老泉被称为"晋祠三绝"。

2.天龙山

天龙山位于太原市西南约40千米处，这里山峦起伏，沟壑深邃，古树参天，风景秀丽，气候凉爽宜人。天龙山古迹众多，最有名的是

图7-17　晋祠圣母殿

天龙山石窟。这些石窟分布于天龙山东西两峰的悬崖腰部，分别开凿于东魏、北齐、隋、唐等不同时期，尤以唐代石窟居多。

（二）大同

大同曾是北魏皇朝的都城和辽、金两代的陪都，是历代的军事重镇，也是古代汉族与北方少数民族频繁交往的地方，有"塞上古城"之称。大同名胜古迹众多，是国家历史文化名城。

1.云冈石窟

云冈石窟（如图7-18所示）位于大同市城西约16千米的武州（周）山南麓，东西绵延约1 000米。现存主要洞窟45个，大小造像59 000余尊，是我国规模最大的古代石窟群之一，也是世界闻名的艺术宝库。云冈石窟始凿于北魏和平年间（460—465年），由著名和尚昙曜主持开凿5所，现存云冈第16窟至第20窟就是当时开凿最早的"昙曜五窟"。其他主要洞窟大多完成于北魏孝文帝迁都洛阳之前。云冈石窟造型古朴刚健，具有典型的北魏造像风格。"昙曜五窟"的

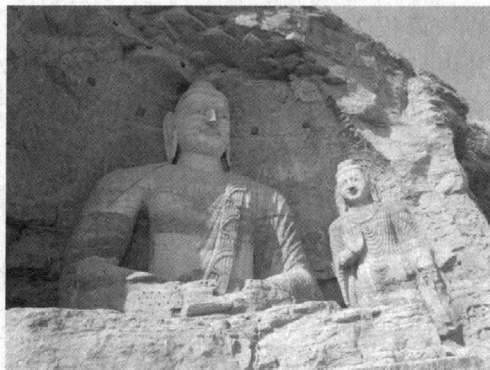

图7-18　云冈石窟

气魄最为宏伟，第5窟、第6窟和五华洞的内容丰富多彩、富丽瑰奇，是云冈石窟艺术的精华。方形窟室、中央刻满浮雕的方形塔柱是云冈石窟的主要特色。塔柱与整个洞壁嵌满大小佛像、菩萨、罗汉和飞天造像。

2.华严寺

华严寺位于大同古城内西南隅，依据佛教华严宗的经典《华严经》命名。寺院坐西向东，山门、普光明殿、大雄宝殿、薄伽教藏殿、华严宝塔等30余座单体建筑分别排列在南北两条主轴线上，布局严谨，规模宏大，是我国现存年代较早、保存较完整的一座辽金寺庙建筑群。大雄宝殿始建于辽代，大殿面阔9间、进深5间，面积1 559平方米，是我国现存辽金时期最大的佛殿之一，也是我国最大的佛殿之一（另一座是辽宁省义县奉国寺大殿）。薄伽教藏殿是华严寺的藏经殿，保存有辽代塑像、石经幢、天宫楼阁等。

3. 九龙壁

九龙壁位于大同市区东街路南，建于明代洪武年间，相传是明太祖朱元璋第十三子朱桂府前的照壁。九龙壁长45.5米、高8米、厚2.02米，是我国现存规模最大、建筑年代最早的一座龙壁。9条巨龙伸爪抱珠，盘曲回绕，体态雄健，色彩绚丽，栩栩如生。壁前水池由石栏围绕，9龙倒映池中似昂首奋爪畅游水中，活灵活现。

4. 应县木塔

应县木塔全称佛宫寺释迦塔，位于大同南约70千米处的应县佛宫寺内，建于辽清宁二年（1056年），是我国现存最古老、最高大的木结构塔式建筑。塔高67.31米，平面呈八角形，外观为五层，夹有暗层四级，因此实为九层。全塔使用了54种斗拱，堪称"斗拱博物馆"。特殊的建筑方法和结构使其经历数次大地震仍岿然不动。塔内明层都有塑像，头层释迦牟尼佛像高大肃穆，顶部穹窿藻井给人以天高莫测的感觉。

5. 恒山

广义的恒山，或称恒山山脉，是山西省大同市东南部、河北省张家口市南部，桑干河、滹沱河之间一系列山峰的总称。狭义的恒山，即所谓"北岳恒山"，位于大同市东南浑源县境内，山体犹如多匹骏马奔腾，故有"恒山如行"之说。山上怪石争奇，古树参天，楼台殿宇遍布，被誉为"塞外第一名山"。主峰天峰岭，海拔2 017米。恒山保留有众多文物古迹，其中举世闻名的悬空寺被称为"恒山十八景"之首。因地势险要，恒山为历代兵家必争之地，北宋名将杨业曾驻兵恒山，镇守三关。

6. 悬空寺

悬空寺（如图7-19所示）位于恒山脚下，建成于公元491年，是佛、道、儒三教合一的独特寺庙。悬空寺在山岩峭壁上凿洞为基，在半空

图7-19 悬空寺

中起屋，殿宇参差错落，造型奇特，以曲折玲珑取胜。全寺共有大小殿阁40余座，佛像80余尊。在悬空寺的栈道石壁上，刻有"公输天巧"四个大字，以赞赏悬空寺的建造技艺。

（三）平遥古城

平遥古城（如图7-20所示）地处晋中平原，始建于周宣王时期，明代为防御外族南扰，始建城墙，后各代进行扩建，遂形成了今天的砖石城墙。1997年12月3日，平遥古城被列入《世界遗产名录》。

平遥古城被称为研究我国古代

图7-20 平遥古城

城市的活样本。古城内外保存有各类遗址、古建筑300多处，明清民宅近4 000座，主要旅游景点有平遥古城墙、日昇（升）昌票号、平遥县衙、城隍庙、清虚观、镇国寺等。

知识拓展7-11

清道光三年（1823年）诞生的日昇（升）昌票号是全国第一家票号，是我国近代银行业的开山鼻祖，它的创立在我国古近代金融史上具有划时代的意义。日昇（升）昌票号曾在全国多地设立分支机构，19世纪40年代，它的业务甚至扩展到多个国家。

平遥古城墙建于明洪武三年（1370年），整体为方形，周长约6 400米，城墙上有敌楼72座，垛口3 000多个。环城墙辟城门六道，东西各二，南北各一。东西门外均筑有瓮城，以利防守。墙外有深、宽均为4米的护城河围绕。

（四）五台山

五台山（如图7-21所示）位于山西省东北部五台县，由五座山峰环抱而成，峰顶平坦宽阔如台，分别以东、西、南、北、中命名，故称五台山。山中气温较低，故又名"清凉山"，号称"清凉佛国"。五台山最高处是北台叶斗峰，海拔3 061.1米，有"华北屋脊"之称。东汉以来，五台山就是我国的佛教中心之一。其中，显通寺是五台山历史最悠久、最负盛名的寺院。

AR全景7-3：五台山

（五）壶口瀑布

壶口瀑布西临陕西省延安市宜川县壶口乡，东濒山西省临汾市吉县壶口镇，为两省共有旅游景区。黄河至此，两岸石壁峭立，河面由300米宽骤然收为50余米，河水坠入深潭，宛如茶壶注水，巨壶沸腾，因此得名。壶口瀑布声势浩大，震天动地，摄人心魄，十分壮观。"水中螺""水底冒烟""七色彩桥"被称为壶口瀑布三绝。

图7-21　五台山

（六）晋北军堡群

明代在山西北部修建了大量军事堡垒，使其成为长城防御体系的组成部分。现在，山西北部仍保留有约364座军堡遗存，包括大同市天镇县的永嘉堡、朔州市右玉县的铁山堡（原名绝胡堡）和云石堡（明代历史上著名事件"隆庆和议"的发生地）、忻州市偏关县的桦林堡（明代雁门关、宁武关、偏头关的"冬防"指挥中心）和老营堡等。

第六节　河南旅游区

一、河南概况

河南省简称豫（得名于古代的豫州），又有"中原"（广义的"中原"指的是黄河下游地区或整个黄河流域）和"中州"之称，因大部分地区在黄河以南，故名河南。河南省总面积 16.7 万平方千米。截至 2019 年末，全省常住人口 10 952 万人（2016 年为 9 532.42 万人）。现辖 17 个地级市，省会是郑州市。

知识拓展 7-12

"豫"是一个象形字，意思是人牵象。远古时代，河南一带森林茂密，气候温暖，野象横行，因而天下划分九州时此处被称为"豫州"，河南的简称"豫"也由此产生。

（一）方位

河南省位于我国中东部的中原腹地，处于我国地势的第二阶梯向第三阶梯过渡的地带。

（二）地貌

河南省的地势西高东低，平原和盆地占全省总面积的 55.7%。省境之西是太行山脉和豫西山地，黄河两岸分布有黄土丘陵区。省境东部为辽阔的黄淮平原，桐柏山、大别山拱卫于省境之南，为淮河、长江的分水岭。豫中屹立着巍峨峻峭的中岳嵩山。

（三）河流

河南省地跨黄河、淮河、海河、长江四大水系，境内河流纵横交织，流域面积在 100 平方千米以上的河流有 560 条。黄河横贯中部，流域面积约占全省面积的 1/5。省境中南部的淮河支流众多，水量丰沛。北部的卫河、漳河流入海河。西南部的丹江、湍河、唐白河注入汉水。

（四）气候

河南省处于亚热带向暖温带过渡地带，属于湿润–半湿润季风气候，春季干旱多风沙，夏季炎热多雨，冬季寒冷雨雪少。

（五）自然资源

河南省是我国矿产资源大省之一，煤、铝、钼、金、石油、天然气等矿产资源储量较大。水资源不足，全省人均水资源占有量不足全国平均水平的 1/5。河南省的森林覆盖率为 24.94%（2019 年），动植物资源丰富。

（六）经济

河南省是全国重要的农畜产品生产基地。小麦、玉米、油料、棉花、烟叶、豆类、芝麻等农产品产量居全国前列。以丰富的矿产资源为依托，河南省建立了以机械、电子、石油、化工、冶金、建材、煤炭、电力为主体，门类齐全，并且具有一定规模的工业体系。

2019 年，河南省实现地区生产总值 54 259.20 亿元，人均地区生产总值 56 388 元，居民人均可支配收入 23 902.68 元。

（七）交通

河南省的区位优势明显，是全国承东启西、连南贯北的重要交通枢纽。铁路网四通八达，2019 年全省铁路营业里程达 6 080.26 千米，京广铁路、京九铁路、陇海铁路、郑西客运专线等都经过河南省。郑州北站是亚洲作业量最大的列车编组站，郑州东站是全国最大的高铁站之一。公路运输发达，2019 年高速公路通车里程达到 6 966.76 千米。郑州新郑国际机场、洛阳北郊机场和南阳姜营机场是河南省主要的民用机场。

（八）历史文化

在华夏文明史上，先后有20多个王朝在河南建都，我国七大古都中有三座（洛阳、开封、安阳）在河南省。河南省是古代天文学、医学、地震学、文字学、老庄哲学、程朱理学等文化的发祥地，也是武王伐纣、陈胜起兵、三国争霸、七贤啸聚、武后亲政、岳飞抗金、捻军起义等历史事件的发生地。神奇辉煌的历史、脍炙人口的成语典故，使河南的每一寸土地都积淀了深厚的文化内涵。

（九）特产

原阳大米、开封西瓜、杞县及中牟县大蒜、永城辣椒、淮阳黄花菜、信阳毛尖和板栗、西峡猕猴桃、灵宝苹果、宁陵酥梨、内乡山茱萸、洛阳牡丹、鄢陵花卉、焦作四大怀药（怀山药、怀地黄、怀牛膝、怀菊花）等，都已成为国内知名品牌。

二、河南旅游概况

河南有丰富的旅游资源，形成了古（古文化）、河（黄河）、拳（太极拳）、根（寻根觅祖）、花（洛阳牡丹、开封菊花）五大特色旅游品牌。少林寺、龙门石窟、殷墟、龙亭、大相国寺等文化旅游资源享誉海内外，郑州嵩山、信阳鸡公山、焦作云台山、济源王屋山、鲁山石人山等自然旅游资源风光秀美。三门峡水库、小浪底水利枢纽工程、郑州黄河风景名胜区等都是黄河沿岸的著名景观。

三、河南主要旅游景区

（一）郑州

郑州地处华北平原南部、黄河下游，历史悠久，早在商朝就已形成城市。郑州位于京广和陇海两大铁路干线的交会处，是全国铁路网最重要的交通枢纽之一，素有"雄峙中枢，控制险要"之说。主要景点有登封"天地之中"历史建筑群、商城遗址、黄河风景名胜区、黄帝故里、大河村遗址、北宋皇陵、黄河花园口旅游区、郑韩故城等。

1. 登封"天地之中"历史建筑群

登封"天地之中"历史建筑群位于嵩山地区，包括少林寺、周公测景台和登封观星台、嵩阳书院、嵩岳寺塔、太室阙、少室阙、中岳庙、启母阙等历史建筑。

中岳嵩山位于登封市西北部，由太室山与少室山组成。最高峰连天峰位于少室山，海拔1 512米。在这里，游客既可以看到"五世同堂"的奇特地质风貌，又可以观赏由峰、谷、洞、瀑、泉、林等构成的嵩山二十景。

少林寺（如图7-22所示）坐落在嵩山少室山北麓，建于北魏太和十九年（495年）。北魏孝明帝孝昌三年（527年），印度僧人菩提达摩到少林寺传授禅宗，从此禅学在少林寺落迹流传，菩提达摩因此被尊奉为中国禅宗的初祖，少林寺也被奉为中国佛教的禅宗祖庭。少林寺以禅宗和武术并称于世，被誉为"天下第一名刹"。现留存的文物有北齐后历代石刻、唐代至清代的砖石墓塔、清代少林拳谱和十三棍僧救秦王等彩色壁画，都具有较高的历史、艺术和

图7-22　少林寺

科学价值。

登封观星台为元代著名天文学家郭守敬创建。观星台系砖石混合建筑结构，上小下大，形似覆斗，由台身、表槽和石圭组成，是我国现存最古老的天文台，也是世界上最著名的古代天文学建筑之一。

嵩阳书院，原名嵩阳寺，位于嵩山南麓。它是宋代四大书院之一，历史上以理学著称于世。院外西南侧竖立着唐天宝三年（744年）刻立的大唐碑，全称为《大唐嵩阳观纪圣德感应之颂》碑。大唐碑雕工精美，是唐代石刻艺术珍品，也是研究嵩阳书院历史及宗教文化不可缺少的史料。

2.商城遗址

商城遗址位于郑州市区内，面积约25平方千米，城垣周长近7 000米，建成时代比安阳殷墟更早。遗址中出土了大量房基、地窖、水井、壕沟、墓葬等遗迹和铜器、石器、骨器、蚌器、玉器、陶器、原始瓷器等器物，为研究商代奴隶社会和我国古代城市的形成及发展提供了宝贵的实物资料。

（二）洛阳

洛阳位于河南省西部，因地处洛河之阳而得名，是我国四大古都之一、首批国家历史文化名城之一。唐代，洛阳人口即达百万，是当时世界上最繁华的大都市之一。主要景点有白马寺、龙门石窟、关林、黄河小浪底风景旅游区、王城公园、周王城天子驾六博物馆、古代艺术博物馆、重渡沟、二里头夏都遗址博物馆和二里头考古遗址公园等。

大美中国7-3 古都洛阳

洛阳，从我国第一个王朝夏朝开始，先后有商、西周、东周、东汉、曹魏、西晋、北魏、隋、唐、后梁、后唐、后晋十三个朝代在此设立国都或陪都，建都史长达1 500多年。"十三朝古都"是官方一直沿用的说法，但根据史书记载和考古发现，最确切的说法是在"十三朝古都"的基础上加上西汉、武周两个朝代，即总共十五个正史（《二十五史》）承认的朝代，这也是目前学者普遍认可和接受的事实。

1.白马寺

白马寺（如图7-23所示）位于洛阳城东12千米处，初创于东汉永平十一年（公元68年），是我国最早的一座佛寺，被誉为中国佛教的"祖庭"和"释源"，有"中国第一古刹"之称。永平十年，两位印度高僧应邀和东汉使者一道以白马驮载佛经、佛像返回洛阳，翌年建寺以存放经卷，并取名"白马寺"。寺中的大佛殿内高悬一口大钟，洛阳八景之一的"马寺钟声"即由此而来。

图7-23 白马寺

2.龙门石窟

龙门石窟（如图 7-24 所示）位于洛阳市南郊 13 千米处，龙门峡谷东西两崖对峙，伊河从中流过，看上去宛若门阙，所以又被称为"伊阙"，唐代后多称其为"龙门"。龙门石窟始凿于北魏孝文帝时期，大规模营建于北魏、唐代，后经历代修建而成，迄今已有 1 500 余年的历史。龙门石窟与甘肃敦煌莫高窟、山西大同云冈石窟并称为我国三大石刻艺术宝库。

图 7-24　洛阳龙门石窟

龙门石窟南北长约 1 000 米，现存窟龛 2 345 个，佛像超过 10 万尊。代表性洞窟有古阳洞、宾阳洞、莲花洞、万佛洞、奉先寺、看经寺等。奉先寺的卢舍那大佛通高 17.14 米，是龙门石窟中艺术水平最高、整体设计最严密、规模最大的一处，充分显示了唐代工匠巧夺天工的技艺。

（三）开封

开封位于豫东黄河中游南岸，古称大梁，又名汴梁。夏、战国时期的魏，五代时期的后梁、后晋、后汉、后周，北宋和金相继在此定都，故有"八朝古都"之称。开封文物古迹众多，主要有大相国寺、开封铁塔、清明上河园、龙亭、包公祠、禹王台、繁塔、开封府、天波杨府、朱仙镇等。图 7-25 为北宋开封复原模型。

图 7-25　北宋开封复原模型

1.大相国寺

大相国寺原名建国寺，始建于北齐天保六年（555 年），建在魏公子信陵君的故宅之上。唐睿宗李旦改名为大相国寺，并御书题额。八角琉璃殿内供奉了一尊四面千手千眼观音像，这尊观音像由一株完整的银杏树雕刻而成，异常精美，是大相国寺的镇寺之宝。寺东钟楼内悬有一口重约 5 吨的大铜钟，钟声响亮优美，尤其是秋冬霜天叩击，声音清越，响彻全城，故有"相国霜钟"之称，是汴京八景之一。

2.开封铁塔

号称"天下第一塔"的开封铁塔位于开封市铁塔公园，初名开宝寺塔，因褐色琉璃砖遍饰全身，貌似铁铸，所以从元代起民间称其为"铁塔"。开封铁塔高 55.88 米，八角十三层，设计精妙，图案华美。开封铁塔建成 900 多年来，历经战火、水患、地震等灾害，至今仍巍然屹立，是我国纯砖结构建筑艺术的杰出代表。

图 7-26　清明上河园

3.清明上河园

清明上河园（如图 7-26 所示）位于开封市东北隅，占地面积达 600 余亩，是中原地区最大的主题公园。清明上河园取自北宋著名画家张择端的《清明上河图》之意境，并完全按照画中原始布局建造，集中展现了开封城由虹桥至上善门一段的风物景观。景区内环绕着由黄河引水开掘的"汴河"，400 余座宋代建筑再现了北宋时期开封城歌舞升平、繁华富庶的景象。

4.包公祠

包公祠位于开封市中心包公湖西侧，是为了纪念北宋著名清官包拯而建的祠堂。包拯曾任开封府尹，一生为官清廉、不畏权贵、执法如山，其功德为后人世代传颂。包公祠占地面积超过 10 000 平方米，由大殿、二殿、东西配殿、半壁廊、碑亭和大门楼组成，风格古朴，庄严肃穆。祠内陈列有包公铜像，龙、虎、狗铜铡，包公断案蜡像，以及开封府题名记碑、包公史料典籍等文物。

（四）安阳

安阳位于河南省最北部，地处山西、河北、河南三省交界处，是甲骨文的故乡、《易经》的诞生地，也是华夏文明的发祥地之一。主要景点有殷墟、中国文字博物馆、红旗渠、汤阴羑里城、曹操墓、太行大峡谷、文峰塔（原名天宁寺塔）等。

1.殷墟

图 7-27　殷墟

殷墟（如图 7-27 所示）位于安阳市区西北小屯村一带，是商朝后期都城的遗址，因出土大量甲骨文和青铜器而驰名中外。公元前 14 世纪，盘庚迁都于此，称为"殷"，直到商纣灭亡，此后渐趋荒芜，故称殷墟。殷墟占地面积约 36 平方千米，大致分为宫殿区、王陵区、一般墓葬区、手工业作坊区、平民居住区和奴隶居住区。殷墟是我国发掘次数最多、持续时间最长、揭露面积最大的古遗址（我国的文物考古发掘工作也是从殷墟开始的），殷墟的发掘和甲骨文的发现彻底证实了商朝的存在，将我国有文字记载的历史由此往前推进了 1 000 年。

知识拓展 7-13　　　　　　　　一片甲骨惊天下

甲骨文是指刻在龟甲和兽骨上的文字。1899 年，晚清官员、金石学家王懿荣在一片来自河南安阳的甲骨上发现了许多神秘符号，由此开启了甲骨文的发掘和探索之旅。殷墟是甲骨文最集中的发现地，甲骨文则是殷墟出土的最重要的一类文物。

在我国文字发展史上，甲骨文是最重要的发展阶段，它奠定了我国文字的基础和发展方向，是我国最早的成系统的文字，也是世界四大古文字中唯一沿用至今的文字。从甲骨文开始到金文、小篆，再到隶书、楷书，汉字历经3 000多年的演变而不改其形，印证着中华民族前进的足迹。

现已发现的商代刻有文字的甲骨约15万片，单字约4 500个，已识别的单字约2 500个。商代历史很多来自甲骨文的记载，或被甲骨文证实。

2.中国文字博物馆

中国文字博物馆位于安阳市人民大道东段656号，是我国首座以文字为主题的博物馆，是中华汉字文化的科普中心，是全国科普教育基地、爱国主义教育基地、全国中小学生研学实践教育基地。中国文字博物馆由主体馆、字坊、仓颉馆、科普馆等建筑组成，以翔实的资料展示了中国文字的构形特征和演化历程，展示了中华民族一脉相承的灿烂文化和辉煌文明。

3.红旗渠

红旗渠位于安阳市林州市区北部，是一个人工修建的灌渠，被誉为"人工天河"。20世纪60年代，林州人民在极其艰难的条件下建成了盘绕林虑山的长达1 500千米的灌溉工程，将山西境内的漳河水引入林州，结束了林州十年九旱、水贵如油的苦难历史。"红旗渠精神"是林州人民伟大创业精神的真实写照，这种艰苦奋斗的拼搏精神激励着人们战胜各种困难，创造人间奇迹。现在，红旗渠是全国爱国主义教育示范基地、全国中小学生研学实践教育基地。

第七节　山东旅游区

一、山东概况

山东省简称鲁，总面积15.79万平方千米。截至2019年末，全省常住人口10 070.21万人（2016年为9 946.64万人），是我国人口第二多的省份。现辖16个地级市（2019年1月，莱芜市正式撤销，归济南市管辖），省会是济南市。

（一）方位

山东省地处黄河下游，东部山东半岛突出于黄海、渤海之间，隔渤海海峡与辽东半岛遥遥相望。内陆部分与河北、河南、安徽、江苏四省接壤。

（二）地貌

中部山地突起，为鲁中南山地丘陵区；东部半岛大都是起伏和缓的波状丘陵区；西部、北部是黄河冲积而成的鲁西北平原区，是华北大平原的一部分。大陆海岸线占全国海岸线总长的1/6，仅次于广东省和福建省，居全国第三位。

（三）河流与湖泊

山东省的河流分属黄河、海河、淮河三大流域，有黄河、徒骇河、马颊河、沂河、沭河、大汶河、小清河、胶莱河、潍河等。湖泊主要分布在鲁中南山丘区与鲁西平原的接触带上，分为南四湖（微山湖、昭阳湖、独山湖、南阳湖）和北五湖（东平湖、马踏湖、南旺湖、蜀山湖、马场湖）两大湖群。

（四）气候

山东省属于暖温带季风气候，降水集中，雨热同期，春秋短暂，冬夏较长。全年降水量60%以上集中于夏季，易形成涝灾，冬、春又常发生旱灾，因此降水量对农业生产影响较大。

（五）自然资源

山东省的生物资源种类多、数量大，有"北方落叶果树的王国"之称。海洋资源丰富，对虾、扇贝、鲍鱼、刺参等海珍品的产量均居全国首位。山东省是全国四大海盐产地之一，丰富的地下卤水资源为山东盐业、盐化工业的发展提供了得天独厚的条件。山东省也是全国重要的能源基地之一，胜利油田是我国第二大石油生产基地，中原油田的重要采区也在山东省。

（六）经济

山东省是全国粮食作物和经济作物的重点产区，素有"粮棉油之库"、"水果水产之乡"和"菜篮子"之称，农业总产值居全国第一位。经济发展迅速，已基本形成了以能源、化工、冶金、建材、机械、纺织、食品等支柱产业为主体的工业体系。

2019年，山东省实现地区生产总值71 067.5亿元，人均地区生产总值70 653元。

（七）交通

山东省地处我国东部的南北交通要道，水陆交通便捷。青岛、烟台、日照都是深水大港，其中，青岛港全自动化码头是单机作业效率世界纪录的保持者。济南、青岛、烟台等城市开通了国际、国内航班，形成了由铁路、公路、水路、民航等运输方式组成的交通运输网络。

图7-28 山东临淄齐国故城

（八）历史文化

山东在金代以前为地理概念，泛指崤山、华山或太行山以东的黄河流域广大地区。金代大定八年（1168年）置山东东路和西路统军司，山东遂成为正式行政区划名称。西周"封邦建国"，齐国和鲁国在今山东境内。由于齐、鲁两国发达的经济、文化和政治在中国历史上具有重要影响，所以山东又称"齐鲁之邦"，独具特色的齐鲁文化在我国传统文化中占有重要地位。图7-28为山东临淄齐国故城。

（九）特产

山东省的特产主要有青岛啤酒、山东大花生、烟台苹果、莱阳梨、肥城桃、龙口粉丝、德州扒鸡和黑陶、东阿阿胶、潍坊风筝、长清木鱼石、尼山砚、淄博料器等。

二、山东旅游概况

山东旅游把美丽的自然景观、丰富的历史文化和鲜明的地方特色融为一体，形成了自己独特的风格。目前，山东已基本上形成了自济南、泰安、曲阜延伸到邹城的"山水圣人"旅游区；以青岛、烟台、威海为主体的海滨风光旅游区；以潍坊市区为中心，以风筝、杨家埠木版年画、民俗风情为主体的民俗旅游区；以淄博齐国故城、东周殉马坑、蒲松龄故居为主体的齐文化旅游区；以黄河入海奇观和原始自然风貌为主体的东营黄河口旅游区；以水浒故事为主线，以梁山、阳谷为重点的"水浒"旅游线。

山东每年都会举办许多大型旅游节庆活动以吸引国内外游人，这也是山东旅游的一大特色，如中国曲阜国际孔子文化节、青岛国际啤酒节、泰山国际登山节、潍坊国际风筝节、菏泽国际牡丹花会、中国淄博国际陶瓷琉璃艺术节、中国青岛海洋节、泰山东岳庙会等。

三、山东主要旅游景区

（一）济南

济南风景秀丽，泉水众多，被誉为"泉城"，尤以趵突泉、黑虎泉、五龙潭、珍珠泉四大名泉久负盛名，自古享有"家家泉水，户户垂杨"之誉。

AR全景7-4：趵突泉

1.趵突泉

趵突泉（如图7-29所示）位于济南市历下区，名列七十二名泉之首。趵突泉是古泺水之源，所以历史上经常以"泺"代指趵突泉。宋代曾巩出任齐州知州时，为趵突泉取名"槛泉"，但济南百姓仍习惯称之为"爆流泉"，"爆流"这个名字还引申出许多类似的叫法，"趵突"就是其中一种 。"趵突"，即"跳跃奔突"之意，趵突泉三窟迸发，浪花四溅，声若隐雷，势如鼎沸，"趵突腾空"为明清时济南八景之首。北魏郦道元在《水经注》中这样描述趵突泉："泉源

图7-29　趵突泉

上奋，水涌若轮。"趵突泉水一年四季恒定在18℃左右，清澈透明，味道甘美。

2.大明湖

大明湖与趵突泉、千佛山并称为济南三大名胜。大明湖由珍珠泉、芙蓉泉等20多处泉水汇流而成，湖水面积达0.46平方千米。"四面荷花三面柳，一城山色半城湖"是其真实写照。

3.千佛山

千佛山古称历山，传说舜曾耕种于山下，故又曾名舜山和舜耕山。隋朝时期，佛教盛行，人们在此山及其附近的山崖上雕凿了许多佛像，并建有千佛寺，因而得名千佛山。主要景点有兴国禅寺、千佛崖、观音园、万佛洞、唐槐亭、黔娄洞、龙泉洞等。

4.四门塔

四门塔建于隋朝大业七年（611年），塔身由巨大的青石砌成，通高15.04米，每边宽7.38米，是我国现存最早、保存最完整的单层方形亭阁式佛塔，被誉为"中国第一石塔"。

5.灵岩寺

灵岩寺位于长清区灵岩山之阳，始建于东晋，于北魏孝明帝正兴元年开始重建，至唐代达到鼎盛，主要建筑有千佛殿、大雄宝殿、辟支塔、墓塔林等。千佛殿内的40尊宋代彩塑罗

汉造像有"天下第一名塑"之誉。灵岩寺是全国重点文物保护单位，有"游泰山不游灵岩不成游"之说。灵岩寺与南京栖霞寺、当阳玉泉寺、天台国清寺一起被誉为我国四大名刹。

（二）泰安

泰安是我国著名的旅游城市、国家历史文化名城。泰安因泰山而得名，取"泰山安则四海皆安"之意，象征国泰民安。

图7-30 天贶殿

东岳泰山古称岱山，历代帝王都在泰山举行封禅大典，从而为其留下了大量的文物古迹。同时，泰山又是佛、道两教之地，庙宇、名胜遍布全山。泰山风景有"东路幽，西路旷，山顶妙，后山奥"的说法。岱庙俗称泰庙，又叫东岳庙，是历代帝王举行封禅大典和祭祀泰山神的场所。天贶殿（如图7-30所示）为岱庙的主体建筑，始建于北宋，高22.3米，南北宽17.18米，重檐八角，雄伟壮观，与北京故宫太和殿、曲阜孔庙大成殿并称为我国三大宫殿式建筑。主峰玉皇顶海拔1 545米，可以观赏泰山四大奇观——泰山日出、晚霞夕照、黄河金带、云海玉盘。泰山自然风景优美，历史文物荟萃，是我国最早被列入世界文化与自然双重遗产的项目。

知识拓展7-14　　泰山为何被称为"五岳独尊"

东岳泰山居五岳之首，又称为"五岳之长""五岳独宗""五岳独尊"。泰山之所以被称为尊者，就自然条件而论，是因为其有拔地通天、雄风盖世的气派，有镇乾坤而不摇之威仪，是直接与天帝对话的地方。泰山的海拔高，气候会产生垂直变化，山上多云雨，而山下少雨水，因此泰山被认为是出云导雨的神山。《春秋公羊传》中云："触石而出，肤寸而合，不崇朝而遍雨乎天下者，唯泰山尔。"故上泰山求雨，祈求风调雨顺、国泰民安，也是先民和帝王祭祀的重要动机。此外，泰山位于东方，在传统观点上，"万物皆相代于东方"，东方是阴阳交替、万物更生之地，这使得泰山成为吉祥之山、神灵之山、紫气之源、万物之所，因此泰山自古就有"五岳独尊"之说。

（三）济宁

济宁地处京杭大运河中段，历史上就是北方著名的水乡。以曲阜、邹城为中心的东方儒文化旅游区已成为著名旅游地。

1.曲阜

曲阜是我国古代伟大的思想家、教育家、儒家学派创始人孔子的故乡，被誉为"东方圣城"，它以悠久的历史和灿烂的文化蜚声中外。

孔庙位于曲阜市城内，是历代祭祀孔子的地方，原为孔子故宅，鲁哀公将此改建为庙，每年在此举行纪念活动，孔庙也因此成为我国最古老的一座庙宇。西汉以后，历代帝王不断对孔庙进行扩建，孔庙逐渐成为一处宏伟的建筑群。孔庙现有院落九进，殿堂、坛阁和门坊等460多间。主要景点有杏坛、大成殿、棂星门等。

孔府又名衍圣公府，是孔子嫡系子孙居住的地方。孔府有厅、堂、楼、轩等463间，共九进院落。府内布局与北京故宫相仿，前为官衙，后为内宅和花园。整个建筑秩序井然，是我国封建社会典型的官衙与私宅合一的贵族庄园。

孔林坐落于曲阜城北，是孔子及其后人的家族墓地。孔林占地面积近200万平方米，有坟冢10万余座，延续时间之久、墓葬数量之多、保存之完好，世界罕见。

1994年，曲阜孔庙、孔府、孔林被列入《世界遗产名录》。

2. 邹城

邹城是国家历史文化名城、中国优秀旅游城市。

孟庙又称亚圣庙，位于邹城亚圣府街，是祭祀孟子的地方。孟庙呈长方形，五进院落，院内有亚圣殿、启圣殿、孟母殿、致严堂等殿宇64间、碑碣石刻350余块。

孟府亦称亚圣府，位于邹城南关，是孟子后裔居住和处理事务的地方。它的规制与孔府相似，但规模不同。孟府前后七进院落，有楼、堂、阁、室共计148间。孟府以大堂为界，前为官衙，后为内宅。现存有历代帝王所赐朝服、龙袍、圣旨、诰封、家藏珠宝古玩、宗族档案、古书字画等文物。

孟林是孟子及其后裔的墓地。

（四）胶东半岛海滨

山东东部漫长的海岸线上，分布着风光绮丽的海滨城市——"黄海明珠"青岛、"鱼果之乡"烟台、"海滨花园"威海、"东方太阳城"日照，这些城市景色秀丽，气候宜人，是理想的旅游度假和疗养胜地。

1. 青岛

青岛（如图7-31所示）古称胶澳，位于胶东半岛的南部，是我国北方航道的重要枢纽，有"红瓦绿树，碧海蓝天"和"海上都市，欧亚风情"的美誉。

栈桥是青岛的标志，始建于清光绪十八年（1892年），后于1931年改造，全长440米，宽8米，最南端处筑有一座双层双檐琉璃瓦覆顶的八角亭——回澜阁，青岛著名的十景之一"飞阁回澜"便在此。

图7-31　青岛风光

崂山被誉为"海上名山第一"和"道教全真天下第二丛林"，自古便被称为"神仙的宅第"和"灵异之府"，更有"泰山虽云高，不如东海崂"的说法。崂山主要有太清宫、上清宫、明霞洞、太平宫、白云洞等景点，以独特的山海奇观闻名于世。

青岛第一海水浴场，又称汇泉海水浴场，以坡缓沙细、水清浪静而著称，是优良的避暑之地。

八大关坐落在青岛汇泉湾畔，是著名的疗养、避暑胜地。所谓八大关，是因为这里有8条马路（现已增到10条），并且均以我国古代长城的著名关隘命名。这里是著名的别墅区，建筑精雕细刻，布局宛若天成，人称"万国建筑博物馆"。

青岛著名的景点还有鲁迅公园、汇泉广场、五四广场、石老人国家旅游度假区、青岛水产馆、青岛极地海洋世界等。

2.烟台

明洪武年间在山巅设烟墩御倭，"烟台"之名由此得来。烟台景色优美，旅游资源丰富，融山、城、海、岛、河于一体。著名景点有蓬莱阁、长岛、养马岛等。

蓬莱阁位于烟台蓬莱市城北丹崖山巅，始建于北宋嘉祐年间，素以"人间仙境"著称于世，其"八仙过海"传说和"海市蜃楼"奇观享誉海内外。蓬莱阁、天后宫、龙王宫、吕祖殿、三清殿、弥陀寺及其附属建筑组成的建筑群统称为蓬莱阁。在春夏之交，雨过天晴，海上云雾多而风又小时，蓬莱阁会出现难得一见的奇观——海市蜃楼。

蓬莱阁东侧有一座蓬莱水城，又称备倭城，它是我国现存古代海军基地之一，明代民族英雄戚继光曾在此操练水军，巡逻海疆，抗击入侵的倭寇。

3.威海

威海位于胶东半岛最东北端，三面环海，一面连陆，风光秀丽，气候宜人。主要旅游景点有刘公岛、成山头等。

图7-32 威海刘公岛

刘公岛（如图7-32所示）位于山东半岛东端的威海湾内，是北洋海军的大本营，素有"东隅屏藩"和"不沉的战舰"之称。现存北洋海军提督署、丁汝昌寓所（现辟为"丁汝昌纪念馆"）、铁码头等旧址。

威海荣成成山头，又称"天尽头"，因地处成山山脉最东端而得名，这里是最早看见海上日出的地方，有"中国的好望角"之称。主要景点有海驴岛、始皇庙、秦代立石、拜日台、秦桥遗迹等。

4.日照

日照位于山东省东南部，旅游资源特色鲜明。全市可分为四个游览区：一是在100千米的海岸线上形成的集"海、港、滩、岛、湖"于一体的游览区；二是以河山、浮来山为主的游览区；三是境内各类古文化遗址、遗迹形成的游览区；四是大沙洼林场和沿海50千米的防护林带与海水、沙滩融为一体形成的"森林浴""海水浴"旅游区。日照的主要旅游景点有鲁南海滨国家森林公园、万平口海滨旅游区、五莲山、九仙山等。

思考与练习

一、选择题（有一个或一个以上正确答案）

1.清时（　　）是新帝登基、皇后册封而颁诏天下的地方，是皇帝金殿传胪、招贤取士的场所，也是皇帝出征赴太庙祭祖的必经之路，中华人民共和国成立后成了伟大祖国的象征。

随堂测7-1

A.天安门　　　　B.故宫　　　　C.天坛　　　　D.社稷坛

2.（　　）是皇帝登基、大婚、册封、命将、出征等盛大仪式举行的地方。

A.中和殿　　　　　B.社稷坛　　　　　C.太和殿　　　　　D.保和殿

3.（　　）内全长728米的长廊以"世界上最长的长廊"列入吉尼斯世界纪录。

A.圆明园　　　　　B.故宫　　　　　C.天坛　　　　　D.颐和园

4."邯郸学步""黄粱美梦""毛遂自荐""负荆请罪""完璧归赵"等几十条脍炙人口的成语诞生于（　　）。

A.承德　　　　　B.石家庄　　　　　C.邯郸　　　　　D.秦皇岛

5.（　　）是唐太宗李世民的陵墓，它是陕西"唐十八陵"中规模最大的一座，陪葬墓颇多且有珍贵石刻。

A.乾陵　　　　　B.昭陵　　　　　C.茂陵　　　　　D.定陵

6.（　　）是中华民族的发祥地之一，被誉为"华夏文明的摇篮"，"女娲补天"的传说就发生于此。

A.山西　　　　　B.陕西　　　　　C.河南　　　　　D.山东

7.（　　）省"日昇（升）昌票号"是全国第一家票号，它的创立在我国古近代金融史上具有划时代的意义。

A.山西　　　　　B.陕西　　　　　C.河南　　　　　D.山东

8.（　　）是中原最大的交通中枢、京广和陇海两大铁路干线的交会处，是全国铁路网最重要的枢纽之一，素有"雄峙中枢，控制险要"之说。

A.郑州　　　　　B.洛阳　　　　　C.天津　　　　　D.石家庄

9.（　　）与趵突泉、千佛山并称为济南三大名胜。

A.大明湖　　　　　B.四门塔　　　　　C.黑虎泉　　　　　D.灵岩寺

二、判断题

1.北京的历史源远流长，被称为"地球北纬40度地带经历3 000年而不衰的都城"。　　　　　　　　　　　　　　　　　　　　（　　）

2.秦皇岛位于河北省东北部，历史悠久，是我国唯一以皇帝名号命名的城市。　　　　　　　　　　　　　　　　　　　　　　（　　）

随堂测7-2

3.陕西分为陕北高原、关中平原、秦巴山地三个地貌区。　（　　）

4.咸阳市位于陕西省关中平原腹地，以秦都、汉陵闻名于世。（　　）

5.河南省是我国人口第一大省。　　　　　　　　　　　　（　　）

6.山东省素有"表里山河"的美称。　　　　　　　　　　（　　）

7.曲阜因是孔子诞生地而闻名海内外。　　　　　　　　　（　　）

8.日照，又称"天尽头"，屹立于胶东半岛的最东端，有"中国的好望角"之称。　　　　　　　　　　　　　　　　　　　　　　　　　（　　）

三、简答题

1.北京市主要有哪些旅游资源？

2.燕赵文化有什么特点？

3.齐鲁文化有什么特点？

4.晋商对山西文化有什么影响？

5.黄河中下游五省二市在气候上有什么共同特点？

四、实践训练

1.阅读西安的有关资料，思考以下问题：

作为华夏文明的发源地，西安的历史悠久，文化积淀非常厚重，是首批国家历史文化名城之一。西安作为世界四大文明古都（西安、罗马、开罗、雅典）之一，旅游资源得天独厚。西安周围有120多座帝王陵墓围绕。

西安是著名的丝绸之路的起点。西汉时期，汉武帝派遣张骞出使西域，正式开辟了以长安为起点，连接亚欧大陆的通道——"丝绸之路"。从此，中国的使臣、商贾和中亚、西亚、南亚各国的使节、客商往来络绎不绝，中外商业贸易迅速发展，文化交流日趋活跃，友好往来不断加深。

"西安文物甲天下"，深厚的历史文化积淀和浩瀚的文物古迹遗存使西安享有"天然历史博物馆"的美称。

西安是举世闻名的文化古都，古时描写长安（西安）的诗（词）句数不胜数，比较有代表性的如："春风得意马蹄疾，一日看尽长安花"；"总为浮云能蔽日，长安不见使人愁"；"长安大道沙为堤，早风无尘雨无泥"；"长安回望绣成堆，山顶千门次第开"；"长相思，在长安"；"忆来唯把旧书看，几时携手入长安"；"最是一年春好处，绝胜烟柳满皇都"等。

西汉文学家司马相如在著名的辞赋《上林赋》中写道："荡荡乎八川分流，相背而异态。"他描写了汉代上林苑的美丽，以后就有了"八水绕长安"的描述。这八水指的是灞、浐、渭、泾、鄠（沣）、镐（滈）、潦（涝）、潏八条河流，它们均属黄河水系。

思考：（1）从地理位置的角度谈谈为什么会有那么多朝代在西安建都。

（2）成语"泾渭分明"的来历是什么？

2."地肥水美五谷香，左手一指太行山，右手一指吕梁。站在那高处望上一望，你看那汾河的水呀，哗啦啦啦流过我的小村旁。"这是一首什么歌曲？描写的是哪里的什么景观？

3.查阅资料，了解河南少林寺在我国历史上的地位及其对禅宗的影响。

五、课堂讨论

"文化圣地，度假天堂，好客山东欢迎您！"这是山东省经过规划论证后的山东旅游形象口号。结合之前山东省提出的"一山一水一圣人"和"走进孔子，扬帆青岛"，谈谈三个口号的区别，哪个口号更能全面代表山东旅游形象？

第八章　西北旅游区

本章导读

　　西北旅游区包括位于我国西北部的内蒙古自治区、宁夏回族自治区、甘肃省和新疆维吾尔自治区。

　　本区主要位于我国地势的第二级阶梯，地形以高原、山地和盆地为主。内蒙古高原是本区主要的高原，由呼伦贝尔高原、锡林郭勒高原、鄂尔多斯高原等组成；主要山脉有大兴安岭、阴山、阿尔泰山、天山、昆仑山、阿尔金山、祁连山等；主要盆地有塔里木盆地、准噶尔盆地、吐鲁番盆地、哈密盆地、伊犁谷地等。

　　本区地处内陆，多数地方属于温带大陆性气候，降水少，气温日较差和年较差都很大，日照时间长。春季多风沙，夏季高温，秋季短促，冬季严寒。本区降水量从东部的400毫米左右，往西减少到200毫米，甚至50毫米以下。干旱是本区的主要气候特征。

　　本区矿产资源丰富，煤、石油、稀土、铁、镍、黄金、盐、宝石等储量大。山区多森林，高原和山坡则草场广布，是我国重要的牧区。农业以绿洲农业和灌溉农业为主，河套平原、宁夏平原、河西走廊是本区重要的商品粮基地。

　　本区自古以来就是多民族聚居之地，主要少数民族有蒙古族、回族、维吾尔族、哈萨克族等。

　　本区历史上长期是中西交往的通道，其中甘肃、新疆是"丝绸之路"的重要地段。丝绸之路文化旅游、长城文化旅游、黄河文化旅游、少数民族文化旅游、古文化遗址旅游、以草原风光为主的生态旅游是本区主要的旅游特色。

第一节　内蒙古旅游区

一、内蒙古概况

　　内蒙古自治区简称内蒙古，面积118.3万平方千米。截至2019年末，全区常住人口2 539.6万人（2016年为2 520万人），由蒙古族、汉族、满族、回族、达斡尔族、鄂温克族、鄂伦春族、朝鲜族等55个民族组成。现辖9个地级市、3个盟，首府是呼和浩特市。

　　（一）方位

　　内蒙古位于我国北部边疆，呈狭长形，横跨东北、华北、西北三大区，是我国跨经度距离最大的省区。东北部与黑龙江、吉林、辽宁、河北交界，南部与山西、陕西、宁夏相邻，西南部与甘肃毗连，北部与俄罗斯、蒙古国接壤。

（二）地貌

内蒙古以高原为主，通称内蒙古高原，是我国第二大高原，大部分地区海拔在1 000米以上，起伏和缓。除了高原以外，内蒙古还有山地、丘陵、平原。

（三）河流与湖泊

内蒙古河流众多，有大小河流上千条，黄河、额尔古纳河、嫩江等是主要河流。大小湖泊星罗棋布，主要有呼伦湖、贝尔湖、乌梁素海等，其中呼伦湖是内蒙古最大的湖泊。

（四）气候

内蒙古以温带大陆性季风气候为主，降水量少而不均，寒暑变化剧烈。春季多大风；夏季短促温热，降水集中；秋季降温快，霜冻早；冬季漫长严寒。全年降水量100~500毫米。

（五）自然资源

内蒙古是我国重要的林业基地，森林覆盖率达22.1%（2019年），内蒙古兴安落叶松林是我国面积最大的天然林。呼伦贝尔草原是世界著名的天然牧场，也是世界四大草原之一。内蒙古矿产资源丰富、类型齐全，锡、锗、萤石、石墨的储量均居全国前列。稀土储量居世界之首，包头白云鄂博矿山是世界上最大的稀土矿山，也是世界上含矿物种类最多的矿山。内蒙古的煤炭保有资源量居全国第一位，占全国总量的26.87%（2018年），是世界上最大的露天煤矿之乡。我国五大露天煤矿中，内蒙古占四个（伊敏河露天煤矿、霍林河露天煤矿、元宝山露天煤矿和准格尔露天煤矿）。其中，霍林河露天煤矿是我国最早建成的现代化露天煤矿，准格尔露天煤矿是我国最大的露天煤矿，内蒙古东胜煤田与陕西神府煤田合称神府–东胜煤田，是世界大型煤田之一。内蒙古可利用的风能总功率居全国首位。

知识拓展 8-1

由于特殊的地理条件，加上温室效应、非科学的开发利用等因素，内蒙古很大一部分地区的生态环境比较恶劣，风蚀沙化、水土流失严重。为了改善生态环境，内蒙古的"生态建设工程"近年来陆续启动，包括农区退耕还林还草工程、牧区种草休牧工程、国家生态重点县建设工程、"三北"防护林建设工程、防沙治沙工程、大兴安岭天然林保护工程和生态移民工程等。

（六）经济

农畜产品加工业、能源、冶金、化工、装备制造、高新技术产业是内蒙古的优势特色产业。内蒙古农牧业发达，正在成为全国重要的绿色农畜产品生产加工输出基地。粮食产量居全国第八位（2018年），是全国13个粮食主产省区和6个粮食净调出省区之一。粮食作物以小麦、玉米等为主，经济作物以甜菜、亚麻等为主。内蒙古的牛奶、羊肉、羊绒、草业产量均居全国首位，内蒙古还是世界上最大的羊绒加工基地。呼伦贝尔、锡林郭勒、科尔沁、乌兰察布和鄂尔多斯等草原都是著名的畜牧业生产基地。

2019年，全区实现地区生产总值17 212.5亿元，人均地区生产总值67 852元，居民人均可支配收入 30 555 元。

（七）交通

公路、铁路、民航是内蒙古主要的交通运输方式。2019 年，公路客运量 6 518.0 万人，铁路客运量 5 643.4 万人，民航客运量 1 443.1 万人。公路运输虽然仍占主体，但比重已在下降。京通、京包、包兰等是内蒙古主要铁路线，呼和浩特、包头、赤峰、呼伦贝尔、锡林浩特等地都建有机场。内蒙古是我国拥有陆地口岸第二多的省区，满洲里和二连浩特是两个大型陆运口岸，与俄罗斯和蒙古国相连，并可直达欧洲诸国。其中，满洲里铁路口岸和公路口岸是我国最大的陆运口岸。

（八）历史文化

内蒙古是中华民族古老文化的摇篮之一，留下了河套文化和大窑文化等遗迹，呼和浩特市东北的大窑村石器制造场是目前世界上已发现的最大的旧石器时期的采石场。红山文化在内蒙古的分布范围最广、最集中。内蒙古也是我国发现岩画最丰富的地区，阴山山脉、乌兰察布山岩及贺兰山脉号称我国三大岩画宝库。在古代，内蒙古是北方少数民族生息繁衍之地，公元前 8 世纪到公元 13 世纪，先后有匈奴、东胡、鲜卑、突厥、契丹、女真等 10 多个游牧部落在此建立政权。目前，内蒙古依然保留了鲜明的地方文化特色，如蒙古包居住样式、那达慕大会、祭敖包风俗以及蒙古族马头琴音乐、四胡音乐、呼麦、长调民歌等。

（九）特产

内蒙古的特产主要有山羊绒、呢绒、驼绒、毛毯、地毯、发菜、蕨菜、口蘑、黑木耳、猴头蘑、黄花菜、肉苁蓉、沙棘、麻黄、甘草、松茸、黄芪、苦杏仁、河套蜜瓜等。

二、内蒙古旅游概况

内蒙古面积广大，旅游资源丰富多彩。人文景观有成吉思汗陵、昭君墓、古长城、辽中京遗址、阴山古刹五当召、五塔寺、百灵庙、岩画、大窑文化遗址等，自然景观有大兴安岭原始森林、响沙湾、大青山、贺兰山等。内蒙古主要的自然保护区有内蒙古科尔沁国家级自然保护区和呼伦湖自然保护区。内蒙古旅游以草原风光和民族风情为特色。呼伦贝尔草原是世界上天然草原保留面积最大的地方，也是我国最大的无污染源动物食品基地。锡林郭勒草原是我国最早的草地自然保护区，也是我国草原自然状态保存最好的地区。这里有全国最典型的草原风光，"天苍苍，野茫茫，风吹草低见牛羊"的景观随处可见。

三、内蒙古主要旅游景区

（一）呼和浩特

呼和浩特位于内蒙古自治区中部，是内蒙古的政治、经济、文化、科技、教育和金融中心。呼和浩特为蒙古语，意思是"青色的城市"，即青城，也称呼市。

呼和浩特为国家历史文化名城，城区内保存着丰富的历史文化古迹，如大窑文化遗址、作为"胡汉和亲"历史见证的昭君墓、闻名遐迩的万部华严经塔、嵌有蒙古文天文图石刻的金刚座舍利宝塔等。呼和浩特的召庙文化丰富，召庙数量众多，如大召、五塔寺、席力图召、乌素图召等。呼和浩特的自然景观秀丽，塞外风情浓郁，拥有哈达门国家森林公园、乌素图森林旅游娱乐开发区、哈素海旅游度假村、大青山生态风景旅游区等景区（点）。

1.大召

大召位于呼和浩特玉泉区南部，意为"大庙"。大召于1580年建成，是呼和浩特最早兴建的藏传佛教寺院。数百年来，大召一直是内蒙古地区藏传佛教活动的中心和我国北方最著名的佛刹之一。大召建筑雄伟庄严，布局别具一格。银佛、龙雕、壁画被誉为"大召三绝"，是明代的历史遗物，具有极高的工艺水平和欣赏价值。

2.昭君墓

昭君墓位于呼和浩特市南9 000米处的大黑河南岸，是史籍记载和民间传说中汉朝王昭君的墓地。昭君墓始建于西汉，由汉代人工积土夯筑而成。现在的昭君墓是20世纪70年代重新修筑的，墓体呈覆斗形，高33米，底面积约13 000平方米，是我国最大的汉墓之一。昭君墓因被覆芳草，碧绿如茵，故又有"青冢"之称。

知识拓展 8-2

王昭君名嫱，字昭君，西汉南郡秭归人，相传有"落雁"之美，是我国古代四大美女之一，汉元帝时被选入宫。竟宁元年（公元前33年），匈奴呼韩邪单于入朝求和亲，昭君自愿出嫁远入匈奴，后立为宁胡阏氏，留下了脍炙人口的"昭君出塞"的故事。2 000多年来，她的故事在我国民间广为流传。自唐、宋以来，文人咏唱昭君、抒发情感的诗文、歌词、绘画、戏曲更是数不胜数。我国著名历史学家翦伯赞在《内蒙访古》中写道："王昭君已经不是一个人物，而是一个象征，一个民族友好的象征；昭君墓也不是一座坟墓，而是一座民族友好的历史纪念塔。"

3.万部华严经塔（白塔）

万部华严经塔位于呼和浩特东郊，因其呈白色，又称"白塔"，是全国重点文物保护单位。相传其建于辽代，是大明寺建筑的一部分，为存放众多"华严经卷"而修筑。万部华严经塔为砖木混合结构，塔体分为基座、塔身、塔刹三部分，塔高55.5米，基座周长为56米。塔内墙壁上写满了从金代起我国各族人民用汉、藏、契丹、女真、蒙古、维吾尔等文字书写的题记，具有很高的史料价值。万部华严经塔是我国古代劳动人民智慧的结晶，也是我国古代建筑史上一处颇具科研价值的实物。

（二）包头

包头位于内蒙古中部，黄河之滨。包头是蒙古语"包克图"的谐音，意思是"有鹿的地方"，所以包头又叫鹿城。包头是内蒙古最大的工业城市和我国西北地区重要的工业基地，工业特色涵盖稀土、钢铁制造、冶金、机械制造、军工等领域。同时，包头也是全国文明城市、国家森林城市、国家园林城市。包头的主要旅游景点有五当召、美岱召、梅力更自然生态风景区、石门风景区、赵长城遗址、固阳秦长城遗址、赛汗塔拉生态园、麻池古城遗址、南海湿地景区等。

1.五当召

五当召位于包头市西北阴山深处的五当沟，距包头市区约70千米，是一座规模宏大的藏传佛教寺院，也是内蒙古唯一保存完整的纯藏式建筑群，是全国重点文物保护单位、国家4A级旅游景区。五当召始建于清康熙年间（1662—1722年），乾隆十四年（1749年）

重修，赐汉名"广觉寺"。因召庙建在五当沟的一座山坡上，所以人们通常称其为五当召，蒙古语"五当"的意思是"柳树"。五当召依山势建造，有殿堂仓舍 2 500 余间，占地面积达 300 多亩。白色建筑掩映于苍松翠柏之间，显得十分壮观。

2.赵长城遗址

赵长城遗址位于包头市辖区中部，战国赵武灵王时期修建，秦汉时继续使用。赵长城遗址是我国现存最古老的长城。

3.赛汗塔拉生态园

赛汗塔拉生态园位于包头市 5 个城区之间，总面积 7.7 平方千米，是我国最大的城中草原。图 8-1 为赛汗塔拉生态园入口。

（三）成吉思汗陵

成吉思汗陵位于鄂尔多斯市伊金霍洛旗草原上，"伊金霍洛"蒙古语的意思是"圣人的陵园"。陵园占地面积超过 55 000 平方米，主体建筑由 3 座蒙古包似的大殿和与之相连的廊房组成。正殿为成吉思汗纪念堂，塑有巨大的成吉

图 8-1　赛汗塔拉生态园入口

思汗坐像，陵内还陈列有成吉思汗征战时用过的战刀和马鞭等物品。成吉思汗陵是全国重点文物保护单位。2011 年，鄂尔多斯伊金霍洛旗成吉思汗陵旅游区被评为国家 5A 级旅游景区。

AR全景 8-1：成吉思汗陵

（四）响沙湾旅游景区

响沙湾旅游景区位于鄂尔多斯市达拉特旗中部，库布其沙漠的最东端，居呼和浩特市、包头市、鄂尔多斯市"金三角"开发区中心，被称作"黄河金腰带上的金纽扣"。响沙湾因沙子"会唱歌"而得名。新月形沙丘高 110 米，宽 400 米，坡度为 45 度，在干燥的天气条件下，顺着沙坡下滑，能听到如松涛、雷鸣、马嘶、猿啼般的声响，若三五人同时滑下，声音则如飞机轰鸣。响沙湾这一罕见的自然现象吸引着大量游客前来。目前，景区拥有世界最长的骆驼队，还修建了世界第一条沙漠索道，游客既可以欣赏大漠风光，还可以体验滑沙、骑骆驼、骑马、沙漠冲浪、沙漠滑翔等几十种独具特色的沙漠旅游活动。2011 年，鄂尔多斯达拉特旗响沙湾旅游景区被评为国家 5A 级旅游景区。

（五）内蒙古草原

内蒙古草原是指以北部呼伦贝尔为中心的大兴安岭西麓草甸草场，是我国最佳的天然牧场之一，也是一处旅游胜地。"蓝蓝的天空白云飘，白云下面马儿跑"的动人景象在内蒙古随处可见，草原风光是内蒙古旅游资源的重要组成部分。内蒙古草原主要由六大草原组成，分别是：呼伦贝尔草原、科尔沁草原、锡林郭勒草原、乌兰察布草原、鄂尔多斯草原和阿拉善荒漠草原。呼伦贝尔草原位于大兴安岭西麓，因呼伦湖、贝尔湖而得名，是世界著名的大草原。这里冈峦起伏，水网密布，牧草茂盛，蓝天、白云、碧草、牛羊构成了一幅绝美画卷。

第二节　宁夏旅游区

一、宁夏概况

宁夏回族自治区简称宁，因其为西夏故地而得名。全区面积6.64万平方千米。截至2019年末，全区常住人口694.66万人（2016年为674.90万人），其中回族人口占宁夏总人口的36.69%。现辖5个地级市，首府是银川市。

（一）方位

宁夏位于我国西北内陆地区，黄河上游河套西部，东邻陕西，西、北接内蒙古，南与甘肃相连。

（二）地貌

山地、高原占全区面积的3/4，平原占1/4。地势南高北低，平均海拔在1 000米以上。主要山脉为贺兰山、六盘山，平原为银川平原。

大美中国 8-1　　　　　　　　　　　　　　银川平原

银川平原斜贯宁夏北部，面积1.7万平方千米，由黄河冲积而成，地势平坦，土层深厚。银川平原因有黄河过境，便于引灌，所以这里自古就有发达的灌溉农业，是我国大西北开发最早的灌区，素有"塞上江南"和"塞上谷仓"的美誉，现在是我国西北地区重要的商品粮基地。

（三）河流

宁夏的主要河流为黄河、清水河、苦水河、泾河等，黄河在宁夏境内水流平缓，是重要的灌溉水源。

（四）气候

宁夏属于温带大陆性气候，冬寒长，夏暑短，风大沙多，雨雪稀少。年平均气温5～9℃，年平均降水量300毫米。

（五）自然资源

宁夏的人均耕地面积居全国前列，后备土地资源丰富。天然草场丰富，是全国十大牧场之一。近年来，宁夏的渔业发展较快，人均水产品产量居西北地区首位。矿产资源较丰富，主要有煤炭、石膏、石油、天然气、陶土、石英砂岩、重晶石等。

（六）经济

宁夏灌溉农业发达，是全国四大自流灌溉区和12个商品粮生产基地之一，是国务院确定的现代农业、旱作节水农业、生态农业示范区。粮食作物以小麦、水稻、高粱、玉米等为主，经济作物以胡麻最为重要，畜牧业中养羊业居重要地位，是滩羊的中心产区（滩羊因产自银川平原黄河两岸水草丰美的滩地而得名）。目前，宁夏已形成以煤炭、电力、冶金、机械、纺织、造纸、食品等行业为主的工业体系。

2019年，宁夏实现地区生产总值3 748.48亿元，人均地区生产总值54 217元，居民人均可支配收入 24 412 元。

（七）交通

宁夏已形成了以银川为中心，以包兰铁路、宝中铁路为骨干，公路四通八达的交通运输网。黄河是本区唯一的通航河道。银川、中卫、固原等地建有机场。

（八）历史文化

宁夏是中华文明的发祥地之一。灵武境内水洞沟古人类文化遗址的发掘表明，距今3万年前后，就有人类在此生息繁衍。战国时，宁夏地区归中原政权管辖。秦始皇统一六国后，在此设北地郡，开创了引黄灌溉的历史。唐代，宁夏平原已相当富庶。安史之乱期间，唐肃宗于756年在灵武登基。宋代，党项族以宁夏为中心建立西夏国，定都兴庆府（今银川市），创造了灿烂的西夏文化。元代，设宁夏府路，始有宁夏之名。明代设宁夏卫，清代设宁夏府。

（九）特产

红（枸杞）、黄（甘草）、蓝（贺兰石）、白（滩羊皮）、黑（发菜）被称为"宁夏五宝"。以贺兰石雕刻的贺兰砚是我国名砚之一。羊皮中的滩羊裘皮是宁夏特产毛皮，俗称"二毛皮"，古有"千金裘"之称，是我国传统名牌出口商品之一。

知识拓展8-3　　　　　　　　　　　发菜

发菜是一种生长在干旱草原、荒漠、平滩荒地和低山小丘的藻类，因风干后形状、色泽酷似妇女的头发而得名。发菜营养丰富，含钙、磷、铁、脂肪、糖类及多种维生素，其蛋白质含量达20%以上，比肉类、牛奶、鸡蛋都要高。用发菜制成的菜肴风味独特，又因其与"发财"谐音，因此发菜是宴席中极受欢迎的山珍和馈赠佳品。

发菜在宁夏、甘肃、陕西、青海、新疆等地均有出产。宁夏是发菜的著名产地，产品以色泽乌黑、丝长柔韧、质地优良著称。宁夏也是发菜最主要的交易集散地，年成交量占全国总产量的80%以上。

二、宁夏旅游概况

宁夏是我国西部独具特色的旅游目的地。这里既有雄浑的大漠风光，又有塞上江南的美景；既有灿烂的西夏文明，又有浓郁的回乡风情。其主要旅游资源有：（1）"两山一河"，即贺兰山、六盘山和黄河；（2）"两沙一陵"，即沙湖、沙坡头和西夏王陵；（3）"两堡一城"，即将台堡、镇北堡和古长城；（4）"两文一景"，即西夏文化、伊斯兰文化和塞上江南景观。其他旅游资源还有以丹霞地貌著称的西吉火石寨、海原地震地质公园、银川市都市风光、水洞沟古人类文化遗址、银川鸣翠湖、青铜峡108塔、同心清真大寺、鼓楼、苏峪口森林公园、滚钟口风景区等。

三、宁夏主要旅游景区

（一）银川

银川地处我国西北地区、宁夏平原中部，是宁夏的政治、经济、文化和交通中心。银川是国家历史文化名城，自古有"塞上明珠"的说法，中原文化、边塞文化、河套文化、丝路文化、西夏文化、伊斯兰文化等多种文化在这里积淀。银川也是一座旅游名城，自然

图8-2 西夏王陵

风景秀丽，人文景观丰富。自然景观主要有苏峪口国家森林公园、滚钟口风景区、金水旅游区、大小西湖、鸣翠湖、鹤泉湖等。人文景观主要有西夏王陵、贺兰山岩画、镇北堡西部影城、拜寺口双塔、三关口明长城、玉皇阁、海宝塔、承天寺塔等。

1.西夏王陵

西夏王陵（如图8-2所示）位于银川市西郊约35千米的贺兰山东麓中段，是西夏王朝历代帝王陵墓所在地，也是我国现存规模最大、地面遗址最完整的帝王陵园之一，被誉为"神秘的奇迹"和"东方金字塔"。陵区占地面积58余平方千米，随地势错落分布着9座帝陵和200余座陪葬墓，每个陵园都是一个单独的完整建筑群体。1988年，西夏王陵被国务院公布为全国重点文物保护单位，属于国家级风景名胜区。现已建设了西夏博物馆、西夏史话艺术馆、西夏碑林等能够展现西夏丰富历史文化的景点。

知识拓展8-4 西夏

西夏是11世纪初党项族建立的封建王朝。从1038年元昊在兴庆府（银川市）称帝到1227年被蒙古所灭，西夏在历史上存在了190年，经历了10代皇帝。西夏的疆域在最鼎盛时期达到约83万平方千米，前期与北宋、辽政权并存，中后期与南宋、金三足鼎立。

2.贺兰山风景区

贺兰山位于宁夏与内蒙古交界处，海拔2 000～3 000米，主峰敖包疙瘩位于银川西北，海拔3 556米。贺兰山山势雄伟，是北方草原与荒原的分水岭，是我国西北地区重要的地理分界线。贺兰山风景区位于贺兰山东麓，北起拜寺口，南至三关口，南北长30 000多米，东西宽4 000米。这里峰峦苍翠，崖谷险峻，森林茂密，早在西夏王朝时期就已成为避暑胜地。其主要景点有贺兰山岩画、拜寺口双塔、小滚钟口、苏峪口国家森林公园等。

贺兰山东麓有数以万计的古代岩画（如图8-3所示），这些岩画记录了3 000～10 000年前，远古人类放牧、狩猎、祭祀、争战、娱舞等生活场景和羊、牛、马、虎等多种动物图案以及一些抽象符号，是研究我国人类文化史、宗教史、原始艺术史的文化宝库，也是全国重点文物保护单位。

图8-3 贺兰山岩画

3.镇北堡西部影城

镇北堡距银川市35千米，过去只是一个边防戍塞。明代在黄河到贺兰山之间的狭长地带修筑了许多关隘，形成了坚固的军事防御体系，镇北堡就是其中一个。随着社会的发展，这些堡垒逐渐失去了它的军事价值。20世纪60年代，著名作家张贤亮发现了它，并在80年代初期将它介绍给了电影界，于是陆续有影视剧组来此取景拍摄，几乎成为废墟的镇北堡开始引人注目。1993年，这里成立了镇北堡西部影城（如图8-4所示），并逐渐发展成为中国西部题材和古代题

图8-4　镇北堡西部影城

材电影电视的最佳外景拍摄基地，被誉为"东方好莱坞"。

镇北堡西部影城保留和复制了在此拍摄过的电影电视的场景，建有电影资料陈列馆、古代家具陈列室、艺术摄影展示厅等，另有放映厅、餐厅茶座、陶艺坊、旅游纪念品商店、古装摄影、骑射等多项娱乐设施，这里已成为一个集影视拍摄和旅游观光、休闲于一体的旅游景点。2011年，镇北堡西部影城被评为国家5A级旅游景区。

知识拓展8-5　　　　　　　　　　**镇北堡西部影城**

镇北堡西部影城拍摄了许多著名电影和电视剧，包括《牧马人》《红高粱》《黄河谣》《黄河绝恋》《老人与狗》《大话西游》《新龙门客栈》《绝地苍狼》《嘎达梅林》《书剑恩仇录》等。在此摄制影片之多，升起明星之多，获得国际、国内影视大奖之多，皆为我国各地影视城之冠，被誉为"中国一绝"。有人甚至认为，中国电影就是从这里走向世界的。

（二）沙湖生态旅游区

沙湖生态旅游区位于银川以北42千米的平罗县境内，是一个集大漠风光与江南景色于一体的景区。沙湖生态旅游区总面积80.1平方千米，其中水域面积45平方千米，沙漠面积22.52平方千米。这里是候鸟的栖息地，沙湖鸟岛是我国最好的观鸟地之一。景区西面是连绵起伏的贺兰山，美丽的湖光山色令人流连忘返。水、沙、山、鸟及芦苇的有机结合，成就了沙湖生态旅游区的秀丽景观。景区内有荷花苑、芦苇迷津、鸟岛、西部大漠等景观，并开发了动感漂移艇、滑沙、空中索道、沙漠骆驼、水上飞伞、水上摩托艇等娱乐项目。2007年，沙湖生态旅游区被评为国家5A级旅游景区。

（三）沙坡头国家级自然保护区

沙坡头国家级自然保护区位于中卫市城区西部。它的北面是腾格里沙漠，南面是祁连山余脉香山，黄河从景区中间穿过。沙漠、河流、高山、园林在这里相依相偎、和谐共处，兼具江南风光的秀美与西北风光的雄奇，与其他地域类型的旅游资源形成了非常强烈的反差，被誉为"世界垄断性旅游资源"。1984年，沙坡头成为我国第一个沙漠自然生态保护区，2007年被评为国家5A级旅游景区。

知识拓展8-6

沙坡头因诞生了世界首例治沙工程、创造了世界治沙史上的奇迹而闻名。沙坡头本是一片沙漠构成的不毛之地,黄河流经沙坡头的时候转了一个大弯,人们于是充分利用黄河水,开流挖渠,自流灌溉。为使经过此处的包兰铁路免受沙漠的掩埋,人们还利用麦草治沙,沙坡头也从一片沙漠变成了让人羡慕的绿洲。

第三节 甘肃旅游区

一、甘肃概况

甘肃省简称甘或陇,旧以甘州(今张掖)、肃州(今酒泉)两地首字而得省名,因省境大部分位于陇山之西,古代曾设陇西郡、陇右道,故得简称陇。甘肃省总面积42.59万平方千米。截至2019年末,全省常住人口2 647.43万人(2016年为2 609.95万人),主要有汉族、回族、藏族、东乡族、土族、裕固族、保安族等民族。现辖12个地级市、2个自治州,省会是兰州市。

(一)方位

甘肃省地处西北内陆腹地,黄河上游。东通陕西,西达新疆,南瞰四川、青海,北扼宁夏、内蒙古,西北端与蒙古国接壤。

(二)地貌

甘肃省地跨青藏高原、内蒙古高原和黄土高原,地形狭长,地貌复杂多样,山地、高原、平川、河谷、沙漠、戈壁交错分布,地势总体上自西南向东北倾斜。大致可分为陇南山地、陇中黄土高原、甘南高原、河西走廊、祁连山地和北山山地六大地形区。祁连山冰川遍布,冰川融化的雪水对河西走廊的灌溉农业具有重要意义。

大美中国8-2　　　　　　　　　　　　河西走廊

河西走廊是一条位于甘肃西北部的狭长通道,因位于黄河以西,所以被称为"河西走廊",历代均为我国东部通往西域的咽喉要道。河西走廊位于祁连山以北,合黎山以南,乌鞘岭以西,甘肃、新疆边界以东,海拔1 000~1 500米,长约1 000千米,宽从几千米到百余千米不等。这一带地势平坦,光、热、水充足,是著名的戈壁绿洲,现在是甘肃主要的商品粮基地。

(三)河流

甘肃省主要的河流有属于黄河流域的洮河、湟水、黄河干流、渭河、泾河,属于长江流域的白龙江、西汉水,属于内陆河流域的石羊河、黑河、疏勒河等。白龙江水大流急,与秦岭、淮河同为我国地理上南、北方的界线。

(四)气候

甘肃省的气候类型多样,从南向北依次是亚热带季风气候、温带季风气候、温带大陆性（干旱）气候和高原高寒气候。大部分地区夏季短促，冬季寒冷漫长，日照充足，日温差大。年平均气温在 0～15℃，年降水量在 36.6～734.9 毫米。干旱、沙尘暴、霜冻、暴雨洪涝、冰雹为主要灾害性天气。

（五）自然资源

甘肃省是一个少林省区，森林覆盖率为 13.77%（2018 年），主要树种有冷杉、云杉、栎类、杨类等。珍稀动物有大熊猫、金丝猴、羚羊、雪豹等，文县境内的白水江国家级自然保护区是我国以保护大熊猫为主的三个重点保护区之一。甘肃省是我国药材的主要产区之一，药材品种居全国第二位，主要药材有当归、大黄、党参、甘草、红芪等，陇南山区有"千年药乡"之称。甘肃省矿产资源丰富，居全国第一位的矿产有镍、钴、铂族金属（铂、钯、锇、铱、钌、铑）等。风力资源居全国第五位，河西走廊的瓜州素有"世界风库"之称。河西西部、甘南西南部是我国太阳能资源最丰富的地区。

（六）经济

甘肃省的农业以旱作为主，粮食作物以小麦为主。甘肃省是我国重要的牧区之一，河曲马、欧拉羊为我国优良牲畜品种。甘肃省养马历史悠久，自汉至今，一直是我国养马业的重地。工业以重工业为主，有色金属、电力、石油化工、石油机械制造基础较好，建成了"镍都金昌""钢城酒泉""油城玉门""铜城白银""航天城酒泉""石化城兰州"等重要工业基地。

2019 年，甘肃省实现地区生产总值 8 718.3 亿元，人均地区生产总值 32 995 元。

知识拓展 8-7

中华人民共和国成立以前，甘肃省基本上没有什么工业。中华人民共和国成立初期，国家将全国 156 项重点建设项目中的 16 项放了甘肃省，20 世纪 60 年代中期又陆续将一大批沿海重点制造业企业内迁至甘肃省进行"三线建设"，从而使甘肃省具有了良好的工业基础。

（七）交通

陇海、兰新、包兰、兰青是甘肃省主要的铁路线，绝大部分乡镇和村庄都已通汽车，兰州、敦煌、嘉峪关、张掖、天水、庆阳等地建有机场。

（八）历史文化

甘肃省是我国历史上开发较早的地区之一，是中华民族灿烂文化的重要发祥地。马家窑文化、齐家文化、大地湾遗址是当地远古文化的代表。传说华夏始祖炎帝、黄帝就崛起于包括甘肃在内的西北，传说伏羲氏亦曾在这里推八卦、授渔猎。汉武帝在甘肃设武威、酒泉、张掖、敦煌四郡，开辟了中原地区通向西域的走廊。汉唐时代的"丝绸之路"由河西走廊通过，甘肃因此成为交通咽喉。隋唐时期，河西农田水利和屯垦兴盛，农业发达。1936 年 10 月，中国工农红军第一、二、四方面军在甘肃会宁胜利会师，在中国革命史上意义重大。

甘肃省在漫长的历史长河中形成了灿烂的文化，尤其以丝路文化、黄河文化、长城文化为代表。

大美中国 8-3　　　　　　　　　　　　丝绸之路

丝绸之路（简称丝路）是世界历史上一条著名的沟通东西方文化的商贸流通大道，是西汉张骞出使西域时开辟的以长安（今西安）为起点，经甘肃、新疆到中亚、西亚，并连接地中海各国的陆上通道，因这一通道以运送中国的丝绸闻名，故称"丝绸之路"。丝绸之路包括南路、中路、北路三条路线。随着朝代的更替、政治中心的东移，洛阳、大同、开封、北京等亦曾先后为丝绸之路的起点。

（九）特产

甘肃省的特产主要有夜光杯、雕漆、地毯、洮砚、石砚、料器、雕刻葫芦、银器饰品、草编、白兰瓜、冬果梨、猪头梨、黑瓜子、白瓜子、辣椒、大黄、发菜、甘草、甜菜、蚕豆、无核白葡萄、花牛苹果、鸣沙枣、李广杏、胡麻、麻黄等。

二、甘肃旅游概况

甘肃的旅游资源十分丰富，大漠戈壁、冰川雪峰、森林草原、沙林丹霞、峡谷溶洞构成了奇异的自然风光。甘肃的人文旅游资源最为突出，形成了很多文化旅游项目，包括以丝绸之路为代表的丝路文化旅游，以莫高窟景区、麦积山景区为代表的石窟文化旅游，以嘉峪关景区为代表的长城文化旅游，以兰州黄河百里风情线和永靖黄河三峡景区为代表的黄河文化旅游，以拉卜楞寺景区和崆峒山景区为代表的宗教文化旅游，以临夏、甘南民族民俗旅游景区为代表的少数民族文化旅游，以秦安大地湾史前遗址景区为代表的远古文化旅游，以伏羲庙景区为代表的始祖文化旅游，以庆阳为代表的周文化旅游，以天水为代表的三国文化旅游，以腊子口战役遗址、会宁县红军长征会师旧址为代表的红色旅游，以酒泉卫星发射基地以及镍都、铜城、油城等为代表的现代文化旅游等。

知识拓展 8-8　　　　　　中国旅游标志——"马踏飞燕"

我国旅游的标志是一件被称为"马踏飞燕"的青铜工艺品（如图 8-5 所示），也被称

图 8-5　马踏飞燕

为"马超龙雀"。"马踏飞燕"出土于甘肃省武威雷台汉墓，马身高 34.5 厘米，身长 45 厘米，宽 13 厘米。这是一匹凌云飞奔的骏马，它身体浑圆，躯干壮实，四肢修长，弯尾上扬，形象矫健俊美。马昂首嘶鸣，三足腾空，一足踏燕，而燕子也吃惊地回过头来观望，表现了骏马凌空奔驰的雄姿。"马踏飞燕"的铸造工艺高超、构思绝妙，是我国古代艺术家浪漫主义精神和高超艺术技巧的结晶，也是我国古代雕塑艺术的稀世之宝。正因为如此，这匹奔马也被誉为

"千古一马"。

1983年10月，"马踏飞燕"被确定为中国旅游标志。

三、甘肃主要旅游景区

（一）兰州

兰州（如图8-6所示）位于甘肃中南部，兰新铁路、包兰铁路、陇海铁路、兰青铁路在此交会，是大西北铁路、公路、航空的综合交通枢纽和物流中心，也是我国古代"丝绸之路"上的重镇。兰州素有"瓜果城"之称，白兰瓜、黄河蜜瓜、西瓜等瓜果久负盛名。兰州是唯一黄河穿城而过的省会城市，城市依山傍水而建，形成了独特而美丽的城市景观。兰州的主要景点有中山桥、五泉

图8-6　兰州

山公园、滨河路、白塔山公园、黄河母亲雕塑、水车园、仁寿山公园、甘肃省博物馆、什川生态旅游度假区、兴隆山国家级自然保护区等。

1.中山桥

中山桥（如图8-7所示）位于滨河路中段、白塔山下，是九曲黄河上最早的一座真正意义上的桥梁，被称为"天下黄河第一桥"。兰州中山桥初名"黄河铁桥"，1907年始建，1909年竣工，长234米，宽7.5米。1942年为纪念孙中山先生改名为"中山桥"，1954年兰州市人民政府对铁桥进行了整修，在原平行弦杆上端置拱式钢梁，使得中山桥变成了今天的形状，2004年成为步行桥。

图8-7　兰州中山桥

中山桥是兰州旅游的标志性建筑，具有很高的文物价值和观赏价值。

2.五泉山

五泉山（如图8-8所示）位于兰州市区南侧的皋兰山北麓，是一处具有2 000多年历史的名胜。五泉山因有五眼泉水而得名，海拔1 600多米，山上有明清以来的古建筑10余处。现开辟为五泉山公园，园内丘壑起伏，林木葱郁，环境清幽；庙宇建筑依山就势，廊阁相连，错落有致。

图 8-8 兰州五泉山

知识拓展 8-9

五泉山得名于五眼泉水，关于这五眼泉水的来历有一段流传很广的神奇故事。相传汉武帝元狩三年（公元前 120 年），霍去病西征，曾驻营于五泉山下，士卒疲渴，于是霍去病"著（着）鞭戳地"，鞭响泉涌，遂成五泉，即现在的惠、蒙、甘露、掬月、摸子五眼泉水。

3.黄河风情线

兰州是一个沿黄河而建的形状狭长的城市，黄河两岸有许多著名景观，形成了一条数十千米长的黄河风情线。这里有平沙落雁、丝绸古道、黄河母亲、西游记等众多精美的雕塑，有中山桥、白塔山公园、水车园等景点，还可以看到古老的皮筏摆渡，体验"吹牛皮，渡黄河"的古韵。

大美中国 8-4　　　　　　　　兰州三大城市名片

"一条河、一本书、一碗面"被认为是兰州的三大城市名片。"一条河"指的是黄河。黄河自西向东，穿越整个兰州市区。"一本书"指的是《读者》杂志，由甘肃人民出版社主办，1981 年创刊，深受广大读者欢迎，被称为中国期刊的第一品牌。"一碗面"指的是兰州牛肉面，有一清（汤清）、二白（萝卜白）、三红（辣子油红）、四绿（香菜绿）、五黄（面条黄亮）五大特点，是兰州人经济实惠的家常便饭，兰州每条大街上都有牛肉面馆，如金鼎牛肉面馆、马子禄牛肉面馆等。

（二）敦煌莫高窟

莫高窟又称"千佛洞"，位于敦煌市东南，是我国四大石窟之一，也是世界上现存规模最宏大、内容最丰富的佛教艺术宝库。洞窟开凿在鸣沙山东麓的崖壁上，南北长 1 680 米，高低错落，排列数层。莫高窟始建于前秦建元二年（公元 366 年），直到元代，均有所修建。至今保留有从十六国到元代的洞窟 735 个，壁画 45 000 平方米，泥

AR 全景 8-2：敦煌莫高窟

质彩塑 2 415 尊。此外，在一个封闭的石室中，还发现了大量价值极高的古代经卷、文书、画卷等。莫高窟是古建筑、雕塑、壁画三者相结合的艺术宫殿，尤以丰富多彩的壁画著称于世。1961 年，莫高窟被列为全国重点文物保护单位；1987 年，莫高窟被列入《世界遗产名录》。

大美中国 8-5 　　　　　　　　　　　　　　**敦煌**

敦煌地处河西走廊的西端，党河下游，是靠近沙漠戈壁的一块绿洲，是昔日"丝绸之路"上的重镇，也是汉长城边陲玉门关、阳关的所在地。敦煌历史悠久，文化灿烂，古迹遍布，有莫高窟、榆林窟、鸣沙山和月牙泉等主要景点。敦煌的特产以瓜果、罗布麻茶和夜光杯最为有名。

（三）鸣沙山和月牙泉

鸣沙山和月牙泉是位于敦煌市南郊的两处沙漠奇观。

鸣沙山位于敦煌市城南 5 000 米处，东西长约 40 千米，南北宽约 20 千米，高数十米，由沙子堆积而成，沙峰连绵起伏。当人从山顶滑下时，能听见沙粒发出的声音。天气晴朗的时候，风绕山吹来，沙山亦会发出如奏乐般的声音。

月牙泉在鸣沙山下，泉水在沙漠中积水成湖，形如月牙，故得名。月牙泉南北长近 100 米，东西宽约 25 米，泉水东深西浅，最深处约 5 米。泉水清澈，周围芦苇丛生。千百年来，月牙泉处于沙海之中而不干涸，且月牙形状亘古不变，被誉为"沙漠第一泉"。

（四）嘉峪关长城

嘉峪关长城位于甘肃西部嘉峪关市西南 6 000 米的嘉峪山麓，是古"丝绸之路"的交通要冲，也是明朝万里长城西端的终点，素有"天下雄关"之称。嘉峪关关城是长城众多关城中保存最完整的一座，始建于 1372 年，关城平面呈梯形，面积 33 500 余平方米，城墙总长 733 米，高 11.7 米。登关楼远眺，可尽览塞外风光。关城两侧的城墙横穿沙漠，北连黑山悬壁长城，南接长城第一墩。嘉峪关长城地势险要，气势雄伟，巍峨壮观，自古为河西第一隘口。

（五）天水麦积山石窟

麦积山位于天水市麦积区，海拔 1 742 米，相对高度 142 米，因山形状如麦垛，故得名，素有"小江南"和"秦地林泉之冠"的美誉。麦积山石窟为我国四大石窟之一，是闻名世界的艺术宝库。石窟开凿在麦积山西南面的悬崖峭壁上，始建于 384—417 年，历代不断开凿、重修，现存洞窟 221 座、泥塑石雕 10 632 件、壁画 1 300 多平方米，其中以泥塑的艺术成就最突出。这些泥塑大的高达 16 米，小的仅有 10 多厘米，体现了千余年来各个时代塑像的特点，系统地反映了我国泥塑艺术发展和演变的过程，被誉为"东方雕塑艺术陈列馆"。2011 年，天水麦积山石窟被评为国家 5A 级旅游景区。

（六）崆峒山

崆峒山位于平凉市城西 12 千米处，有"西来第一山""西镇奇观""崆峒山色天下秀"之美誉，相传黄帝曾登临崆峒山向广成子问道，因此崆峒山又被道教尊为"天下道教第一山"。崆峒山树木葱郁，怪石嶙峋，峰林耸峙，主峰海拔 2 123 米，景区面积 84 平方千米，自然景观兼具北方山势之雄伟和南方景色之秀丽。秦汉以来，山上陆续兴建了亭台楼阁、庙宇殿堂，留下了众多人文古迹。皇城、弹筝峡、塔院和雷声峰等都是崆峒山的代表性景观。1994年，崆峒山被评为国家级风景名胜区，2007年被评为国家5A级旅游景区。

（七）拉卜楞寺

拉卜楞寺位于甘南藏族自治州夏河县西郊的大夏河之滨，是藏传佛教格鲁派六大寺院之一。该寺创建于1709年，历经多次兴修、扩建，建筑风格独特，艺术精湛，堪称藏族建筑之荟萃。寺内藏有各类经卷和大量社会科学、自然科学图书，其中不乏珍本、孤本，是一座浩瀚的知识宝库。拉卜楞寺因其规模雄伟、藏品丰富、历史悠久、僧人众多而驰名中外。1982年，拉卜楞寺被列为全国重点文物保护单位。

（八）大地湾遗址

大地湾遗址位于天水市秦安县东北，距天水市区102千米，是一处新石器早期及仰韶文化早、中、晚各期文化遗址。这里发现了我国最早的旱作农作物标本、最早的彩陶、最早的文字雏形、最早的宫殿式建筑、最早的"混凝土"地面、最早的绘画，为研究史前史特别是研究古代建筑、文字起源和早期人类生活提供了重要的资料。1988年，大地湾遗址被评为全国重点文物保护单位。

第四节　新疆旅游区

一、新疆概况

新疆维吾尔自治区简称新，总面积166.49万平方千米，是我国陆地面积最大的省级行政区。截至2019年末，全区常住人口2 523.22万人（2016年为2 398.08万人），主要有维吾尔族、汉族、哈萨克族、回族、蒙古族、柯尔克孜族、锡伯族、塔吉克族、乌孜别克族、满族、达斡尔族、塔塔尔族、俄罗斯族等民族。现辖14个地级行政单位（4个地级市、5个自治州、5个地区），首府是乌鲁木齐市。

知识拓展 8-10

在第三次全国人口普查时，我国共有百岁老人3 765人，其中新疆就有865人。新疆和田地区曾被国际自然医学会宣布为世界长寿区之一。

（一）方位

新疆地处我国西北边陲，亚欧大陆腹地，是古丝绸之路的重要通道。陆地边境线5 600多千米，与蒙古国、俄罗斯、哈萨克斯坦、吉尔吉斯斯坦、塔吉克斯坦、阿富汗、巴基斯坦、印度8个国家接壤，是我国陆地边境线最长、毗邻国家最多的省级行政区。国内与甘肃、青海、西藏3个省区接壤。

（二）地貌

新疆的地貌可以概括为"三山夹两盆"：北面是阿尔泰山；南面是昆仑山；天山横亘中部，把新疆分为南、北两部分（习惯上称天山以南为南疆，天山以北为北疆，哈密、吐鲁番一带为东疆）。南面是我国最大的盆地——塔里木盆地，位于盆地中部的塔克拉玛干沙漠是我国最大、世界第二大流动沙漠。北面是我国第二大盆地——准噶尔盆地，盆地中部的古尔班通古特沙漠是我国第二大沙漠。在天山东部和西部，还有被称为"火洲"的吐鲁番盆地和被誉为"塞外江南"的伊犁谷地。

大美中国 8-6　　　　　　　　　　　　　新疆

新疆高山众多，冰川、雪峰广布，大小冰川约 1.86 万条，总面积约 2.4 万平方千米。这些冰川、雪峰的融水形成了新疆众多的绿洲，是新疆重要的灌溉水源。

（三）河流与湖泊

新疆有大小河流 500 多条，多以冰川雪水为源，主要河流有伊犁河、塔里木河、额尔齐斯河等。塔里木河长 2 137 千米，是我国最长的内陆河；伊犁河是新疆水量最大的河流；额尔齐斯河是我国属北冰洋水系的唯一河流。新疆湖泊众多，其中博斯腾湖是我国最大的内陆淡水湖，吐鲁番盆地中的艾丁湖是我国海拔最低的湖泊。

知识拓展 8-11　　　　　　　　　　　　罗布泊

罗布泊位于塔里木盆地东部，它曾是我国最大的咸水湖之一，是牛马成群、绿林环绕、河流清澈的生命绿洲，其西北侧的楼兰王国是著名的"丝绸之路"的咽喉，曾盛极一时。

此后湖水逐渐减少，楼兰王国成为废墟，湮没于漫漫黄沙之中，直到 1900 年才被人发现，因此有"沙漠中的庞贝"之称。1921 年，塔里木河改道东流，湖水又有所增加；1942 年，湖水面积达 3 000 平方千米。由于塔里木河两岸人口增多，因此入湖水量又急剧减少。1962 年，湖水面积减少到 660 平方千米，1970 年以后干涸。现在这里已成为一望无际的戈壁滩，没有一棵草、一条溪，天空中不见一只鸟，没有任何飞禽敢穿越。

1980 年 6 月，中科院新疆分院副院长、著名科学家彭加木进入罗布泊考察时失踪。1996 年 6 月，中国探险家余纯顺在即将完成徒步穿越罗布泊的壮举时，不幸在罗布泊西遇难。

（四）气候

新疆属于典型的温带大陆性干旱气候，春秋两季较短，冬夏两季较长，昼夜温差大。南疆的气温高于北疆，北疆的降水量高于南疆。

（五）自然资源

新疆的森林覆盖率为 4.87%（2019 年），具有典型的绿洲生态特点，绿洲多分布于盆地边缘和河流流域。新疆是全国五大牧区之一，在"三山"和"两盆"周围有大量的优良牧场。天然药物如雪莲、贝母、甘草、麻黄、罗布麻、肉苁蓉等分布广泛，质量上乘。有蒙古野马、藏野驴、藏羚羊、雪豹、棕熊等国际濒危野生动物。石油、天然气、煤、铁、铜、金、铬、镍、稀有金属、盐类等蕴藏丰富。

知识拓展 8-12　　　　　　　　　　　　胡杨树

胡杨树是中亚腹地荒漠中唯一的乔木。胡杨树抗热、抗寒、抗风、抗沙、抗碱、抗旱、抗瘠，是最古老、最原始的树种之一。胡杨树具有顽强的生命力，在沙漠地带，其根部可深入地下10米汲取水分，有"生而一千年不死，死而一千年不倒，倒而一千年不朽"之说。新疆塔里木河沿岸分布的胡杨林是世界上面积最大的天然原始胡杨林。

（六）经济

新疆的绿洲农业和草原牧业历史悠久，粮食作物以小麦、玉米为主，经济作物有棉花、油菜、胡麻、芝麻等，是我国的长绒棉生产基地。新疆盛产水果，自古以来就有"瓜果之乡"的美誉。番茄、枸杞、甜瓜、葡萄、香梨、苹果、杏、石榴、核桃、红枣等特色农产品享誉国内外。优良畜种有伊犁马、巴里坤马、新疆褐牛、三北羔皮羊、新疆细毛羊等。钢铁、石油、煤炭、电力、有色金属、机械、化工、皮革、纺织、制糖等为新疆支柱产业。

2019年，新疆实现地区生产总值13 597.11亿元，人均地区生产总值54 280元。

（七）交通

公路运输是新疆旅客运输的主体，2019年，公路完成旅客运输量15 726万人次，铁路完成旅客运输量4 509.3万人次，民航完成旅客运输量3 758.46万人次。兰新铁路是新疆的主要铁路线。2014年12月，兰新高铁全线开通运营，这是我国一次性建成通车里程最长的高速铁路。截至2018年9月，新疆已建成投入使用的飞机场有21个，是全国拥有机场最多的省区。

课堂互动 8-1

新疆为什么会成为我国拥有机场最多的省区？

分析提示 8-1

大美中国 8-7　　　　　　　　　　　兰新铁路

兰新铁路东起甘肃省兰州市，西至新疆阿拉山口市，全长2 423千米。兰新铁路是中华人民共和国成立后修建的最长的铁路干线，是中国西北地区铁路网络的重要组成部分。兰新高铁建成后将承担客运任务，兰新铁路继续使用，主要承担货运任务。

（八）历史文化

新疆古称西域，自古以来就是中国不可分割的一部分。公元前138年，汉武帝派张骞出使西域，西汉政权与西域各邦建立了联系。公元前60年，西汉在新疆设"西域都护府"，此后中国历代中央政府都对新疆进行军政管辖。清乾隆后期改称新疆，1884年正式建立新疆省，省会迪化（今乌鲁木齐市）。1949年新疆和平解放，1955年成立新疆维吾尔自治区。新疆是多民族聚居之地，不同的民族由于地域不同、历史文化背景不同，从而形成了各具特色的人文风情。楼兰故城遗址、高昌故城、交河故城、坎儿井等都是新疆历史文化的见证。

（九）特产

新疆的特产主要有维吾尔族铜器及铜雕、和田玉、和田地毯、哈密瓜、吐鲁番无核葡萄、库尔勒香梨、伊宁苹果、叶城大籽石榴、阿克苏薄皮核桃、阿图什无花果、库车白杏等。

二、新疆旅游概况

新疆自然景观神奇独特，冰峰与火洲相伴，沙海与绿洲为邻，"风库""冷极""旱极"并存。著名的自然风景有天山天池、喀纳斯湖、博斯腾湖、赛里木湖、那拉提草原、巴音布鲁克草原等。新疆文化积淀厚重，民族风情浓郁，名胜古迹众多，人文旅游资源丰富，在古丝绸之路的南、北、中三条干线上有着数以百计的古城池、古墓葬、古屯田遗址及石窟等人文景观，交河故城、高昌故城、楼兰故城遗址、克孜尔千佛洞等蜚声中外。目前，新疆已形成以喀纳斯湖为重点的生态旅游区，以天池和博斯腾湖为重点的风景旅游区，以吐鲁番为重点的古文化遗址旅游区，以喀什为重点的民俗风情旅游区，以伊犁为重点的塞外江南旅游区。

三、新疆主要旅游景区

（一）乌鲁木齐

乌鲁木齐位于天山北麓、准噶尔盆地南端，地处亚洲大陆地理中心，是世界上距海最远的内陆城市。"乌鲁木齐"为蒙古语，意思是"优美的牧场"。历史上的乌鲁木齐是古丝绸之路上的重镇、东西方经济文化交流的中心，现在的乌鲁木齐是新疆政治、经济、文化和交通中心，是一座新兴的综合性工业城市。乌鲁木齐环山带水，沃野广袤，旅游资源丰富，主要景点有红山、水磨沟风景区、白杨沟、人民公园、1号冰川等。每年5—10月，乌鲁木齐花木争艳、瓜果溢香，是旅游的黄金季节。

（二）天山天池风景名胜区

天山天池位于天山博格达峰北侧，距乌鲁木齐市97千米，是第四纪冰川活动中形成的高山堰塞湖。湖面海拔1 910米，最宽处约1 500米，最深处约103米。天山天池湖水如镜、清澈见底，瀑布飞溅，周边绿草如茵、森林茂密，不远处的博格达峰白雪皑皑。天山天池风景名胜区大体分为4个自然景观带，即低山带、山地针叶林带、高山亚高山带、冰川积雪带，这里是夏季的避暑胜地和登山活动的良好场所。2007年，天山天池风景名胜区被评为国家5A级旅游景区。

（三）喀纳斯湖

喀纳斯湖位于新疆阿勒泰地区布尔津县北部，湖面海拔1 374米，湖形如弯月，面积45.73平方千米，平均水深125米，最深处约188.5米，是古冰川强烈运动阻塞山谷积水而形成的淡水湖。喀纳斯是蒙古语，意思是"美丽而神秘"。湖区自然资源和生物物种非常丰富，自然风光优美异常，民俗风情独具特色。这里有清澈的湖水、辽阔的草原、茂密的森林和山舞银蛇的冰川，景观兼具北国风光之雄浑和南国山水之秀丽，加上"云海佛光""变色湖""浮木长堤"等胜景，使得这里成为闻名中外的旅游胜地。2007年，阿勒泰地区布尔津县喀纳斯景区被评为国家5A级旅游景区。

大美中国8-8　　　喀纳斯湖奇观

喀纳斯湖有几大奇观：一是湖水会随着季节和天气的变化时时变换颜色，晴天呈深蓝绿色，阴雨天呈暗灰绿色，夏季呈微带蓝绿的乳白色；二是传说湖中有"湖怪"，身长可达10米，但也有人认为这只是大型淡水食肉鱼类哲罗鲑；三是千米浮木长堤，这是湖中的浮木被强风吹着逆水上漂，在湖上游堆聚而成；四是喀纳斯云海佛光。

（四）葡萄沟风景区

葡萄沟位于吐鲁番市东北、火焰山西侧的一个峡谷中，因盛产葡萄而闻名。葡萄沟狭长平缓，南北长 8 000 米，东西宽 600～2 000 米，因有高山融雪为水源，所以这里绿树葱茏、瓜果飘香，尤其是有着大面积的葡萄园，葡萄架遍布，葡萄藤蔓层层叠叠。葡萄沟风景区是新疆吐鲁番地区的旅游胜地，2007 年被评为国家 5A 级旅游景区。

知识拓展 8-13   **吐鲁番葡萄为什么甜**

吐鲁番最出名的水果就是葡萄，正如新疆民谣所唱的："吐鲁番的葡萄哈密的瓜，库尔勒的香梨人人夸，叶城的石榴顶呱呱。"吐鲁番的葡萄特别甜，尤其是这里生产的无核白葡萄，含糖量高达 20%～24%，居世界之冠。吐鲁番葡萄之所以这么甜，与这里的地理环境有关。吐鲁番地处内陆盆地，气候干燥，雨量少，本不适合植物生长，但周围的高山能给这里送来丰富的冰雪融水，从而保证了葡萄所需的水分。这里冬冷夏热，昼夜温差大。白天温度高，有利于葡萄进行光合作用和养分的积累；夜间温度低，又减少了养分的消耗。因此，吐鲁番葡萄特别甜。

（五）那拉提旅游风景区

那拉提旅游风景区地处天山腹地，伊犁河谷东端，总规划面积 960 平方千米，三面环山。那拉提旅游风景区自南向北，由高山草原观光区、哈萨克民俗风情区、旅游生活区组成，包括那拉提草原、那拉提度假村、跑马场、巩乃斯河漂流及天山大峡谷、哈萨克民俗风情园等景点。那拉提草原地处南北疆的交通要道上，属于亚高山草甸植物区，拥有平坦的河谷、高峻的山峰、茂密的森林、广袤的草场，自古以来就是著名的牧场。那拉提旅游风景区将特有的原始自然风貌和当地的哈萨克民俗风情结合在一起，是集观光、游览、科学考察、休闲娱乐、避暑度假于一体的旅游观光度假区。2011 年，那拉提旅游风景区被评为国家 5A 级旅游景区。

（六）赛里木湖

赛里木湖位于博尔塔拉州博乐市，属于天山山体陷落而形成的地堑湖。湖面海拔 2 071 米，水域面积 453 平方千米，东西长 30 千米，南北宽 25 千米，是新疆海拔最高、面积最大的高山冷水湖。赛里木湖地处古丝绸之路北道，自古就是旅游名胜，它以神奇秀丽的自然风光享誉中外，有"高山明珠"之美誉。湖面辽阔，烟波浩渺，碧水与蓝天一色；湖畔草地广阔，雪山掩映，牧草如茵，牛羊如云，毡房点点，一片诗情画意的景象。历史遗存有岩画、乌孙国古墓群、碑刻、古代驿站遗址等。

（七）高昌故城

高昌故城位于火焰山南麓木头沟河三角洲、吐鲁番市东 40 多千米的三堡乡，曾是高昌王国的都城，是汉唐以来东西交通的要冲，也是古代丝绸之路上的重要门户。该城始建于公元前 1 世纪的汉代，在 13 世纪末的战乱中被毁。高昌故城平面呈长方形，周长约 5 400 米，占地面积约 200 万平方米，是古代西域留存至今最大的故城遗址。高昌故城为夯土筑墙，分为外城、内城和宫城三部分，建筑布局类似于唐代长安城，有"长安远在西域的翻版"之说。进入城内可参观外城墙、内城墙、宫城墙、可汗堡、烽火台、佛塔等建筑遗迹。高昌故城为全国重点文物保护单位。

（八）克孜尔千佛洞

克孜尔千佛洞又称克孜尔石窟，位于拜城县克孜尔镇，洞窟开凿在明屋塔格山的峭壁之间。克孜尔千佛洞属于佛教石窟，大约开凿于公元3世纪，公元8—9世纪逐渐停建，是我国开凿时间最早、地理位置最西的大型石窟群。石窟群分谷西区、谷内区、谷东区和后山区，现已编号的洞窟有236个，内存壁画约1万平方米。克孜尔千佛洞为研究古代新疆的政治、经济、文化、军事、民族、民俗等情况，以及中西经济、文化交流情况，提供了珍贵的形象资料，具有很高的科学和艺术价值。

（九）坎儿井

坎儿井是我国各族劳动人民在长期的生活中，为适应干旱地区的自然环境而建造的一种地下水利工程，它与长城、京杭大运河并称为我国古代三大工程。坎儿井主要分布在我国新疆地区，尤以吐鲁番最多。坎儿井对土质的要求很高，而吐鲁番的土质为沙砾和黏土胶结，质地坚实，不易坍塌，这为坎儿井的挖掘提供了良好的地质条件。吐鲁番坎儿井很早就有，年代最久远的坎儿井遗迹是魏晋时期开挖的。目前，吐鲁番坎儿井仍然在使用，总数达1 100多条。

🔄 课堂互动8-2

坎儿井有什么优势？

分析提示8-2

（十）火焰山

火焰山位于吐鲁番盆地的中北部，古丝绸之路北道，呈东西走向，长100多千米，最宽处达10千米，最高峰海拔800多米。山体主要由红色砂岩构成，寸草不生。盛夏季节，赤褐色的山体在烈日照射下，热气流不断上升，砂岩灼灼闪光，宛如烈焰熊熊，故名火焰山。这里是我国最炎热的地方，夏季气温最高可达47.8℃，地表温度最高可达89℃。《西游记》中唐僧取经受阻火焰山、孙悟空三借芭蕉扇的故事更为火焰山增添了神奇色彩，也使火焰山家喻户晓。

（十一）乌尔禾魔鬼城

乌尔禾魔鬼城位于克拉玛依市区东北100多千米的乌尔禾地区，占地面积约10平方千米。因为地处风口，四季狂风不断，又称乌尔禾风城。这是一处典型的雅丹地貌区域，山丘被狂风雕琢得奇形怪状、千姿百态，令人浮想联翩。同时，山坡上布满了各色石子，更给这里增添了几分神秘色彩。该地貌被《中国国家地理》"选美中国"活动评选为"中国最美的三大雅丹"第一名。

（十二）巴音布鲁克草原

巴音布鲁克草原位于和静县西北部，占地面积23 835平方千米。这里地势平坦，草原一望无际，遍地是优质的酥油草，盛产远近驰名的焉耆马和新疆细毛羊。这里湖泊众多，冰峰雪岭、青松翠柏、野花绿草和成群的牛羊相互掩映，构成了令人陶醉的草原风光。草原中还有我国著名的巴音布鲁克天鹅湖，每逢春季，冰雪解冻、春暖花开之时，上万只天鹅就会飞到这里栖息，游客可在专门设置的观鸟台上观赏天鹅和其他水禽。

思考与练习

一、选择题（有一个或一个以上正确答案）

1.甘肃省的矿产中，储量居全国第一位的有（　　　）。

A.镍　　　　　　B.钴　　　　　　C.铂族金属　　　　D.稀土

随堂测8-1

2.内蒙古生产的产品中，产量居全国第一位的有（　　　）。

A.牛奶　　　　　　B.羊肉　　　　　　C.羊绒　　　　　　D.稻米

3.（　　　）是世界上天然草原保留面积最大的地方。

A.锡林郭勒草原　　　　　　　　B.乌兰察布草原

C.呼伦贝尔草原　　　　　　　　D.科尔沁草原

4.被称为"塞上明珠"的是（　　　）。

A.包头　　　　　　B.兰州　　　　　　C.呼和浩特　　　　D.银川

5.构成我国地理上南、北方分界线的有（　　　）。

A.长江　　　　　　B.秦岭　　　　　　C.淮河　　　　　　D.白龙江

6.下列对应关系正确的有（　　　）。

A.镍都金昌　　　　B.钢城酒泉　　　　C.油城玉门　　　　D.铜城瓜州

7.中国旅游标志"马踏飞燕"出土于（　　　）。

A.酒泉　　　　　　B.武威　　　　　　C.张掖　　　　　　D.敦煌

8.关于兰州，下列说法正确的有（　　　）。

A.素有"瓜果城"之称　　　　　　B.是唯一黄河穿城而过的省会城市

C.石化之城　　　　　　　　　　D.古代"丝绸之路"上的重镇

9.被称为我国古代三大工程的是（　　　）。

A.坎儿井　　　　　　B.海塘　　　　　C.京杭大运河　　　D.长城

10.新疆的气候特点是（　　　）。

A.典型的温带大陆性干旱气候　　　B.昼夜温差大

C.南北气温差异大　　　　　　　　D.冬夏两季较长

二、判断题

1.满洲里铁路口岸和公路口岸是我国最大的陆运口岸。（　　　）

随堂测8-2

2.内蒙古最大的工业城市是呼和浩特。（　　　）

3.中国大西北开发最早的灌区位于甘肃。（　　　）

4.被称为"东方雕塑陈列馆"的是天水麦积山石窟。（　　　）

5.兰州是唯一黄河穿城而过的省会城市。（　　　）

6.我国最大的沙漠和第二大沙漠都位于新疆。（　　　）

7.新疆是全国拥有机场最多的省区。（　　　）

三、简答题

1.内蒙古有哪些突出的自然资源？

2.内蒙古有哪些著名的旅游资源？

3.简要介绍包头市。

4."宁夏五宝"是指什么？

5.宁夏的主要旅游资源有哪些？

6.甘肃有哪些代表性的旅游项目？

7.简要介绍敦煌莫高窟。

8.新疆有哪些主要的旅游资源？

9.简要介绍坎儿井。

四、实践训练

1.千百年来，甘肃敦煌的月牙泉处于茫茫沙海之中，既不会干涸，也不会被沙海埋没，其月牙形状亘古不变，形成了沙海奇观。查找相关资料，依据所学的地理知识，解释这一现象的成因。

2."风吹绿草遍地花，彩蝶纷飞百鸟唱，骏马好似彩云朵，牛羊好似珍珠撒。"这句歌词赞美的是哪里的风光？这一风光的主要特征是什么？

3."天山南北好牧场，戈壁沙滩变良田，积雪融化灌农庄……麦穗金黄稻花香啊，风吹草低见牛羊，葡萄瓜果甜又甜，煤铁金银遍地藏。"这是哪首歌的歌词？描写的是哪里的风光？这里的风光还有什么特征？

4.河西走廊地处干旱地区，为什么能成为著名的商品粮基地？

5."早穿皮袄午穿纱，围着火炉吃西瓜"反映的是西北地区什么样的气候特征？

6.在宁夏中卫市的香山地区，人们在种西瓜的时候，喜欢先在山坡地上铺一层厚砂砾，人们把这种地里种出的西瓜称为"石头缝里的西瓜"。结合当地的气候特点，解释人们为什么要这么做。

五、课堂讨论

丝绸之路是世界历史上一条著名的沟通东西方文化的商贸流通大道，流传着无数的故事和传说。讨论：

（1）丝绸之路旅游资源是否值得开发？有何市场优势？

（2）开发这一旅游资源可能面临哪些困难？

第九章 长江中下游旅游区

本章导读

　　长江中下游旅游区包括位于长江中下游的六省一市，即江苏、浙江、安徽、江西、湖北、湖南六省和上海市。本区平均海拔较低，地貌以平原、丘陵为主，属于我国地形三大阶梯中最低的一级，主要地理单元为长江中游平原（江汉平原、洞庭湖平原和鄱阳湖平原）、长江下游平原、苏皖平原、江南低山丘陵等。武陵山、雪峰山、罗霄山、南岭、武夷山、大别山是本区主要的大山，黄山、庐山、张家界、三清山、雁荡山、衡山、九华山、武当山等是本区的旅游名山。

　　本区河网交织，湖泊星罗棋布，瀑布、泉水众多。长江横贯东西，汉江、湘江、赣江、淮河、钱塘江及京杭大运河等都是本区主要的河流。本区的主要湖泊有鄱阳湖、洞庭湖、太湖、洪泽湖、巢湖。此外，杭州西湖、南京玄武湖、扬州瘦西湖、嘉兴南湖、淳安千岛湖、武汉东湖等都是本区著名的风景湖泊。本区不少瀑布和名泉享誉中外，如黄山人字瀑、庐山香炉峰瀑布、雁荡山大小龙湫瀑布、镇江中冷泉、无锡惠山泉、杭州虎跑泉等。

　　本区属于典型的亚热带季风气候，四季分明，雨量充沛。因北部无高大山地阻挡，所以冬季气温较世界同纬度地区低，但严冬时间不长；春季常春雨绵绵，有"清明时节雨纷纷"之说；夏季受亚热带高压控制，气温高，武汉、长沙、南昌、南京等是著名的江南"火炉"；秋季阳光灿烂、秋高气爽，是本区最佳的旅游季节。

　　本区历史悠久，文化发达，人才辈出，文物古迹众多。其书院文化、宗教文化及史学、经学、文学、医学、艺术、建筑、园林等都在我国独树一帜，并且产生过重大影响。

　　本区位置优越，人口稠密，城镇集中，交通便利，经济发达。在古代，本区是我国著名的"鱼米之乡"；现在，本区也是我国重要的工业基地，尤其是长江三角洲地区，已成为我国经济最发达和最具活力的地区之一。本区许多城市和旅游区既有山水之美，又有很多文物古迹，是我国旅游业较为发达的地区。

第一节　上海旅游区

一、上海概况

　　上海市简称沪或申，是我国四个直辖市之一。上海市是我国最大的城市，是我国最重要的经济、贸易、科技、交通、金融和信息中心，是世界著名的港口城市。上海市占地面积 6 340.5 平方千米。截至 2019 年末，全市常住人口 2 428.14 万人（2016 年为 2 419.7 万人），其中户籍常住人口 1 450.43 万人。人口中汉族占绝大多数，人数较多的少数民族有回族、满族等。现辖 16 个市辖区，市政府驻黄浦区。

（一）方位

上海市位于我国南北海岸中心点，长江入海口处，北界长江，东濒东海，南临杭州湾，西接江苏、浙江两省。

（二）地貌

上海市是长江三角洲冲积平原的一部分，除西部松江一带有天马山、佘山、凤凰山等少数小山丘外，境内全部为坦荡低平的平原，平均海拔 4 米左右。位于金山区杭州湾的大金山岛为上海市境内最高点，海拔 103.7 米。因地势低，每当汛期和江海高潮，尤其是秋季大潮汛和台风暴雨同时来临时，上海市易受江海横溢之害，必须构筑海塘江堤防范。

知识拓展 9-1　　　　　　　　　　　　　　　**上海的湿地**

上海地势低平，属于江南水乡，濒临大海，又处于长江入海口处，因此拥有大量的天然湿地。上海的湿地总体上属于滨海湿地，是上海生物多样性最高的自然生态系统。

课堂互动 9-1

上海为什么会有咸潮灾害？（咸潮灾害指的是因海水倒灌而引起的灾害）

分析提示 9-1

（三）河湖与岛屿

上海市河湖密布，主要水域和河道有长江口、黄浦江、吴淞江（苏州河）。长江从上海市北部注入东海，江口逐渐向外展宽，最宽处达 80 千米。黄浦江是上海市内主要的河流，全长约 113 千米，在市区汇合苏州河后，至吴淞口注入长江。淀山湖是上海市最大的淡水湖泊。上海市主要的岛屿有崇明岛、长兴岛和横沙岛，其中崇明岛面积 1 269.1 平方千米，是我国第三大岛，也是我国最大的沙岛，被誉为"长江门户、东海瀛洲"。

大美中国 9-1　　　　　　　　　　　　　　　**吴淞口**

吴淞口是黄浦江与长江的汇合处，又因紧临着长江的入海口，所以这里是黄浦江、长江和东海三股水流交汇的地方。如果正值涨潮，游客可以看到著名的"三夹水"奇观，即黄浦江从市区带出的是青灰色的水，长江带来的是夹有泥沙的黄色的水，而东海的水是绿色的，三股水颜色不同，泾渭分明。

（四）气候

上海市属于亚热带季风性气候，2018 年全市平均气温 17.7℃，降水量 1 407.9 毫米，温暖湿润，四季分明，春秋较短，冬夏较长。夏季湿热，冬季干冷，春季偶有寒潮侵袭。

知识拓展 9-2 　　　　　　　　　　　上海的梅雨

　　每年的初夏时节，上海都会出现较长时间的阴雨天气，因为此时正是梅子成熟的季节，所以人们称这种雨为"梅雨"。梅雨存在于整个江南地区，此时高温高湿、日照少、雨天多、雨量大，且经常出现暴雨。上海的梅雨一般从6月17日前后开始，至7月上旬结束。

　　（五）自然资源

　　上海市的地带性植被是常绿阔叶与落叶混交林。由于上海市开发较早，且人类活动频繁，因此上海市的天然植被较为贫乏，现有原生植被主要分布于大金山岛和佘山的局部地段。上海市的森林覆盖率为17.6%（2019年）。上海地域狭小，成陆时间短，矿产资源较为匮乏。

　　（六）经济

　　上海市是我国最大的商业中心、金融中心和国际化大都市，是我国发展最早、规模最大的综合性工业城市。轻纺工业历来占有重要地位，现已发展起冶金、石化、机械、造船、汽车等重工业，航空航天、计算机、光纤通信、生物工程等高新技术产业也在快速崛起。上海是农业生产机械化、水利化水平都较高的区域，种植业以水稻和小麦等粮食作物为主。

　　2019年，上海市实现地区生产总值38 155.32亿元，人均地区生产总值15.73万元，居民人均可支配收入69 442元。

　　（七）交通

　　上海市是我国最大的集装箱港口，也是世界十大港口之一，联系着世界上160多个国家和地区的400多个港口。2019年，上海港完成集装箱吞吐量4 330万国际标准箱，连续十年居世界第一位。上海的旅客运输以铁路运输和民航运输为主。2019年，铁路完成旅客运输量12 833.85万人次，民航完成旅客运输量6 120.85万人次。京沪铁路、沪杭铁路、沪昆铁路及京沪高铁、沪杭高铁、泸昆高铁等是上海的主要铁路线。上海浦东、虹桥两个国际机场都是国内重要的航空港，历年旅客运输量均居全国各通航机场前列。

知识拓展 9-3

　　上海的轨道交通线网规模居全国各城市之首。截至2019年末，上海轨道交通运营线路长度已达到704.91千米，运营车站415个。上海磁悬浮列车专线西起上海轨道交通2号线的龙阳路站，东至上海浦东国际机场，是世界上第一条投入商业化运营的磁浮示范线，2006年4月27日正式投入商业运营。

　　（八）历史文化

　　早在6 000多年前，上海西部地区就有人类在此生息。战国时期，这里是楚国春申君黄歇的封地（所以上海又称申）。上海长期受到吴越文化的熏陶，近代以来又是外国人首先进入中国的门户，中西方文化在此交流碰撞。

黄道婆和徐光启都是上海古代名人的突出代表。黄道婆是宋末元初著名的棉纺织家、技术改革家，她制成了当时世界上最先进的棉纺车，比西方第一架手摇纺纱机早了400多年。明朝官员徐光启是最早把西方文化介绍到中国的科学家之一。

（九）特产

顾绣、五香豆、梨膏糖、三林老字号酱瓜、南桥乳腐、大白兔奶糖等都是上海富有特色的产品。此外，上海素有"美食天堂"和"购物乐园"之称，拥有世界各国的特色饮食和经典时尚产品。

二、上海旅游概况

上海旅游资源丰富，人文旅游资源和自然旅游资源相得益彰。作为我国最大的工商业城市，上海经历了从海滨渔村到现代都市的转变。在这里，人们既可欣赏江河湖海之胜、岛屿森林之美，又可领略名城水乡之秀、人文荟萃之优，其都市风光、水乡风情、城市建筑、历史古迹等都极富魅力。

目前，上海正在逐步形成三个重要的旅游圈，即以人民广场和黄浦江两岸为中心的城市观光、商务、购物旅游圈；以公共活动中心和社区为主的环城都市文化旅游圈；以佘山、淀山湖、崇明岛等为重点的远郊休闲度假旅游圈。主要旅游资源有中国共产党第一次全国代表大会会址、孙中山故居、鲁迅故居、外滩、南京路步行街、豫园、东方明珠广播电视塔、上海金茂大厦、黄浦江、人民广场、上海新天地、朱家角镇、吴淞古炮台等。

三、上海主要旅游景区

（一）外滩

外滩是上海的一张城市名片，位于黄浦区东部，全长1.5千米。外滩东侧是波光粼粼的黄浦江和外滩新堤岸，站在堤岸上，可尽情欣赏黄浦江和对岸浦东陆家嘴的风光。外滩西侧矗立着集中西风格于一体的建筑群，有哥特式、巴洛克式、罗马式、古典主义式、文艺复兴式等，著名的中国银行大楼、和平饭店、海关大楼、汇丰银行大楼等林立其间，风格各异、华贵典雅，被誉为"万国建筑博览群"。图9-1为外滩夜景。

AR全景9-1：上海外滩

（二）南京路步行街

南京路步行街全长1 033米，是上海最古老、最有名的商业街，有"中华商业第一街"之称。其精华地段是东侧黄河路与河南中路之间的南京路段。街道两旁高楼林立、店铺云集，上海市第一百货商店、华联商厦、上海时装公司等闻名全国，另有数百家中小规模的专卖店，大多装修精美。这里

图9-1　外滩夜景

既是购物的天堂，也是观光游览的佳地，白天行人如织、熙熙攘攘，夜晚霓虹闪烁、绚丽多彩。

（三）豫园

豫园（如图9-2所示）位于上海老城厢的东北部，至今已有400多年的历史，是著名的江南古典园林、全国重点文物保护单位，也是上海市唯一保存完好的江南古典园林。明

图9-2 豫园

代四川布政使潘允端为奉养他的父亲，命人建此园林，有"豫悦老亲"之意，故名"豫园"。园区面积达20 000余平方米，布局巧妙曲折，有亭、台、楼、阁、假山、池塘等古代建筑，体现了明、清两代南方建筑艺术的风格。

（四）朱家角镇

朱家角镇位于上海市青浦区，兴盛于明朝万历年间。镇内河港交错，桥梁众多，保存有大量明清古建筑，是上海四大历史文化名镇之一。这里有一座上海最大的五孔石拱桥——放生桥，该桥始建于明代万历年间，全长70.8米，宽5.8米，构造精巧，被誉为"沪上第一桥"。镇上的课植园也是历史悠久的名园，园中有各种建筑及生活用房200余间，布局错落有致、疏密得当，在私家园林建筑中是极为罕见的。

（五）吴淞古炮台

吴淞古炮台位于宝山区，是民族英雄陈化成率部抗击英国侵略者的前沿阵地。1842年6月，英军舰队进犯吴淞口，陈化成在吴淞炮台率部迎头猛击，重创敌舰多艘，终因寡不敌众而壮烈牺牲。现在吴淞古炮台还存有当年所用的"平夷将军"大炮。

（六）龙华寺

龙华寺位于上海市南郊的龙华街道，是江南地区著名的寺院，也是上海历史最悠久、建筑最雄伟的佛寺。相传龙华寺是三国时期的孙权为了孝敬其母亲而修建的。龙华寺前有一座高约41米的龙华塔，龙华塔是上海市区唯一的宝塔。龙华寺现存建筑为清光绪年间重建。

（七）东方明珠广播电视塔

东方明珠广播电视塔（如图9-3所示）位于浦东新区世纪大道1号，于1991年7月兴建，1995年5月正式投入使用，它集广播电视发射、娱乐、游览于一体，是上海旅游的新地标。塔高约468米，与外滩的"万国建筑博览群"隔江相望。塔内设有上海城市历史发展陈列馆、观光层、旋转餐厅等。东方明珠广播电视塔下有国际游船码头，游客

图9-3 东方明珠广播电视塔

在这里登船可沿黄浦江游览并一直到达长江口。

（八）上海金茂大厦、上海环球金融中心和上海中心大厦

上海金茂大厦、上海环球金融中心和上海中心大厦都是位于上海浦东新区陆家嘴金融贸易区的超高层建筑。

上海金茂大厦位于浦东新区世纪大道88号，高420.5米，占地面积2.4万平方米，地上88层、地下3层、裙房6层，总建筑面积29万平方米，与著名的外滩风景区隔江相望。大厦里设有办公楼、五星级金茂君悦酒店、观光厅等。

上海环球金融中心位于上海金茂大厦旁边，高492米，占地面积14 400平方米，建筑物地上101层、地下3层，总建筑面积38.16万平方米，建有完备的办公设施、会议中心和豪华酒店等。

上海中心大厦紧邻上海金茂大厦和上海环球金融中心，是上海市又一座标志性建筑。上海中心大厦占地面积433 954平方米，地上118层、地下5层，总高632米，结构高度580米，是我国第一高楼。2016年3月12日，上海中心大厦正式全部完工，它以办公为主，兼具会展、酒店、观光娱乐、商业等功能。2017年4月26日，位于大楼第118层的"上海之巅"观光厅正式向公众开放，这里的垂直高度达546米，可360度俯瞰上海城市风貌。

（九）上海迪士尼乐园

上海迪士尼乐园位于上海市浦东新区川沙新镇，于2016年6月16日正式开园，是我国内地第一个、亚洲第三个、世界第六个迪士尼主题公园。园内拥有米奇大街、梦幻世界、奇想花园、探险岛、宝藏湾、明日世界和玩具总动员七大主题园区。

（十）黄浦江

黄浦江（如图9-4所示）两岸荟萃了上海城市景观的精华，游客在这里可以看到上海的过去、现在，更可以展望上海的灿烂明天。在游览黄浦江的过程中，游客可以看到横跨黄浦江两岸的杨浦大桥、南浦大桥，可以看到陆家嘴耸立的高楼和上海东方明珠广播电视塔，可以看到黄浦江西岸一幢幢风格迥异、充满浓郁异国色彩的万国建筑。

图9-4　黄浦江

（十一）人民广场

人民广场位于上海市中心，中华人民共和国成立前是上海跑马厅。1951年9月，上海市人民政府将跑马厅的北半部改建为人民公园，将南半部开辟为人民广场，作为庆典集会的场所。1993年底，人民广场进行综合改建，1994年竣工。人民广场周围有上海城市规划展示馆、上海博物馆和上海大剧院等标志性建筑。人民广场已经成为上海城市文明的象征。

（十二）上海新天地

上海新天地是在上海独特的石库门建筑旧区的基础上改造成的具有国际水平的集餐饮、商业、娱乐、文化于一体的休闲步行街，是一个具有上海历史文化风貌的都市旅游景点。上海新天地以中西融合、新旧结合为基调，将上海传统的石库门里弄与充满现代感的新建筑融为一体，是感受上海历史文化和现代生活形态的绝佳之地。

第二节　江苏旅游区

一、江苏概况

江苏省简称苏，旧时取境内江宁、苏州两府的首字命名。全省土地面积10.72万平方千米。截至2019年末，全省常住人口8 070万人（2016年为7 998.6万人），是我国人口密度最大的省。人口中汉族占99.5%，少数民族中以回族人口居多。现辖13个地级市，省会是南京市。

（一）方位

江苏省位于我国东部沿海，长江、淮河下游，北接山东，东濒黄海，东南临浙江、上海，西接安徽。

（二）地貌

江苏省的地形以平原为主，平原（含水面）约占全省总面积的86.9%，包括苏北平原、黄淮平原、江淮平原、长江三角洲平原（含太湖平原）和滨海平原。此外，江苏省境内还有少量的低山、丘陵和岗地，主要分布在省境西南部和东北部。

（三）河流与湖泊

江苏省水网密布，水域面积比重居全国各省区之首。全省有乡级以上河道2万余条，河网密度居全国前列，主要河流有长江、淮河、京杭大运河等。江苏省湖泊众多，太湖、洪泽湖、高邮湖都是著名的大湖。

大美中国 9-2　　　　　　　　　　　　　　　　　　　**太湖**

太湖位于江苏省南部，面积2 445平方千米，是我国五大淡水湖之一。太湖周边河川纵横，湖荡成群，西面有长荡湖，东面有阳澄湖、澄湖、淀山湖等，从而形成了以太湖为中心的湖泊群。太湖流域土壤肥沃，经济发达，农产品丰富，是我国著名的"鱼米之乡"。江苏省的著名城市苏州、无锡、常州都环绕在太湖周边。太湖也是江苏省主要的内河航道，沿湖各市、县均有航道与太湖相通，但是由于太湖周边地势低，因此防洪排涝非常重要。

（四）气候

江苏省属于亚热带季风气候和暖温带季风气候的过渡地带，季风显著，雨量充沛，四季分明。以淮河、苏北灌溉总渠一线为界，南边属于亚热带湿润季风气候，雨季较长；北边属于暖温带湿润、半湿润季风气候，雨季较短。

知识拓展 9-4

总体而言，江苏的气候条件优越，适合发展农业，但也常有灾害性天气出现。连阴雨就是江苏常见的灾害性天气之一，一年四季都有可能出现。春季的连阴雨多出现在4月，秋季的连阴雨多出现在9月，有时还伴有暴雨和大风。连阴雨对农业、工业、交通运输业、旅游业都有不利影响。

（五）自然资源

江苏省的土质较好，水资源丰富，适合发展农业。沿海滩涂面积约占全国滩涂面积的1/4，居全国首位。珍稀濒危野生动植物主要有麋鹿、丹顶鹤、白腹海雕、秤锤树等。渔业资源丰富，被称为"太湖三白"的白鱼、银鱼、白虾等都是水中珍品。有色金属类、建材类、膏盐类、特种非金属类矿产构成了江苏省矿产资源的特色和优势，煤炭、石油、天然气、铁等能源矿产和金属矿产较贫乏。

（六）经济

江苏省是经济大省，是我国工业、农业最发达的省区之一。工业门类主要有机械、电子、纺织、石油化工等。机械工业总量居全国前列，电子信息产业是江苏省重要的经济增长点，纺织工业是江苏省的传统优势产业。江苏省是我国南方地区最大的石油化工基地，有色金属加工能力居全国前列。江苏省是我国著名的"鱼米之乡"，素有"苏湖熟，天下足"的美誉。

2019年，江苏省实现地区生产总值99 631.5亿元，人均地区生产总值123 607元，居民人均可支配收入41 400元。

（七）交通

江苏省已形成便捷的交通运输网络，旅客运输以铁路和公路为主。2019年，铁路完成旅客运输量22 879.7万人次，公路完成旅客运输量94 475万人次。京沪高铁、宁杭高铁、郑徐高铁、陇海铁路等是江苏省的主要铁路线，南京、徐州是全国重要的铁路枢纽。江苏省水运发达，内河航运里程居全国各省区首位，95%以上的县、市可通机动船。长江水道和京杭大运河构成了江苏省主要的内河航线，南京、镇江、张家港、南通等是长江的重要港口。南京、常州、无锡、徐州等城市均建有民航机场。

（八）历史文化

江苏省历史悠久，是中华文明的发源地之一。禹分天下为九州，江苏分属徐、扬二州。春秋战国时，江苏分属吴、越、楚、齐、鲁等国。历史上，江苏人民创造了灿烂的吴文化、金陵文化。

（九）特产

江苏省的特产主要有苏绣、桃花坞年画、无锡惠山泥塑、宜兴陶瓷、南京云锦、扬州玉雕和漆器、太湖猪、太湖鹅、高邮鸭、阳澄湖大闸蟹、碧螺春茶、泰兴白果等。

大美中国 9-3 苏绣和桃花坞年画

苏绣主要产于江苏省苏州、南通一带，始于春秋，宋代已相当成熟，到清代进入鼎盛时期。苏绣以绣工精细、色彩淡雅、图案秀丽著称，技巧特点可概括为"平、光、齐、匀、和、顺、细、密"八个字。最能体现苏绣艺术特征的作品是"双面绣"。

桃花坞年画源于宋代的雕版印刷工艺，到明代发展成为民间艺术流派，清雍正、乾隆时期达到鼎盛。桃花坞年画风格独特，技艺精湛，它与天津杨柳青年画并称为"南桃北杨"。

二、江苏旅游概况

江苏旅游业发达，旅游资源丰富，拥有苏州古典园林、明孝陵、京杭大运河等世界文化遗产，拥有中国黄（渤）海候鸟栖息地（第一期）等世界自然遗产，拥有钟山风景名胜区、苏州吴中太湖旅游区、扬州瘦西湖风景区、夫子庙秦淮风光带、常州中华恐龙园、天目湖旅游度假区、中央广播电视总台无锡影视基地、灵山景区、鼋头渚风景区、周庄古镇、同里古镇、金鸡湖景区、濠河风景区、溱湖国家湿地公园等国家5A级旅游景区。

江苏是旅游城市高度集中的地区，有国家历史文化名城13座（南京、徐州、淮安、镇江、常熟、苏州、扬州、无锡、南通、宜兴、泰州、常州、高邮），有中国优秀旅游城市28座。南京的六朝胜迹、苏州的古典园林、无锡的太湖风光、扬州的汉唐文化和园林、镇江的山林寺院、连云港的滨海风光等都独具魅力。

三、江苏主要旅游景区

（一）南京

南京简称宁，古称金陵、建康，是国家历史文化名城、我国四大古都之一，也是我国南方的政治、经济、文化中心，有"六朝古都"（"六朝"指三国东吴、东晋和南朝的宋、齐、梁、陈）和"十朝都会"之誉。六朝时期的南京是世界上第一个人口超过百万的城市，与古罗马城并称为世界古典文明的两大中心。主要景点有中山陵、南京故宫、明孝陵、南京明城墙、夫子庙秦淮风光带、南京长江大桥、南京总统府、石头城遗址公园、宝船厂遗址、南唐二陵、大报恩寺遗址公园等。

1.中山陵

中山陵位于南京市钟山风景名胜区内，是民主革命的先行者孙中山先生的陵墓。中山陵于1926年兴建，1929年落成。整个陵墓建筑群依山势而层层上升，显得庄严肃穆、气势宏伟。主要建筑有博爱坊、墓道、陵门、碑亭、祭堂和墓室等。

2.南京故宫

南京故宫又称明故宫，始建于1366年，是明朝洪武、建文、永乐三代的皇宫，也是北京故宫的蓝本。明成祖迁都北京后，南京故宫仍保持原有建制。南京故宫规模宏大，布局严谨，雕刻精美。现尚存午门，东、西华门，内、外五龙桥等遗址。

3.明孝陵

明孝陵（如图9-5所示）是明朝开国皇帝朱元璋与马皇后的合葬墓，坐落于紫金山南麓，东毗中山陵，南临梅花山。明孝陵规制严谨，代表了明初建筑和雕刻艺术的最高成就，直接影响了明清两代500多年帝王陵寝的形制。2003年，明孝陵被列入《世界遗产名录》。

图9-5　明孝陵

4.南京明城墙

南京明城墙（如图9-6所示）是我国古代城防建筑的典型代表，始建于1366年，1393年完工。南京明城墙由宫城、皇城、京城和外郭四重城池组成，其中京城城墙全长35.267千米，现存25.091千米，是世界上现存最长的城市城墙。南京明城墙高14～26米，上宽4～14米，下宽14～30米，采用砖、石构造，以糯米拌石灰灌浆作为黏合剂，有的掺上桐油，因此墙体

图9-6　南京明城墙

十分坚固。南京明城墙的砌筑技术达到了我国古代筑城史上的最高水平，对明清两代全国性筑城高潮的到来起到了至关重要的作用。

5.夫子庙秦淮风光带

夫子庙秦淮风光带位于南京市秦淮区，为国家5A级旅游景区、中国旅游胜地四十佳之一。夫子庙是我国四大文庙之一、金陵历史人文荟萃之地，始建于东晋咸康三年（337年），四毁五建。秦淮河是流经南京的主要河流，分内秦淮河和外秦淮河，内秦淮河的南支即著名的"十里秦淮"。夫子庙秦淮风光带即环绕夫子庙古建筑群和十里秦淮的一条著名城市观光带，是南京历史文化荟萃之地，主要景点有夫子庙、中华门城堡、江南贡院、乌衣巷、瞻园、白鹭洲公园等。

知识拓展9-5　　　　　　　　　**江南贡院和乌衣巷**

江南贡院位于夫子庙东侧，又称南京贡院、建康贡院，始建于南宋，是我国南方地区开科取士之地，也是我国历史上规模最大、选拔人才最多、影响最广的科举考场，极盛时考试号舍达2万多间，占地面积超过30万平方米，仅明清时期全国就有半数以上官员出自江南贡院。现在这里建有中国科举博物馆。

乌衣巷是我国历史最悠久、最著名的古巷。三国时吴国戍守石头城的部队营房曾位于此，因士兵身着黑色制服，故名乌衣巷。晋代，这里成为王、谢两家豪门大族的住宅区。王导、谢安、王羲之、王献之、谢灵运等都曾在此居住。唐代诗人刘禹锡曾赋诗《乌衣巷》，感叹乌衣巷的沧桑巨变。2004年，乌衣巷被南京市民评为"南京十佳老地名"之首。

（二）苏州

苏州位于江苏省东南部，有2 500多年的建城历史，是首批国家历史文化名城之一、全国10个重点旅游城市之一。这里地势低平、河道纵横，有"水乡泽国"之称，并有"丝绸之府"和"工艺之都"的美誉。苏州素来以山水秀丽、园林典雅而闻名天下，有"江南园林甲天下，苏州园林甲江南"的美誉。16—18世纪，苏州有园林200余处，现在保存尚好的有数十处，其中9座古典园林被联合国教科文组织确定为世界文化遗产。

AR全景9-2：拙政园

1.拙政园

拙政园（如图9-7所示）占地面积约52 000平方米，是苏州最有代表性和最大的名园，也是江南古典园林艺术中的典范，它与北京颐和园、承德避暑山庄、苏州留园并称为我国四大名园。

拙政园最初为唐代诗人陆龟蒙的住宅，元时为大弘寺。明正德年间，御史王献臣辞职回乡，买下寺产进行改建，借晋代潘岳《闲居赋》中的诗句"灌园鬻蔬……此亦拙者之为政也"之意取名"拙政园"。园内布局以水为中心，分东、中、西三个景区。中部是全园的精华，池广树茂、景色自然、主次分明，主要景点有远香堂、香洲、荷风四面亭、见山楼、小飞虹、小沧浪等；西部回廊起伏、布局紧凑、构思精巧，主要景点有三十六鸳鸯馆、与谁同坐轩、倒影楼等；东部景区明快开朗，以松林草坪、竹坞曲水为主，主要景点有兰雪堂、芙蓉榭、天泉亭、秫香馆等。

图9-7　拙政园

2.留园

留园位于苏州阊门外留园路338号，是我国四大名园之一。留园始建于明代，万历二十一年（1593年）为太仆寺少卿徐泰时的私家园林，时人称"东园"。留园建筑布局紧凑，厅堂精美典雅，尤其以建筑空间处理得当而居苏州园林之冠。留园是全国重点文物保护单位、世界文化遗产。

3.虎丘

虎丘位于苏州古城西北，被誉为"吴中第一名胜"。宋代大诗人苏东坡曾有"到苏州不游虎丘，乃憾事也"的感叹。虎丘又名海涌山、海涌峰、虎阜，已有2 500多年的历史。景区内景色幽绝，人文景观丰富，是驰名中外的旅游胜地。图9-8为虎丘剑池（据说是吴王阖闾的葬地）。

4.盘门

盘门（如图9-9所示）位于苏州古城南隅，是苏州最古老的城门，也是我国现存唯一的水陆城门。盘门始建于春秋时期，古称"蟠门"，因水陆萦回，改称今名。现城门为元代重建，明、

图9-8　虎丘剑池

清续修。

5.枫桥风景名胜区

枫桥风景名胜区的名气在很大程度上来自唐代张继的《枫桥夜泊》诗："月落乌啼霜满天，江枫渔火对愁眠。姑苏城外寒山寺，夜半钟声到客船。"景区内有著名的寒山寺，还可观赏古运河、古桥、古关、古镇的独特风光，是苏州风景名胜资源的重要组成部分，具有独特的历史文化价值。

图9-9　盘门

6.周庄

周庄（如图9-10所示）是江南著名的水乡古镇，位于昆山市西南，原名贞丰里，始建于北宋时期。古镇河汊纵横，以河成街，桥街相连，依河建屋，较好地保存了"小桥流水人家"的风貌。全镇有众多明清时代的建筑，并建有近百座古宅大院，最有名的是被视为江南民居之最的"七进五门楼"的沈厅和"轿从前门进，船自家中过"的张厅。河道上有保存较好的元、明、清三代石桥十余座，其中最有名的是双桥。画家吴冠中曾撰文赞誉："黄山集中国山川之美，周庄集中国水乡之美。"

图9-10　周庄

（三）无锡

无锡位于江苏南部、长江三角洲的中心，是国家历史文化名城、国家优秀旅游城市。无锡地处太湖北岸，具有秀丽的自然风光、深厚的人文底蕴和发达的现代文明，是太湖之滨一颗璀璨的明珠。无锡的主要旅游景点有鼋头渚风景区、中央广播电视总台无锡影视基地、灵山胜境、东林书院、锡惠公园、寄畅园、梅园、徐霞客故居、宜兴三洞、中国宜兴陶瓷博物馆等。

1.鼋头渚风景区

鼋头渚风景区位于无锡太湖之滨。因有巨石突入湖中，形似浮鼋翘首，故而得名。景区内有亭台楼阁、曲廊幽栏，还可饱览太湖的山水风光，被认为是观赏美景的最佳之地，有"天然图画"和"太湖第一名胜"之誉。

2.中央广播电视总台无锡影视基地

中央广播电视总台无锡影视基地坐落在美丽的太湖之滨，始建于1987年，是我国首创的大规模影视拍摄和旅游基地，也是我国首家将影视文化与旅游相结合的主题园，主要景点有三国城、水浒城和唐城等。这里拥有大规模的古典建筑群，真实再现了当时历史背景下的建筑风貌，每年都吸引着众多摄制组在这里拍摄电视剧和电影，同时也吸引着大量游客来这里探索影视制作的奥秘。2007年，中央广播电视总台无锡影视基地被评为国家

5A级旅游景区。

（四）扬州

扬州位于江苏中部，长江与京杭大运河交汇处，是集工商、科教、旅游、生态于一体的地域中心城市，也是首批国家历史文化名城之一。公元前486年，春秋时代的吴王夫差为北上争霸而修筑邗城，为扬州建城之始。目前，扬州仍保存着春秋以来的历代古城遗址

和明清以来的老城街巷格局，拥有各类文物保护单位数百处。"扬州八怪"的绘画艺术、扬州工艺、扬州美食、扬州戏剧、扬州曲艺、扬州园林、扬州雕版、扬州学派等都是扬州文化的瑰宝。2019年10月，联合国教科文组织官方微博发布消息，扬州成功入选"世界美食之都"。扬州的主要旅游资源有瘦西湖、个园、何园、大明寺、扬州八怪纪念馆等。

瘦西湖（如图9-11所示）位于扬州市西北郊，自六朝以来，即为风景胜

图9-11 瘦西湖

地。因湖身狭长曲折，故得名。瘦西湖湖区山环水绕，楼阁掩映，设计者巧妙利用桥、岛、堤等划分空间，将瘦西湖清瘦秀丽、曲折多变、古朴多姿的韵味展现得淋漓尽致。主要景点有小金山、徐园、吹台、五亭桥、白塔等。瘦西湖L形狭长河道的顶点是眺景最佳处。

（五）中国黄（渤）海候鸟栖息地（第一期）

中国黄（渤）海候鸟栖息地（第一期）位于江苏省盐城市，主要由潮间带滩涂和其他滨海湿地组成。这里是东亚-澳大利亚候鸟迁徙路线上的关键枢纽，是全球数以百万迁徙候鸟的停歇地、换羽地和越冬地，为23种具有国际重要性的鸟类提供了栖息地，支撑了17种世界自然保护联盟濒危物种红色名录物种的生存。2019年7月5日，中国黄（渤）海候鸟栖息地（第一期）被列入《世界遗产名录》。

第三节 浙江旅游区

一、浙江概况

浙江省简称浙，因境内最大的河流钱塘江旧称浙江而得名。陆域面积10.55万平方千米，是我国面积较小的省份之一。截至2019年末，全省常住人口5 850万人（2016年为5 590万人），人口密度居全国前列。现辖11个地级市，省会是杭州市。

（一）方位

浙江省地处我国东南沿海长江三角洲南翼，东濒东海，南临福建，西连江西、安徽，北接上海、江苏。

（二）地貌

浙江省地形复杂，山地和丘陵占70%以上。地势由西南向东北倾斜，大致可分为浙北平原（主要为杭嘉湖平原、宁绍平原）、浙西丘陵、浙东丘陵、中部金衢盆地、浙南山地、东南沿海平原及滨海岛屿六个地形区。主要山脉为括苍山、仙霞岭、天台山、会稽山、四明山、天目山、莫干山等。浙江省是我国岛屿最多的省份，面积大于500平方米的海岛有2 878个，舟山岛为浙江第一大岛和我国第四大岛。

大美中国9-4 　　　　　　　　　　　**杭嘉湖平原**

杭嘉湖平原以杭州、嘉兴、湖州为中心，是长江三角洲平原的一部分，由长江和钱塘江泥沙冲积而成。杭嘉湖平原地势低平、湖泊众多、河网密布、土壤肥沃，素有"鱼米之乡"和"丝绸之府"之称。

（三）河流与湖泊

钱塘江、瓯江、灵江、苕溪、甬江、飞云江、鳌江、曹娥江是浙江省的八大水系。杭州西湖、绍兴东湖、嘉兴南湖、宁波东钱湖及人工湖泊千岛湖都是浙江的名湖。

大美中国9-5 　　　　　　　**钱塘江、新安江与富春江**

钱塘江、新安江与富春江其实是同一条河流，统称为钱塘江。钱塘江自北源新安江起算，全长589千米；自南源衢江上游马金溪起算，全长522千米。新安江和兰江在建德市梅城汇合后向东北流，下行至浦阳江口东江嘴的河段称为富春江。钱塘江一线集聚了大量的旅游资源，新安江水库现已成为著名的千岛湖风景名胜区，富春江—新安江一线成为我国著名的风景河段，钱塘江口则形成了举世闻名的钱塘潮。

（四）气候

浙江省属于亚热带季风气候，年平均气温15～18℃，年平均降雨量为1 100～2 000毫米。浙江省气温适中、四季分明、光照充足、雨量充沛，但由于处于中、低纬度的沿海过渡地带，受西风带和东风带天气系统的双重影响，加之地形起伏较大，因此气象灾害频发。浙江省是我国受台风、暴雨、寒潮、冰雹等灾害影响最严重的地区之一。

（五）自然资源

浙江省水资源总量丰富，但人均水资源拥有量低于全国平均水平。森林覆盖率居全国前列，2019年达61.15%（含灌木林）。动植物种类繁多，是世界上保存古代遗留植物最丰富的地区，有银杏、百山祖冷杉等"植物活化石"，素有"东南植物宝库"之称。矿产资源以非金属矿产为主，明矾石、叶蜡石等储量居全国首位。

（六）经济

浙江省经济发达，近年来发展尤其迅速。主要工业门类有冶金、机械、纺织、食品、化工等，丝绸和酿酒工业在全国享有盛名，至今享有"丝绸之府"的美称，但能源工业较为薄弱。杭州、宁波、温州、绍兴等是省内重要的工商业城市，义乌有世界上最大的小商品批发市场。浙江省的农业总产值居全国前列。茶叶、蚕丝、水产品、柑橘、竹制品等在全国占有重要地位，茶叶产量居全国第一，西湖龙井茶是全国最优质的茶叶之一。浙江省渔业资源丰富，杭嘉湖平原是我国三大淡水鱼生产基地之一，舟山渔场是我国最大的海洋渔场。

2019年，浙江省实现地区生产总值62 352亿元，人均地区生产总值107 624元，居民人均可支配收入为49 899元。

（七）交通

浙江省水陆交通方便，公路网遍布全省，主要铁路线有沪杭高铁、宁杭高铁、杭甬高铁、沪昆铁路、萧甬铁路、温福铁路等。杭嘉湖平原和宁绍平原的内河航运十分便利，宁波、舟山、台州、温州等是主要的海运港口，其中宁波舟山港是世界第一货运大港。杭州、宁波、温州等地建有机场，其中杭州萧山国际机场是我国十大机场之一。

（八）历史文化

浙江历史悠久、文化灿烂，是我国古代文明的发祥地之一。早在10万年前，就有古人类在今天的浙江境内活动。距今约7 000年的河姆渡文化、距今约6 000年的马家浜文化和距今约5 000年的良渚文化使浙江具有深厚的文化积淀。春秋时期，吴、越长期争霸又奠定了浙江吴越文化的基础。这一片土地上孕育了思想家王充、王阳明、黄宗羲、龚自珍，诗人贺知章、骆宾王、孟郊、陆游，科学家沈括，书法家王羲之等。据初步统计，东汉以来载入史册的浙江籍文学家逾千人；五四运动以来，浙江还出现了鲁迅、茅盾等一大批文化名人；中华人民共和国成立以来的两院院士（学部委员）中，浙江籍人士占了近1/5。

（九）特产

浙江省的特产主要有西湖龙井茶、西湖藕粉、西湖莼菜、杭白菊、金华火腿、绍兴黄酒、花雕酒、平湖西瓜、西湖绸伞、天竺筷、杭州丝绸、青田石刻、东阳木雕、龙泉宝剑、湖笔、张小泉剪刀等。

二、浙江旅游概况

浙江素有"鱼米之乡""丝茶之府""文物之邦""旅游胜地"之称，自然风光与人文景观交相辉映、特色明显，旅游资源非常丰富。

浙江旅游资源的分布大体可分为浙北、浙东、浙西三部分。浙江北部著名的旅游景点有杭州西湖、普陀山、会稽山、雪窦山、钱塘潮、灵隐寺、乌镇、禹陵、兰亭、东湖、鉴湖、沈园、天一阁、六和塔等。浙江东部著名的旅游景点有雁荡山、楠溪江等。浙江西部著名的旅游景点有新安江—富春江、千岛湖、江郎山、金华北山溶洞等。

三、浙江主要旅游景区

（一）杭州

国家历史文化名城杭州位于浙江省北部，是我国著名风景旅游城市、我国七大古都之一。杭州气候温和，沃野平川，河港纵横，风景秀丽。"上有天堂、下有苏杭"表达了古往今来的人们对这座美丽城市的赞美之情。

杭州经济发达，工农业总产值在全国大中城市中名列前茅，是江南著名的"鱼米之乡"。杭州是我国的"丝绸之府""茶叶之地"，我国著名的绿茶——龙井茶即产于此地。

杭州山清水秀，旅游资源丰富，曾被意大利著名旅行家马可·波罗赞为"世界上最美丽华贵之城"。主要景区（景点）有西湖、良渚古城遗址、灵隐寺、飞来峰、六和塔、岳王庙（如图9-12所示）、西泠印社、虎跑泉、钱塘江大桥、宋城景区、千岛湖、富春江等。

1.西湖

西湖（如图9-13所示）位于杭州市区西部，湖面面积约6.38平方千米，由一山（孤山）、两堤（苏堤、白堤）、三岛（阮公墩、湖心亭、小瀛洲）、五湖（外西湖、北里湖、西里湖、岳湖、南湖）组成，是我国著名的风景湖泊。西湖三面环山，秀丽清雅的湖光山色与璀璨丰富的文物古迹相互交融，自古就形成了著名的西湖十景（南宋）：断桥残雪、平湖秋月、三潭印月、双峰插云、曲院风荷、苏堤春晓、花港观鱼、南屏晚钟、雷峰夕照、柳浪闻莺。1985年又评出了新西湖十景：龙井问茶、虎跑梦泉、吴山天风、阮墩环碧、九溪烟树、黄龙吐翠、云栖竹径、满陇桂雨、玉皇飞云、宝石流霞。现说的西湖十景一般指2007年评选的西湖十景：灵隐禅踪、六和听涛、岳墓栖霞、湖滨晴雨、钱祠表忠、万松书缘、杨堤景行、三台云水、梅坞春早、北街梦寻。历史上，白居易、苏轼等文人墨客留下了大量吟咏西湖的名篇佳作，而济公、许仙、白娘子等神话传说又使西湖蒙上了神奇的色彩。

AR全景9-3：杭州西湖

图9-12 岳王庙

图9-13 杭州西湖

知识拓展9-6　　　　　　　　　　　**西湖的形成**

传说中，西湖是王母娘娘掉下来的玉珠变成的。事实上，西湖在汉代以前只是一个海湾，随着潮汐的不断冲刷，泥沙堵塞了湾口，形成了潟湖。隋唐以来，湖水逐渐淡化，又经过人工修筑，西湖遂成为一个既可灌溉农田，又可观赏踏青的著名湖泊。

2.良渚古城遗址

良渚文化主要分布在太湖流域和钱塘江流域，距今4 300～5 300年，因首先发现于浙江杭州良渚地区而得名。良渚古城是良渚文化的代表，古城略呈圆角长方形，正南北方向，古城内外有宫殿、祭坛、贵族墓地、手工作坊等，生产的玉器精美无比。良渚古城被认为是5 000多年前我国最早的区域性国家的都邑，是人类文明发展史上早期城市文明的杰出范例。在古城外围发现的水利工程，是迄今所知我国最早的大型水利工程。2019年7

月，良渚古城遗址被列入《世界遗产名录》。

3.灵隐寺和飞来峰

灵隐寺位于杭州市区西部，是江南著名古刹，始建于东晋咸和元年（326年），占地面积约87 000平方米，现存建筑为19世纪重建。

飞来峰位于灵隐寺旁，有五代十国至明代的石刻造像470余尊，保存比较完整的有335尊，具有很高的艺术价值。

4.六和塔

六和塔位于西湖南隅、钱塘江边，是我国砖木塔中的精品。六和塔始建于北宋970年，据说是为了镇压钱塘江潮而建。现塔为南宋绍兴二十六年（1156年）重建，外观13层，塔内7层，由螺旋阶梯相连。

图9-14　千岛湖

5.宋城景区

宋城景区位于杭州市之江路，园中遍布宫苑、作坊、店铺等，再现了宋朝时杭州的繁荣景象。

6.千岛湖

千岛湖（如图9-14所示）即新安江水库，位于浙江西部的淳安县境内、钱塘江上游，湖面面积约580平方千米，是国家5A级旅游景区、国家级生态示范区、国家级文明森林公园，也是国内人工湖泊景观的代表。湖区森林茂密，湖水清澈见底。在辽阔的湖面上，翡翠一样的岛屿点缀其中，千姿百态。"千岛、碧水、金腰带"是千岛湖景观的独特之处。

7.富春江

富春江位于钱塘江上游，上起淳安，下至富阳。富春江两岸山色秀丽，江水清澈见底，是我国著名的风景河段。

知识拓展 9-7　　　　　　　**古人眼中的富春江**

南朝梁文学家吴均的《与朱元思书》中这样描写富春江：

风烟俱净，天山共色。从流飘荡，任意东西。自富阳至桐庐，一百许里，奇山异水，天下独绝。

水皆缥碧，千丈见底。游鱼细石，直视无碍。急湍甚箭，猛浪若奔。

夹岸高山，皆生寒树。负势竞上，互相轩邈；争高直指，千百成峰。泉水激石，泠泠作响；好鸟相鸣，嘤嘤成韵。蝉则千转不穷，猿则百叫无绝。鸢飞戾天者，望峰息心；经纶世务者，窥谷忘反。横柯上蔽，在昼犹昏；疏条交映，有时见日。

（二）宁波

宁波位于浙江东部，是浙江第二大城市。"宁波"之名取意为"海定则波宁"。宁波是一座历史悠久的古城，是河姆渡文化的发祥地，自古以来就是我国对外贸易的重要港口。

宁波早在唐代就与扬州、广州并称为我国三大对外贸易港口，宋时则与广州、泉州并称为我国三大对外贸易港口。现在的宁波是我国南北海运的中转枢纽，拥有深水良港北仑港和镇海港。宁波旅游景点众多，著名的有普陀山、河姆渡文化遗址、天一阁、天童寺（如图9-15所示）、雪窦山、溪口、东钱湖、镇海口海防遗址等。

普陀山位于浙江舟山群岛中的一个小岛上，相传是观世音菩萨教化众生的道场，被称为"海天佛国"。普陀山自然景色优美，加之佛教

图9-15　天童寺

建筑与之巧妙结合，从而形成了寺院、金沙、奇石、潮音、幻景"五绝"。

天一阁始建于明朝中期，占地面积2.6万平方米，是我国现存最早的私家藏书楼。

（三）温州

温州位于浙江省东南部，依山傍海，气候宜人，土壤肥沃，山海兼利，物产丰盛。温州的明矾石储量丰富，有"世界矾都"之称。温州名山秀水众多，素有"东南山水甲天下"之誉，著名景区（点）有雁荡山、楠溪江、瑶溪、泽雅、仙岩等。

1.雁荡山

雁荡山主体位于温州市东北部海滨，小部分在台州市温岭南境，是形成于1.2亿年前的一座典型的白垩纪流纹质古火山。雁荡山是国家级风景名胜区、国家5A级旅游景区、中国十大名山之一，因"山顶有湖，芦苇丛生，秋雁宿之"，故得名。雁荡山以峰石洞瀑奇秀而闻名，素有"海上名山"和"寰中绝胜"之誉，史称"东南第一山"。雁荡山胜景集中于"一龙二灵"，即大龙湫、灵峰、灵岩，此三者又被称为"雁荡三绝"。大龙湫瀑布落差190余米，凌空飘舞，为雁荡山第一名胜。

2.楠溪江

楠溪江是瓯江下游的最大支流，位于永嘉县境内，南距温州市区26千米，东与雁荡山毗邻，是国家级风景名胜区、国家4A级旅游景区。楠溪江是典型的河谷地貌景观，融险、奇、幽、秀于一体，因水美、岩奇、瀑多、林秀、村古而闻名，有"天下第一水"的美誉。大楠溪是楠溪江的中心景区。

（四）绍兴

国家历史文化名城绍兴位于浙江省中北部、杭州湾畔、会稽山下，筑城于公元前490年，是春秋时期140多座诸侯城中6座幸存的城池之一，是著名的水乡、桥乡、酒乡、书法之乡、名士之乡，被誉为"一座没有围墙的历史博物馆"。这里是治水英雄大禹的归葬地、越王勾践的卧薪尝胆地、"书圣"王羲之《兰亭集序》的创作地、陆游千古爱情绝唱《钗头凤》的题写地、文学家鲁迅的诞生地、革命家秋瑾的就义地。

绍兴著名的景点有会稽山、东湖、兰亭、沈园（如图9-16所示）、大禹陵、鲁迅故里等。

（五）莫干山

莫干山位于湖州德清县，有"清凉世界"之称，它与庐山、鸡公山、北戴河并称为我国四大避暑胜地。"三胜"（竹、泉、云）和"四优"（清、绿、凉、静）是莫干山景观的

主要特色。山上有兴建于清末民初的数百幢别墅，风格各异，故有"世界建筑博物馆"之称。主要景点有莫干湖、碧坞龙潭、天泉山、剑池等。

（六）天台山

天台山位于浙江省中东部天台县境内，是国家级风景名胜区、国家5A级旅游景区。天台山素以"佛宗道源，山水神秀"享誉海内外，主要景点有千年古刹国清寺、天下奇观石梁飞瀑、避暑胜地华顶国家森林公园、济公故里赤城山、人间仙境琼台仙谷、休闲天堂天湖景区等。其中，国清寺始建于隋朝，是全国重点文物保护单位、佛教天台宗的发祥地。

（七）乌镇

乌镇（如图9-17所示）位于浙江省嘉兴市桐乡，地处杭嘉湖平原腹地，距杭州60千米。境内水道纵横交织，京杭大运河穿镇而过。乌镇历史悠久、文化底蕴深厚、环境优美，是典型的江南水乡古镇，有"鱼米之乡""丝绸之府"之称。乌镇是国家历史文化名镇、国家5A级旅游景区，曾入选"中国十大魅力名镇"。自2014年开始，乌镇成为世界互联网大会永久会址。

图9-16　绍兴沈园

图9-17　乌镇

第四节　安徽旅游区

一、安徽概况

安徽省简称皖，旧时取其境内安庆与徽州两府的首字而得省名，又因安徽历史上有古皖国以及境内有皖山、皖河而得简称。全省总面积14.01万平方千米。截至2019年末，全省常住人口6 365.9万人（2016年为6 195.5万人），有汉族、回族、满族、壮族、苗族、彝族、畲族等民族。现辖16个地级市，省会是合肥市。

（一）方位

安徽省位于我国东南部，跨长江、淮河中下游，东连江苏、浙江，西接湖北、河南，南邻江西，北靠山东，是一个襟江带湖的内陆省份。

（二）地貌

安徽省的地形复杂多样，由平原、丘陵和低山构成。全省地势南高北低，大致可分为

5个自然区域：淮北平原、江淮丘陵、皖西大别山区、沿江平原和皖南山区。主要山脉有大别山、黄山、九华山、天柱山等。黄山莲花峰海拔1864米，为全省最高峰。

（三）河流与湖泊

安徽省有河流2000多条，著名的有长江、淮河和新安江。长江流经安徽南部，在省境内全长416千米；淮河流经安徽北部，在省境内全长430千米；新安江为钱塘江正源，省境内干流长240千米。全省共有湖泊580多个，较大的湖泊有巢湖、龙感湖、南漪湖等。

大美中国9-6　　　　　　　　　　　　　**巢湖**

巢湖位于安徽省中部，是安徽省最大的湖泊。巢湖由断层陷落而形成，水浅且岸线曲折，是一个典型的浅水湖泊。巢湖周边被称为巢湖盆地，这里土壤肥沃、光热条件较好，适合农作物生长，因而这里是安徽省重要的农业生产基地和我国重要的粮油基地。巢湖也是一个以水景为主兼有人文景观的游览胜地，主要景点有姥山、中庙、文峰塔、圣妃庙、仙人洞及古船塘遗址等。

（四）气候

安徽省地处南北气候过渡地带，以淮河为分界线，北部属于暖温带半湿润季风气候，南部属于亚热带季风性湿润气候。主要气候特征是温和湿润，四季分明，日照充足。全省年平均气温14~17℃，年平均降水量800~1800毫米。

（五）自然资源

安徽省土壤肥沃，适宜各种农作物的生长。安徽省野生动植物资源丰富、种类繁多，以扬子鳄、白鱀豚最为珍贵，黄山松为安徽省省树。安徽省是矿产资源大省，矿产种类较全，储量丰富，煤、铁、铜、硫、明矾石为五大优势矿产。

（六）经济

安徽省的农业兼具南、北方的特征，是我国农业大省，也是国家粮、油、棉、茶的主要产区之一。工业已有一定的基础，煤炭、冶金工业发达，电力、机械、化工、纺织、食品等工业也有相当规模。

2019年，安徽省实现地区生产总值37114亿元，人均地区生产总值58496元，居民人均可支配收入26415元。

知识拓展9-8　　　　　　　　　　　　　**徽商**

徽商和晋商齐名，是我国历史上著名的商业团体。徽商的出现可追溯到魏晋南北朝时期。唐朝以后，徽商开始兴盛。宋代，由于徽州盛产竹木和生漆等产品，徽商开始富甲天下。明代至清代前期，徽商作为地方商业集团在我国的经济舞台上异常活跃。清道光以后，徽商开始没落。在2000多年来奉行重农轻商的中国封建时代，徽商的存在一直吸引着社会学家探究的目光。徽商产生的一个主要因素可能是徽州一带山多地少，谷物自给不足，但又盛产茶叶、竹木、笔、纸、墨等产品，从而为徽州人外出经商创造了条件。

（七）交通

安徽省旅客运输以公路和铁路为主体。2019年，公路完成旅客运输量4.6亿人次，铁路完成旅客运输量1.3亿人次。安徽省的公路密度高于全国平均水平，高速公路通车里程达4 877千米（2019年）。京九铁路、陇海铁路、皖赣铁路、京沪高铁等是安徽省的主要铁路线。蚌埠、阜阳、合肥、芜湖是重要的铁路枢纽。安徽省水运条件优越，长江、淮河、新安江构成了安徽省主要的水运航道，芜湖、马鞍山、安庆、铜陵是安徽省的主要港口，万吨巨轮可从海洋直达安徽芜湖。合肥、黄山、安庆、阜阳、池州等地建有机场。

（八）历史文化

图9-18　歙砚

安徽是我国史前文明的重要发祥地，远古时期已有人类在此生息繁衍。安徽文化主要由淮河文化、新安文化、皖江文化、庐州文化等组成。春秋战国以来，这里孕育了老子、庄子、曹操、华佗、朱元璋等一大批名人。

（九）特产

安徽省的特产主要有宣纸、徽墨、宣笔、歙砚（如图9-18所示）、祁门红茶、屯溪绿茶、黄山毛峰、六安瓜片、萧县葡萄酒、水东蜜枣、怀远石榴、砀山酥梨、符离集烧鸡、古井贡酒、口子窖酒、青阳折扇、舒城凉席、灵璧奇石、徽州漆器、芜湖铁画等。

大美中国 9-7　　　徽墨和宣纸

笔、墨、纸、砚素来被古人称为"文房四宝"，而文房四宝中最有名的当属湖笔、徽墨、宣纸和端砚，其中徽墨和宣纸都产于安徽。此外，产于安徽的宣笔、歙砚也是笔、砚中的精品。

墨是用于书画的一种黑色颜料，我国古人在墨的制作上充分发挥了自己的聪明才智，使墨不仅具有实用价值，而且具有收藏与观赏价值。我国历史上最有名的墨当属徽墨。徽墨主产于安徽黄山屯溪、歙县、绩溪等地，距今已有千年历史，创始人为南唐制墨名家奚超及其子奚廷珪。徽墨以松为原料，具有色泽黑润、经久不褪、舔笔不胶、入纸不晕、香味浓郁、宜书宜画等特点。

我国最早的纸出现在西汉时期。东汉蔡伦改进了造纸术，用树皮、麻头、破布、旧渔网之类的原料，制造出了一种质量较高的纸。南北朝时，安徽歙县、黟县等地生产出了一种银光纸，纸质洁白光润，是"宣纸"的鼻祖。唐宋以来，安徽泾县成为造纸中心，由于泾县属宣州府管辖，纸品又在宣州集散，所以泾县纸被称为"宣纸"。明清时期，宣纸的制作更为精细，使用更为普遍。宣纸以树皮和稻草为主要原料，经过复杂的工序制成，具有质地棉韧、洁白细腻、久不变色、不蛀不腐、卷折无损等特点，故有"纸中之王"和"纸寿千年"的美誉。宣纸的这些特点使得宣纸历来被书画家们所喜爱，并成为古今中外书画艺术的珍贵载体。2002年8月，宣纸获批成为国家地理标志保护产品。

二、安徽旅游概况

安徽山河壮丽、文化灿烂，形成了众多的旅游资源。安徽著名的旅游资源主要分布在安徽南部，这里有举世闻名的黄山、佛教四大名山之一的九华山以及天柱山、齐云山等。皖南还保存有特色鲜明的徽州文化，世界文化遗产皖南古村落（西递、宏村）和屯溪老街就是徽州文化的突出代表。此外，巢湖、琅琊山、司空山、小孤山、浮山、太极洞、牯牛降、花山谜窟、太平湖等自然风光也素有盛名。歙县、寿县、亳州、绩溪、安庆都是国家历史文化名城，和县猿人遗址、安丰塘、凤阳明中都城和明皇陵遗址、亳州花戏楼、歙县许国石坊和棠樾牌坊群、潜口古民居群等都是安徽著名的人文旅游资源。图9-19为屯溪老街。

图9-19　屯溪老街

三、安徽主要旅游景区

（一）合肥

合肥位于安徽省中部，是全省的政治、经济、科教、文化中心和交通枢纽。合肥历史悠久，自秦置县，至今已有2 200多年的历史。合肥处南北相交的过渡地带，历来是军事重镇和兵家必争之地。合肥的历史名人中影响较大的有包公、李鸿章、段祺瑞和台湾首任巡抚刘铭传、诺贝尔奖获得者杨振宁等。主要景点有逍遥津公园、包公祠、大蜀山国家森林公园、徽园、三河古镇、三国遗址公园、安徽名人馆等。

（二）黄山

黄山位于皖南黄山市境内，因传说黄帝曾在此修炼而得名。黄山是我国旅游名山中的杰出代表，曾作为唯一的山岳型风景区入选中国十大名胜古迹，被世界教科文组织确认为世界文化与自然双重遗产，有"五岳归来不看山，黄山归来不看岳"之说。黄山景致优美，尤以奇松、怪石、云海、温泉"四绝"闻名于世。黄山群峰兀立，有莲花峰、光明顶、天都峰、始信峰、玉屏峰等，其中莲花峰最高。黄山还形成了众多的溪瀑峡谷，著名的景点有九龙瀑、人字瀑、百丈泉、翡翠谷（又名情人谷）等。

AR全景9-4：黄山

大美中国9-8　　　　　　　　　　　**黄山松**

黄山有一个奇妙的景观，山峰不着寸土，却是松的海洋，这些松树就是黄山松。黄山松多分布于800~1 800米的山体上，以石为母，破石而生，显示出了顽强的生命力。其中，玉屏楼左侧的迎客松最有名，树龄至少已有800年，其枝蔓形似好客的主人展开双臂欢迎四方宾客。

（三）皖南古村落

皖南至今仍保存着大量明清时期的古民居建筑，这些建筑被称为徽派建筑，主要分布在黟县、歙县一带。皖南民居建筑的突出代表是2000年被评为世界文化遗产的宏村和西递。

1.宏村

宏村（如图9-20所示）位于黟县县城东北，始建于南宋，距今已有800多年的历史。宏村地势较高，常常云蒸霞蔚，与村里的建筑融为一体，时如泼墨重彩，时如淡抹写意，被艺术家誉为"中国画里的乡村"。宏村最引人注目的是其"山为牛头，树为角，屋为牛身，桥为脚"的牛形村落布局和缜密的牛形水系。从高处俯瞰，整个村落就像一头悠闲斜卧在山前溪边的青牛。许多优秀影片和电视剧都在宏村取景拍摄。

2.西递

西递（如图9-21所示）位于黟县县城东南部，始建于北宋，距今已有900多年的历史。西递群山环抱，双涧萦绕，风光秀美，山水宜人，素有"桃花源里人家"之称。村落呈船形布局，至今仍保存有大量古朴典雅的明清建筑，这些建筑充分显示出了古徽州砖、木、石雕的精湛技艺，被誉为"中国明清民居博物馆"。

图9-20　宏村

图9-21　西递

（四）九华山

九华山位于青阳县境内，是花岗岩构成的山岳型风景名胜。九华山群峰竞秀，景色清幽，遍布苍松翠竹、奇洞巧石、流泉飞瀑。自东晋以来始建佛寺，唐末辟为地藏菩萨道场，一时僧尼云集，是我国佛教四大名山之一。

（五）天柱山

天柱山位于潜山市西部，是国家级风景名胜区、国家5A级旅游景区。主峰天柱峰海拔1 488.4米，如擎天一柱直耸云霄，故得名；又因主峰深踞群山之中，故名潜山；还因此山春秋时为皖公封地所在，故又名皖山。汉时，天柱山曾被汉武帝封为"南岳"。天柱山人文积淀深厚，历史上无数名人曾登临此山。这里风景优美，有峡谷、幽洞、险关、古寨、奇松、云海，令人流连忘返。

（六）齐云山

齐云山位于休宁县齐云山镇，因"一石插天，直入云端，与碧云齐"而得名。齐云山为国家级风景名胜区，与湖北武当山、四川青城山、江西龙虎山并称道教四大名山。齐云山古称白岳，与黄山南北相望，历史上曾有"黄山白岳甲江南"之说。齐云山风景区占地面积约110平方千米，集丹霞地貌、道教文化、摩崖石刻、山光水色于一体。

（七）琅琊山

琅琊山位于安徽省东部、滁州市西南郊，是国家级风景名胜区、国家4A级旅游景区。琅琊山山水秀丽，以茂林、幽洞、碧湖、流泉为特色。景区内有我国四大名亭之一的醉翁亭，有始建于唐代的琅琊寺，还有被称为"三古"（古关隘、古驿道、古战场）的古迹。北宋文学家欧阳修在《醉翁亭记》中对琅琊山的美景有详尽的描写，更使琅琊山声名远扬。

图9-22　许国石坊

（八）许国石坊

许国石坊（如图9-22所示）位于歙县城内阳和门东侧，又名大学士坊，是我国建筑史上的杰作。石坊建于明万历十二年（1584年），跨街而立，巍峨壮观，雕饰华丽。坊上正中有"上台元老"和"大学士"等字，皆为大书画家董其昌所书。该石坊的独特之处还在于，其他牌坊大多为四脚，而此坊是八脚，故俗称"八脚牌楼"。许国石坊是我国唯一存世的八脚牌楼。

（九）棠樾牌坊群

棠樾牌坊群（如图9-23所示）位于歙县城西的棠樾村村头大道上，共有7座牌坊（明代3座、清代4座），是鲍氏家族旌表族人的建筑群。这些牌坊古朴典雅、雄伟高大，体现了徽派石雕艺术的风格，具有很高的文物价值。牌坊周围还有古祠堂、古民居、古亭阁等，与秀丽的田园风光、山光水色相互映衬。棠樾牌坊群已成为天然的影视基地，多部影视剧在此选景拍摄。

图9-23　棠樾牌坊群

（十）凤阳明中都城和明皇陵遗址

凤阳明中都城是全国重点文物保护单位，位于凤阳县城西北，是明朝正式设立的第一座皇宫。凤阳明中都城于明洪武二年（1369年）建造，是后来营建南京故宫和北京故宫的蓝本。

凤阳明皇陵是明朝开国皇帝朱元璋为其父母和兄嫂而修建的一座规模宏大的建筑群，筑有土城、砖城、皇城三道城墙。陵前神道上排列着32对由整块巨石雕刻而成的石像生，其数量为历代皇陵之最，雕刻之精湛亦为全国罕见。

第五节 江西旅游区

一、江西概况

江西省简称赣，因公元733年唐玄宗设江南西道而得省名，又因为省内最大河流是赣江而得简称。全省总面积16.69万平方千米。截至2019年末，全省常住人口4 666.1万人（2016年为4 592.3万人），人口中绝大多数为汉族，少数民族中人口较多的有畲族、苗族、回族、壮族、满族等。现辖11个地级市，省会为南昌市。

（一）方位

江西省地处我国的东南部、长江中下游以南，地理位置优越，地当要冲，是我国南北方的交通枢纽。江西自古就被认为是"吴头楚尾，粤户闽庭"，属"形胜之区"。

（二）地貌

江西省的地貌以山地、丘陵为主。东、西、南三面群山环绕，中部丘陵起伏，北部为平原及鄱阳湖，整个地势由外向里、由南向北逐渐向鄱阳湖倾斜，基本上在江西北部形成了一个向长江开口的盆地。花岗岩地貌、丹霞地貌、岩溶地貌占有相当比例，并具有良好的旅游开发价值。江西省的土壤主要是红壤，江西省也是全国红壤面积最大的省份。

知识拓展9-9 　　　　　**红壤是怎样形成的**

早在6 000万年前，我国江南广大地区气候炎热湿润，化学风化作用明显。地壳中的可溶性元素被化学风化和淋溶，残余的铁质被氧化后呈现出红色。这些红色元素经过不断侵蚀、搬运和堆积，逐渐形成了红色的土壤——红壤。

红壤在世界上许多地方都有分布，我国的红壤主要分布在长江以南的丘陵山地，约占国土面积的21%。红壤酸性强、土质黏重、有机质含量低，总体而言并不适合农业耕作，但经过人们长年累月的辛勤耕作，许多红壤变成了良田。江西省现有的耕地中，约有2/3是由红壤开垦而成的。

（三）河流与湖泊

赣江、抚河、信江、修水和饶河是江西省的五大河流。它们均发源于山区，蜿蜒流经丘陵和平原后汇聚于鄱阳湖，最终经湖口流入长江。江西省天然湖泊较多，另有人工湖数千个。这些湖泊就像一颗颗珍珠，嵌在赣鄱大地上。最有名的天然湖是鄱阳湖（我国最大的淡水湖），较大的人工湖有新余的仙女湖、上犹的陡水湖、永修与武宁的庐山西海（柘林湖）等。

（四）气候

江西省地处北回归线附近，属于亚热带季风性湿润气候，雨量充沛，光照充足，四季分明。江西省年平均气温为18℃。最热的月份是7月，平均气温28.8℃；最冷的月份是1月，平均气温6.1℃。江西省降水的分布规律是春夏多、秋冬少，年平均降水量为1 675毫米。江西省的雨季是每年4—7月上旬前后，其中4—5月为春雨期，6月前后为梅雨期。

知识拓展9-10 **"十八只秋老虎"**

在江西，常有"十八只秋老虎"的说法。意思是说，虽然天已立秋，但江西仍然要热一段时间。这是因为立秋过后，江西仍处于副热带高压的控制之下，一般还会出现18天的高温天气，老百姓形象地称之为"十八只秋老虎"。"秋老虎"虽然炎热，但对江西的农业生产具有重要意义。秋季正是江西晚稻成熟的时候，如果"秋老虎"不明显，就会影响晚稻的产量，所以有农谚说："不冷不热，五谷不结。"

（五）自然资源

江西省的森林资源和水资源都很丰富，森林覆盖率达到63.1%（2019年），排在全国前列。江西省最常见的植物有毛竹、松、杉、樟树、映山红、油茶等。江西省地下矿藏丰富，是我国矿产资源配套程度较高的省份之一，有色金属、贵金属和稀有金属矿产在全国占有重要地位。铜、钨、铀、钽、稀土、金和银被誉为江西矿产的"七朵金花"。图9-24为江西境内茂密的竹林。

图9-24　江西境内茂密的竹林

（六）经济

江西省的工业曾有着辉煌的过去，中华人民共和国的第一架飞机、第一枚海防导弹、第一辆摩托车、第一辆轮式拖拉机都诞生在南昌。现在，江西省正在大力实施以新型工业化为核心的发展战略，汽车航空及精密制造、特色冶金和金属制品、中成药和生物制药、电子信息和现代家电产业、食品工业、精细化工业及新型建材六大支柱产业已有了较好的基础。铜、钢铁和新兴的光伏产业已成为江西省举足轻重的三大产业。江西省的农业在全国占有重要地位，已形成粮食、生猪、水产、禽类、水果五大主导产业和商品蔬菜、茶叶、中药材、油茶、毛竹五大特色产业。水稻是江西省主要的粮食作物，油菜籽、花生、芝麻、茶叶、油茶、甘蔗、棉花等是江西省的主要经济作物。

2019年，江西省实现地区生产总值24 757.5亿元，人均地区生产总值53 164元，居民人均可支配收入26 262元。

（七）交通

江西省区位优越、交通便利，旅客运输以公路和铁路为主。江西省内或途经江西省的铁路线主要有京九铁路、浙赣铁路、皖赣铁路、鹰厦铁路、武九铁路、合九铁路、赣龙铁路、铜九铁路、向莆铁路、沪昆高铁、昌九城际铁路等。民航方面，南昌昌北国际机场、赣州黄金机场、景德镇罗家机场、吉安井冈山机场、九江庐山机场、宜春明月山机场和上饶三清山机场等是江西省主要的民用机场，其中，南昌昌北国际机场是江西省规模最大、运输能力最强、保障标准最高的机场。水运方面，赣江及鄱阳湖航线是江西省水运的主通道，纵贯江西省南北的赣江素有"黄金水道"之称，九江和南昌是江西省最主要的港口。

（八）历史文化

江西省历史文化积淀深厚，涌现出了一大批名人，如我国封建社会后期最有影响的思想家和学者朱熹、被称为"中国11世纪的改革家"的王安石、著名政治家和史学家欧阳修、开创了田园诗先河的陶渊明、被称为"导宋词之先路"的著名词人晏殊、

图9-25 白鹿洞书院

开创了"江西诗派"的黄庭坚、南宋著名政治家和文学家文天祥、开创了"江南画派"的董源、中国历史上的画坛巨匠朱耷、被誉为"东方莎士比亚"的汤显祖、完成了百科全书式的科技史著作——《天工开物》的著名科学家宋应星等，因此江西省是名副其实的"江南昌盛之地"和"文章节义之邦"。江西的龙虎山是道教的发源地，庐山是佛教净土宗的发源地，白鹿洞书院（如图9-25所示）名列我国古代四大书院之首，南昌的滕王阁号称"江南第一名楼"，景德镇的瓷器闻名中外。

（九）特产

江西省的特产主要有景德镇瓷器、余江木雕、进贤文港毛笔、婺源龙尾砚、庐山云雾茶、樟树四特酒、南丰蜜橘、赣南脐橙等，还有被称为"江西五大传统名点"的丰城冻米糖、贵溪灯芯糕、九江桂花茶饼、九江桂花酥糖和南昌白糖糕。

二、江西旅游概况

江西历史悠久，文化灿烂，自然条件优越，这为江西旅游资源的形成打下了良好的基础。江西旅游资源数量多、分布广、类型全，人文旅游资源与自然旅游资源相辅相成，红色之魂、绿色之美、古色之特相得益彰，形成了"红色摇篮·绿色家园·观光度假休闲旅游胜地"的旅游主题形象。

江西旅游资源品质超群，特色明显。绝特山水、红色摇篮、陶瓷艺术、道教文化、特种生态、客家风情是江西的六大特色旅游品牌。世界文化遗产庐山、世界自然遗产地三清山和龙虎山、国际重要湿地鄱阳湖湿地、被称为"中国最美的乡村"和"最后的香格里拉"的婺源古村落等都是江西旅游资源的突出代表。明清时期，景德镇、河口镇、樟树镇、吴城镇被称为"江西四大名镇"。

大美中国9-9　　　　　**江西的六大特色旅游品牌**

绝特山水　江西山多水多，风光绝妙，景观奇特。山水风光中，尤以庐山、三清山、井冈山、龙虎山、鄱阳湖这"四山一湖"最具代表性。

红色摇篮　江西被誉为"红土地"，既因为江西有几乎遍及全省的红壤，也因为江西是著名的革命老区，红土地与红色历史在这里交相辉映。这里有中国革命的摇篮——井冈山、人民军队的摇篮——南昌、中国工人运动的摇篮——安源。

陶瓷艺术 江西的陶瓷自古以来就在全国享有盛誉。景德镇、丰城洪州、吉安吉州、赣州七里镇等都是有名的陶瓷产地。尤其是景德镇，陶瓷艺术精湛，千年窑火经久不衰，是享誉世界的"瓷都"。

道教文化 江西是道教的发源地之一。东汉时期，张道陵曾在龙虎山炼丹筑坛传道，为日后道教的创建奠定了基础。其曾孙张盛来龙虎山定居，世袭天师道，龙虎山也被称为"道教祖庭"。

特种生态 江西生态之好，全国罕见。全省森林覆盖率居全国前列，城市绿化覆盖率近40%，森林公园的数量居全国前列。

客家风情 赣南是客家人的重要发祥地和最大的聚居地，被称为"客家摇篮"。至今，赣南仍保留着600余幢神奇的客家围屋，具有浓厚的客家民俗风情。

三、江西主要旅游景区

（一）南昌

南昌位于江西省北部、鄱阳湖西南岸，有着光荣的革命传统。1927年8月1日，周恩来、贺龙、叶挺、朱德、刘伯承等人在这里领导了八一南昌起义，南昌成为中国人民解放军的诞生地，是"军旗升起的地方"，被誉为"英雄城"。南昌是江西省最大的工业城市，已形成汽车制造、冶金、机电等现代化工业体系。南昌交通发达，京九铁路、浙赣铁路交会于此，是京九线上唯一的省会城市。南昌风景名胜众多，旅游资源丰富，尤以滕王阁、八大山人纪念馆、八一起义旧址群、绳金塔、梅岭、象山森林公园、厚田沙漠、天香园等为代表。

滕王阁（如图9-26所示）位于赣江东岸，与岳阳楼、黄鹤楼一起被誉为江南三大名楼。滕王阁始建于唐朝，为唐太宗之弟李元婴任洪州都督时所建，因李元婴在贞观年间曾被封为滕王，故名"滕王阁"。后来，诗人王勃南下看望父亲，途经南昌时写下了千古名篇——《滕王阁序》，使滕王阁进一步为人们所熟知。此后，滕王阁成为历代歌舞戏剧的重要演出场所。历史上，众多名士在滕王阁留下了大量诗文、绘画、书法、篆刻等艺术珍品，形成了滕王阁文化体系。现阁落成于1989年，为第29次重建。

图9-26 南昌滕王阁

（二）九江

九江位于江西省北部、长江南岸，是一座具有2 200多年历史的文化名城和旅游城市。九江交通便利，自古以来就是商业重地，明清时期已发展为全国三大茶市之一和四大米市之一，是江西省重要的港口，主要工业有石化、建材、纺织、机械等，是全国商品粮、优质棉、油菜籽生产基地。九江山灵水秀，风光秀美，旅游资源丰富，自古以来就是旅游胜地。九江的旅游资源以庐山为中心，其他景点还有鄱阳湖、石钟山、白鹿洞书院、龙宫洞等。

庐山位于江西北部，北濒长江，东南临鄱阳湖，是一座因断裂抬升而形成的地垒式断块山，这使得庐山四周危崖峭壁，山上则谷地宽广，形成了外陡里平的奇特地形。最高峰大汉阳峰海拔1 474米。庐山不仅是风景观光名山、度假避暑名山，还是诗文名山、教育

图9-27 庐山云海

名山、政治名山、宗教名山、建筑名山、地质名山、生态旅游名山。庐山是国家级风景名胜区、国家5A级旅游景区、全国文明风景旅游区示范点，是中国旅游胜地四十佳之一和中华十大名山之一，还是世界地质公园和联合国优秀生态旅游景区。1996年，庐山作为"世界文化景观"被联合国教科文组织列入《世界遗产名录》。庐山景观密度很高，其中较为有名的有花径、锦绣谷、含鄱口、五老峰、三叠泉、秀峰、东林寺等。图9-27为庐山云海。

大美中国9-10

诗文名山——庐山

东晋诗人谢灵运的《登庐山绝顶望诸峤》是我国最早的山水诗之一。此后，无数诗人吟咏庐山，留下了4 000余首诗词歌赋。东晋大诗人陶渊明一生以庐山为背景进行创作，开创了田园诗的先河；东晋画家顾恺之的《庐山图》是我国绘画史上第一幅真正的山水画；唐代诗人李白一生五次游庐山，他的《望庐山瀑布》是我国古代诗歌中的极品；白居易的《大林寺桃花》是脍炙人口的名篇；宋代诗人苏轼《题西林壁》中的"不识庐山真面目，只缘身在此山中"是古代哲理诗的代表作。

（三）景德镇

景德镇位于江西省东北部，是世界瓷都、国家历史文化名城、中国古代四大名镇之一。早在汉代，景德镇就开始了陶瓷烧造。明、清时期，景德镇陶瓷业进入鼎盛时期。景德镇瓷器享有"白如玉、薄如纸、声如磬、明如镜"的美誉。千百年来，景德镇生产出了无数陶瓷精品，尤以四大名瓷（青花瓷、粉彩瓷、玲珑瓷、颜色釉瓷）著称。主要旅游景区（景点）有陶瓷历史博览区、浮梁古县衙、高岭瑶里风景名胜区、洪源仙境、景德镇御窑遗址博物馆、龙珠阁、乐平古戏台、祥集弄民宅等。

知识拓展9-11

唐代时，景德镇称为"浮梁"。北宋景德年间，宋真宗赵恒特别看重这里生产的影青瓷，便下令这里的瓷工烧制宫廷用瓷，因此这些精美的瓷器被称为"景德瓷"，这种瓷的产地也改名为"景德镇"。历史上，景德镇长期隶属于浮梁县。1953年，景德镇被列为江西省辖市，但在讨论名称时出现了争执。有人认为既然已成"市"了，"镇"这个字就应从名称上去掉，但考虑到"景德镇"名称已沿用千年，且被世界认可，最终还是保持原名不变。

课堂互动9-2

"南昌—九江（庐山、鄱阳湖）—景德镇—南昌"旅游线是江西最早的国际旅游线路，早在1985年就被列为国家14条第二类重点国际旅游线路之一。请分析这条旅游线的特色和优势。

分析提示9-2

（四）赣州

赣州位于江西南部，赣江上游章水、贡水汇合处，是国家历史文化名城。赣州既有瑞金叶坪、沙洲坝等革命遗址，又有安远三百山、宁都翠微峰等自然风光，还有通天岩石窟、赣州古城墙（如图9-28所示）、大余梅关和古驿道等文物古迹。

（五）婺源

婺源位于赣东北，素有"书乡""茶乡"之称，是我国著名的文化与生态旅游县，被誉

图9-28　赣州古城墙

为"中国最美的乡村"。其中以"四古"（古树、古洞、古建筑、古文化）和"红、绿、黑、白"四色特产（荷包红鲤、婺源绿茶、龙尾砚、江湾雪梨）最有名。婺源是我国明清古建筑保存最多、最完整的地区之一，主要包括江湾、李坑、理坑和延村等古镇和古村落。

（六）井冈山

井冈山位于湘赣边界，山势高大，地形复杂，主要山峰海拔多在千米以上。1927年10月，毛泽东率领秋收起义的部队到达井冈山，创建了我国第一个农村革命根据地。长期的革命斗争实践留下了数量众多的革命遗址，使井冈山成为我国开发最早、发展最快的以红色旅游为鲜明特色的旅游景区之一。

井冈山风景旅游区占地面积达213.5平方千米，有峰峦、山石、瀑布、云海、溶洞、温泉、珍稀动植物、田园风光等众多景观类型，包括茨坪、龙潭、黄洋界、五指峰等景区。1991年，井冈山风景旅游区入选中国旅游胜地四十佳。2007年，井冈山风景旅游区被评为国家5A级旅游景区。

（七）三清山

三清山（如图9-29所示）位于上饶市东北部的玉山县与德兴市交界处，为江南道教圣地之一，素有"江南第一仙峰""天下无双福地"之美誉。三清山"东险西奇，南绝北秀"，兼有泰山之雄伟、华山之险峻、衡山之烟云、匡庐之飞瀑，被誉为"中国最美的五大峰林"之一、"西太平洋边缘最美丽的花岗岩"。三清山风景名胜区是世界自然遗产、国家级风景名胜区、国家5A级旅游景区、全国文明风景旅游区示范点、国家地质公园。

（八）龙虎山

龙虎山位于鹰潭市西南，山体由红色砂砾岩构成。龙虎山风景名胜区占地面积约200平方千米，以道教祖庭、丹霞地貌、春秋战国大型崖墓群为特色，主要景点有仙水岩、龙虎山、上清宫、洪五湖、马祖岩和应天山等。龙虎山风景名胜区是国家5A级旅游景区、国家地质公园、国家森林公园、世界地质公园。2010年，龙虎山作为"中国丹霞"的组成部分被列入《世界遗产名录》。图9-30为龙虎山泸溪河漂流。

图 9-29　三清山

图 9-30　龙虎山泸溪河漂流

知识拓展 9-12　　　　　　　　　　龙虎山崖墓

龙虎山仙水岩景区临水的悬崖峭壁上遍布岩洞，这些岩洞中散布着100多座春秋战国时期古越人的崖墓。与其他地方的崖墓相比，龙虎山崖墓年代早、分布广、数量多、位置险、造型奇特、文物丰富，堪称"华夏一绝"。1997年6月25日，龙虎山遍下"英雄帖"，向全世界郑重宣布，如果有人能解开以下三个谜题，即可获得30万元人民币的巨奖，这三个问题是：第一，棺木是如何进洞的？第二，为何采用崖葬？第三，葬者何人？虽然收到的解谜答案近千份，但没有一个令人完全信服的答案。20多年来，虽然奖金从30万元人民币增加到100万元人民币，但仍然未能得到令人信服的答案。

第六节　湖北旅游区

一、湖北概况

湖北省简称鄂，因位于长江中游的洞庭湖以北而得名。湖北省总面积18.59万平方千米。截至2019年末，全省常住人口5 927万人（2016年为5 885万人）。湖北省为多民族省区之一，少数民族集中分布在鄂西南地区，人口最多的少数民族为土家族。现辖12个地级市、1个自治州、1个林区（神农架林区），省会是武汉市。

（一）方位

湖北省位于我国中部、长江中游，地跨长江和汉江两大水系。东邻安徽，南界江西、湖南，西连重庆，西北与陕西接壤，北与河南毗邻。

（二）地貌

湖北省处于我国地势第二阶梯向第三阶梯的过渡地带，北、东、西三面环山，中间低平并向北开口、向南敞开。地貌类型多样，山地、丘陵、岗地和平原兼有。主要山脉有武当山、大巴山、巫山、桐柏山、大别山、幕阜山等。全省最高峰为号称"华中屋脊"的神农架最高峰——神农顶。主要平原为位于中南部的江汉平原。

（三）河流与湖泊

湖北省主要的河流为长江和汉江。长江自西向东，流经湖北省26个县、市，流程1 041千米。汉江为长江最长支流，在湖北省境内由西北向东南流经13个县、市，至武汉汇入长江，流程858千米。湖北省湖泊众多，素有"千湖之省"之称，主要湖泊有洪湖、长湖、梁子湖、斧头湖等。洪湖面积约348平方千米，是湖北省第一大湖。

（四）气候

除高山地区外，湖北省大部分地区为亚热带季风性湿润气候，雨量充沛，光照充足，且雨热同期。年平均气温为15～17℃，大部分地区冬冷、夏热，春季气温多变，秋季降温迅速。年平均降水量为800～1 600毫米，6月中旬至7月中旬雨量最多，强度最大。

⚙ **课堂互动9-3**

武汉为什么被称为"火炉"？

分析提示9-3

（五）自然资源

湖北省的植被既具有南北过渡的特征，又具有东西过渡的特征，从而形成了丰富的生物资源。全省森林覆盖率为41.56%（2018年），主要植物有马尾松、栎类、杉木、桦木、楠竹等，在鄂西山地局部地区还有被誉为"植物活化石"的水杉、珙桐、银杏等。珍稀动物有金丝猴、麋鹿、白鹤、白头鹤、中华鲟等。湖北省铁、铜资源较为丰富，磷矿、岩盐、石膏、水泥用石灰岩为优势矿产。

（六）经济

湖北省是我国重要的粮食产区之一，也是我国著名的淡水鱼基地。粮食作物以水稻、小麦为主，江汉平原是我国重要的商品粮基地。经济作物以棉花、油料为主，芝麻产量居全国第二位。主要农副特产有苎麻、生漆、桐油、柑橘等。汽车产业、机电产业、冶金产业、化工产业、轻纺产业、建材和建筑产业是湖北省的六大支柱产业，其中汽车产业已形成十堰—襄阳—武汉汽车工业走廊。武汉是全国大型钢铁基地之一。宜昌是重要的水电基地，建有三峡水电站和葛洲坝水电站。

2019年，湖北省实现地区生产总值45 828.31亿元，城镇常住居民人均可支配收入37 601元，农村常住居民人均可支配收入16 391元。

（七）交通

湖北省历来是我国的水陆交通枢纽。京广铁路、京九铁路、武九铁路、襄渝铁路、汉丹铁路、焦柳铁路、宜万铁路、汉宜快速铁路等构成了湖北省铁路运输的主要线路。公路四通八达，高速公路通车里程达6 860.32千米（2019年）。长江和汉江是湖北省的主要航线，武汉、黄石、宜昌、襄阳等都是湖北省重要的河港。武汉、宜昌、襄阳、恩施、神农架等地建有民用机场，武汉是湖北省最重要的航空港。

（八）历史文化

湖北是中华民族灿烂文化的重要发祥地之一。春秋战国时期，湖北为楚国领地和国都所在，楚人在这片土地上创造了与中原文化并称为华夏文明两大源头的楚文化。由于湖北地处要冲，因此历来是兵家必争之地。三国时期孙刘抗曹、宋末襄阳之战、清末武昌起义等重要历史事件都发生于此。湖北历史上名人辈出，屈原、王昭君、孟浩然、李时珍等都是其中的杰出代表。

（九）特产

湖北省的特产主要有蔡林记热干面、荆州鱼糕、云梦鱼面、房县黑木耳、钟祥蟠龙菜、安陆白花菜、咸宁桂花蜜、崇阳雷竹笋、洪山紫菜苔、武汉豆皮、青山麻烘糕、武穴酥糖、天门蓝印花布、罗田板栗、孝感米酒、邓村茶叶、武当灵芝、黄石港饼、孝感麻糖、武昌鱼、长阳清江鱼等。

二、湖北旅游概况

湖北的旅游资源数量多、分布广、品位高。长江三峡、黄鹤楼、葛洲坝皆入选中国旅游胜地四十佳。武当山古建筑群、明显陵被联合国教科文组织列为世界文化遗产。长江三峡、武汉东湖、武当山、大洪山、襄阳古隆中、通山九宫山、赤壁陆水湖等为国家级风景名胜区。钟祥大口、当阳玉泉寺、宜昌大老岭、兴山龙门河、长阳清江、五峰柴埠溪、襄阳鹿门寺、谷城薤山、咸宁潜山、荆州八岭山、武汉九峰山、大别山天堂寨、神农架、松滋洈水等为国家级森林公园。荆州、武汉、襄阳、随州、钟祥为国家历史文化名城。

大美中国 9-11　　　　　湖北精品旅游线路

湖北结合自身特点，以线串珠，形成了6条各具特色的精品旅游线路。

新三峡之旅从武汉出发，经荆州、宜昌到长江三峡和神农架，以三峡大坝"高峡平湖"景观和原始自然的神农架为主体，是湖北最经典、最有吸引力的旅游产品。

世界文化遗产、三国文化之旅从武汉出发，经荆州、荆门、襄阳到十堰，以赤壁古战场、荆州古城、古隆中等三国胜迹和武当山、明显陵两处世界文化遗产为支撑，是湖北最具文化魅力的旅游产品。

武汉都市之旅以武汉为中心，辐射孝感、洪湖等地，是一条兼具都市风情和湖光山色的旅游线路。

鄂东南生态人文之旅经过黄冈、鄂州、黄石、咸宁等市，是一条融红色革命文化、名人名寺和自然生态于一体的旅游线路。

清江土家民俗风情之旅以宜昌为起点，沿清江向西延伸，是一条将山水风光和土家民俗相结合的旅游线路。

"一江两山"精品之旅以长江三峡和神农架、武当山两座名山为核心，经过武汉、荆州、宜昌、神农架、十堰、襄阳、随州、孝感等城市，是一条贯穿鄂中、鄂西北的精品旅游环线，湖北旅游的魅力在这里得到了集中体现。

三、湖北主要旅游景区

（一）武汉

武汉是湖北省的政治、经济及文化中心，位于江汉平原东部、长江与汉江的交汇处，别称江城。武汉为华中地区的水陆交通枢纽，素有"九省通衢"之称。武汉历史悠久，自商周以来就是重要的古城镇，宋以来就是全国名镇。武汉也是一座典型的山水园林城市，山峦和湖泊众多，水域面积占全市总面积的1/4，居全国大城市之首。武汉的名胜古迹主要有东湖、黄鹤楼、归元禅寺、古琴台、龟山等。

1.东湖风景区

东湖风景区位于武汉市东郊，是国家级风景名胜区和国家5A级旅游景区，总面积88平方千米，其中水域面积33平方千米，是我国第二大城中湖。东湖烟波浩渺，风光秀丽，分为听涛、磨山、落雁、白马、珞洪、吹笛六大景区，主要景点有行吟阁、长天楼、鸟语林、樱花园等。磨山南麓的中国科学院武汉植物园内有许多珍稀植物，极具观赏价值。

2.黄鹤楼

黄鹤楼（如图9-31所示）位于武汉市长江南岸的武昌蛇山之巅，始建于三国时期，屡建屡毁。中华人民共和国成立后，为修长江大桥而将黄鹤楼迁至现址（距旧址约1 000米）。黄鹤楼自古即为古人宴客、会友、吟诗、赏景的游览胜地。唐代崔颢的《黄鹤楼》一诗，更为黄鹤楼赢得了不朽盛名。黄鹤楼共5层，高51.4米，登楼远眺，可饱览万里长江和武汉三镇风光。

图9-31　黄鹤楼

知识拓展 9-13

《黄鹤楼》

黄鹤楼

（唐）崔颢

昔人已乘黄鹤去，此地空余黄鹤楼。

黄鹤一去不复返，白云千载空悠悠。

晴川历历汉阳树，芳草萋萋鹦鹉洲。

日暮乡关何处是？烟波江上使人愁。

（二）襄阳（原襄樊）

襄阳位于湖北省西北部、汉江中游，是国家历史文化名城，因地处襄水（今南渠）之阳而得名。自东汉以来，襄阳历来为府、道、州、路、县治所。襄阳交通发达，自古即为南北通商和文化交流的通道，素有"南船北马"和"七省通衢"之称。在长达2 000多年的时间里，襄阳已与众多历史事件、历史遗迹、历史人物联系在一起，如卞和献玉、司马荐贤、三顾茅庐、水淹七军等。《三国演义》的120回中，有32回发生在襄阳。境内现有古隆中、邓城、夫人城、诸葛亮故居、米公祠等胜迹。图9-32为襄阳古城墙。

古隆中（如图9-33所示）位于襄阳城西13千米处，历史上著名的"三顾茅庐"和"隆中对"的故事就发生在这里。这里自然景色优美，人文景观丰富，主要景点有"古隆中"石牌坊、诸葛武侯祠、三顾堂、抱膝亭、梁父岩、躬耕田等。

图 9-32 襄阳古城墙

图 9-33 古隆中

知识拓展 9-14

　　襄阳市原名襄樊市，系襄阳、樊城两城合称。2010年12月9日，襄樊市正式更名为襄阳市。同时，襄阳市下辖的襄阳区更名为襄州区。"襄阳"是一个沉淀了厚重历史记忆、蕴含着丰富历史信息的名称。恢复襄阳的城市名，凸显了襄阳市的历史文化底蕴，提升了城市的文化内涵，扩大了城市的知名度和影响力，对当地旅游业也能起到较大的推动作用。

　　无独有偶，湖北省的荆州、沙市合并后，也曾取名"荆沙市"，后又更名为"荆州市"。

（三）荆州

图 9-34 荆州古城

　　荆州旧称江陵，位于湖北省中部偏南，是国家历史文化名城。春秋战国时期，这里为楚国都城，此后长期为州府的治所。由于这里地势险要、交通方便，因此是历代兵家必争之地，也是历史上的名城重镇。荆州主要的文物古迹有荆州古城、纪南城遗址、华容故道、八岭山古墓群等。

　　荆州古城（如图 9-34 所示）的修造历史可以追溯到2800多年前的周厉王时期，荆州古城是我国延续时代最长、跨越朝代最多、由土城发展演变而来的唯一古城垣。战国时秦将白起攻楚及三国时的夷陵之战都发生在这里。现已发掘出了两晋、三国时期的土城和宋朝、五代时期的砖城。现存砖城为明、清两代所修造，由特制青砖加石灰、糯米浆砌筑，挺拔坚固。特制青砖每块重约4千克，有的烧制有文字，是有关古代城墙修建史的不可多得的档案实证。大北门城楼（朝宗楼）是荆州古城墙上唯一尚存的城楼古建筑，电影《小花》《路漫漫》《战国钟声》等均在此拍摄过外景。

（四）武当山

武当山位于湖北省西北部十堰市境内，占地面积312平方千米，主峰为天柱峰，海拔1 612米。武当山高山林立，山谷纵横，悬崖、幽洞、清泉遍布，景观兼具险、奇、幽、秀、美的特色。武当山还是道教名山、武术名山，在中华武术中享有"北崇少林，南尊武当"之美誉。武当山也是建筑文化名山，其古建筑群集中国建筑文化之大成，文化价值高，建筑技艺独特。1994年，武当山古建筑群被联合国教科文组织列入《世界遗产名录》。主要游览点有玄岳门、玉虚宫、磨针井、太子坡、紫霄宫、南岩宫、太和宫、金殿等。

AR全景9-5：武当山

（五）明显陵

明显陵位于钟祥市城北5 000米处，是明代帝陵中单体面积最大的皇陵，也是世界文化遗产。明显陵是明嘉靖皇帝的父亲和母亲的合葬墓，围陵面积约1.83平方千米，整个陵园双城封建，其外罗城周长达3 600余米。明显陵的规划布局和建筑手法独特，在明代帝陵规制中具有承上启下的作用。主要景点有金瓶形的外罗城、九曲御河、龙形神道、双龙琉璃影壁、内外明塘等。

（六）神农架

神农架位于长江以北、汉江以南的鄂西北。相传神农氏曾在此搭架采药，神农架因此得名。神农架是我国东部最大的原始森林，景区内山高谷深，林木茂密，气候复杂多变，四季景色迷人，有"华中林海"和"天然动植物园"之称。栖息在此的国家一级保护动物有金丝猴、金钱豹、金雕等。此外，众多白熊、白蛇、白鹿等白化动物和流传甚广的"野人"传说，给神农架披上了一层神秘的面纱。1990年，神农架被联合国教科文组织确定为世界人与生物圈保护区网络成员单位；1995年，被世界自然基金会确定为生物多样性保护示范点。主要景点有神农顶、板壁岩、大九湖、香溪源、燕子垭等。

（七）三峡大坝

三峡大坝（如图9-35所示）位于宜昌市三斗坪，是世界上最大的水利枢纽工程。三峡大坝坝轴线全长约2 309.47米，坝顶高程185米，正常蓄水位175米，总库容393亿立方米，年发电量超过1 000亿千瓦时。三峡大坝旅游区于1997年正式对外开放，2007年被评为国家5A级旅游景区。景区将现代工程、自然风光和人文

图9-35 三峡大坝

景观有机结合在一起，主要景点有坛子岭、185观景点、截流纪念园等。

第七节　湖南旅游区

一、湖南概况

湖南省简称湘，因省境绝大部分在洞庭湖以南而得名，又因湘江贯穿南北而得简称。湖南省总面积21.18万平方千米。截至2019年末，全省常住人口6 918.38万人（2016年为6 822万人）。少数民族中人口较多的有土家族、苗族、侗族、瑶族等。现辖13个地级市、1个自治州，省会为长沙市。

（一）方位

湖南省位于长江中游南岸，东临江西，西接重庆、贵州，南毗广东、广西，北连湖北。

（二）地貌

湖南省地处云贵高原向江南丘陵和南岭山脉向江汉平原的过渡地带，以山地、丘陵地貌为主。东、西、南三面环山，北部地势低平，中部为丘陵盆地，形成了朝北开口的不对称马蹄形地形。湖南省基本上可分为北部洞庭湖平原、南岭山地、湘西山地、湘东山地、湘中丘陵五个地形区。

（三）河流与湖泊

湖南省河流众多，水系发达，天然水资源总量为南方九省之冠。主要河流为湘江、沅江、资江和澧水。湖南省最大的湖泊为洞庭湖，洞庭湖也是我国第二大淡水湖。湖南省内多数河流汇聚于湘、资、沅、澧四水之后注入洞庭湖，最终流入长江。

知识拓展 9-15　　　　　　"三湘四水"

"三湘四水"是湖南省的又一个称谓。"三湘"因湘江流经永州时与"潇水"、流经衡阳时与"蒸水"、流入洞庭湖时与"沅江"相汇而得名，分别被称为"潇湘"、"蒸湘"和"沅湘"。"四水"指的是湘江、沅江、资江和澧水。

（四）气候

湖南省属于亚热带季风气候，四季分明，光热充足，降水丰沛，雨热同期。各地年平均气温一般为16～19℃，年平均降雨量为1 200～1 700毫米。冬季寒冷，夏季酷热，湘中的长沙、衡阳一带最热。

（五）自然资源

湖南省的植物资源和动物资源都非常丰富。森林覆盖率为59.9%（2019年），张家界森林公园是我国第一个国家森林公园。珍稀植物有被称为"植物活化石"的银杉、水杉、银杏和珙桐，珍稀动物有华南虎、云豹、金猫、白鹤、白鳍豚等。湖南省矿产资源丰富，是著名的"有色金属之乡"和"非金属矿之乡"。2019年，湖南省已发现矿种144种，探明资源储量矿种109种。湖南省的煤炭资源丰富，是我国南方产煤较多的省份。湖南省的土地资源总量丰富、类型齐全，主要土壤为红壤、黄壤，其中红壤分布最广。

知识拓展 9-16 　　　　　　　　　　斑竹

　　斑竹是湖南省特产，又名湘妃竹，因竹上有紫褐色斑块与斑点，故称斑竹。

　　斑竹集中产于湖南君山的斑竹山，如果将这种竹子移栽别处，第二年斑迹就会消失，但若将其移回君山，下一年斑迹又会出现。这种现象曾经让人迷惑不解。其实，斑竹上的花纹是真菌腐蚀幼竹而形成的，而这需要独特的土壤、气候条件。

（六）经济

　　湖南省是著名的"鱼米之乡"，自古就有"湖广熟，天下足"之谓。粮食作物以水稻为主，经济作物主要有棉花、苎麻、烤烟等，稻谷产量多年为全国之冠。湖南省的工业门类齐全，已初步形成以冶金、机械、电子、食品、能源等为主的产业结构体系。冷水江市的锡矿山是我国最大的锑产地，其供应的锑达到世界用锑量的70%，有"世界锑都"之称。株洲市是我国最大的铅、锌冶炼基地之一和我国南方最大的机车车辆制造中心。衡阳市是我国南方矿山冶金机械的重要制造基地。湘潭市是我国电机制造中心之一和江南纺织工业基地之一。

　　2019年，湖南省实现地区生产总值39 752.1亿元，人均地区生产总值57 540元，居民人均可支配收入27 680元。

知识拓展 9-17 　　　　　　　　　长株潭城市群

　　长株潭城市群位于湖南省中东部，包括长沙、株洲、湘潭三市，总面积2.8万平方千米。2007年12月，长株潭城市群获批为全国资源节约型和环境友好型社会建设综合配套改革试验区。2009年6月，长株潭三市长途区号统一为"0731"，其中长沙的固定电话在原七位前加"8"，湘潭加"5"，株洲加"2"。

（七）交通

　　湖南省的旅客运输以公路和铁路交通为主体。2019年，公路完成旅客运输量84 162万人次，铁路完成旅客运输量15 625.9万人次。京广铁路、湘桂铁路、洛湛铁路、京广高铁、沪昆高铁等多条铁路线贯穿全省。长沙、张家界、常德、永州、怀化、衡阳等地建有机场。内河航线贯通绝大部分县、市，约占全国内河通航里程的1/10。

（八）历史文化

　　在远古时期，三湘大地就留下了炎帝和舜的传说。春秋战国之际，湖南属于楚文化。诗人屈原曾被楚王流放湖南，并写下了千古名篇《离骚》。两宋时期，湖南成为湖湘文化的诞生地，并且建有长沙岳麓书院（如图9-36所示）和衡阳石鼓书院。深厚的文化背景使得湖南在历史上人文荟萃、英才辈出。

图9-36　长沙岳麓书院

（九）特产

湖南省的特产主要有湘绣、浏阳花炮和夏布、益阳凉席和竹器、邵阳竹雕、土家族织锦、古丈毛尖、湘西蜡染、东江鱼、临武鸭、芷江鸭、土家腊肉、苗家酸鱼、苗家菜豆腐、衡阳荷叶包饭、新化杯子糕、新化三合汤、新化年羹萝卜、张谷英油豆腐、巴陵全鱼席等。

知识拓展 9-18 　　　　　　　　　　　　　　**湘菜**

湘菜又称湖南菜，主要以湘江流域、洞庭湖区和湘西山区三种地方风味为主。早在2 000多年前，湘菜就以腊肉闻名。至今，辣味菜和熏、腊制品仍然是湘菜的主要特色。湘菜在品味上注重酸辣、香鲜，制法上以煨、炖、蒸、炒见长。

二、湖南旅游概况

湖南山川秀丽，名胜古迹众多。炎帝陵、舜帝陵、屈原庙和马王堆汉墓昭示了湖南历史的久远，岳阳楼、岳麓书院显示了湖南深厚的文化底蕴，张家界、南岳衡山、洞庭湖、桃花源、猛洞河、崀山、凤凰山等山水风光以及多姿多彩的民俗风情洋溢着诗情画意。

大美中国 9-12 　　　　　　　　　　　**湖南精品旅游线路**

山水风光之旅：长沙—常德（桃花源）—张家界—猛洞河

湘楚文化之旅：长沙—岳阳

名人故里之旅：长沙—韶山—花明楼

宗教文化之旅：长沙—南岳—郴州

民族风情之旅：长沙（张家界）—湘西凤凰（德夯）—怀化（侗寨）

地质奇观之旅：长沙—娄底—邵阳（崀山—南山）

寻根祭祖之旅：长沙—炎帝陵—舜帝陵

田园风光之旅：长沙—益阳（桃江）—常德（夹山、城头山和壶瓶山）

三、湖南主要旅游景区

（一）长沙

图9-37　岳麓山风景名胜区

长沙位于湖南省东部偏北，湘江下游，是湖南省的政治、经济、文化中心。长沙历史上涌现出了众多名人，留下了众多的历史文化遗迹，是首批国家历史文化名城之一。主要名胜有岳麓山、岳麓书院、橘子洲、爱晚亭、马王堆汉墓、天心阁等。

岳麓山风景名胜区（如图9-37所示）位于长沙市西部、湘江西岸，属于国家级风景名胜区。这里群峦叠翠，古木参天，植物资源丰富，名胜古迹众多。主要景点有岳麓书院、白鹤泉、禹王碑、飞来石和我国四大名亭之一的爱晚亭（如图9-38所示）等。岳麓书院位于岳麓山东侧，紧邻湘江。岳麓书院始建于北宋开宝九年（976年），晚清时（1903年）改名为湖南高等学堂，1926年正式定名为湖南大学，至今仍为湖南大学下属的办学机构，历史已逾千年，故有"千年学府"之谓。岳麓书院现存建筑大部分为明清遗物，主体建筑有大门、二门、讲堂、半学斋、教学斋、百泉轩等，书院还保存了大量的碑匾文物。

图9-38　爱晚亭

（二）韶山

韶山位于湘潭市西40千米处，是一代伟人毛泽东的故乡。传说舜南巡时，曾在此奏韶乐，韶山故而得名。这里峰峦叠翠，松柏葱茏。主要景点有毛泽东同志故居、毛泽东铜像广场、毛泽东图书馆、毛泽东诗词碑林、韶山烈士陵园、滴水洞等。

（三）武陵源风景名胜区

武陵源风景名胜区位于湖南省西北部的武陵山脉，由张家界市管辖。景区由张家界市的张家界国家森林公园、慈利县的索溪峪自然保护区和桑植县的天子山自然保护区组成，后又发现了杨家界新景区。武陵源是典型的砂岩峰林峡谷地貌，数千座奇峰怪石陡峭林立、千姿百态，构成了举世罕见的地质奇观和奇妙的山水艺术长廊，武陵源与美国黄石国家公园、科罗拉多大峡谷等著名世界遗产并称为"地球最后的奇迹"。主要景点有黄狮寨、砂刀沟、金鞭岩、金鞭溪、十里画廊、黄龙洞、鸳鸯瀑等。1992年，武陵源风景名胜区被列入《世界遗产名录》。

知识拓展 9-19

张家界（如图9-39所示）这一世界绝景长期不为外界所知，可谓"养在深闺人未识"。1979年，著名画家吴冠中和摄影家陈复礼来到这里，惊叹于这里的美景，吴冠中写下了《养在深闺人未识》一文，称赞张家界是"失落在深山的明珠"，张家界从此名扬四海。1984年，湘西籍画家黄永玉建议将张家界、天子山、索溪峪统一命名为"武陵源"。

图9-39　张家界

（四）衡山

衡山绵亘于衡阳、湘潭两盆地间，是五岳名山之一。衡山层峦叠翠，林木繁茂，谷壑幽深，景色秀丽，素有"五岳独秀"的美誉。祝融峰之高、藏经殿之秀、方广寺之深、水帘洞之奇被称为南岳"四绝"。衡山既是道教名山，也是佛教名山，"寿文化"源远流长，无数文人墨客来此游历，留下了大量碑文石刻，更使衡山声名远扬。

（五）洞庭湖和岳阳楼

洞庭湖位于湖南北部，曾是我国最大的淡水湖，有"八百里洞庭"之称，后因湖面萎缩，现为我国第二大淡水湖。洞庭湖风景秀丽，湖畔散布着岳阳楼、慈氏塔、鲁肃墓、二妃墓等名胜古迹。

图9-40　岳阳楼

岳阳楼（如图9-40所示）为江南三大名楼之一，位于岳阳古城西门城墙之上。岳阳楼始建于三国时期，其前身相传为东吴大将鲁肃的阅军楼。北宋庆历五年（1045年），滕子京重修岳阳楼，翌年，政治家、文学家范仲淹撰《岳阳楼记》，岳阳楼从此声名远播，其中的名句"先天下之忧而忧，后天下之乐而乐"更是家喻户晓。岳阳楼现为清同治年间重建，主楼为重檐、盔顶、纯木结构。楼内陈设有诗词、书画、根艺及宋、元、明、清不同时期的岳阳楼模型。站在岳阳楼上，可凭栏远眺烟波浩渺的洞庭湖和墨绿如黛的君山。

（六）炎帝陵

炎帝陵位于炎陵县鹿原镇，是中华民族始祖炎帝的陵墓，为全国重点文物保护单位、国家5A级旅游景区。炎帝陵始建于宋乾德五年（967年），千余年来屡次修葺和扩建。主要景点有炎帝陵殿、神农大殿、五子庙、御碑园、鹿原亭、圣火台等。

（七）桃花源风景名胜区

AR全景9-6：凤凰古城

桃花源风景名胜区位于常德桃源县境内，得益于东晋著名诗人陶渊明的《桃花源记》，桃花源自古即成为游览胜地。桃花源背倚群峰，面临沅江，境内遍布古树修竹、小溪流水、曲径石阶，主要景点有桃花山、桃源山、五柳湖、秦溪、秦谷等。

（八）凤凰古城

图9-41　凤凰古城

凤凰古城（如图9-41所示）位于湘西土家族苗族自治州凤凰县，是我国文学巨匠沈从文、国画大师黄永玉的故乡，曾被新西兰著名作家路易·艾黎称为中国最美丽的小城之一。古城风景秀丽，历史悠久，至今保留着明清建筑风貌。古朴的城楼、青石板铺成的小街、穿城而过的清而浅的沱江、河畔上的吊脚楼、码头上的小船，构成了独特的山城风光。这里还有南方古长城等名胜古迹。作为苗族聚居区，这里仍保留着浓郁的民族风情。

（九）矮寨奇观景区

矮寨奇观景区位于湘西土家族苗族自治州吉首市西北，距吉首市区19千米，不仅山高谷深、崖陡壁峭、悬瀑流泉、林深路幽、仪态俨然，更有天桥（矮寨大桥）、天路（矮寨盘山公路）、天廊（矮寨悬崖玻璃栈道）、天台（天问台）缠绕于峻岭之巅、崖壁之侧。"百年路桥奇观，千年苗寨风情，万年峡谷风光"是矮寨奇观景区的鲜明特色。

矮寨大桥（如图9-42和图9-43所示）位于吉首市矮寨镇境内，横跨德夯大峡谷，线路全长1 779米，主桥全长1 414米，是世界上峡谷间跨度最大的钢桁梁悬索桥。这座大桥不仅极大地改善了湘渝两地的交通现状，而且是张家界至凤凰古城黄金旅游线上的一个著名景点。为了方便游客观光和体验，该桥在第二层设计了观光通道，并在绝壁之上修建了观光电梯和扶梯。

图9-42 矮寨大桥1

图9-43 矮寨大桥2

思考与练习

一、选择题（有一个或一个以上正确答案）

1.下列关于上海的说法，正确的有（　　）。

A.上海是我国发展最早、规模最大的综合性工业城市

B.上海是我国最大的城市

C.上海是我国最大的商业中心和金融中心

D.上海有我国最大的港口

2.在上海的旅游资源中，较为突出的是（　　）。

A.都市风光　　B.瀑布涌泉　　C.水乡风情　　D.城市建筑

3.下列关于江苏的说法，正确的有（　　）。

A.江苏是我国人口最多的省份

B.江苏水域面积比重居全国各省区之首

C.江苏是我国平原所占比重最大的省区

D.江苏的内河航运里程居全国各省区首位

随堂测9-1

4.下列属于江苏的工艺品和特产的是（　　　）。

  A.惠山泥塑　　　　　B.云锦　　　　　C.杨柳青年画　　　D.碧螺春茶

5.下列园林中不属于我国四大名园的是（　　　）。

  A.寄畅园　　　　　　B.颐和园　　　　　C.留园　　　　　　D.拙政园

6.关于浙江，说法正确的有（　　　）。

  A.浙江素有"东南植物宝库"之称　　　B.浙江茶叶产量全国第一

  C.浙江是我国人口密度最大的省份　　　D.浙江享有"丝绸之府"的美称

7.下列不属于浙江特产的是（　　　）。

  A.青田石刻　　　　　B.青阳折扇　　　　C.东阳木雕　　　　D.龙泉宝剑

8.（　　　）在唐代和宋代都被列为我国古代三大港口。

  A.宁波　　　　　　　B.扬州　　　　　　C.泉州　　　　　　D.广州

9.下列"文房四宝"中产于安徽的有（　　　）。

  A.湖笔　　　　　　　B.徽墨　　　　　　C.宣纸　　　　　　D.端砚

10.下列属于江西六大特色旅游品牌的有（　　　）。

  A.绝特山水　　　　　B.红色摇篮　　　　C.陶瓷艺术　　　　D.道教文化

11.下列江西的名山中，属于世界自然遗产的是（　　　）。

  A.庐山　　　　　　　B.井冈山　　　　　C.三清山　　　　　D.龙虎山

12.水域面积比例居全国大城市之首的是（　　　）。

  A.武汉　　　　　　　B.南昌　　　　　　C.长沙　　　　　　D.杭州

13.（　　　）为湖北省第一大湖。

  A.长湖　　　　　　　B.洪湖　　　　　　C.洞庭湖　　　　　D.梁子湖

14.稻谷产量多年为全国之冠的是（　　　）。

  A.江苏省　　　　　　B.浙江省　　　　　C.江西省　　　　　D.湖南省

15.属于武陵源风景名胜区的有（　　　）。

  A.张家界　　　　　　B.天子山　　　　　C.索溪峪　　　　　D.桃花源

二、判断题

1.上海素有"美食天堂"和"购物乐园"之称。　　　　　　　　　　（　　　）

2.苏州古典园林集中了江南园林之精华。　　　　　　　　　　　　（　　　）

3.江苏省是全国岛屿最多的省份。　　　　　　　　　　　　　　　（　　　）

随堂测9-2

4.钱塘江、新安江与富春江是浙江省著名的三条河流。　　　　　　（　　　）

5.江西省自古文化灿烂、名人辈出，被称为"江南昌盛之地，
文章节义之邦"。　　　　　　　　　　　　　　　　　　　　　　（　　　）

6.湖南省湖泊众多，被称为"千湖之省"。　　　　　　　　　　　（　　　）

7.中国最大的城中湖是武汉东湖。　　　　　　　　　　　　　　　（　　　）

8.荆州古城是我国延续时代最长、跨越朝代最多、由土城演变
而来的唯一古城垣。　　　　　　　　　　　　　　　　　　　　　（　　　）

三、简答题

1.上海主要有哪些旅游资源？

2.江苏有哪些突出的旅游资源？

3.简要介绍拙政园。

4.浙江旅游资源大体上可分为哪些类型？各有哪些代表性景点？

5.简要介绍西湖。

6.安徽的交通优势体现在哪里？

7.简要介绍黄山。

8.请列举江西古代的文化名人。

9.江西有哪些主要的旅游资源？

10.湖北有哪些突出的旅游资源？

11.湖南有哪些突出的旅游资源？

12.长江中下游六省一市在气候上有什么共同特点？

13.长江中下游六省一市的地形有什么特点？

四、实践训练

1.阅读下列有关我国最大的淡水湖——鄱阳湖的资料，并从地理知识的角度完成思考题。

鄱阳湖位于江西省北部、长江南岸，是我国第一大淡水湖、国家生态文明教育基地。鄱阳湖也是国际重要湿地，已被列入《国际重要湿地名录》，是世界六大湿地之一，主要保护对象是珍稀候鸟及湿地生态系统。鄱阳湖还是世界自然基金会圈定的全球重要生态区之一，是中国唯一的世界生命湖泊网成员，被誉为"回归沙漠带中的明珠""亚洲最大的候鸟越冬地""全球最大的白鹤和东方白鹤越冬地"。

鄱阳湖的形成可追溯到地质史上300万年以前。在距今6 000—7 000年时，这里就有了湖泊，即《禹贡》所称的"彭蠡泽"。三国时期，彭蠡泽被长江分为南、北两部分，江南的彭蠡泽逐渐南侵，范围越来越大，到18世纪，鄱阳湖达到现在的规模。由于鄱阳湖湖水主要依赖地表径流和湖面降水补给，因此其面积和水量有明显的季节性变化。每年春夏之交，水的补给量增加，湖面迅速扩大，面积可达3 914平方千米（最大丰水期面积曾达到5 100平方千米）；冬季，湖水大量流失，又缺乏补给，湖面骤然缩小，甚至只有140余平方千米，所以有"洪水一片，枯水一线"的说法。

鄱阳湖地跨南昌、九江和上饶3个设区市，沿岸区域土质肥沃、河网密布，是江西省著名的"鱼米之乡"。在我国五大淡水湖中，鄱阳湖的生物资源最丰富，生物多样性最高。每年冬季，有近百万只候鸟来鄱阳湖区域越冬，构成了一幅人与自然和谐共存的美丽画面。据统计，来此越冬的鸟类达300多种，如白鹤、黑鹳、大鸨、天鹅等，其中白鹤的数量约占全球白鹤总数的98%以上，因此鄱阳湖又被称为"白鹤乐园"和"珍禽王国"。鄱阳湖越冬候鸟观赏地主要有永修县吴城镇、庐山市沙湖山、共青城市寺下湖、新建县南矶山、都昌县马影湖等。

思考：鄱阳湖为什么能成为亚洲最大的候鸟越冬地？

2.依据课本内容或查找相关资料，简述上海、江苏、浙江、安徽、江西、湖北、湖南省（市）名的来历及简称的来历。

3.湖南和江西两省在地理环境上有何相同点和不同点？

4.黄浦江对上海成为深水良港有何重要意义？

五、课堂讨论

地名是历史和时代以地理形态表现的个性符号和文化名片。在长江中下游地区,许多城市更改了名称,典型的例子如安徽的屯溪市改为黄山市,湖南的大庸市改为张家界市,湖北的蒲圻市改为赤壁市。这种状况在其他地区同样存在,如云南的中甸县改为香格里拉市、四川的南坪县改为九寨沟县,等等。针对这一现象展开讨论,谈谈你的看法。

第十章　西南旅游区

本章导读

　　西南旅游区包括位于我国西南的重庆市、四川省、云南省和贵州省。

　　本区跨青藏高原、横断山脉、云贵高原、大巴山地和四川盆地几大地貌单元，地形复杂，以山地、高原、丘陵、盆地为主。本区多大江大河，属高原湖泊密集区。

　　大部分地区属于亚热带、热带气候，气候类型复杂，地域差异明显。四川盆地属于亚热带季风气候，冬暖、春早、夏热、秋凉，湿度较大，多云雾，是农业集中发展的区域；云贵高原气候变化小，冬暖夏凉，四季如春，但天气多变，雨天多；西部横断山区是高山寒带气候与立体气候分布区；南部少数地方属于热带雨林气候，干湿季分明。

　　本区动植物种类丰富，是珍贵的生物基因库。森林茂密，木材蓄积量居全国前列。农业发达，粮食作物以水稻为主，经济作物以甘蔗、烤烟、油菜、茶叶、柑橘、蚕茧等为主。矿产资源、水电资源、地热水资源都非常丰富。

　　西南地区是少数民族最多和人口分布最集中的地区之一，各民族都有自己的服饰、礼仪、习惯、建筑及节日，如苗族的芦笙节、白族的三月节、傣族的泼水节、彝族的火把节等，形成了绚丽多姿的民族文化。

　　本区旅游资源丰富且充满独特魅力，旅游业已成为各省市的龙头产业或支柱产业。自然旅游资源以名山大川、雪山冰峰、石林洞乡、峡谷瀑布、火山温泉、自然生态及热带风光、珍稀动植物为特色；人文旅游资源以民族风情、巴蜀文化、历史古迹、宗教寺庙、石刻佛塔为特色。

第一节　重庆旅游区

一、重庆概况

　　重庆市简称渝，原为四川省的一部分，1997年设为我国第四个直辖市。重庆市是长江上游最大的经济中心、西南工商业重镇和水陆交通枢纽、世界最大的内陆山水城。重庆市总面积8.24万平方千米。截至2019年末，全市常住人口3 124.32万人（2016年为3 048.43万人），人口中汉族占绝大多数，人数较多的少数民族有土家族、苗族等。现辖26个区、8个县、4个自治县，市政府驻渝中区。

知识拓展 10-1

重庆在南宋时称为恭州，是南宋孝宗皇子赵惇的封地。淳熙十六年（1189年）正月，赵惇被封为恭王，二月受禅即帝位，即宋光宗，自诩"双重喜庆"，故而改封地恭州为重庆府，重庆因而得名。又因隋以来重庆这个地方曾称"渝州"，遂简称"渝"。

（一）方位

重庆市位于我国内陆西南部、长江上游，东临湖北、湖南，南临贵州，西接四川，北连陕西。

（二）地貌

重庆市地貌复杂，有平坝、台地、丘陵、山地等类型，以山地、丘陵为主。南北高，中间低，整体地势由南北向长江河谷逐级降低。北、东、南三面分别有大巴山、巫山和大娄山。地势起伏大、岩溶地貌大量分布是重庆市地貌的两大特点。

（三）河流与湖泊

重庆市内江河纵横，长江干流贯穿全境，嘉陵江、乌江、涪江、綦江、大宁河等众多支流汇入长江，构成了近似向心状水系。重庆市天然湖泊不多。

（四）气候

重庆市属于亚热带季风性湿润气候，具有春早、夏热、秋凉、冬暖的特点，雨量充沛，无霜期长，光热同季。重庆市年平均气温为16～18℃，年平均降雨量为1 000～1 350毫米，日照少，是我国日照最少的城市之一。重庆市是著名的"火炉"，夏季常出现连晴高温天。重庆市又是著名的"雾都"，年均雾日多达百天，秋冬季节尤其多雾。重庆市的雨季出现在夏秋，且多是日晴夜雨，故有"巴山夜雨"之说。

（五）自然资源

重庆市的森林覆盖率为50.1%（2019年），有各类植物6 000多种，包括桫椤、水杉、秃杉、银杉、珙桐等珍稀树种；有金丝猴、华南虎、黑鹳、黑叶猴、金钱豹、毛冠鹿、红腹锦鸡等珍稀野生动物。重庆市是全国大中城市中矿产资源最富集的地区之一，煤、天然气、铝土矿、盐矿、锶矿、锰矿和钡矿等的储量丰富，卧龙河气田开采量居全国第一位。水能资源丰富，全市每平方千米拥有可开发水电总装机容量是全国平均数的3倍。重庆市还有丰富的地下热能和饮用矿泉水。

（六）经济

重庆市自汉代起就是长江上游的工商业重镇，现在是集工业、金融、商贸物流和科技创新于一体的经济中心城市，已形成电子信息、汽车、装备制造、化工、能源等产业集群。重庆市的农业占有重要地位，是我国重要的商品粮基地和著名的肉猪商品基地，粮食作物以水稻为主。

2019年，重庆市实现地区生产总值23 605.77亿元，人均地区生产总值75 828元，居民人均可支配收入28 920元。

（七）交通

重庆市是我国西部、长江上游唯一集水、陆、空运输方式于一体的重要交通枢纽。主要铁路线有川黔铁路、渝怀铁路、襄渝铁路、达万铁路、宜万铁路、成渝高铁、郑渝高铁等。水运发达，万吨级船队可由长江溯江至重庆港，已开展重庆经上海至海外的江海联运业务，并有各种游船航行于重庆至上海的长江沿岸城市港口。重庆江北国际机场是国家重点发展的干线机场。

（八）历史文化

重庆市是一个有着3 000年巴渝文化底蕴的历史文化名城，以重庆为中心的古巴渝地区是巴渝文化的发祥地。公元前11世纪的商周时期，巴人以重庆为首府，建立了巴国。后秦灭巴国，以重庆为中心的这片地方先后被称为巴郡、楚州、渝州、恭州、重庆等。李白、杜甫、苏轼等曾在这里写下了脍炙人口的诗篇，峡江号子、重庆火锅、铜梁火龙等都是独具魅力的巴渝文化现象。在历史长河中，重庆历来是区域性的军事、政治中心和重要的商业物资集散地，现在的重庆已成为我国西部最大的现代工商业城市。三峡工程建设和库区移民开发、直辖市的设立、西部大开发战略的实施，都为重庆市的发展注入了新的活力。

知识拓展10-2　　　　　巴渝文化

巴渝文化起源于巴文化，它是指巴族和巴国在历史的发展中所形成的地域性文化。巴人长期生活于大山、大河之间，大自然的险恶环境使巴人养成了顽强、坚韧的性格，因此巴人以勇猛、善战著称。当年武王伐纣时，就借助了巴人的力量。

巴人善舞，作战时跳的"战舞"后来发展成巴渝舞，这种集体舞蹈经过不断演变，出现了许多分支，如江南的"盾牌舞"、土家族的"摆手舞"，以及川东的"踢踏舞"等。巴人亦善歌，歌曲不但流行于巴境，在楚国也脍炙人口。据记载，战国时期，有人在楚国郢都唱《下里》《巴人》，"国中属而和者数千人"，这可能是世界上有记载的最早、最有名的"流行歌曲"了。现在"下里巴人"已成为通俗的、普及的文学艺术的代名词，"下里"即乡里，"巴人"即巴蜀人民。此外，作为一种富有民歌味的诗体形式，竹枝词也是由古代巴蜀民歌演变而来的，它对我国的文学创作产生了重大影响。

长江在重庆段曾被称为川江，这里的航道弯曲狭窄，遍布急流险滩。过去，江上船只多依靠人力拉纤航行，少则数十人多则上百人的江上集体劳动需要用号子来统一指挥，川江号子由此产生，并成为巴渝文化的重要组成部分。

（九）特产

重庆市有"柑橘之乡""油桐之乡""乌桕之乡"的称号。涪陵榨菜誉满全国，涪陵成为著名的"榨菜之乡"。重庆市是全国重要的中药材产地之一，主要有黄连、白术、金银花、党参等，石柱土家族自治县是著名的"黄连之乡"，黄连产量居全国首位。重庆市的其他特产还有江津米花糖、合川桃片、重庆沱茶、江津广柑、奉节脐橙、永川皮蛋、北碚玻璃工艺品等。

二、重庆旅游概况

重庆旅游资源得天独厚，自然风景与人文景观交相辉映。众多的山、林、洞、水、泉、瀑布组合在一起，展现了大自然的雄、奇、险、幽。主要旅游资源有长江三峡、世界文化遗产大足石刻、世界自然遗产武隆喀斯特、山城夜景、巫山小三峡-小小三峡、丰都、万盛石林、天坑地缝、白鹤梁水下博物馆、歌乐山国家森林公园、缙云山国家级自然保护区、北温泉风景区、红岩革命纪念馆、湖广会馆、磁器口古镇、钓鱼城、重庆中国三峡博物馆、洪崖洞民俗风貌区、青龙瀑布等。

重庆还有多姿多彩的民俗风情旅游资源。土家族的摆手舞、赶年、唱傩戏、花灯，苗族的赶秋节、踩山节、羊马节、砍火星节、刺绣、蜡染，土家族的吊脚楼等都独具特色。

三、重庆主要旅游景区

（一）重庆主城区风光

重庆主城区位于重庆市西部，长江与嘉陵江的交汇处，依山而建，三面环江，故有"山城"和"江城"之称，因多雾，又有"雾都"之称。山城、江城、雾都这些鲜明的特质使得重庆主城区风光独具魅力。每当华灯初上之时，山城的夜景更加迷人。重庆主城区的旅游景点主要有红岩革命纪念馆、《新华日报》总馆旧址、八路军重庆办事处旧址、歌乐山国家森林公园、朝天门码头、鹅岭公园、南山风景区、磁器口古镇等。图10-1为重庆城区风光。

（二）长江三峡

长江三峡（如图10-2所示）由瞿塘峡、巫峡、西陵峡组成，西起重庆奉节县白帝城，东至湖北宜昌市南津关，全长193千米。三峡两岸悬崖绝壁，江中滩峡相间、水流湍急，荟萃了长江风光的精华，是我国十大风景名胜之一。瞿塘峡是三峡中最短但最雄伟险峻的一个峡，有夔门、孟良梯、古栈道、犀牛望月等景点。巫峡以幽深秀丽著称，有巫山十二峰、孔明石碑、陆游古洞等景点。西陵峡在三峡中最长，以滩多水急闻名，主要景点有兵书宝剑峡、牛肝马肺峡、崆岭峡、灯影峡等。

图10-1　重庆主城区风光

图10-2　长江三峡

此外，在巫峡北岸的大宁河上，有由龙门峡、巴雾峡、滴翠峡组成的"小三峡"；在大宁河滴翠峡处的支流马渡河上，有由长滩峡、秦王峡、三撑峡组成的"小小三峡"。2007年，巫山小三峡-小小三峡被评为国家5A级旅游景区。

（三）大足石刻

大足石刻是重庆市大足区境内所有石刻造像的总称。大足是著名的"石刻之乡"，区内迄今公布为文物保护单位的石刻多达75处，造像5万余尊，是一座难得的文化艺术宝库。大足石刻中以宝顶山和北山石刻最为著名，保存最为完好。1999年12月，大足石刻被联合国教科文组织列入《世界遗产名录》。2007年，大足石刻景区被评为国家5A级旅游景区。

图10-3 芙蓉洞奇观——巨幕飞瀑

（四）武隆喀斯特地貌景观

武隆喀斯特地貌景观位于重庆市武隆区境内，包括芙蓉洞洞穴系统、天生三桥喀斯特系统以及后坪冲蚀型天坑喀斯特系统三部分。芙蓉洞（如图10-3所示）是一个大型石灰岩洞穴，被称为"天下第一洞""一座斑斓辉煌的地下艺术宫殿和内容丰实的洞穴科学博物馆"。武隆天生三桥（如图10-4所示）是全国罕见的生态型旅游区，以天龙桥、青龙桥、黑龙桥三座气势磅礴的石拱桥称奇于世。后坪冲蚀型天坑位于武隆后坪乡境内，由地表沟溪、落水洞、竖井、天坑、化石洞穴、地下河和泉水组成，极具科考价值。2007年6月，包括重庆武隆在内的"中国南方喀斯特"被评为世界自然遗产。

（五）丰都鬼城

丰都鬼城位于重庆下游丰都县的长江北岸，是一座以神奇传说著称的文化古城，又称为"中国神曲之乡"。《封神演义》和《聊斋志异》等古典名著都将丰都描写成"鬼国京都""阴曹地府"。自唐以来，丰都陆续建造了40多座庙宇，且儒、释、道兼备。城内塑像群分别模拟人间诉讼、法庭、监狱、酷刑等场景，构思奇特，神态逼真，营造出了一个阴森恐怖、等级森严的"阴曹地府"。

知识拓展 10-3

东汉时，丰都称为平都县。隋代取长江中"丰稳坝"首字与"平都山"之

图10-4 武隆天生三桥

图 10-5　白帝城

"都"字，改称"丰都"。相传汉代阴长生、王方平两人先后于平都山修炼成仙，道家遂在此山设天师，并将其列为"三十六洞天，七十二福地"之一。后人附会"阴、王"为"阴王"（阴间之王），丰都也就成了"阴都"。

（六）白帝城

白帝城（如图 10-5 所示）位于重庆市奉节县，是长江三峡的起点，因西汉末年公孙述在此筑城，自号"白帝"而得名。唐代以来，李白、杜甫、陆游等诗人在此留下了大量诗篇，白帝城又被誉为"诗城"。白帝城孤峰独峙，地势险要，历来为兵家必争之地，更因刘备"白帝城托孤"而闻名于世。主要景点有白帝庙、东西碑林、三峡木石艺术馆、托孤堂等。

（七）张飞庙

张飞庙又名张桓侯庙，是为了纪念三国时期蜀汉名将张飞而修建的。原址位于云阳县城外飞凤山麓，后整体搬迁至云阳县盘石镇，与云阳新县城隔江相望。张飞庙始建于蜀汉末期，后经历代修葺扩建，距今已有 1 700 多年的历史。据传张飞在阆中被两名部将暗害，这两名部将取张飞首级投奔东吴，行至云阳时得到吴蜀讲和的消息，遂将张飞首级抛至江中，后被一渔翁打捞上岸，埋葬于飞凤山麓，世人于是在此立庙纪念。庙内主要建筑有正殿、旁殿、结义楼、助风阁、杜鹃亭等，并收藏有大量珍贵的碑刻。张飞庙先后被评为全国重点文物保护单位和国家级风景名胜区。

知识拓展 10-4　张飞庙的整体迁移

云阳张飞庙的整体迁移是对文物保护单位异地迁移保护的典型案例。由于三峡工程蓄水，库区水位节节升高，云阳张飞庙原址将沉入江中。为了使文物的损失最小化，张飞庙的整体搬迁工作从 2002 年 10 月就开始了。新址距离原址有 32 千米，被认为是三峡工程淹没区文物搬迁级别最高、搬迁距离最远的一项工程。拆迁工作严格按照"原材料、原结构、原风貌"的"三原"要求进行。为了使文物整体搬迁时不受损坏，搬迁以前，工作人员对每个构件都一一分类编号，经过精心包装后用汽车以每小时 10 千米的速度小心运走。在张飞庙拆迁的过程中，考古工作者还进入拆后的张飞庙旧址展开地下考古发掘，发现文物 200 多件。

（八）天坑地缝

天坑地缝位于奉节县南部山区，属于岩溶漏斗地貌。小寨天坑口部最大直径 626 米，最小直径 537 米，坑底最大直径 522 米，垂直高度 666.2 米，被称为"世界上已知最大岩溶漏斗"，有"天下第一坑"之说。坑壁陡峭，呈现出红、黄、黑三种色彩，坑底森林茂密，有自天井峡地缝流来的地下河。

天井峡地缝离天坑不远，是两座平行山峦间凹下去呈 V 字形的一条大裂缝，全长 14 千米，缝深 80~200 米，底宽 3~30 米，缝两边绝壁陡峭，呈现出典型的"一线天"峡谷景观。

（九）合川钓鱼城

合川钓鱼城位于合川区嘉陵江南岸的钓鱼山上，是南宋王朝抗击蒙古大军入侵的战场遗址。钓鱼城周边有嘉陵江、涪江、渠江三江环绕，地势险要，城内有大片田地和四季不绝的丰富水源，这些条件使得钓鱼城具备易守难攻和可长期坚守的特点。合川钓鱼城古战场遗址至今保存完好，主要景观有城门（如图 10-6 所示）、城墙、武道衙门、步军营、水军码头、钓鱼台、护国寺等，还有元、明、清三个朝代遗留的大量诗赋辞章、浮雕碑刻。1982 年，钓鱼城被列为国家级风景名胜区。

图 10-6　钓鱼城城门

知识拓展 10-5　　　　　　　　　　　　　　　**钓鱼城之战**

1240 年，四川安抚制置副使彭大雅在钓鱼山上筑城，作为合州军民避蒙古兵锋之地。1243 年，四川安抚制置使余玠复筑钓鱼城，以抗击蒙古的侵略。1258 年，蒙哥大汗亲率军马进犯四川，1259 年 2 月兵临钓鱼城，守城主将王坚率军顽强抗击，蒙哥军队无法越雷池半步，直至 7 月，不少随蒙哥出征的将领战死于钓鱼城下，蒙哥本人也被城上火炮击伤，蒙古军不得不自钓鱼城撤退。不久，蒙哥逝于温泉寺。钓鱼城之战是中外战争史上罕见的以弱胜强的战例，在中国古代战争史上具有重要地位。钓鱼城之战也是历史上重要的转折点——南宋王朝得以残存 20 年，亚欧大陆的战火得以暂时缓解，非洲也避免了被蒙古军队占领的命运。钓鱼城因此被欧洲人称为"上帝折鞭处"。

蒙哥曾留下遗言，若攻下钓鱼城，当尽屠城中之民。1279 年，南宋败亡之际，钓鱼城守将以不可杀城中一人为条件，打开城门，停止了抵抗。

（十）万盛石林

万盛石林位于万盛区，是我国最古老的石林，也是我国第二大石林。万盛石林属于典型的喀斯特地貌，石头千姿百态，被称为天然石造的"动物乐园"。主要景点有天门洞、将军石、香炉山、地缝一线天等。

（十一）白鹤梁水下博物馆

白鹤梁是一道天然石梁，位于重庆涪陵城北长江中，长约 1 600 米，宽 10~15 米，因过去常有白鹤群集而得名。石梁上现有唐代以来题刻 165 段、3 万余字，集历代名家文学、书法之大成，被称为"水下碑林"。尤其难得的是梁上的 18 尾石鱼雕刻，记载了 1 200 多年来长江 72 个枯水年份的水文情况，为研究长江水文、区域及全球气候变化的历史规律提供了重要的实物佐证，被称为"世界第一古代水文站"和"长江古代水文资料的宝库"。2009年，这里建成了白鹤梁水下博物馆，既实现了文物原址保护，又方便了游客的常规参观。

知识拓展10-6

三峡水电站蓄水后，白鹤梁将永久没入长江中，由于资金和技术上的困难，对白鹤梁文物的保护成为三峡文物保护的难点之一。为此，工程师们先后提出过7个保护方案，最终采用了"无压容器"方案对原址进行水下保护。从2003年至2009年，保护工程历时7年，耗资2.1亿元，最终建成了世界上首座遗址类水下博物馆——白鹤梁水下博物馆，这也是三峡工程中工序最复杂、科技含量最高、涉及学科最多的文物保护项目，是工程领域与文物保护领域相结合的创举，体现了当代人对祖先遗留文物的尊重。

第二节　四川旅游区

一、四川概况

四川省简称川或蜀，因北宋置川峡四路而得省名，因古有蜀国、蜀郡而得简称。四川省总面积48.6万平方千米。截至2019年末，全省常住人口8 375万人（2016年为8 262万人）。人口中汉族占绝大多数，人数较多的少数民族有彝族、藏族、羌族、回族等。四川省有我国最大的彝族聚居区和唯一的羌族聚居区，藏族聚居区人口仅次于西藏。现辖18个地级市、3个自治州，省会是成都市。

（一）方位

四川省位于我国西南部，长江上游，东连重庆，南邻云南、贵州，西接西藏，北接陕西、甘肃、青海。

（二）地貌

四川省地处我国青藏高原向东部平原过渡地带，全省地貌大致可分为四川盆地、川西北高原和川西南山地三大部分。山地、高原、丘陵约占全省面积的97%。地势西高东低，贡嘎山是全省地理最高点，也是世界著名高峰，海拔7 556米。四川盆地是我国四大盆地之一，盆地西部的成都平原是西南地区最大的平原。盆地边缘的山地中也有零星平原，当地俗称"坝子"（如广元坝子），坝子往往是当地的农业中心。

（三）河流与湖泊

四川省境内共有大小河流近1 400条，号称"千河之省"。长江自青海玉树至四川宜宾段称为金沙江，从宜宾至湖北宜昌段习惯上称为川江。雅砻江、嘉陵江、岷江、沱江都是长江支流，也是四川省的主要河流。多峡谷、激流是四川河流的主要特点。四川省湖泊不多，但有较多冰川和冰蚀湖，并有一定面积的沼泽，多分布于川西北和川西南。川西北若尔盖、红原与阿坝一带的高原沼泽是我国南方地区最大的沼泽带。

（四）气候

四川省地处亚热带，但由于地形复杂，形成了复杂多样的气候。东部盆地属于亚热带湿润气候，受地形影响，气温较同纬度的长江中下游偏高 2～4℃，具有湿度大、云雾多、日照少的特点。川西南山地属于亚热带半湿润气候，川西北属于高山高原高寒气候。在气温和降水量上，不同的地形区差异很大。

课堂互动10-1

雅安市位于成都市西南 120 千米处，这里历来有"雅无三日晴"的说法。气象统计显示，雅安城区一年的雨日多达 220 天，是我国年降水日最多的城市，被称为"雨城""天漏"。查阅地图，分析雅安为什么多雨。

分析提示10-1

（五）自然资源

四川省森林覆盖率为 39.6%（2019 年），动植物种类极为丰富，是我国乃至世界珍贵的生物基因库之一，举世闻名的大熊猫主要栖息于四川境内。四川省大部分地方为紫色土，系侏罗纪、白垩纪紫色砂岩、泥岩风化而成，肥力较高。四川省矿产资源种类齐全，总量丰富，天然气、钒、钛、二氧化碳气、锂矿等 14 种矿产在全国查明资源储量中排第一位。四川省的水能资源丰富，水电技术、经济开发量均居全国首位。

（六）经济

四川省是西南地区工业最发达的省区，电子信息、水电、机械冶金、医药化工、旅游、饮料食品等产业是四川省的支柱产业。四川省农业较发达，是我国西部重要的粮食和副食品基地，粮食、生猪、油菜籽、蚕茧、柑橘、茶叶产量居全国前列。

2019 年，四川省实现地区生产总值 46 615.8 亿元，经济总量居西部第一位，人均地区生产总值 55 774 元，居民人均可支配收入 24 703 元。

（七）交通

过去，"蜀道之难，难于上青天"。现在，四川省基本上形成了公路、铁路、民航、内河航运相结合的立体交通网络。高速公路通车里程居全国前列。成都、绵阳、泸州、达州、宜宾等地建有机场，成都双流国际机场是我国西部最大的航空枢纽。宝成铁路、成渝铁路、襄渝铁路、成昆铁路是四川省的主要铁路干线。水运已形成以长江、嘉陵江、岷江为主骨架，以宜宾、泸州、乐山、南充四港为主节点的交通网络。

（八）历史文化

四川省历史悠久，是古蜀人和巴人的发祥地。三星堆遗址、金沙遗址（如图 10-7 所示）的发掘，将四川文明史推至 4 000 多年。3 000 多年前，四川即开辟了西南丝绸之路，向世界各地输出了盛产于四川的丝绸、蜀锦、布匹、瓷器、漆器和茶叶。公元前 256 年都江堰的修建，使四川成为"天府之国"。汉魏之际，四川为我国道教的发源地之一。隋唐五代，四川为文学繁荣之地。宋代，四川经济文化高度繁荣，出现了世界上最早的纸币——"交子"。悠久的历史留下了丰厚的人文积淀，四川的语言文化、

图 10-7　金沙遗址

戏曲文化、茶文化、酒文化、饮食文化、织锦文化、盐文化等都具有浓郁的地方特色。四川还孕育了司马相如、苏东坡、郭沫若、巴金、张大千等一批文艺巨星。

（九）特产

四川省的特产主要有蜀锦、蜀绣、成都漆器、瓷胎竹编、青城丝毯、全兴大曲、郫县豆瓣酱、西坝豆腐、岷江河鱼等。川菜为我国四大菜系之一，五粮液等川酒为国宴珍品，蒙顶茶、峨眉毛峰等茶叶享誉全国。四川省还有担担面、川北凉粉、麻辣小面、酸辣粉、叶儿粑、酸辣豆花、龙抄手等许多特色小吃。

知识拓展10-7 　　　　　　　　　　　　川菜

川菜是历史悠久、地方风味极为浓厚的菜系，为我国四大菜系（鲁菜、川菜、粤菜、苏菜）之一，在我国烹饪史上占有重要地位。川菜调味多变，菜式多样，突出麻、辣、香、鲜、油大、味厚，重用"三椒"（辣椒、花椒、胡椒）和鲜姜。川菜善于炒、滑、熘、爆、煸、炸、煮、煨等，尤以小煎、小炒、干煸和干烧见长。代表菜肴有宫保鸡丁、回锅肉、麻婆豆腐、鱼香肉丝、水煮肉片、粉蒸肉、夫妻肺片、蚂蚁上树、灯影牛肉、樟茶鸭子、干烧鱼、酸菜鱼、东坡肘子、糖醋排骨等。

二、四川旅游概况

四川拥有优美的自然风光、悠久的历史文化和独特的民族风情，旅游资源丰富，是我

图10-8　剑门关

国旅游大省。境内有世界自然遗产3处（九寨沟、黄龙、大熊猫栖息地）、世界文化遗产1处（青城山-都江堰）、世界文化与自然双重遗产1处（峨眉山-乐山大佛）、世界灌溉工程遗产1处（东风堰）；有剑门蜀道、贡嘎山、西岭雪山、四姑娘山、蜀南竹海、石海洞乡、天台山、龙门山、白龙湖等国家级风景名胜区；有世界地质公园3处（兴文、自贡、光雾山-诺水河）及国家地质公园多处；有若尔盖湿地、亚丁、王朗等国家级自然保护区和多处国家森林公园。图10-8为剑门关。

三、四川主要旅游景区

（一）成都

成都简称蓉，是我国西南地区的商贸、金融、科技中心和交通、通信枢纽。全市土地面积14 335平方千米，常住人口达1 658.1万人（2019年）。成都是我国西南开发最早的地区，已有2 300多年的建城历史。早在公元前4世纪，蜀国迁都城至成都，取周王迁岐"一年成邑，二年成都"之意，故名成都。西汉时期，成都的织锦业发达，设有"锦官"，因此成都又有"锦官城"或"锦城"之说。秦汉以来，成都始终是西南的政治、经济和文化中心。成都的著名景点有武侯祠、杜甫草堂、金沙遗址、西岭雪山、青羊宫、永陵、春熙路步行街、天府广场、望江楼公园、洛带古镇、石象湖、文殊坊、三圣花乡等。

1.武侯祠

武侯祠（如图 10-9 所示）位于成都市南门武侯祠大街，由汉昭烈庙、武侯祠、惠陵、三义庙四部分组成，是我国唯一的君臣合祀庙，有"三国圣地"之美誉。武侯祠建于唐以前，初与祭祀刘备的昭烈庙相邻，明初武侯祠并入昭烈庙，形成了现存的武侯祠君臣合庙。现存祠庙的主体建筑于 1672 年重建。1961 年，武侯祠被评为全国重点文物保护单位。

图 10-9 武侯祠

2.杜甫草堂

杜甫草堂位于成都西门外的浣花溪畔。杜甫因避安史之乱流亡到成都时，在这里居住了近 4 年，写下了《春夜喜雨》《蜀相》《茅屋为秋风所破歌》等名篇。现今的杜甫草堂已经过多次修复，占地面积近 200 000 平方米，景区风景秀丽，有工部祠、诗史堂、草堂大廨等建筑，并珍藏有各类资料 3 万余册、文物 2 000 余件，是有关杜甫平生创作馆藏最丰富、保存最完好的地方。

3.金沙遗址

金沙遗址位于成都市区西北部，发现于 2001 年 2 月，是研究古蜀国都邑形态的重要遗址。遗址中有祭祀场所、大型建筑、一般居址、墓地等，还出土了大量的金器、铜器、石器等文物。金沙遗址是全国重点文物保护单位，已被列入《中国世界文化遗产预备名单》。金沙遗址出土的太阳神鸟金饰图案是中国文化遗产标志，也是成都市城市形象标识的核心图案。

4.西岭雪山

西岭雪山位于成都市大邑县，距成都 95 千米，是国家级风景名胜区，最高峰海拔 5 364 米，终年积雪。这里有日照金山、阴阳界、原始森林、瀑布群、森林佛光等奇观，可谓"一日观四季，十里不同天"。景区内设有我国南方唯一的山地滑雪基地。

（二）九寨沟景区

九寨沟位于四川西北部的九寨沟县境内，是嘉陵江源头的一条支沟，海拔 2 000～4 300 米，因周围有 9 个藏族村寨而得名。九寨沟景区是世界自然遗产、世界人与生物圈保护区网络成员单位、国家 5A 级旅游景区、国家级自然保护区、国家地质公园，景观以高山湖泊群和瀑布群为主要特色，集湖、瀑、滩、流、雪峰、森林及藏族风情于一体，被誉为"人间仙境"和"童话世界"，有"九寨归来不看水"之说。主要景点包括五彩池、长海、五花海、树正群海、火花海、草海、天鹅海、树正瀑布、珍珠滩瀑布、诺日朗瀑布等。

AR全景 10-1：九寨沟

知识拓展 10-8

九寨沟的美丽离不开水中富含的碳酸钙质。这些钙质随水流动，遇到障碍物就附着其

图 10-10　九寨沟珍珠滩瀑布

上，越积越多，越积越高，最终形成了一条条乳白色的钙质堤埂，并蓄水而成湖泊，当地人称为"海子"，其实就是地理学上的"堰塞湖"。这些海子上生长着各种植物，它们所含的叶绿素深浅不同，因此在富含碳酸钙质的水里会呈现出不同的颜色。也正是因为富含碳酸钙质，所以这些海子中到处可见乳白色的结晶体，美不胜收。图 10-10 为九寨沟珍珠滩瀑布。

（三）黄龙景区

黄龙景区位于四川省松潘县境内的岷山山脉南段，是世界自然遗产、世界人与生物圈保护区网络成员单位、国家 5A 级旅游景区。彩池、雪山、峡谷、森林被称为黄龙景区"四绝"。主要景点有黄龙沟、迎宾池、飞瀑流辉、洗身洞、盆景池、黄龙寺、丹云峡、牟尼沟、雪宝顶、红星岩等，黄龙沟的巨型钙华岩溶景观是世界上规模最大、保存最完好的喀斯特地貌。

知识拓展 10-9　　　　　　**黄龙彩池的形成**

　　彩池是黄龙最主要的景观，数量达 3 400 多个，大的有几十平方米，小的只有几平方米。这些彩池由高到低，呈梯田状排列，并且非常奇妙地呈现出多种色彩，被称为"五彩池"。彩池的形成原因主要是：池中的碳酸钙在沉积过程中与多种有机物和无机物结成不同质的钙华体，再加上受到阳光照射的影响，池水最终呈现出不同的颜色。

（四）峨眉山

图 10-11　乐山大佛

峨眉山位于四川省西南部，因山势逶迤似峨眉，故名峨眉山。峨眉山胜景如云，有"峨眉天下秀"之称，日出、云海、佛光被称为峨眉山三大奇观。峨眉山从东汉明帝时就建有佛寺，后经历代增建，至明清时，佛寺已达百座，是普贤菩萨的道场，有"仙城佛国"之称。山上的万年寺内供奉着北宋铸普贤骑白象铜像，该铜像是峨眉山最著名的佛像和"镇山之宝"。

（五）乐山大佛

乐山大佛（如图 10-11 所示）位于乐山市南岷江东岸凌云寺侧，与乐山市隔江相望。乐山大佛开凿于唐玄宗开元元年（713 年），历时约 90 年才完工。佛像高 71 米，依岩端坐，俯视大渡河、青衣江和岷江，静观人世的沧海桑田。佛像设计巧妙，排水设施隐而不见，佛像右侧还有九曲古栈道，可直达佛脚。

（六）都江堰

都江堰是公元前256年秦国蜀郡太守李冰为治理岷江水患而率众修建的水利工程，位于都江堰市城西、成都平原西部。都江堰是我国古代最杰出的水利工程之一，也是世界上唯一留存的年代最悠久、以无坝引水为特征的宏大水利工程。都江堰巧妙地利用岷江山口的天然地势和弯道水流的规律，通过鱼嘴分水堤、飞沙堰溢洪道、宝瓶口引水口三大主体工程和百丈堤、人字堤等附属工程，形成了一个科学完整的自动排灌系统，有效解决了引水灌溉、泄洪排沙等问题，孕育了沃野千里的成都平原，为秦统一六国打下了坚实的基础。2 200多年来，都江堰虽经多次维修与完善，但其主体工程未变，并且发挥着越来越大的作用。都江堰创造了人与自然和谐共存的水利形式，创造了独特的水利工程建筑艺术，是人类水利工程发展史上的奇迹。图10-12为都江堰之离堆和宝瓶口。

图10-12　都江堰之离堆和宝瓶口

（七）青城山

青城山位于都江堰市西南，因景区青山四合，俨然如城，故名青城。青城山群峰环绕，林深树密，四季常绿，素有"青城天下幽"的美誉。青城山是道教发源地，被道教列为"第五洞天"，至今完好地保存着数十座道教宫观，珍藏着大量文物。主要景点有建福宫、天师洞、祖师殿、上清宫等。

（八）三星堆遗址

三星堆遗址（如图10-13所示）位于广汉市西北的鸭子河南岸，是全国重点文物保护单位。遗址占地面积12平方千米，距今3 000~5 000年，是迄今在西南地区发现的延续时间最长、文化内涵最丰富的古蜀文化遗址。遗址中有保存完整的城墙，还出土了大量的青铜器、金器、玉石器，许多更是稀世珍品。三星堆遗址被称为20世纪人类最伟大的考古发现之一，它昭示了长江流域与黄河流域一样，同属中华文明的母体，被誉为"长江文明之源"。

图10-13　三星堆遗址

（九）贡嘎山景区

贡嘎山景区位于泸定、康定、石棉三县境内，以贡嘎山为中心，由海螺沟、燕子沟、木格错、五须海、贡嘎南坡等景点组成，是一个集冰川、高山湖泊、温泉、珍稀动植物景观及众多人文景观于一体的大型风景名胜区。贡嘎山是四川省最高的山峰，海拔7 556米，被称为"蜀山之王"，其周边簇拥着145座海拔五六千米的冰峰，形成了雪峰连绵的壮观景象。景区中最有名的冰川是海螺沟冰川，它是离城市最近的一条现代冰川，也是亚洲海拔最低的冰川，最低点的海拔仅2 850米。沟内高差达6 000米左右，2 500多种从亚热带至寒带的野生植物都集中在一个风景区内，故有"绿海冰川"之说。

知识拓展 10-10

贡嘎山高峰林立，冰坚雪深，山坡陡峭，加上雪崩频繁，气候复杂多变，所以攀登贡嘎山的艰难程度不亚于珠穆朗玛峰，登山事故经常发生。即便如此，这里仍然吸引着大批登山运动员前来攀登。

（十）四姑娘山景区

四姑娘山景区位于小金县境内，距成都220千米，是国家级风景名胜区和国家级自然保护区。景区内海拔5 000米以上的雪峰有52座，山顶终年积雪。主峰海拔6 250米，是四川第二高峰，有"蜀山皇后"之美誉。四姑娘山因其地理位置和地貌的特殊性和复杂性，形成了多样的气候和独特的自然景观，被称为"雪山的博物馆、古树的陈列室、植物的展览地、动物的生态园"。

卧龙自然保护区位于四姑娘山东麓，是我国最早建立的综合性国家级自然保护区之一。这里有丰富的动植物资源，尤以大熊猫最为著名，被称为"熊猫之乡"。1980年，这里成立了中国大熊猫保护研究中心。1983年，卧龙自然保护区成为世界人与生物圈保护区网络成员单位。

（十一）蜀南竹海

蜀南竹海位于宜宾市江安、长宁两县交界处，以长宁的竹海镇为中心，面积达120平方千米，核心景区达45平方千米。景区集竹景、山水、溶洞、湖泊、瀑布和众多人文景观于一体，主要景点有墨溪、忘忧谷、翡翠长廊、仙寓硐、天宝寨、七彩飞瀑、青龙湖等。竹海是景区最突出的特色，在大小500多座峰峦上生长着7万余亩翠竹，有楠竹、水竹、人面竹、紫竹等数百个品种，可谓竹的世界。蜀南竹海为国家级风景名胜区、国家4A级旅游景区，1991年入选中国旅游胜地四十佳，2005年入选中国最美的十大森林。

（十二）自贡

自贡位于四川盆地南部，以盐业遗址、恐龙化石、璀璨灯会著称，素有"千年盐都""恐龙之乡""南国灯城"之称。自贡市盐业历史博物馆是我国七大专业博物馆之一，馆址为修建于清乾隆元年（1736年）的西秦会馆。自贡恐龙博物馆是世界三大恐龙遗址博物馆之一。自贡灯会是中华彩灯文化的代表，有"天下第一灯"之誉，自贡市内还建有世界上唯一的中国彩灯博物馆。自贡的龚扇、扎染、剪纸被称为"自贡小三绝"。

知识拓展 10-11

自贡有悠久的井盐生产历史。早在东汉时期，自贡就开始采卤制盐。1835年，燊海井钻凿成功，凿成时深达1 001.42米，是世界上第一口超千米的深井，开创了世界钻井史的新纪元。清咸丰、同治年间，自贡井盐生产进入鼎盛时期，先后开凿了13 000多口盐井，有"富庶甲于蜀中"之说。

第三节　云南旅游区

一、云南概况

云南省简称云或滇，因地处云岭之南而得名。云南省总面积39.41万平方千米。截至2019年末，全省常住人口4 858.3万人（2016年为4 770.5万人）。现辖8个地级市、8个自治州，省会是昆明市。

知识拓展 10-12　　　　　　　　**云南的少数民族**

云南省的少数民族人口约占全省人口总数的33.6%，是全国少数民族人口数超过千万的三个省区（广西、云南、贵州）之一。云南也是我国少数民族种类最多的省份，人口在6 000人以上的世居少数民族有彝族、哈尼族、白族、傣族等25个。其中，哈尼族、白族、傣族、傈僳族、拉祜族、佤族、纳西族等15个民族为云南省特有，人口数均占全国该民族人口总数的80%以上。

（一）方位

云南省位于我国西南部的云贵高原，东邻贵州、广西，北连四川，西北接西藏，西部同缅甸接壤，南部同老挝、越南毗邻。

（二）地貌

云南省属山地高原地形，山地、高原面积约占全省土地面积的94%，盆地面积约占全省土地面积的6%。地势自西北向东南呈阶梯状逐级下降。北部是青藏高原南延部分，海拔在3 000～4 000米；南部为横断山脉，山地海拔不到3 000米；在南部、西南部边境，地势渐趋和缓，山势较矮，宽谷盆地较多，海拔在800～1 000米，个别地区降至500米以下。

知识拓展 10-13

云南的地貌有两个显著特征：

（1）高山峡谷相间。在滇西北，多条江河穿越雄伟的高山，形成了壮观的大峡谷，如怒江峡谷、澜沧江峡谷和金沙江峡谷。金沙江虎跳峡一段位于玉龙雪山与哈巴雪山之间，相对高差达3 000余米；澜沧江峡谷靠近卡瓦格博峰的一段，江面与峰顶高差达4 700多米，但直线距离仅有12 000米。在垂直几千米的距离内，其气候与自然景观竟相当于从广东至黑龙江跨过的纬度，为全国仅有。

（2）坝子广布。云南到处分布着盆地及高原台地（当地俗称"坝子"），这些坝子地势平坦，常成为城镇所在地及农业生产发达地区。

（三）河流与湖泊

云南省江河纵横，分属长江、珠江、红河、澜沧江、怒江、伊洛瓦底江六大水系。在云南省境内的主要河流段，长江称金沙江，珠江称南盘江，红河称元江，伊洛瓦底江称大盈江；出境河流段澜沧江称湄公河，怒江称萨尔温江。与国内多数江河由西向东的流向不同，云南省的江河多是由北向南流。云南省的湖泊多属于高海拔的淡水湖泊，其成因多与断层或岩溶洼地有关。著名的湖泊有滇池、洱海、抚仙湖、泸沽湖等。

（四）气候

云南省的气候兼具低纬气候、季风气候、高原气候的特点，气候类型多样，大部分地区冬暖夏凉、四季如春。具体来说，云南省的气候特点如下：（1）区域差异和垂直变化十分明显，可谓"一山分四季，十里不同天"；（2）年温差小，日温差大；（3）降水充沛，大部分地区年降水量在 1 000 毫米以上，但全省降水在季节上和地域上的分配极不均匀。

（五）自然资源

云南省是我国动植物种类最丰富的省份，有许多珍稀的动植物，被称为"植物王国""动物王国""天然花园""物种基因库""药物宝库""香料之乡"。云南省也是我国的重点林区之一，木材蓄积量居全国各省区前列，森林覆盖率为 62.4%（2019 年）。云南省的矿产资源极为丰富，尤以有色金属及磷矿著称，被誉为"有色金属王国"，个旧有"锡都"之称。

（六）经济

云南省的农业以种植业为主，有突出的"立体农业"特色，地区差异显著。粮食作物以水稻为主，经济作物以甘蔗、烤烟、油菜、茶叶为主。工业部门主要有食品、冶金、机械、煤炭、电力、化工、纺织等。食品工业是云南省最主要的工业部门，尤以卷烟、制糖、茶叶等闻名。大理石制品、建水陶器、腾冲玉器是主要的手工业品。

2019 年，云南省实现地区生产总值 23 223.75 亿元，人均地区生产总值 47 944 元，居民人均可支配收入 22 082 元。

（七）交通

云南省以公路和铁路交通为主。2019 年，公路完成旅客运输量 3.07 亿人次，铁路完成旅客运输量 0.8 亿人次。京昆高速、杭瑞高速、沪昆高速、汕昆高速、广昆高速、渝昆高速、昆河高速和一些国道形成了云南省的公路网。主要铁路线有成昆铁路、贵昆铁路、南昆铁路、大丽铁路、沪昆高铁、南昆客运专线等。昆明、大理、丽江、西双版纳、保山、德宏、腾冲、普洱、昭通、临沧等地建有机场。昆明长水国际机场是我国重要的航空枢纽。

（八）历史文化

云南是人类的发祥地之一。开远、禄丰腊玛古猿和生活在距今 170 万年前的元谋猿人，都证明了云南这片土地是人类从猿到人的进化历程中的重要一环。秦始皇修建五尺道，统一了云南；汉代设云南县，为云南得名的开始；唐为六诏，后为南诏；宋为大理国；元置云南行中书省；明置云南承宣布政使司、提刑按察使司、都指挥使司，管辖全省府、州、县；清改云南省，省名至今未变。云南是稻作文化和茶文化的发源地之一，孕育出了誉声海内外、成果骄人的南诏文化、贝叶文化、东巴文化。东巴文被誉为"活着的象形文字"，纳西古乐被认为是世界上最古老的音乐。云南的民族节日丰富多彩，如泼水节、刀杆节、插花节、火把节、木鼓节等，各民族的歌舞、绘画、戏曲、古乐等也都独具特色。

（九）特产

独特的地理环境和气候条件以及丰富多彩的民族文化为云南省带来了丰富的特产，主要有大理扎染、傣锦、斑铜工艺、剑川木雕、大理石、过桥米线、宣威火腿、宜良烤鸭、汽锅鸡、普洱茶、沱茶、云南贡米、白族三道茶、云南白药、三七、天麻、松茸、竹荪、云南咖啡等。

知识拓展 10-14　　　　　　　　　　　　**过桥米线**

过桥米线是米线中的上品，是云南省特有的小吃。过桥米线用料考究，制作精细，营养丰富，吃法特殊，深受群众喜爱。过桥米线几乎成了去云南旅游的人必尝的风味小吃。

二、云南旅游概况

云南是我国旅游资源最富集的省份之一，拥有诗画般的自然风光和多姿多彩的民风民情。云南的自然景观神奇多样，主要表现为喀斯特地貌、雪山冰川、热带雨林、高原峡谷和奔腾的江河。民俗风情旅游是云南旅游的一大特色，民族节日、婚俗、歌舞、服饰、饮食等都构成了云南重要的旅游资源。丽江古城、三江并流、云南石林已被列入《世界遗产名录》，西双版纳、大理、滇池、玉龙雪山、腾冲地热火山、瑞丽江-大盈江、九乡等都是国家级风景名胜区。滇中度假休闲之旅、滇西北香格里拉生态文化之旅、滇西南热带雨林风情之旅、滇东南喀斯特山水奇观之旅、滇东北古滇文化之旅等都是云南极富特色的旅游线路。

三、云南主要旅游景区

（一）昆明

昆明位于滇池北岸，是云南的政治、经济、文化、交通中心。地处低纬度高原，城区三面依山、一面临水，受印度洋西南暖湿气流的影响，夏无酷暑，冬无严寒，四季温暖如春，满目苍翠，被称为"春城"。1999年，昆明成为世界园艺博览会举办地。昆明主要的旅游景点有滇池、世博园、石林、翠湖、九乡溶洞、金殿、大观楼等。

1.滇池

滇池位于昆明市南部，湖面海拔1 886米，面积306.3平方千米，是云南省最大的淡水湖，有"高原明珠"之誉。滇池是高原石灰岩断层陷落湖，滇池周围群山环抱，山与水共同构成了美丽的天然画卷。

2.昆明世博园

昆明世博园（如图10-14所示）全称昆明世界园艺博览园，位于昆明市东北郊的金殿风景名胜区，是世界园艺风景的超大型博览馆，由5个展馆、6个专题展园、34个国内展园和33个国际展园组成。

3.云南石林

云南石林（如图10-15所示）位于昆明市石林彝族自治县，是世界地质公园、国家5A级旅游景区，也是世界上唯一位于亚热带高原地区的石林。2007年，云南石林作为"中国南方喀斯特"的组成部分被列入《世界遗产名录》。云南石林以"雄、奇、险、秀、幽、奥、旷"著称，被称为"世界喀斯特的精华"。景区内，低矮的石芽与高大的石柱成簇成片分布，与喀斯特洞穴、湖泊、瀑布等共生，构成了一幅壮观的岩溶地貌全景图。主要景点有小石林、大石林、步哨山、奇风洞、芝云洞、长湖等。

图10-14　昆明世博园

图10-15　云南石林

（二）大理

大理位于云贵高原西部，洱海之滨，苍山之麓，是一座具有2 000多年悠久历史的高原古城，为南诏及宋代大理国都城所在地，是我国与东南亚诸国文化交流、通商贸易的重要门户。大理气候宜人，景色秀丽，素有"东方瑞士"的美称。苍山、洱海、蝴蝶泉、石宝山、鸡足山都是大理著名的风景名胜区。"下关风、上关花、苍山雪、洱海月"（简称"风、花、雪、月"）是著名的"大理四景"。大理古城至今仍保存着南诏太和城遗址、崇圣寺三塔、南诏德化碑等文物古迹。

1.苍山

苍山是云岭山脉南端的主峰，由19座山峰由北而南组成，北起洱源邓川，南至下关天生桥，因山色苍翠而得名，又名点苍山。苍山挺拔壮丽，最高峰马龙峰海拔4 122米，"云、雪、峰、溪"构成了苍山四大奇观。

2.洱海

洱海因状似人耳、气势如海而得名，湖面面积约250平方千米。洱海风光优美，湖中有"三岛、四洲、五湖、九曲"之胜景。洱海景观与苍山积雪相映，有"青洱银苍"之誉。

图10-16　崇圣寺三塔

3.崇圣寺三塔

崇圣寺三塔（如图10-16所示）又称大理三塔，位于大理古城西北1 500米处，西对苍山应乐峰，东对洱海，是大理的标志性景观。崇圣寺是南诏、大理国时期的一座宏伟寺庙，三塔是寺庙前的一组建筑。主塔千寻塔通高69.13米，为方形空心塔，南塔与北塔在主塔之后，成鼎足之势。

4.蝴蝶泉

蝴蝶泉位于大理城北40千米的苍山云弄峰

下，面积约 50 平方米，泉水清澈见底。传说古时有一对恋人在此殉情并化为蝴蝶，此泉故名蝴蝶泉。每到春天，成千上万的蝴蝶结成一条条蝶线悬挂在树上，像数百条花链，成为当地一道奇观。每年农历四月十五，白族青年都会在泉边举行"蝴蝶会"。现泉边建有蝴蝶馆。

（三）丽江古城

丽江古城又称大研镇，位于云南西北部，海拔 2 416 米，始建于宋末元初，居民多为纳西族。丽江古城的建筑布局科学，以四方街为中心，小巷四通八达，绿水环绕，形成了"家家流水，户户垂杨"的景象。主要景点有四方街、木府、五凤楼、黑龙潭、文昌宫 等。1997 年，丽江古城被列入《世界遗产名录》。

AR全景 10-2：丽江古城

知识拓展 10-15

丽江古城以不筑城墙而闻名。据说古代丽江的世袭统治者姓木，若筑城墙，则是墙围住了"木"，即成为"困"字，因此丽江古城干脆不筑城墙了。图 10-17 为丽江全景。

图 10-17 丽江全景

（四）三江并流景区

三江并流是指金沙江、澜沧江和怒江这三条发源于青藏高原的大江，在云南省境内穿越担当力卡山、高黎贡山、怒山和云岭等大山，自北向南并行奔流 170 多千米而不交汇的壮观景象。其间，澜沧江与金沙江的最短直线距离为 66 千米，澜沧江与怒江的最短直线距离不到 19 千米。三江并流景区汇集了高山峡谷、雪峰冰川、高原湿地、森林草甸、淡水湖泊、稀有动物、珍贵植物等奇观异景，涵盖范围达 1.7 万平方千米，是世界上罕见的高山地貌及其演化的代表地区，被称为"地质地貌博物馆"。这里也是世界上生物物种最丰富的地区之一，栖息着滇金丝猴、羚羊、雪豹、孟加拉虎、黑颈鹤等珍稀濒危动物和秃杉、桫椤、红豆杉等珍稀植物，有"世界生物基因库"之誉。2003 年，三江并流被评为世界自然遗产，这是我国境内面积最大的世界遗产地。

（五）西双版纳风景名胜区

西双版纳风景名胜区位于云南南部西双版纳傣族自治州境内，包括景洪市风景片区、勐海县风景片区、勐腊县风景片区三大块。景区内景色秀丽，保存着大面积的原始热带雨林，有"植物王国""动物王国""孔雀之乡""大象乐园"之誉。这里还是傣族、景颇族、哈尼族等少数民族的聚居地，充满了浓郁的民族风情。主要景点有曼飞龙塔、澜沧江畔、野象谷、西双版纳原始森林公园等。

（六）梅里雪山

梅里雪山位于德钦县西南方约 10 千米处，素以巍峨壮丽、神秘莫测著称。梅里雪山雪峰绵延数百里，有 13 座山峰海拔在 6 000 米以上，称为"太子十三峰"。主峰即云南最高峰卡瓦格博峰，海拔 6 740 米，形如雄伟高耸的金字塔，时隐时现的云海更为其披上了一层神秘的面纱。

知识拓展 10-16

人类的足迹已经多次踏上世界最高峰——珠穆朗玛峰，但没有一次踏上过卡瓦格博峰。卡瓦格博峰的高耸挺拔之美吸引了无数的登山者和旅游者。然而，从 20 世纪初至今的历次大规模登山活动均以失败告终。1991 年 1 月，中日联合登山队 17 名队员在登顶成功在望时遭遇大规模雪崩，所有队员全部遇难，部分遗体于数年后在主峰另一侧被发现。1996 年以后，国家明令禁止攀登梅里雪山。

（七）玉龙雪山

玉龙雪山位于丽江城西北，距市区 15 千米。主峰扇子陡峰海拔 5 596 米，终年积雪，是北半球距赤道最近的雪山。玉龙雪山以险、奇、美、秀著称于世，景观大致可分为雪域冰川景观、高山草甸景观、原始森林景观、雪山水景等。

（八）香格里拉

香格里拉地处青藏高原南缘、横断山脉腹地。这里雪山耸立，草原广袤，森林茂密，河流蜿蜒流淌，犹如宁静、祥和的世外桃源，有虎跳峡、长江第一湾等著名景点。

（九）红河哈尼梯田

红河哈尼梯田位于云南省南部，遍布于红河哈尼族彝族自治州的红河、元阳、绿春、金平等县。其中，元阳梯田是红河哈尼梯田的核心区，所有梯田都修筑在山坡上，以一座山坡而论，梯田最高级数达 3 000 级。红河哈尼梯田历史悠久、规模宏大、气势磅礴，是我国梯田的杰出代表，也是世界农耕文明史上的奇迹。2013 年，红河哈尼梯田被列入《世界遗产名录》。

课堂互动 10-2

梯田需要水的灌溉，元阳梯田为什么可以一直修到山顶？水何从来？

分析提示 10-2

第四节　贵州旅游区

一、贵州概况

贵州省简称黔或贵，总面积 17.62 万平方千米。截至 2019 年末，全省常住人口 3 622.95 万人（2016 年为 3 555 万人）。世居少数民族有苗族、布依族、侗族、土家族、彝族等 17 个。现辖 6 个地级市、3 个自治州，省会是贵阳市。

（一）方位

贵州省位于我国西南腹地、云贵高原东部，东毗湖南，南邻广西，西连云南，北接四川和重庆。

（二）地貌

贵州省地处高原，平均海拔 1 100 米左右，地势西高东低，并由中部向北、东、南三面倾斜，92.5%的面积为山地和丘陵。岩溶地貌广布，约占全省土地面积的61.9%，是世界上岩溶地貌发育最典型的地区之一。

（三）河流与湖泊

贵州省的河流处在长江和珠江两大水系上游交错地带，全省水系顺地势由西部、中部向北、东、南三面分流。苗岭是长江和珠江两流域的分水岭，以北属长江流域，主要河流有乌江、赤水河、清水江、洪州河等；以南属珠江流域，主要河流有南盘江、北盘江、红水河等。贵州省的湖泊不多，最大的天然湖泊是西部的草海。

大美中国 10-1　　　赤水河

赤水河古称安乐水，发源于云南省镇雄县，经贵州至四川合江县注入长江。赤水河孕育了茅台、郎酒等众多美酒，有"美酒河"之誉；又因中国工农红军四渡赤水的故事，有"英雄河"之誉。

（四）气候

受大气环流及地形等因素的影响，贵州省的气候具有多样性，但整体而言是温暖湿润，冬暖夏凉，气候宜人，气温变化小，阴天多，日照少，有"天无三日晴"之说。灾害性天气种类较多，干旱、秋风、冻雨、冰雹等频度大，对农业生产危害严重。

知识拓展 10-17　　　冻雨

贵州冻雨次数之多，居全国首位。冻雨是冬季和早春时常见的一种灾害性天气。当较强的冷空气南下遇到暖湿气流时，近地层气温骤降到零度以下，暖湿空气被抬升并成云致雨，由于近地面的气温很低，降下的雨滴就在地面及地表物体上冻结成晶莹透亮的薄冰。我国江淮地区也有可能出现冻雨，且山区比平原多。

（五）自然资源

贵州省的植物和动物资源丰富，有银杉、珙桐、桫椤、贵州苏铁等国家一级保护植物和黔金丝猴、黑叶猴、黑颈鹤等国家一级保护动物，森林覆盖率达到59.95%（2019年）。药用植物资源占全国中草药品种的80%，是我国四大中药材产区之一，天麻、杜仲、黄连、吴萸、石斛是贵州五大名药。贵州省煤炭资源储量大，煤种齐全、煤质优良，素有"西南煤海"之称。其他优势矿产有汞、重晶石、铝土矿、磷矿、锰矿、黄金等。

（六）经济

受气候和地形影响，贵州省农业的地域性、区域性较强，立体农业特征明显。粮食作物以水稻、玉米等为主，经济作物以烤烟、油菜籽为主，经济林木主要有油桐、油茶、乌桕、漆树、核桃等。电力、煤及煤化工、有色金属、旅游、酿酒等为支柱产业。

2019年，贵州省实现地区生产总值16 769.34亿元，人均地区生产总值46 433元，居民人均可支配收入20 397元。

（七）交通

贵州省形成了以贵阳为中心，沟通各市、县的公路运输网络，高速公路分布广，是西部地区第一个实现县县通高速的省份。贵州省的主要铁路线有黔桂铁路、川黔铁路、贵昆铁路、湘黔铁路、贵广高铁、沪昆高铁等,贵阳是我国西南地区的铁路枢纽。贵阳、遵义、铜仁、兴义、安顺、黎平、荔波、毕节、黄平、六盘水等地建有机场。

(八)历史文化

旧石器时代,贵州就有"桐梓人"、"水城人"和"兴义人"等古人类活动。春秋时期,牂牁国是贵州这块土地上的大国之一;春秋后期,夜郎国取代了牂牁国。后来西汉灭夜郎国,建立郡县。明代是贵州发展的重要时期,水西的女土司奢香在明政府的支持下修筑了从东到西横贯全省的驿道,促进了贵州经济文化的发展。明代著名思想家王阳明在贵州修文龙场"悟道",开一代学风,推动了中国思想界的变革。1935年发生在贵州的"遵义会议"和"四渡赤水",则是我国现代史和军事史上的重要事件。

(九)特产

贵州省的特产主要有玉屏箫笛、大方生漆、安顺蜡染(有"东方第一染"之称)、威宁和安顺地毯、贵阳木刻、布依地毯、六马桐油以及仁怀茅台、安酒、平坝窖酒、荞凉粉、肠旺面、油炸鸡蛋糕、镇宁波波糖等。

知识拓展 10-18

茅台酒

茅台酒产于贵州仁怀市茅台镇,是世界三大蒸馏酒之一。茅台酒有悠久的历史,是大曲酱香型白酒的鼻祖,其酿造方法独特,具有色清透明、醇香馥郁、入口柔绵、回香持久的特点,有"国酒"之誉。

二、贵州旅游概况

贵州是一个旅游资源高度富集的省份,有"生态之州""文化之州""歌舞之州""美酒之州"之称。贵州旅游资源分布广、类型多、品位高,主要有以下三大特点:

(1)岩溶地貌广布,是极富地域特色的"岩溶博物馆"。黄果树瀑布、龙宫、织金洞、荔波小七孔等都是著名的岩溶景观。

(2)各民族不同的建筑、服饰、饮食、婚俗、节庆等,体现着浓郁的民族风情,有"三里不同风,十里不同俗"和"大节三六九,小节天天有"之说。

(3)冬无严寒,夏无酷暑,是天然的避暑胜地,有充足的避暑型旅游资源。

目前,贵州已经形成贵阳、安顺、荔波、凯里—镇远、黎平—从江—榕江、兴义—安龙、梵净山、遵义、赤水—习水—仁怀、织金—黔西、威宁—六盘水、乌江峡谷等综合旅游区和特色旅游区。图10-18为贵州山水。

图10-18 贵州山水

三、贵州主要旅游景区

(一)贵阳

贵阳位于贵州省中部,是贵州的经济、文化和交通中心。贵阳山川秀丽,气候宜人,四季无寒暑，有"第二春城"之誉。主要名胜有黔灵山、花溪、南郊公园、甲秀楼、青岩古镇、红枫湖等。

黔灵山位于贵阳市中心区西北，意思是"黔中灵山"，被称为"黔南第一山"，自古以来就是贵阳市著名的旅游和朝拜圣地。黔灵山由弘福寺、黔灵湖、三岭湾等六个游览区构成，集自然风光、文物古迹、民俗风情和娱乐休闲于一体，以山幽林密、湖水清澈而闻名，是贵阳市著名的城市公园。

（二）遵义

遵义位于贵州省北部，背靠大娄山，南临乌江，历来是黔北的交通中心和物资集散地，是一座历史悠久的古城，也是革命历史名城。1935年，这里召开了具有重大历史意义的遵义会议。主要纪念地有遵义会议会址、娄山关红军战斗纪念碑等，主要景点有三阁公园、十丈洞、四洞沟、云门囤、赤水古城堡、茅台镇等。

遵义会议会址位于遵义红花岗区，是一幢砖木结构、中西合璧的两层楼房，建于20世纪30年代初，是当时遵义城里首屈一指的宏伟建筑。1935年1月初，红军长征到达遵义后，这里是中央革命军事委员会总司令部驻地。1月15日至17日，著名的遵义会议（即中共中央政治局扩大会议）就在主楼楼上的客厅举行，现室内已按当年原貌进行了陈列布置。

（三）安顺

安顺位于贵州省中西部，距贵阳市90千米，是贵州历史上开发最早的区域，素有"黔之腹、滇之喉、粤蜀之唇齿"之称。安顺气候宜人，山水秀丽，文化底蕴深厚，素有"中国瀑乡""屯堡文化之乡""蜡染之乡""西部之秀"的美誉。

安顺是贵州西线的旅游中心，是全国拥有风景名胜区最多、分布最密集、综合级别最高的地区之一，也是世界上喀斯特地貌发育最成熟、最集中并且喀斯特景观最密集、最典型的地带。主要景区（景点）有黄果树风景名胜区和龙宫景区，以及格凸河风景名胜区、关岭古生物化石群、花江大峡谷景区、红崖古迹、安顺文庙（如图10-19所示）、云山屯古建筑群等。

图10-19　安顺文庙

1.黄果树风景名胜区

黄果树风景名胜区位于贵州省西南部安顺市，镇宁布依族苗族自治县境内，距贵阳市128千米。景区以瀑布、溶洞、地下湖为主体，由黄果树瀑布、天星桥景区、神龙洞景区等构成，尤其以连环密布的瀑布群闻名海内外。景区内分布着雄、奇、险、秀风格各异的大小瀑布18个，形成了著名的黄果树瀑布群，被评为世界上最大的瀑布群，并列入吉尼斯世界纪录。

AR全景10-3：黄果树瀑布

景区内最著名的瀑布是黄果树瀑布（如图10-20所示）。黄果树瀑布因当地一种常见的植物——"黄果树"而得名，高77.8米，宽101米，是世界上最壮观的瀑布之一，也是世界上唯一可以从前、后、左、右、上、下六个方位观赏的瀑布。黄果树瀑布的水流从断崖顶端凌空倾泻而下，注入崖下的犀牛潭，气势磅礴，声若雷鸣。瀑布后的绝壁上形成了一个天然"水帘洞"，贯穿全瀑，洞口被瀑布所遮，人们可在洞内窗口欣赏天然水帘之胜景。

图10-20 黄果树瀑布

在黄果树瀑布的上游和下游，还分布着落差高达410米的滴水滩瀑布、瀑顶宽达105米的陡坡塘瀑布（如图10-21所示）、滩面长达350米的螺丝滩瀑布、形态秀美的银链坠潭瀑布等，它们共同组成了天然的"瀑布博物馆"。

2.龙宫景区

龙宫景区（如图10-22所示）位于安顺市南郊，与黄果树风景名胜区毗邻，距贵阳市116千米。景区总面积达60平方千米，以溶洞、洞穴、瀑布为主体，集旱溶洞、峡谷、瀑布、峰林、绝壁、溪河、石林等多种喀斯特地质地貌景观于一体。景区内有我国最长的水溶洞、我国最大的洞穴佛堂、我国最大的洞中瀑布、世界上最多且最集中的水旱溶洞等高品位风景资源。龙宫中心区的主要景点有卧龙湖、迎宾洞、龙门飞瀑、龙潭天池、龙宫暗湖、蚌壳岩、虎穴洞等。

图10-21 陡坡塘瀑布

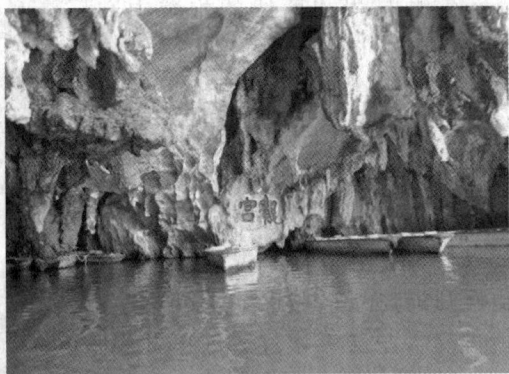

图10-22 龙宫景区

◀大美中国10-2 　　　　　　　　　　　**漩水奇观——龙宫漩塘**

龙宫景区有一个罕见的奇观——漩塘，塘面呈圆形，其奇特之处在于池水不借风力，日日夜夜，年年岁岁，永不停歇地沿着顺时针方向旋转，可谓"山不转水转"。旋转速度最快的时候可以几分钟就转一圈，而且无论旋转速度是快还是慢，它的水位始终相差不大，水面也始终保持柔和平稳。

漩塘是目前世界上已发现的唯一水体可以整体旋转的水塘，其旋转之谜引起了众多猜测。最有说服力的说法是：在漩塘东北部有一条河水注入，而漩塘底部是一个大而深的漏斗，漏斗底部的暗河和下游的水系连通，对漩塘里的水体产生了一股吸力。河水注入时的推力和下游水系对漩塘的吸力，最终导致漩塘按顺时针方向旋转。

（四）荔波喀斯特森林

荔波喀斯特森林位于贵州省南部，属黔南布依族苗族自治州。在世界各地喀斯特植被几乎荡然无存的今天，荔波喀斯特森林仍然保存完好。其中，喀斯特原始森林、水上森林和"漏斗"森林合称"荔波三绝"。这些森林的生长空间不同，有的在山上，有的在水中，有的在"天坑"里，但都是在贫瘠、脆弱的喀斯特环境中，从石头上长出来的。茂兰喀斯特森林自然保护区是荔波喀斯特森林景观的精华所在，它拥有世界上同纬度地区绝无仅有的一片分布集中、原生性强、相对稳定的喀斯特原始森林，被称为"地球腰带上的绿宝石"。

2007年，荔波喀斯特作为"中国南方喀斯特"的组成部分被列入《世界遗产名录》。

大美中国10-3　　　　　　　　　　　　　　　"水上森林"

"水上森林"是荔波一大奇观。在荔波的许多地方，树木长在碧绿的水中，有的树木树龄超过百岁，在水中傲然挺立，其根系裸露水中，紧抱岩石，任凭水浪冲击拍打仍郁郁葱葱。

（五）梵净山

梵净山位于铜仁市江口、印江、松桃三县交界，是世界自然遗产、国家5A级旅游景区、国家级自然保护区、世界人与生物圈保护区网络成员单位。梵净山山势险峻，秀美多姿，主峰海拔2 572米，是武陵山脉最高峰。在明朝万历年以前，梵净山作为弥勒菩萨道场早已声名远播。梵净山的主要景点有金顶、九龙池、护国寺、承恩寺等。

（六）织金洞

织金洞位于贵州中部偏西的织金县官寨苗族乡，是世界地质公园、国家级风景名胜区、国家4A级旅游景区、中国旅游胜地四十佳之一。织金洞原名打鸡洞，是一个巨大的岩溶洞穴系统，洞内长度达12.1千米，已勘最宽跨度175米，相对高差150多米，是世界上最美、最大、最奇的溶洞之一，有"地下艺术宝库""岩溶博物馆""天下第一洞"等美誉。主要景点有迎宾厅、讲经堂、寿星宫、望山湖、广寒宫、灵霄殿、水晶宫等，特别是高17米的"银雨树"，亭亭玉立，优美独特。

思考与练习

一、选择题（有一个或一个以上正确答案）

1.重庆地貌的特点是（　　　）。

A.地势起伏大　　　　　　　　　　B.中间高，四周低

C.岩溶地貌广布　　　　　　　　　D.以山地、丘陵为主

2.关于重庆，下列说法中正确的是（　　　）。

A.著名的"火炉"　　　　　　　　　B.有"山城"之称

C.有"江城"之称　　　　　　　　　D.著名的"雾都"

3.下列对应关系正确的有（　　　）。

A.涪陵——"榨菜之乡"　　　　　　B.奉节——"黄连之乡"

随堂测10-1

C.合川——"脐橙之乡"　　　　　　　D.黔江——"烤烟之乡"

4.四川大部分地方为（　　），肥力较高。

A.黑土　　　　　B.红壤　　　　　C.黄土　　　　　D.紫色土

5.四川（　　）产量居全国前列。

A.粮食　　　　　B.生猪　　　　　C.油菜籽　　　　D.蚕茧

6.四川拥有（　　）。

A.世界文化景观　　　　　　　　　B.世界自然遗产

C.世界文化遗产　　　　　　　　　D.世界文化与自然双重遗产

7.（　　）的水电技术、经济开发量均居全国首位。

A.贵州　　　　　B.重庆　　　　　C.四川　　　　　D.云南

8.被公布为中国文化遗产标志的太阳神鸟金饰图案出土于（　　）。

A.重庆　　　　　B.成都　　　　　C.昆明　　　　　D.贵阳

9.（　　）被称为峨眉山三大奇观。

A.日出　　　　　B.云海　　　　　C.佛光　　　　　D.彩瀑

10.（　　）是我国少数民族种类最多的省份。

A.贵州　　　　　B.重庆　　　　　C.四川　　　　　D.云南

11.被誉为"蜀山之王"的是（　　）。

A.梅里雪山　　　B.玉龙雪山　　　C.贡嘎山　　　　D.西岭雪山

12.关于云南的湖泊，下列说法中正确的有（　　）。

A.多属高海拔湖泊　　　　　　　　B.其成因多与断层或岩溶洼地有关

C.多属淡水湖泊　　　　　　　　　D.以滇池、洱海、抚仙湖等为代表

13.（　　）是我国动植物种类最丰富的省份。

A.贵州　　　　　B.重庆　　　　　C.四川　　　　　D.云南

14.我国境内面积最大的世界遗产地是（　　）。

A.九寨沟　　　　　　　　　　　　B.黄龙

C.三江并流　　　　　　　　　　　D.四川大熊猫栖息地

15.贵州省分布最广泛的是（　　）地貌。

A.花岗岩　　　　B.岩溶　　　　　C.丹霞　　　　　D.熔岩

16.关于安顺，下列说法中正确的有（　　）。

A.贵州历史上开发最早的区域

B."蜡染之乡"

C.世界上喀斯特地貌发育最成熟、最集中的地带

D."中国瀑乡"

二、判断题

1.重庆是我国西部、长江上游唯一集水、陆、空运输方式于一体的重要交通枢纽。　　　　　　　　　　　　　　　　　　　　（　　）

2.重庆武隆被称为"石刻之乡"。　　　　　　　　　　　　　（　　）

随堂测10-2

3.九寨沟的巨型钙华岩溶景观是当今世界上规模最大、保存最完好的

喀斯特地貌。　　　　　　　　　　　　　　　　　　　　　（　　　）

　　4.云南食品中最具地方风味的小吃是过桥米线。　　　　　（　　　）

　　5.西双版纳有"动植物王国""恐龙之乡""大象乐园"之誉。

　　　　　　　　　　　　　　　　　　　　　　　　　　　　（　　　）

　　6.仁怀的茅台、玉屏的箫笛、大方的生漆、安顺的蜡染等都是贵州
著名的特产。　　　　　　　　　　　　　　　　　　　　　（　　　）

三、简答题

　　1.重庆有哪些主要的旅游资源？

　　2.简要介绍长江三峡。

　　3.重庆的气候有什么特点？

　　4.四川有哪些著名的旅游资源？

　　5.简要介绍九寨沟。

　　6.云南的气候有何显著特征？

　　7.云南的旅游特色体现在哪里？

　　8.简要介绍大理。

　　9.贵州的旅游资源主要有哪几大特点？

　　10.贵州的气候有何特点？

　　11.荔波喀斯特森林有何特点？

四、实践训练

　　1.云南独特的地理风貌、气候状况和多彩的民族风情，形成了许多奇特的习俗，有人
将其归纳为"云南十八怪"（还有"云南二十八怪"和"云南八十一怪"等说法）：

洞经古乐赛天籁　　建水汽锅神仙爱

翡翠人人身上带　　赤脚踏火真能耐

刀山当作云梯赛　　太阳历法彝家寨

宴席长长摆通街　　民歌小调下酒菜

燕子窝窝皇帝爱　　烧豆腐用玉米数着卖

草芽当作象牙卖　　披星戴月纳西噻

北回归线双胞寨　　三步走过五条街

百间房子一家在　　树叶洒水表示爱

火把节来人人爱　　独龙纹面古传代

根据你对云南的了解或查阅相关资料，具体解释一下"云南十八怪"。

　　2.查阅相关资料，解释三江并流景区为什么能成为"世界生物基因库"。

五、课堂讨论

　　20世纪50年代，长春电影制片厂拍摄出品了喜剧故事片《五朵金花》，片中讲述了一
对在云南大理蝴蝶泉边对歌定情的白族青年的爱情故事。电影插曲《蝴蝶泉边》随着电影
的播放而传唱至今。电影的播放和歌曲的传唱对蝴蝶泉旅游的开发和宣传有什么影响？

第十一章 青藏高原旅游区

▶本章导读◀

　　青藏高原旅游区包括西藏自治区和青海省。本区地势高峻，平均海拔在4 000米以上，地貌以高原、山脉、盆地和谷地为主，有"世界屋脊"之称，主要地理单元为昆仑山脉、喀喇昆仑山脉、唐古拉山脉、横断山脉、冈底斯山脉、念青唐古拉山脉、喜马拉雅山脉、柴达木盆地、青海湖盆地、黄河谷地和湟水谷地等。喜马拉雅山脉海拔最高，平均海拔在6 000米以上，超过7 000米的高峰有40多座，8 000米以上的高峰有10座，主峰珠穆朗玛峰海拔8 844.43米，为世界最高峰，是登山家都想征服的高峰，具有极大的吸引力。

　　本区是亚洲不少大江大河的源头，还有很多冰川、高山湖泊和高山沼泽。长江、黄河、澜沧江、怒江、雅鲁藏布江等均发源于此。冰川覆盖面积约4.7万平方千米，占全国冰川总面积的80%以上，如喜马拉雅山现代冰川、念青唐古拉山现代冰川、昆仑山现代冰川、喀喇昆仑山现代冰川等。本区是世界上湖泊数量最多的高原湖区，湖泊多为内陆湖、咸水湖，青海湖是我国最大的咸水湖。湖滨地形坦荡，牧草丛生，多为优良牧场，也是野生动物出没的场所。

　　本区属于独特的高原气候，空气稀薄，含氧量少，透明度高，光照充足，太阳辐射强烈。高原上气温低，年较差小，日较差大（年平均气温大都低于5℃，一月平均气温大部分为-16～4℃，七月平均气温为6～20℃，日较差可达30℃以上）。这里没有夏天，春秋也很短暂，任何月份都可见霜雪。年降水量较少，干湿季分明。本区是我国大风最多的地区，风季持续时间长，但由于空气稀薄，因此破坏力不大。气压低，仅及海平面气压的一半，初来这里旅游的人会产生高山反应，但经过一段时间的适应，身体健康的人在5 000米以下地区，高山反应症状即可缓解或消失。

　　本区具有浓厚的宗教色彩，流行藏传佛教。藏传佛教在发展历史上曾两度兴旺，留下了大量独具特色的宫殿寺庙建筑和珍贵的宗教艺术品，形成了独特的民族传统和文化习俗。著名的布达拉宫、大昭寺、哲蚌寺、萨迦寺、塔尔寺等依然保持着古老而神秘的色彩。

第一节 西藏旅游区

一、西藏概况

西藏自治区简称藏，面积约122.84万平方千米，是青藏高原的主体部分，有"世界屋脊"之称。截至2019年末，全区常住人口350.56万人（2016年为330.54万人），是我国人口数量最少、人口密度最小的省级行政区。西藏是全国藏族居民最集中的地区，藏族人口占全区人口的90%以上（2010年），其他民族有汉族、回族、门巴族、珞巴族、怒族、纳西族等。现辖6个地级市、1个地区，首府为拉萨市。

（一）方位

西藏位于青藏高原的西南部，北临新疆维吾尔自治区，东北紧靠青海省，东接四川省，东南与云南省相连；周边与缅甸、印度、尼泊尔、不丹、克什米尔等国家和地区接壤。

（二）地貌

西藏平均海拔在4 000米以上，海拔超过4 000米的地区占全区总面积的85.1%。西藏地形复杂，大体可分为三个不同的自然区：藏北高原、雅鲁藏布江流域、藏东峡谷地带。图11-1为青藏高原。

西藏境内山脉大致可分为东西向和南北向两组，主要有喜马拉雅山脉、喀喇昆仑山—唐古拉山脉、昆仑山脉、冈底斯—念青唐古拉山脉和横断山脉。

图11-1 青藏高原

（三）河流与湖泊

西藏河流众多，主要由雨水、冰雪融水和地下水组成，流量丰富，含沙量小，水质好。著名的河流有金沙江、怒江、澜沧江和雅鲁藏布江。西藏不仅是我国湖泊数量最多的地区，而且是世界上湖面最高、湖泊数量最多的高原湖区，有大小湖泊1 500多个，其中咸水湖多，淡水湖少。

（四）气候

西藏具有独特的高原气候，西北严寒干燥，东南温暖湿润，气候类型复杂且垂直变化大，空气稀薄，日照充足，气温较低，日温差大，降水较少且各地降水季节分配不均，干季和雨季分界明显且多夜雨。

大美中国11-1 "日光城"拉萨

拉萨是西藏的首府，也是西藏的政治、经济、文化、教育、金融、信息中心和历史文化名城。拉萨在藏语中的意思是"神佛居住的地方"，即"圣地"。拉萨全年日照时间在3 000小时以上，日照时间比同纬度的东部地区几乎多了一半，故有"日光城"的美称。拉萨的空气稀薄，水汽含量少，加上空气中不像西北地区那样含尘量大，因此大气透明度良好。拉萨的天空晴朗，阳光灿烂而明亮，眺望远处的雪峰，清晰异常。

课堂互动 11-1

"日光城"拉萨的雨水少吗？

分析提示 11-1

（五）自然资源

西藏的森林覆盖率为 12.14%（2018 年），天然草地面积居全国第一位。西藏是我国湿地类型最齐全、数量最丰富的地区之一，90% 以上的湿地保持原生状态。动物资源丰富，大中型野生动物数量居全国第一位。水资源丰富，水资源总量居全国第一位，人均水资源占有量也居全国第一位。矿藏丰富，铜、铬、铅、锌、钼、铁、锑、金、锂、硼、钾等是西藏的优势矿种。其中，铬、铜保有资源储量居全国第一位。高温地热资源储量居全国首位。

（六）经济

高原种养加工、清洁能源、天然饮用水、藏医药、旅游文化、民族手工业等是西藏的特色优势产业。西藏的主要农区分布在藏南山地和谷地，以及藏东"三江"流域峡谷地区。绵羊、山羊、牦牛、黄牛、犏牛、马、驴、骡、藏猪、藏鸡等家畜、家禽长期以来适应高原环境，具有较高的经济价值。云杉、冷杉、铁杉、高山松、华山松、落叶松、云南松、白桦、青木等经济价值也很高，冬虫夏草、藏红花、贝母、手掌参、藏茵陈等药材畅销国内外。

2019 年，西藏实现地区生产总值 1 697.82 亿元，人均地区生产总值 48 902 元，居民人均可支配收入 19 501 元。

（七）交通

公路交通是西藏最主要的交通运输方式，主要公路有川藏公路、青藏公路、新藏公路及滇藏公路。航空和铁路运输也是西藏重要的交通运输方式。目前，西藏已开通航班的机场有拉萨贡嘎国际机场、昌都邦达机场、林芝米林机场、阿里昆莎机场和日喀则和平机场。青藏铁路起于青海省西宁市，终到西藏自治区拉萨市，全长 1 956 千米，是世界上海拔最高、在冻土上路程最长的高原铁路。

大美中国 11-2   进藏公路

川藏公路东起四川省成都市，西至西藏自治区拉萨市，是我国筑路史上工程最艰巨的公路之一。

青藏公路东起青海省西宁市，西至西藏自治区拉萨市，被誉为西藏的"生命线"。

新藏公路北起新疆维吾尔自治区喀什地区叶城县，南至西藏自治区日喀则市拉孜县查务乡，平均海拔在 4 500 米以上，是世界上海拔最高的公路。

滇藏公路是连接云南省昆明市至西藏自治区拉萨市的公路，素有中国的"景观大道"和"公路博物馆"的美称。

（八）历史文化

7世纪初，松赞干布统一西藏，建立吐蕃王朝。元朝时期，西藏成为中央政府直接治理下的行政区域。清朝设立驻藏大臣，处理西藏事务。1951年5月23日，西藏实现和平解放。1965年9月9日，西藏自治区正式宣告成立。

（九）特产

糌粑、酥油茶、青稞酒、风干牛肉等是藏族的特色饮食。藏饰品、藏刀、藏香、藏药、唐卡、藏毯等深受旅游者喜爱。

二、西藏旅游概况

西藏地域辽阔，既有独特的高原雪域风光，又有妩媚的南国风采，这种与大自然相融合的人文景观，使西藏在旅行者眼中具有了真正独特的魅力。这里有举世闻名的珠穆朗玛峰、世界第一大峡谷雅鲁藏布大峡谷、闻名遐迩的神山圣湖、涛声阵阵的原始森林、雄伟壮观的布达拉宫、风格独特的寺庙建筑、历史悠久的文化艺术、别具一格的民俗风情、珍贵奇异的高原动植物。

西藏目前已基本形成以拉萨为中心，以羊八井、当雄、江孜等风景区为辅的拉萨旅游区；以宗教旅游为特色的藏西旅游区；以登山为主要旅游内容的藏西南旅游区；以林芝为中心、以秀丽的自然风光为亮点的藏南旅游区。

三、西藏主要旅游景区

（一）布达拉宫

布达拉宫（如图11-2所示）位于拉萨市中心，是世界上海拔最高，集宫殿、城堡和寺院于一体的宏伟建筑，也是西藏最庞大、最完整的古代宫堡建筑群。布达拉宫始建于公元7世纪的吐蕃王朝松赞干布时期，主要由红宫和白宫两大部分组成。布达拉宫是历代达赖喇嘛的冬宫，旧时也是西藏地方统治者政教合一的统治

AR全景11-1：布达拉宫

中心。从五世达赖喇嘛起，重大的宗教、政治仪式均在此举行。布达拉宫中保存有封诰、印鉴、金册、玉册以及各类佛像、唐卡、法器等大量珍贵文物。色彩艳丽、线条流畅、和谐美观的壁画是布达拉宫建筑艺术的重要组成部分，也是西藏艺术宝库中的瑰宝。1994年，布达拉宫被联合国教科文组织列入《世界遗产名录》。

（二）罗布林卡

罗布林卡在藏语中的意思是"宝贝园林"，它是我国古代最著名的藏式园林，位于拉萨市布达拉宫西侧的拉萨河畔。罗布林卡始建于18世纪40年代，是历世达赖喇嘛处理政务和进行宗教活动的夏宫。

（三）纳木错

纳木错（如图11-3所示）位于藏北高原的东南部，西藏自治区的中部，湖面海拔4 718米，东西长70多千米，南北宽30多千米，面积约1 920平方千米，是西藏第二大湖泊、我国第三大咸水湖。"纳木错"为藏语，是"天湖"的意思，是西藏三大圣湖之一。每逢羊年，朝圣者都会不远千里来参加纳木错盛大的转湖节。

图11-2 布达拉宫

图11-3 纳木错

图11-4 扎什伦布寺

（四）扎什伦布寺

扎什伦布寺（如图11-4所示）位于日喀则城西，是西藏日喀则地区最大的寺庙。扎什伦布寺由宗喀巴的弟子根敦朱巴主持创立，自四世班禅后成为宗教和政治活动中心。寺内收藏有佛像、唐卡、刺绣、供器，以及明、清皇帝颁发的金玉印章、封诰等文物，是研究西藏古代文化和藏汉关系史的重要资料。

（五）珠穆朗玛峰

珠穆朗玛峰位于喜马拉雅山中段中尼边境，海拔8 848.86米，是世界最高峰。珠穆朗玛峰山体呈巨型金字塔状，地形极端险峻，环境非常复杂。珠穆朗玛峰自然保护区是世界上海拔最高的自然保护区。珠穆朗玛峰脚下的绒布寺是世界上海拔最高的寺庙，是从北坡攀登珠穆朗玛峰的大本营。珠穆朗玛峰北坡冰川广布，其中绒布冰川最大。

（六）雅鲁藏布大峡谷

雅鲁藏布大峡谷北起米林县派镇大渡卡村，经排龙乡的雅鲁藏布江大拐弯，南到墨脱县巴昔卡村，是世界上最深的峡谷（最深处6 009米），也是世界上最长的峡谷（长504.6千米）。这里发育着世界上仅有的海洋性冰川，也是世界上水能资源最富集的地方。雅鲁藏布大峡谷地区山高林密，人烟稀少，保持着原始的自然景观和生态环境，被称为"地球上最后的秘境"。

知识拓展11-1

雅鲁藏布大峡谷是青藏高原最大的水汽通道，它能使印度洋的暖湿气流深入大峡谷地区。有测试表明，雅鲁藏布大峡谷输入的印度洋暖湿气流与夏季长江流域以南向长江以北的水汽输送量相近。这使得大峡谷地区的雨季来得更早，也使得这一带成为我国雨量最丰沛的地区之一。也正是由于这一水汽输送通道的存在，雅鲁藏布大峡谷热带山地气候带和自然带的分布，达到了北半球水平分布的最北界（北纬29度30分）和垂直分布的最高限（海拔2 000米左右）。

第二节　青海旅游区

一、青海概况

青海省简称青，因境内有全国最大的内陆咸水湖——青海湖而得名。青海省总面积72.23万平方千米。截至2019年末，全省常住人口607.82万人（2016年为593.46万人）。青海省的人口分布极不均衡，西宁市和东部农业区人口比较密集，广大牧区人口稀少，西南部可可西里、乌兰乌拉山一带由于环境恶劣，为无人区。青海省是多民族聚居的省份，居住着汉族、藏族、回族、蒙古族、土族、撒拉族等民族。现辖2个地级市、6个自治州，省会是西宁市。

（一）方位

青海省地处亚欧大陆腹地，青藏高原东北部，与甘肃、四川、西藏、新疆接壤。青海东部素有"天河锁钥""海藏咽喉""金城屏障""西域之冲""玉塞咽喉"等称谓，地理位置十分重要。

（二）地貌

青海全省均属高原范围之内，平均海拔在3 000米以上。最高点为昆仑山的布喀达坂峰，海拔6 860米；最低点位于海东市民和县马场垣乡（青海省最东端）与甘肃省交界处，海拔1 644米。青海省地形复杂，地貌多样，可分为祁连山地、柴达木盆地和青南高原三个自然区域。青南高原的平均海拔超过4 000米，面积占全省总面积的一半以上。

（三）河流与湖泊

青海省是长江、黄河、澜沧江三大河流的发源地，有"江河源"和"中华水塔"的美誉。青海省湖泊众多，仅次于西藏，居全国第二位。淡水湖主要有扎陵湖、可鲁克湖等，咸水湖主要有青海湖、可可西里湖等。著名的盐湖有察尔汗盐湖、茶卡盐湖（如图11-5所示）等。

图11-5　茶卡盐湖

（四）气候

青海省总体上属于高原大陆性气候。日照时间长，辐射强；冬长夏短，四季不分明；气温日较差大，年较差小；降水量少，地域差异大。

（五）自然资源

青海省的湿地面积居全国第一位。动物种类繁多，珍稀动物有野骆驼、野牦牛、野驴、藏羚羊、盘羊、白唇鹿、梅花鹿、麝、雪豹、黑颈鹤、藏雪鸡、天鹅等。青海省天然草原辽阔，是我国四大牧区之一，发展畜牧业的物质基础雄厚。青海省的矿产资源种类多，共生伴生矿产多，盐湖类矿产资源（钾、镁、钠、锂、锶、硼等）的储量相对丰富，石油、天然气及有色金属（铜、铅、锌、钴等）矿产的供应在全国占有重要地位。

（六）经济

青海省以西宁、格尔木市为依托，形成了西宁经济区、东部经济区、柴达木经济区、环湖经济区、青南经济区五大区域。粮食作物主要有小麦、青稞、蚕豆、豌豆等，经济作物以油菜籽为主，畜产品主要有牛羊肉、羊毛、羊绒、牛毛绒、驼毛绒、牛奶等，工业产品主要有原油、原盐、原煤、皮革等。

2019年，青海省实现地区生产总值2 965.95亿元，人均地区生产总值48 981元，居民人均可支配收入22 618元。

（七）交通

图11-6 格尔木火车站

青海省的交通日渐便利，航空、铁路、公路交通已基本上能够满足需求。青海省以公路交通为主要运输方式，公路通车里程达83 761千米（2019年）。青藏铁路和兰青铁路是青海省的主要铁路线。青海省现有西宁曹家堡国际机场、格尔木机场、玉树机场、德令哈机场等。图11-6为格尔木火车站。

（八）历史文化

青海具有悠久的历史，在湟水谷地已发现距今4 000多年前的氏族公社文化遗址。羌族于公元前2世纪移居青海。公元前121年，汉代霍去病进军湟水沿岸，收复了河西走廊，汉朝的势力进入湟水流域，后设护羌校尉、西平亭。唐、宋为吐蕃属地。元代，今海西州西北地区为甘肃行省沙州路辖区，其余大部分为宣政院所属吐蕃等处宣慰司辖区。清代，东北部设西宁府，北属厄鲁特蒙古，南为玉树等土司属地。1929年1月，青海省正式建制。1950年1月1日，青海省人民政府正式成立。

青海省文化灿烂，形成了独特的高原文化、多元的民族文化和博大精深的宗教文化。唐蕃古道、"丝绸之路"举世闻名，青海"花儿"、热贡艺术、玉树藏族歌舞以及昆仑神话等驰名中外。

大美中国11-3　　　　　　　　　　　　　　青海"花儿"

青海是"花儿"的故乡。"花儿"是流行于青海、甘肃、宁夏等广大地区的一种山歌，是当地人民的口头文学形式之一。居住在这里的汉、藏、回、土、撒拉等各族群众在田间劳动、山中放牧、赶车时即兴顺口编唱，唱词浩繁，文学艺术价值较高。

（九）特产

青海省的特产主要有黑紫羔皮、冬虫夏草、贝母、雪莲、柴达木枸杞、青稞酒等。

二、青海旅游概况

青海有高原、山地、盆地、峡谷、沙漠、冰川等多种地貌，有丰富的动植物资源、独特的高原气候，从而形成了雄奇壮美的自然风光。青海还有着多姿多彩的历史文化遗存，名胜古迹众多，民俗风情别具一格。主要旅游景区（点）有青海湖、塔尔寺、孟达林区、西海郡古城、唐蕃古道、察尔汗盐湖国家矿山公园、"万丈盐桥"、茶卡盐湖、昆仑山国家地质公园、金银滩草原、白佛寺、隆宝滩黑颈鹤自然保护区、文成公主庙、贵德玉皇阁、坎布拉国家森林公园、阿尼玛卿山等。

三、青海主要旅游景区

（一）青海湖

青海湖（如图11-7所示）地处青海省东北部的盆地中，是我国最大的咸水湖，也是我国最大的内陆湖。湖四周是水草丰美的天然牧场。夏秋季节，湖滨大草原绿草如毯，金黄色的油菜花、牧民的帐篷、成群的牛羊点缀其中，美不胜收。环青海湖的主要景点有二郎剑、沙岛、金沙湾、鸟岛、仙女湾等。

图11-7　青海湖

（二）塔尔寺

塔尔寺位于西宁市湟中区，占地面积45万平方米，创建于明洪武十二年（1379年）。塔尔寺是藏汉结合式建筑群，由许多独立的佛塔、殿宇、经堂、僧舍组成，主要建筑包括大金瓦殿、小金瓦殿、大经堂、九间殿、花寺等。塔尔寺是我国西北地区藏传佛教的活动中心，在我国及东南亚享有盛名。酥油花、堆绣和壁画被誉为"塔尔寺艺术三绝"。

（三）金银滩草原

金银滩草原位于海晏县境内，西部同宝山与青海湖相邻，北、东部有高山峻岭环绕，南部与海晏县三角城接壤。金银滩草原是典型的牧区，藏族人民世世代代生活在这方圆1 100平方千米的大草原上，30多万只牛羊在这里生息。金银滩草原的黄金季节是7、8、9三个月，此时鲜花盛开，百鸟飞翔。西部歌王王洛宾在这里创作了著名的歌曲——《在那遥远的地方》。

（四）江河之源

长江、黄河均发源于青海境内。长江源头位于世界屋脊青藏高原腹地、昆仑山脉和唐古拉山脉之间，这里雪山冰峰，草地无垠，蓝天白云倒映在河水中，构成了令人心旷神怡的美景，是科学家、探险者和环保爱好者神往的地方。黄河源头风光宜人，水草丰美，湖泊、小溪星罗棋布，甚为壮观。黄河上游落差大、水流急，适于探险性漂流。

思考与练习

一、选择题（有一个或一个以上正确答案）

随堂测 11-1

1.西藏地形复杂，大体可分为三个不同的自然区，包括（　　）。

A.藏北高原　　　　B.藏南谷地　　　　C.藏东高山峡谷　　D.藏北山地

2.（　　）是世界上海拔最高的咸水湖。

A.纳木错　　　　　B.青海湖　　　　　C.玛旁雍错　　　　D.鄱阳湖

3.有"日光城"美称的是（　　）。

A.昆明　　　　　　B.西安　　　　　　C.重庆　　　　　　D.拉萨

4.西藏历世达赖喇嘛进行政治、宗教活动和居住的场所，世界上海拔最高的古代宫殿是（　　）。

A.大昭寺　　　　　B.布达拉宫　　　　C.哲蚌寺　　　　　D.色拉寺

5.（　　）位于日喀则城西，是西藏日喀则地区最大的寺庙。

A.大昭寺　　　　　B.哲蚌寺　　　　　C.扎什伦布寺　　　D.色拉寺

6.西部歌王王洛宾在20世纪40年代初期，在（　　）创作了歌曲《在那遥远的地方》。

A.雅鲁藏布大峡谷　　　　　　　　　　B.南迦巴瓦峰

C.金银滩草原　　　　　　　　　　　　C.青海湖

7.（　　）是长江、黄河、澜沧江三大河流的发源地，有"江河源"和"中华水塔"的美誉。

A.青海省　　　　　　　　　　　　　　B.甘肃省

C.西藏自治区　　　　　　　　　　　　D.新疆维吾尔自治区

8.（　　）是我国人口数量最少、人口密度最小的省级行政区。

A.青海省　　　　　　　　　　　　　　B.云南省

C.西藏自治区　　　　　　　　　　　　D.新疆维吾尔自治区

二、判断题

随堂测 11-2

1.西藏空气稀薄，日照充足，气温较低，日温差大，降水较少且各地降水季节分配不均，干季和雨季分界明显且多夜雨。　　　　　　　　（　　）

2.罗布林卡是我国古代最著名的藏式园林。　　　　　　　　（　　）

3.长江、黄河均发源于西藏境内。　　　　　　　　　　　　（　　）

4.雅鲁藏布大峡谷是世界上第一大峡谷。　　　　　　　　　（　　）

5.罗布林卡是我国古代最著名的藏式园林。　　　　　　　　（　　）

三、简答题

1.青藏高原的地理环境有何特征？

2.西藏自治区的主要旅游资源有哪些？

3.青海省的主要旅游资源有哪些？

4.简要介绍布达拉宫。

5.青海、西藏在旅游资源上有什么相似之处？

6.青海、西藏在旅游资源上有什么不同之处？

四、实践训练

1.阅读青海湖鸟岛的有关资料，回答以下问题：

我国有很多叫鸟岛的岛屿，其中最著名的是青海湖鸟岛。青海湖鸟岛地处青海湖的西北部，近年来由于注入的水量少于蒸发量，湖水逐渐下降，基本上已成为半岛。在长约500米、宽约150米的鸟岛上栖息着近10万只候鸟，堪称"鸟的王国"。

鸟岛共两座，西边的小岛叫作海西山，也叫小西山，又因这里是候鸟集中产蛋的地方，所以也叫蛋岛；东边的大岛叫海西皮，也叫鸬鹚岛。据说，每年3—4月，从我国南方和东南亚等地迁徙来的雁、野鸭、鹤、鸥等候鸟陆续在这里营巢；5—6月，岛上鸟蛋遍地，幼鸟成群，热闹非凡，此时岛上有30余种鸟类，数量多达16.5万只；7—8月，秋高气爽，群鸟翱翔蓝天，游弋湖面；9月底，群鸟开始南迁。

思考：（1）为什么青海湖会成为鸟类繁衍生息的理想家园？

（2）列举我国其他著名的鸟岛。

2.依据本书内容或查找相关资料，设计西藏旅游线路及行程安排。

3.青海境内盐湖资源丰富，主要集中在哪些地区？对当地的经济发展有何重要意义？

五、课堂讨论

青藏铁路由西宁站至拉萨站，全长1 956千米，穿越海拔4 000米以上地段达960千米，穿越多年连续冻土里程达550千米。青藏铁路的最高点位于海拔5 072米、常年白雪皑皑的唐古拉山口，因此青藏铁路被誉为"离天最近的铁路"和"世界上最高的铁路"。青藏铁路穿越了可可西里、三江源、羌塘等自然保护区，因其独具特色的环保设计，又被称为中国第一条"环保铁路"。

结合资料谈谈青藏铁路对青藏高原旅游区的影响。

第十二章 华南旅游区

▶️ 本章导读 ◄

　　华南旅游区包括广东省、广西壮族自治区、福建省、海南省、台湾和香港特别行政区、澳门特别行政区，位于我国最南部，北与长江流域各省相邻，南面包括辽阔的南海和南海诸岛。

　　本区地形以低山、丘陵为主，高山与平原点缀其间。位于赣、闽之间的武夷山和赣、湘、粤、桂交界处的南岭构成了华南地形的骨架。广西岩溶地貌广布，是我国岩溶地貌发育最典型的地区之一。平原多分布于河流下游和沿河两岸，面积较大的有珠江三角洲平原和台湾西部平原。本区河流纵横，且有流量大、含沙量小、水力资源丰富等特点。珠江、闽江是本区两条最大的河流。本区海岸线曲折漫长，有许多优良海港，广阔的海域中分布着众多岛屿，包括台湾岛、海南岛、海坛岛等，还有主要由珊瑚礁组成的东沙群岛、西沙群岛、中沙群岛和南沙群岛等。

　　本区属于热带、亚热带季风气候。气温高，夏长冬暖，或长夏无冬，季节交替不明显。雨量丰富，降水多集中在5—10月，多数地方年降水量为1 400～2 000毫米。本区易受台风影响，每年7—10月台风活动最频繁。

　　本区地理位置优越，交通运输发达，经济基础较好，是我国经济建设的前沿、对外开放的窗口。

　　本区也一直是我国旅游的热点地区。热带和亚热带森林景观、典型的丹霞地貌景观、秀丽的岩溶地貌景观、旖旎的海滨风光、壮丽的山湖风景构成了本区自然旅游资源的主体。岭南文化、侨乡文化、客家文化、现代都市风光等都是本区富有特色的人文旅游资源。港澳台地区的旅游业发展较早，由于区位与环境条件优越，因此相继成为国际旅游胜地，旅游业成为区域经济中的重要产业。

第一节　广东旅游区

一、广东概况

　　广东省简称粤，因宋朝时属广南东路而得名广东。全省土地面积17.9725万平方千米，岛屿面积1 513.17平方千米。大陆海岸线长4 114千米，居全国第一位。截至2019年末，全省常住人口11 521万人（2016年为10 999万人），居全国第一位。少数民族主要有壮族、瑶族、畲族、回族、满族等。现辖21个地级市，省会是广州市。

（一）方位

广东省位于我国大陆最南部，自东至西依次与福建省、江西省、湖南省、广西壮族自治区接壤，毗邻香港、澳门特别行政区，西南端隔琼州海峡与海南省相望。广东省处于低纬度地带，北回归线横贯全省中部。

（二）地貌

广东省的地貌类型复杂多样，有山地、丘陵、台地和平原，地势总体北高南低，最高峰为与湖南交界处的石坑崆（海拔1 902米）。平原以珠江三角洲平原面积最大，其次是潮汕平原。

大美中国12-1　　　　　　　　　　　珠江三角洲

珠江三角洲位于广东省中南部，由西、北、东三江汇流堆积而成。由于珠江三角洲处于北回归线以南，气候温和，雨量充沛，日照时间长，农业、渔业的发展条件得天独厚，因此它是岭南著名的粮仓和渔业基地，亦是岭南的水果基地、蔬菜基地与花卉基地。改革开放后，珠江三角洲迅速成为全国经济发展最快的地区之一，人民生活水平已率先达到"小康"。

（三）河流、湖泊与岛屿

广东省的河流有流量大、含沙量小、汛期长等特点，主要河流有珠江、韩江、漠阳江、鉴江等。广东省的湖泊不多，但岛屿众多，有岛屿1 963个，数量仅次于浙江，居全国第二位。

大美中国12-2　　　　　　　　　　　　珠江

珠江原指广州到入海口的一段水道，后来逐渐成为西江、东江、北江以及珠江三角洲上各条河流的总称。珠江发源于云南省曲靖市沾益区马雄山，全长2 320千米，在下游从8个入海口流入南海。珠江年径流量居全国江河水系第二位，仅次于长江，是黄河年径流量的7倍、淮河的10倍。珠江也是华南水上运输的大动脉，通航能力仅次于长江，居全国第二位。

（四）气候

广东省属于东亚季风区，从北向南分别为中亚热带、南亚热带和热带气候，高温多雨为主要特征。夏长冬暖，多台风，干湿变化大。广东省是我国受台风影响最频繁的省份之一，5—11月是最易受台风侵袭的时期。

（五）自然资源

广东省植被丰富，全省森林覆盖率达到58.61%（2019年）。动植物种类多，有桫椤、银杉等珍稀植物和云豹、熊猴、中华白海豚等珍稀动物。水资源丰富，饮用天然矿泉水探明储量居全国第一位，但广东的水资源时空分布不均，夏秋易洪涝，冬春常干旱。矿产资源禀赋居全国中等水平，铅、锌、钨、锡、银、稀土、铌、钽、铷、锗、铊、碲、硫铁矿、高岭土等矿产资源较为丰富，保有资源储量居全国前列。广东省是我国著名的海洋水产大省，雷州半岛的养殖海水珍珠产量居全国首位。

（六）经济

广东省是我国经济大省，走在我国改革开放的前列，经济总量长期保持全国第一位。2013年，广东省地区生产总值和进出口贸易总额双双超过1万亿美元，是我国首个总量过万亿美元的经济实体。2019年，广东省实现地区生产总值107 671.07亿元，仍居全国第一位，人均地区生产总值94 172元，居民人均可支配收入39 014元。粮食生产以水稻为主，经济作物以甘蔗、花生、蚕桑、橡胶等为主，广东省是我国最大的商品化甘蔗产区。广东省的水果四季不绝，有"水果王国"之称，荔枝、香蕉、木瓜、菠萝被称为"岭南四大佳果"。

大美中国12-3　　　　　基塘农业

珠江三角洲一带素有基塘农业的传统。基塘农业是一个农、牧、副、渔相结合，合理高效利用自然资源的良性循环的人工生态系统。农民将低洼易有洪患之处挖成池塘饲养鱼类，挖出的塘泥堆于周围，称为"基堤"，基堤上种植果树、甘蔗、桑树、花卉等，如此既能防洪，又能增加收入，而农作物在加工过程中产生的物料，还可投入池中作为饲料。该生态系统现已被联合国粮农组织推广到北欧和南美一些低涝地区。

（七）交通

广东省的旅客运输以公路和铁路为主。2019年，公路完成旅客运输量101 012万人次，公路通车里程达22万千米，其中高速公路通车里程达9 495千米，居全国首位；铁路完成旅客运输量38 213万人次，其中高铁客运量占全部铁路客运量的83%，普速铁路主要有京九铁路、京广铁路、广梅汕铁路、广深铁路等，高速铁路主要有广深港高铁、贵广高铁、武广高铁等。广东省水运发达，内河航道通航里程达12 111千米（2018年），广州港、深圳港、汕头港和湛江港都已成为对外交通和贸易的重要通道。广州、深圳、湛江、揭阳、珠海、佛山、梅州、惠州等城市建有机场，广州白云国际机场是我国三大航空枢纽机场之一，深圳宝安国际机场是世界百强机场之一，也是我国唯一具有海、陆、空联运功能的现代化航空港。

（八）历史文化

早在约13万年前，广东一带就生活着马坝人。先秦时，这里属于百越之地。秦统一六国后，在广东设立南海郡。陆续南迁的中原居民，以及被贬官、流放广东的士大夫如柳宗元、韩愈、汤显祖等，促进了岭南经济文化的交流与发展。历史上，广东一直是我国通过海路进行文化、经济交流的重要通道，但受地理位置的影响，广东直到宋代以后才开始大规模开发。明代至清代中期，广东经济进入繁荣时期。清代末年，广东是我国反帝反封建革命的主要策源地，许多重大历史事件都发生于此。

大美中国12-4　　　　广东——海上丝绸之路的发祥地

广东是海上丝绸之路的发祥地。早在先秦时期，广东就开始了海上贸易。在南越国时期，产自中亚或南亚的象牙、银器、玻璃器及玛瑙、水晶饰品通过海上贸易进入广东。西汉时期，汉武帝在番禺、徐闻设立管理贸易的专官，并派官船进行远洋贸易和航行，逐渐形成了一条东西海上交通线：从徐闻、合浦出发，沿着北部湾、中南半岛、马来半岛西行，经孟加拉湾抵达印度和斯里兰卡。这条航线是海上丝绸之路的开拓阶段，史称"汉武航线"。三国东吴时期，番禺（今广州）逐渐取代徐闻和合浦，成为海上丝绸之路的主港。此后，广州作为海上丝绸之路重要港口的地位从未动摇过。因此，广州被认为是海上丝绸之路"唯一长盛不衰"的港口，也是我国海上丝绸之路历史上最重要的港口。

唐代安史之乱以后，河西走廊被吐蕃控制，中西交通的陆上通道中断，以广州为起点的远洋航线成为当时最重要的海上通道，这条远洋航线的航程约14 000千米，是当时世界上最长的远洋航线，是东西方经济文化交流的重要纽带，广州也成为唐朝最重要的海上贸易港口，并成为全国外贸中心和东方海洋贸易中心。宋代，广州仍然保持我国第一大港的地位（宋末至元代被泉州取代）。清代，广州一度成为我国唯一的外贸大港。

（九）特产

广东省的特产主要有阳江风筝、石湾艺术陶瓷、汕头抽纱、潮绣、新会葵扇、东莞烟花和爆竹、广州象牙雕刻、肇庆端砚、东江糯米酒、粤绣、广彩、红木雕刻、狮头鹅、柱侯鸡、广式香肠、梅菜等。

二、广东旅游概况

广东历史悠久，文化灿烂，自然条件优越，因此旅游资源数量多、类型全、分布广，并形成了"岭南文化""活力商都""黄金海岸""美食天堂"四大特色旅游品牌。广东拥有丹霞山、开平碉楼等世界遗产，拥有以长隆旅游度假区、深圳华侨城旅游度假区为代表的国家5A级旅游景区，拥有以西樵山、罗浮山、鼎湖山为代表的生态旅游区，拥有以南岭、小坑、南昆山、大北山等为代表的国家森林公园，拥有以万绿湖（如图12-1所示）、广州珠江、中山岐江、北江旅游带、西江三峡、东江画廊、湟川三峡、湛江湖光岩、惠州西湖等为代表的江河湖泊旅游景观，拥有以广州骑楼、

图12-1　万绿湖

西关大屋、客家围屋等为代表的岭南建筑艺术。

广东旅游业发达，旅游创汇、旅游业总收入、入境旅游人数等主要旅游经济指标多年来一直稳居全国首位，是名副其实的旅游大省。

知识拓展12-1　　　　　　**广东省16个旅游特色县（区）**

乳源瑶族自治县（民俗风情）、仁化县（自然风光）、梅县区（中国旅游强县）、揭西

县（生态游）、广宁县（竹之旅）、德庆县（龙母民俗文化）、南澳县（最美岛屿）、龙门县（森林浴、农民画）、潮安区（潮人首邑）、饶平县（农业生态海滨）、海丰县（广东历史文化名城）、连南瑶族自治县（瑶族风情）、徐闻县（农业生态）、新兴县（六祖文化、温泉）、和平县（温泉）、电白区（潜水、冼太文化）。

三、广东主要旅游景区

（一）广州市

图 12-2　广州陈家祠

广州简称穗，别称羊城、穗城、花城，地处珠江三角洲腹地、珠江入海口，地理位置优越，是广东省的政治、经济、文化和交通中心，常住人口达 1 530.59 万人（2019 年）。广州曾是海上丝绸之路的起点，现在是华南地区最大的国际贸易港。广州有突出的岭南文化特色，骑楼建筑、岭南园林、岭南盆景、粤剧、粤菜、粤语以及城市景观、生活习俗等，都体现了岭南文化的风格。主要景区（景点）有白云山风景名胜区、陈家祠（如图 12-2 所示）、越秀公园、光孝寺、广州塔、莲花山、番禺宝墨园、珠江夜景、南海神庙、黄埔军校旧址纪念馆、中国科学院华南植物园、长隆旅游度假区、南越国宫署遗址等。

1.白云山风景名胜区

白云山风景名胜区位于广州市东北部，因雨后天晴或暮春时节，山间常有白云缭绕，故得名，素有"南粤第一山"之称。主峰摩星岭高 382 米，峰峦重叠，溪涧纵横，登高可俯览广州市，遥望珠江。

2.越秀公园

越秀公园位于广州市越秀区解放北路，是一个环境优美的综合性文化休憩公园。越秀公园保存了镇海楼、明代古城墙、四方炮台遗址、中山纪念碑等各个历史时期的遗迹和众多古树名木。越秀公园内的五羊石像（如图 12-3 所示）为广州市的标志性景点。

图 12-3　五羊石像

大美中国12-5　五羊石像

五羊石像由 130 多块花岗岩雕刻组砌而成，高 11 米。五只石羊神态各异：站在高处的老羊口衔谷穗，昂首向前方；老羊脚下是一对亲密依偎的小羊以及一对母子羊。

传说古时有五位仙人，驾着五彩祥云，骑着仙羊，带着稻穗降临广州，仙人把稻穗赐予百姓，并祝福此地永无饥荒。仙人离去后，五只仙羊因为依恋人间而留了下来，并保佑当地风调雨顺。

3.光孝寺

光孝寺坐落于广州市越秀区光孝路北，是广州佛教四大丛林（光孝寺、六榕寺、华林寺、海幢寺）之一，是广州市历史最悠久、占地面积最大的佛教寺庙，也是全国重点文物保护单位。

4.广州塔

广州塔（如图12-4所示）又称海心塔、广州新电视塔，昵称"小蛮腰"，于2009年9月建成，高600米。广州塔是广州重要的地标性建筑，是我国第一高塔、世界第四高塔。

5.长隆旅游度假区

长隆旅游度假区位于广州市南部，拥有长隆欢乐世界、长隆国际大马戏、长隆野生动物世界（如图12-5所示）、长隆水上乐园、广州鳄鱼公园、长隆酒店、香江酒店、长隆高尔夫练习中心等设施，是一个集旅游景区、酒店餐饮、娱乐休闲于一体的大型度假区。

6.南海神庙

南海神庙位于广州黄埔区庙头村，是我国古代海上交通贸易史上的一个重要遗址，是古代海上丝绸之路的起点之一，它见证了古代海上丝绸之路的繁盛。

图12-4　广州塔

图12-5　长隆野生动物世界

南海神庙始建于隋代，占地面积3万余平方米，是我国古代海神庙中唯一遗存的最完整、规模最大的建筑群。南海神庙门前有一座石牌坊，额题"海不扬波"。南海神庙的主体建筑是一座五进的殿堂，庙前西侧建有浴日亭，是昔日观看海上日出之地。据记载，自隋朝以来，中外船舶出入广州，都要先到南海神庙拜祭，以祈求海神保佑出入平安，航行顺利。南海神庙中还留有45块唐、宋、元、明、清时代的碑刻，因此有"南方碑林"之称。

7.南越国宫署遗址

南越国宫署遗址位于广州市越秀区北京街道，它不仅是西汉时期南越国和五代时期南汉国的王宫，而且是秦代以来历朝历代郡、县、州、府的官署所在地，是2000多年来广州作为岭南地区政治、经济、文化中心的历史见证。目前，遗址内已发掘出南越国、南汉国的宫殿、宫苑遗迹和秦、汉、晋、南朝、唐、宋、元、明、清等朝代的文化遗存。2012

年，南越国宫署遗址列入中国海上丝绸之路申报世界遗产的遗产点之一。

（二）深圳市

深圳市位于珠江三角洲东岸，又称鹏城，是我国第一个经济特区，已从一个昔日的小渔村发展成为新兴现代化城市，创造了世界城市化、工业化和现代化的奇迹。深圳是我国拥有口岸数量最多和唯一拥有海、陆、空口岸的城市，也是我国与世界交往的主要门户之一。地王大厦、赛格广场、世界之窗、邓小平画像广场、国贸大厦、平安大厦、京基100等都是深圳的城市地标。主要景区（景点）有大鹏所城、莲花山、华侨城旅游度假区、东部华侨城、深南大道、梧桐山、大梅沙海滩、小梅沙海滩、中英街等。

知识拓展12-2 　　　　　　　　深圳之得名

深圳于清朝初年建墟，但"深圳"地名最早见于史籍是在明永乐八年（1410年）。当地的方言俗称田野间的水沟为"圳"或"涌"，而深圳当时水泽密布，村落边有一条深水沟，故得名。

深圳华侨城旅游度假区位于深圳市南山区，是一个环境优美、以文化旅游为主要特色的旅游城。锦绣中华、中国民俗文化村、世界之窗、深圳欢乐谷四个大型文化主题公园是旅游区的核心。

（三）丹霞山

丹霞山（如图12-6所示）位于广东省北部，韶关市仁化县境内，是丹霞地貌的命名地，现为国家级风景名胜区、国家级自然保护区、世界地质公园、世界自然遗产。这里是世界上发育最典型、类型最齐全、造型最丰富、景色最优美的丹霞地貌集中分布区。山体由红色砂岩、砾岩组成，沿垂直节理发育的丹崖奇峰千姿百态，被称为"中国红石公园"。

图12-6　丹霞山

（四）开平碉楼

开平碉楼（如图12-7所示）位于广东开平，是一种集防卫、居住和中西建筑艺术于一体的多层塔楼式建筑。开平碉楼最迟在明代后期（16世纪）就已经产生，到19世纪末、20世纪初发展成为表现中国华侨历史与文化传统的一种独具特色的群体建筑。开平碉楼在鼎盛时期达到3 000多座，现存1 833座，分布

图12-7　开平碉楼

在开平 15 个镇及街道办事处。这些碉楼是开平华侨与村民主动把外国建筑文化与当地建筑文化相结合的结晶，既具有深厚的中国传统文化底蕴，又散发着浓郁的欧美文化气息，被誉为"华侨文化的典范之作"和"令人震撼的中西建筑艺术长廊"。主要旅游景点有自力村碉楼群、开平立园、锦江里瑞石楼、马降龙碉楼群、雁平楼等。2007 年，开平碉楼与村落被列入《世界遗产名录》。

知识拓展 12-3

开平市地处珠江三角洲西南部，地势低洼、河网密布，在过去常有洪涝之忧。鸦片战争以后，很多开平人出洋谋生，逐渐有了一些产业。为了防涝和防匪患，华侨们纷纷建碉楼。碉楼的建筑材料有的是钢筋混凝土，有的是混凝土包青砖。碉楼的建筑风格很特殊，带有外国建筑的特色，有柱廊式、平台式、城堡式，也有混合式。楼身高大，有的达四五层，但一般门窗窄小、铁门钢窗，顶层有瞭望台，四边设有枪眼。

（五）肇庆星湖风景名胜区

肇庆星湖风景名胜区为国家级风景名胜区，由七星岩和鼎湖山两大景区组成。

七星岩景区位于肇庆市北郊，因七座石灰岩山峰排列如北斗七星，故得名。七星岩景区以山奇水秀、湖山相映、洞穴幽奇闻名，有"岭南第一奇境"之誉。

鼎湖山景区位于肇庆市东北部，因山顶有湖，遂起名顶湖山；又传黄帝在此铸鼎，故名鼎湖山。鼎湖山是我国第一个国家级自然保护区及首批加入世界人与生物圈保护区网络的景区之一，有"北回归线上的绿宝石"之称。

（六）广东骑楼

骑楼是一种近代商住建筑，该建筑的沿街部分二层以上出挑至街道红线处，用立柱支撑，形成内部的人行道。因建筑骑跨人行道，故名骑楼。骑楼最早盛行于欧洲地中海一带，20 世纪初，广州开辟马路，扩大商业街时，鼓励兴建骑楼，从而形成了广州特有的骑楼建筑，并且很快风靡广东各城镇。广州市的上九路、下九路、中山路、解放路、人民南路、第十甫路等都是骑楼建筑较集中的地方。此外，江门市长堤风貌街、中山市孙文西路步行街、台山市端芬镇梅家大院、开平市赤坎镇堤西路欧陆风情街（堤西骑楼街）等也有大量骑楼建筑。

课堂互动 12-1

骑楼建筑在广东如此流行一定有其原因，你认为主要原因是什么？

分析提示 12-1

（七）广东海上丝绸之路博物馆

广东海上丝绸之路博物馆位于广东省阳江市南海一号大道西，是以"南海Ⅰ号"宋代古沉船的发掘、保护、展示与研究为主题的我国首个水下考古专题博物馆。广东海上丝绸之路博物馆总建设面积 1.75 万平方米，设有陈列馆、水晶宫、藏品仓库等设施。2015 年，广东海上丝绸之路博物馆所在的阳江市海陵岛大角湾海上丝路旅游区被评为国家 5A 级旅游景区。

知识拓展 12-4   "南海 I 号"

1987年，一艘已在海底沉睡了800多年的宋代沉船（被命名为"南海 I 号"）在广东阳江海域被发现。船身为木质，长30.4米，宽9.8米，载重800吨，船舱内有大量陶瓷器、金银铜器、钱币等，文物总数达6万~8万件。"南海 I 号"是我国发现年代最早、船体最大、保存最完整的远洋贸易商船，被誉为"唯一能见证古代海上丝绸之路的古沉船"。"南海 I 号"于2007年12月打捞出水，现存放于广东海上丝绸之路博物馆。

第二节　广西旅游区

一、广西概况

广西壮族自治区简称桂，因宋代时这里属于广南西路，故名广西。广西行政区域土地面积23.76万平方千米，管辖北部湾海域面积约4万平方千米。截至2019年末，全区常住人口4960万人（2016年为4838万人）。广西是多民族聚居的自治区，主要民族有壮族、汉族、瑶族、苗族、侗族等，是全国少数民族人口最多的省区。现设14个地级市，首府为南宁市。

（一）方位

广西地处祖国南疆，东连广东省，南临北部湾并与海南省隔海相望，西与云南省毗邻，东北接湖南省，西北靠贵州省，西南与越南社会主义共和国接壤。

知识拓展 12-5   **广西的区位优势**

广西区位优越，是我国唯一集沿海、沿边、沿江三位于一体的少数民族自治区，是西南地区最便捷的出海通道，也是我国西部资源型经济与东南开放型经济的接合部，在我国与东南亚的经济交往中占有重要地位。

（二）地貌

广西的地势为西北高、东南低，整体上呈西北向东南倾斜状。山岭连绵，山体庞大，岭谷相间，四周多被山地、高原环绕，中部和南部多丘陵平地，呈盆地状，有"广西盆地"之称。猫儿山主峰海拔2141米，为广西最高峰。广西岩溶地貌分布广泛，是我国岩溶地貌发育典型的地区之一。

（三）河流、湖泊与岛屿

广西是我国河流密度较高的省区，主要河流有南盘江、红水河、黔江、浔江、郁江、柳江、桂江等，桂江的上游部分即著名的漓江。广西缺少大的天然湖泊，但多泉水和瀑布。涠洲岛是广西最大的岛屿，面积约24.74平方千米。

（四）气候

广西气候温暖，降水丰沛，光照充足。夏季日照时间长，气温高，降水多；冬季日照时间短，天气干暖。灾害性天气出现频繁，主要表现为干旱、暴雨、雷暴、冰雹等。

（五）自然资源

广西的森林覆盖率为62.45%（2019年），主要珍贵树种有银杉、桫椤、望天树等，白头叶猴、鳄蜥为广西独有的珍稀动物。广西水力资源丰富，其中红水河段被誉为"中国水电资源的富矿"。广西矿产资源种类多、储量大，尤以铝、锡等有色金属为最，因此广西又称"有色金属之乡"。

（六）经济

广西是我国水稻、甘蔗、麻类、水果、水产品的生产基地，粮食作物以水稻为主，经济作物以甘蔗为主。广西是我国热带、亚热带水果的主要产区之一，其中柑橘产业规模最大，面积与产量均居全国第一位。主要工业有食品、有色金属、建材、纺织、机械等门类。

2019年，广西实现地区生产总值21 237.14亿元，人均地区生产总值42 964元，居民人均可支配收入23 328元。

（七）交通

广西交通发达，已形成公路、铁路、航空、内河航运、海运相配套的立体交通网络。南广铁路、湘桂铁路、南昆铁路、焦柳铁路、黔桂铁路、洛湛铁路、黎湛铁路、南钦高铁、钦防高铁、钦北高铁、南昆客运专线等为广西主要的铁路线。防城港、北海、钦州等为主要海港，其中防城港是我国西部地区第一大港。梧州、贵港和南宁是主要的内河港口。南宁和桂林是广西的航空运输中心，北海、柳州、梧州、河池等地也建有机场。

（八）历史文化

早在70万年前，广西就有原始人类生息了。先秦以前，广西为百越民族聚居地。秦朝时开通了灵渠，使长江水系与珠江水系相连。秦汉以来，汉族人民和苗、瑶、回等少数民族因军事、经济、避乱、仕宦、谪迁等原因不断迁入广西，加速了当地的开发。

广西有丰富多彩的民族文化，各民族的语言、服饰、建筑物、生活习惯、风土人情、喜庆节日、民间艺术、工艺特产、烹调技术等构成了多姿多彩的民族风情。左江沿岸的花山崖壁画、壮族干栏式建筑等都是广西灿烂文化的代表。

知识拓展12-6　　　　　　　　　　**广西的特色节日**

水族最盛大的节日——端节；

彝族最独特的节日——祭公节；

京族最盛大的节日——哈节；

毛南族最盛大的节日——分龙节；

仫佬族最盛大的节日——依饭节；

侗族最盛大的节日——花炮节；

苗族最隆重的节日——苗年；

瑶族最盛大的节日——盘王节和达努节；

壮族最盛大的节日——"三月三"歌节。

（九）特产

壮锦是广西杰出的工艺美术品之一。地方名优蔬菜品种主要有荔浦芋、玉林香蒜、横县大头菜、博白蕹菜、扶绥黑皮冬瓜、田林八渡笋、覃塘莲藕等。药用植物有田七、肉桂、罗汉果、绞股蓝等。海产品有珍珠、对虾、青蟹、花刺参等。名优水果有灌阳长枣及雪梨、容县沙田柚、恭城月柿、武宣牛心柿、柳城蜜橘、灵山香荔等。美食有五色糯米饭、八仙粉、荔浦芋扣肉、白果炖老鸭、烤乳猪、马蹄蒸肉饼、桂林田螺、桂林米粉等。

二、广西旅游概况

广西有秀美的岩溶风光，有旖旎的滨海风光，有多姿多彩的民族风情，有众多的文物古迹，旅游资源得天独厚。桂林漓江、桂平西山和宁明花山都是国家级风景名胜区，兴安灵渠、容县经略台真武阁、太平天国金田起义旧址等都是全国重点文物保护单位，北海银滩旅游度假区是国家级旅游度假区。

图 12-8　桂林风光

目前，广西已形成以桂林市为中心的大桂林山水文化休闲度假旅游区，以北海银滩为主的滨海旅游区，以柳州为中心的桂中壮瑶苗侗民族风情生态旅游区，以凭祥、靖西为重点的南国边关风情旅游区，以及南宁商务会展绿都文化旅游区、乐业大石围天坑群旅游区、德天瀑布旅游区、桂东宗教历史文化旅游区、贺州山水古镇生态文化旅游区等。图 12-8 为桂林风光。

大美中国 12-6　　　　　**大型实景山水剧场——《印象·刘三姐》**

大型实景山水剧场——《印象·刘三姐》集漓江山水风情、广西少数民族文化及中国精英艺术家创作之大成，创造性地将经典山歌、民族风情、漓江渔火等元素进行巧妙组合，不着痕迹地融入山水之中，是全世界第一部全新概念的山水实景演出，吸引了大量游客前往观赏。

三、广西主要旅游景区

（一）南宁

南宁位于广西南部，简称邕，是全区的政治、经济、文化、交通中心。南宁是一座历史悠久的边陲古城，具有深厚的文化积淀。南宁终年常绿，四季花开，有"中国绿城"之誉。主要景点有青秀山、南湖公园、古炮台、广西药用植物园、伊岭岩等。

（二）桂林

桂林位于广西东北部、漓江之滨，是国家历史文化名城和著名的旅游城市。桂林风景秀丽，以漓江风光和喀斯特地貌为代表的山水景观早已闻名遐迩，并使桂林赢得了"桂林山水甲天下"之美誉。桂林市区内外景点遍布，可谓景在城中、城在景中。主要景观有芦笛岩、灵渠、龙脊梯田、漓江、象鼻山（如图 12-9 所示）、伏波山、叠彩山、七

AR 全景 12-1：桂林山水

星岩、独秀峰、八角寨等。

1.芦笛景区

芦笛景区位于桂林市西北的桃花江畔，因洞口长有一种可做笛子的芦荻草而得名，是一个以游览岩洞为主的国家级风景名胜区。景区由芦笛岩、桃花江、芳莲池等组成。芦笛岩是景区的主体，整个岩洞犹如一座用宝石、珊瑚、翡翠雕砌成的宏伟、壮丽的地下宫殿，被誉为"大自然艺术之宫"。景区内有许多石刻和壁书（古人在岩洞石壁上留下的墨笔题字），更加增添了景区的文化内涵。

图12-9 桂林象鼻山

2.灵渠景区

灵渠（如图12-10所示）位于兴安县境内，建成于秦始皇三十三年（公元前214年），是世界上最古老的运河之一，有着"世界古代水利建筑明珠"的美誉。灵渠由铧嘴、大天平、小天平、南渠、北渠、泄水天平、陡门等组成，设计科学，建筑精巧，沟通了长江、珠江两大水系，是秦代以来中原与岭南的交通枢纽，其运输功能持续了2 000多年，为世界罕见。2018年，灵渠入选《世界灌溉工程遗产名录》。灵渠景区以灵渠为主体，包含众多山水风光和人文景观，主要景点有四贤祠、状元桥、南陡阁、飞来石等。

图12-10 灵渠

3.龙胜龙脊梯田

龙胜龙脊梯田位于龙胜各族自治县，距桂林市80千米，包括平安壮族梯田和金坑红瑶梯田两个景区，有"世界梯田之冠"的美称。其中，平安壮族梯田开发较早，海拔300～1 100米，最大坡度达50度，从山脚盘绕到山顶，层层叠叠，高低错落，宏伟壮观。

4.漓江风景区

漓江（如图12-11所示）是中国锦绣河山的一颗明珠，也是世界上最美丽的河流之一。漓江因流经植被良好的石灰岩地区，所以江水泥沙含量少，清澈见底。漓江流经的区域内秀峰林立，碧水如镜，山石玲珑，岩洞奇幻，不仅有"山明、水秀、洞奇、石美"四绝，还有"洲绿、滩险、潭深、瀑飞"之胜，犹如一幅绚丽多彩的画卷，

图12-11 漓江

故有"百里漓江，百里画廊"之说。唐代大诗人韩愈曾以"江作青罗带，山如碧玉篸"的诗句来赞美漓江。2007年，漓江风景区被评为国家5A级旅游景区。

（三）阳朔

阳朔位于广西东北部，距桂林市区65千米。阳朔山川秀美，历史悠久，民风淳朴，中西文化交融，自然景观与人文景观交相辉映，是世界旅游组织确定的最佳休闲度假旅游目的地之一。主要景区（景点）有遇龙河、蝴蝶泉、九马画山、福利古镇、阳朔西街、世外桃源、石头城、月亮山等。

大美中国12-7   阳朔西街

阳朔西街位于阳朔古镇中心，东邻漓江，始建于1674年，路面铺设青石板，宽约8米，长近800米，略呈东西走向，两侧房屋多为清代建筑，具有桂北民居风格。阳朔西街历来是阳朔的商业中心，有数百家店铺、中西餐馆等，它与深圳中英街、云南丽江民族街、拉萨八角街并称为中国旅游四大名街。

（四）北海

北海位于广西最南部，北部湾畔，是我国古代"海上丝绸之路"始发港之一，是享誉海内外的旅游休闲度假胜地。北海的旅游资源集海、滩、岛、湖、山、林于一体，主要景区（点）有北海银滩、冠头岭、山口红树林、涠洲岛、星岛湖、斜阳岛、北海老街、海底世界、海洋之窗等。其中，北海银滩东西绵延约24千米，沙白水净，有"天下第一滩"的美誉。涠洲岛是我国最年轻的火山岛，在《中国国家地理》杂志组织的"选美中国"评选中荣获中国最美的十大海岛第二名。

（五）乐业天坑群

乐业天坑群位于乐业县，是世界上极为罕见的喀斯特溶洞群。这些天坑形如一个个大漏斗，隐藏于群山之中，最大的大石围天坑垂直深度613米，深度居世界第二位，底部的原始森林面积居世界第一位。乐业天坑群几乎涵盖了各种类型的天坑和溶洞景观，被国内外专家誉为"世界天坑博物馆"和"世界岩溶圣地"。

（六）左江花山岩画

在左江岸边绵延数百千米的悬崖峭壁上，至今仍保留着为数众多的用赭红颜料平涂的崖壁画，其绘制年代可以追溯至公元前5世纪至公元2世纪，画像以人物为主，还有动物和器物，生动再现了骆越人生活和宗教仪式的场景。左江花山岩画的地点分布之广、作画难度之大、画面之雄伟壮观，为国内外罕见，具有很强的艺术内涵和重要的考古科研价值。2016年，左江花山岩画被列入《世界遗产名录》。

第三节　福建旅游区

一、福建概况

福建简称闽，分别取境内的福州、建瓯两地的首字而得名。陆地总面积约12.14万平方千米，陆地海岸线长3 752千米，居全国第二位。截至2019年末，全省常住人口3 973万人（2016年为3 874万人），汉族人口最多，其次是畲族，占全国畲族人口的一半以上。现辖9个地级市，省会是福州。

（一）方位

福建省地处我国东南沿海，东隔台湾海峡与台湾相望，东北与浙江省毗邻，西北横贯武夷山脉与江西省交界，西南与广东省相连。

（二）地貌

地势总体上是西北高东南低，山地、丘陵占全省总面积的80%以上，山地基本上可分为闽西大山带（以武夷山脉为主体）和闽中大山带（由鹫峰山、戴云山、博平岭等山脉构成），东部沿海为丘陵、台地和滨海平原。

（三）河流、湖泊与岛屿

福建省河流密布，水量丰富，含沙量小，多险滩急流，主要有闽江、晋江、九龙江、木兰溪等。湖泊不多，主要有晋江的龙湖、福州的西湖等。沿海岛屿星罗棋布，平潭岛（又称海坛岛）为全省第一大岛，原有的厦门岛、东山岛等岛屿已筑有海堤与陆地相连而形成半岛。

（四）气候

福建省属于亚热带海洋性季风气候，光照充足，雨量充沛。年平均降雨量1 400～2 000毫米，是我国雨量最丰富的省份之一。

知识拓展12-7

福建背山面海，绵亘于西北部的武夷山脉像一道屏障挡住了北方寒冷空气的入侵，海洋上的暖湿气流则可以源源不断输向陆地，这使得福建大部分地区冬无严寒、夏少酷暑。

（五）自然资源

福建省森林资源丰富，森林覆盖率达66.80%（2019年），居全国第一位。海洋资源十分丰富，鱼类约占全国海洋鱼类种数的一半，贝、藻、鱼、虾种类居全国前列。矿产资源比较丰富，主要矿产有铁、锰、铜、石灰岩、萤石、叶蜡石、石英砂、高岭土等。

（六）经济

改革开放以来，福建省的经济发展较快，已跃居全国前列。粮食作物以水稻为主，经济作物以甘蔗、花生、茶叶、水果为主。工业以轻工、小型为特点，制糖、制茶、造纸、塑料、冶金等占有重要地位。

2019年，福建省实现地区生产总值42 395亿元，人均地区生产总值107 139元，居民人均可支配收入35 616元。

（七）交通

过去，闽道之难不亚于蜀道。中华人民共和国成立以后，福建省的交通条件迅速改善，有鹰厦铁路、峰福铁路、福马铁路、赣龙铁路、漳龙铁路、向莆铁路、杭深铁路、合福高铁等铁路线。2019年，铁路完成旅客运输量12 741.12万人次，公路完成旅客运输量31 199.27万人次。福建省拥有福州长乐国际机场、厦门高崎国际机场、泉州晋江国际机场等主要机场。福建省水运发达，闽江为省内最重要的内河航线，南平为河运中心，福州港、厦门港、泉州港等为主要海港。

（八）历史文化

福建俗称"八闽"，原是古越族的居住地。周朝为七闽地，春秋以后为闽越国，秦设闽中郡。晋唐以后，不断有人为避乱而迁入福建，中原文化、荆楚文化遂与福建当地的古越族文化融合，慢慢形成了福建特有的闽文化。福建又是著名的老区、苏区，闽西、闽东等是重要的革命根据地。

（九）特产

福州特产有脱胎漆器、软木画、寿山石雕、油纸伞、角梳等，厦门特产有漆线雕、珠绣、青津果、文昌鱼、香菇肉酱等，漳州特产有水仙花、桂圆干、片仔癀、八宝印泥等，泉州特产有桂圆、茶叶、衙口花生、源和堂蜜饯等，莆田特产有兴化桂圆、枇杷、荔枝、蜜柚等，三明特产有笋干、玉扣纸、建宁莲子等，南平特产有武夷山岩茶、香菇、笋等，龙岩特产有连城地瓜干、长汀豆腐干、永定菜干等，宁德特产有芙蓉李、古田油奈、古田竹编等。

二、福建旅游概况

"山海一体，闽台同根，民俗奇异，宗教多元"是福建旅游的鲜明特色，其旅游资源主要包括：世界文化与自然双重遗产1处（武夷山），世界文化遗产2处（福建土楼和鼓浪屿：历史国际社区），世界自然遗产1处（泰宁丹霞地貌），世界地质公园3家（泰宁世界地质公园、宁德世界地质公园、兔耳岭风景区）、国家历史文化名城4座（泉州、福州、漳州、长汀）。福建还拥有上杭县古田镇、邵武市和平镇等国家历史文化名镇和南靖县书洋镇田螺坑村、连城县宣和乡培田村等国家历史文化名村。图12-12为国家历史文化名城——长汀。

图12-12　国家历史文化名城——长汀

大美中国 12-8　福建的十大旅游品牌和十大精品路线

十大旅游品牌：迷人的武夷仙境、浪漫的鼓浪屿琴岛、神圣的妈祖朝觐、动人的惠女风情、奇特的水上丹霞、神奇的福建土楼、光辉的古田会址、壮美的滨海火山、神秘的白水洋奇观、古老的昙石山文化。

十大精品路线：八闽精华旅游线、海峡西岸游船旅游线、武夷山绿三角旅游线、闽西南山海旅游线、闽江流域生态旅游线、闽台缘旅游线、闽台港澳游轮旅游线、闽粤名城特区旅游线、闽赣红色摇篮旅游线、闽浙赣名山旅游线。

三、福建主要旅游景区

（一）福州

福州位于福建东部、闽江入海口，别称榕城、三山，是全省政治、经济、文化中心，也是国家历史文化名城、我国著名的侨乡，自古就是重要的对外贸易港口。市内温泉众多，主要旅游景点有鼓山、屏山、西湖、于山、三坊七巷、乌山、林则徐故居、戚公祠等。脱胎漆器、油纸伞、角梳是当地著名的手工艺品，被称为"福州三宝"。

三坊七巷是我国十大历史文化名街之一，占地面积约0.4平方千米，由三个坊、七条巷和一条中轴街肆组成。"三坊"即衣锦坊、文儒坊、光禄坊，"七巷"即杨桥巷、郎官巷、安民巷、黄巷、塔巷、宫巷、吉庇巷，"一街"即南后街。三坊七巷地处福州老城中心，基本上保留了唐宋的坊巷格局，并有100多座保存较好的明清古建筑，有"明清建筑博物馆"和"中国城市里坊制度活化石"之称。

（二）厦门

厦门位于福建省东南部，是我国的经济特区之一，也是我国著名的侨乡和沿海港口风景城市，素有"海上花园"的美称，著名景点有鼓浪屿、南普陀寺、万石山、华侨博物院、环岛路等。

鼓浪屿位于厦门市西南，与厦门市隔海相望，因岛西南有海蚀洞受浪潮冲击，声如擂鼓，故得名。鼓浪屿占地面积1.91平方千米，是国家5A级旅游景区，有"万国建筑博览馆"和"音乐之岛"的美称。岛上环境优美、宁静，主要景点有日光岩、菽庄花园、皓月园、毓园、鼓浪石、鼓浪屿钢琴博物馆、郑成功纪念馆、海底世界和天然海滨浴场等。明末，民族英雄郑成功曾屯兵于鼓浪屿，日光岩上尚存水操台等遗址。

知识拓展 12-8

从19世纪中叶起，西方音乐开始传入鼓浪屿，并与鼓浪屿优美的人居环境融合，从而造就了鼓浪屿的音乐传统，大批杰出的音乐家从这里走出。如今，岛上有100多个音乐世家，全岛人均钢琴拥有率居全国第一位。2002年，鼓浪屿被中国音乐家协会命名为"音乐之岛"。

（三）泉州

泉州位于福建东南部，别称鲤城、刺桐城，是著名的侨乡。泉州是我国古代"海上丝绸之路"的起点之一，宋、元时是我国最大的对外贸易港。泉州至今留有佛教、道教、伊斯兰教、基督教、天主教、摩尼教、婆罗门教等众多宗教遗址遗存，是东西方经贸文化交流的历史见证，人称"世界宗教博物馆"。主要景点有洛阳桥、清源山、安平桥、承天寺、清净寺、开元寺、天妃宫、老君岩、崇武古城等。

1.洛阳桥

洛阳桥（如图12-13所示）又名万安桥，位于泉州市东，北宋时期泉州太守蔡襄主持兴建，

图12-13　泉州洛阳桥

是举世闻名的跨海梁式大石桥，素有"海内第一桥"之誉。桥长834米，宽7米，规模宏伟，工艺精湛。洛阳桥地处江海交汇处，水深江阔，因此桥的建造者独具匠心地采用了筏形基础造桥墩，又养殖牡蛎以加固桥基，这是我国乃至世界造桥史上的创举。

知识拓展 12-9

所谓筏形基础，是指在江底沿着桥梁中线抛大石块，使江底形成一条矮石堤，以此作为桥墩基址。牡蛎繁殖力强，在桥基上养殖牡蛎，可以把散置的石块胶聚成一体，这是古人的一个伟大创新。因此，历代都规定不准在洛阳桥附近捕捉牡蛎。

2. 清源山

清源山位于泉州北郊，又名北山、泉山、齐云山，主峰海拔498米。景区内峰峦起伏，泉、洞、潭、瀑遍布，尤以奇石和清泉著称，有众多文物古迹，有"闽海蓬莱第一山"之美誉。主要景点有老君岩、清源洞、碧霄岩等。景区内的宋代老君造像是我国现存最大的道教石雕造像。

（四）武夷山

武夷山位于江西与福建西北部两省交界处，是一个以丹霞地貌为特征的景区，素有"碧水丹山"之美誉，1999年12月被评为世界文化与自然双重遗产，是国家级风景名胜区、国家级自然保护区、国家级旅游度假区。

武夷山景区以九曲溪（如图12-14所示）为中心，以赤壁、奇峰、曲流、幽谷、险壑、洞穴、怪石为主要特色，著名景点有九曲溪、玉女峰、大王峰、三仰峰、天心岩、虎啸岩、鹰嘴岩等，还有架壑船棺、汉城遗址、朱熹纪念馆、兴贤书院等人文景观。景区所在的武夷山自然保护区是地球同纬度地区保护最好、物种最丰富的生态系统，有"动物乐园""蛇的王国""昆虫世界""鸟的天堂""世界生物之窗""天然植物园"等美称。

（五）福建土楼

福建土楼主要分布于闽西南的永定、南靖和华安等地的崇山峻岭之中，是客家人世代相袭的传统住宅，以悠久的历史、奇特的风格、巧妙的构筑、宏大的规模著称，被誉为世界民居建筑的奇葩。现存土楼有圆楼、方楼、五角楼、八角楼、吊脚楼等30多种23 000多座，多建于明清两代，以夯土为承重墙，可达五层之高，多呈群落分布，如永定初溪土楼群、南靖书洋田螺坑土楼群等。

AR全景12-2：福建土楼

1. 承启楼

福建永定高头乡高北村承启楼（如图12-15所示）是土楼中的突出代表。这是一座圆楼，直径达73米，三环主楼层层叠套，层高由外环向中间降低，以保证内部的采光通风。外环一、二层均不开窗，不住人，有门供出入，三、四层住人，开窗；中间两环住人。土楼中心是祖堂，有通道与大门及侧门相通，可供族人议事、婚丧礼仪及其他公共活动之用。

图12-14　武夷山九曲溪

图12-15　承启楼

2.裕昌楼

裕昌楼（如图12-16所示）位于南靖县书洋镇，俗称"东倒西歪楼"，该楼几乎所有看得见的梁、柱、楹都是歪歪扭扭的，却屹立几百年不倒，可谓建筑史上的奇迹。

知识拓展12-10

图12-16　裕昌楼

关于福建土楼有一个流传很广的说法：20世纪70年代，美国卫星发现中国福建西部的崇山峻岭间，有多处大小不一、或圆或方的不明建筑体，疑为核反应堆或导弹发射基地，遂派遣特工人员以旅游者的身份前来探个究竟，却发现竟是一座座神奇的古老山地民居建筑。无论这一传闻是否属实，土楼由此名扬海内外，并日益受到关注。2000年4月，福建省决定把永定、南靖、华安三地土楼联合起来，以"福建土楼"的名义联合申报世界遗产。2008年7月6日，在加拿大魁北克城举行的第32届世界遗产大会上，联合国教科文组织世界遗产委员会正式批准"福建土楼"入选世界文化遗产。

此次成为世界文化遗产的"福建土楼"，由福建省永定、南靖、华安三地的"六群四楼"共46座土楼组成，包括南靖田螺坑、河坑土楼群及和贵楼、怀远楼，华安大地土楼群，永定初溪、洪坑、高北土楼群及衍香楼、振福楼，它们体现了福建土楼的主要特点。

（六）泰宁世界地质公园

泰宁世界地质公园位于福建省西北的泰宁县，主要由石网（包括天成岩、菩陀岩、红石山3个景区）、大金湖（包括丰岩、寨下大峡谷、金湖、猫儿山4个景区）、八仙崖（包括龙王岩、大牙顶和白牙山3个景区）、金铙山（包括白石顶、宝峰山2个景区）四个园区及泰宁古城游览区组成。金湖是福建省最大的人工湖泊，其丹山和碧水的完美组合，造就了国内罕见、景象万千的水上丹霞奇观。金湖丹霞地貌面积大、类型全，峰林、峰柱、方山、尖峰、洞穴众多，是我国东南最高、最古老的丹霞地貌，有水上一线天、赤壁丹崖、虎头岩、雄柱峰、甘露寺等景点。甘露寺始建于南宋，坐落于甘露岩洞中，采取"一柱插地，不假片瓦"的独特结构，有"南方悬空寺"之称，是我国建筑史上的杰作。泰宁古城与金湖相邻，这里不仅有明代民居建筑珍品、全国重点文物保护单位尚书第建筑群，还有明早期至清晚期 500 多年间各时期的建筑物。

（七）湄洲岛

湄洲岛位于福建莆田市中心东南 42 千米处，因地处海陆之际，形如眉宇，故得名。蓝天、碧海、阳光、沙滩构成了湄洲岛旖旎的滨海风光，湄洲岛现为国家级旅游度假区、国家 4A 级旅游景区。湄洲岛是妈祖文化的发祥地，岛上妈祖信仰闻名海内外。主要景点有妈祖庙、鹅尾山、黄金沙滩等。妈祖庙创建于北宋雍熙四年（987 年），此后历代得以扩建。妈祖庙后的岩石上有"升天古迹"和"观澜"等石刻。黄金沙滩滩平坡缓，沙细如面，被誉为"天下第一滩"。

大美中国 12-9　　　　　　　　　　　　　　　湄屿潮音

湄洲岛妈祖庙前的海床上有大片辉绿岩，这些辉绿岩受风浪冲蚀，形成了许多天然凹槽，在海浪的拍击之下发出声响，或如管弦细响，或如钟鼓齐鸣，这就是远近驰名的"湄屿潮音"。

（八）漳州滨海火山国家地质公园

漳州滨海火山国家地质公园位于漳州市漳浦、龙海滨海一带，面积约 100 平方千米。景区内遍布独特的火山地貌奇观，如鱼鳞石、穹形褶皱、海蚀洞、海蚀崖、串珠状火山喷气口、熔岩"珊瑚"、气孔柱"梅花桩"等，是天然的火山地质博物馆，具有极高的观赏性、科普性、趣味性。

第四节　海南旅游区

一、海南概况

海南省简称琼，行政区域包括海南岛和西沙群岛、中沙群岛、南沙群岛的岛礁及其海域，陆地总面积 3.54 万平方千米，海域面积约 200 万平方千米。截至 2019 年末，全省常住人口 944.72 万人（2016 年为 917.13 万人），有汉族、黎族、苗族、回族等民族。现辖 4 个地级市、5 个县级市、4 个县、6 个民族自治县，省会是海口市。

（一）方位

海南省位于我国最南端，北以琼州海峡与广东省划界，西隔北部湾与越南相对，东面和南面在南海中与菲律宾、文莱、印度尼西亚和马来西亚为邻。全省位于北回归线以南。

（二）地貌

海南岛四周低平，中间高耸，呈穹隆山地形，由山地、丘陵、台地、平原构成环形层状地貌，梯级结构明显。海拔 100 米以下的台地、平原占全岛面积的 2/3，五指山主峰海拔 1 867 米，是海南岛最高峰。

（三）河流

河流大都发源于中部山区，组成了辐射状水系，南渡江、昌化江、万泉河为海南岛三大河流。南渡江全长 333.8 千米，是全省第一大河。

（四）气候

海南省属于热带季风气候和热带海洋性气候，全年暖热，长夏无冬，年平均气温23～26℃，素有"天然大温室"的美称。年平均降雨量在1 600毫米以上。干湿季节明显，冬春干旱，夏秋雨多。热带风暴和台风频繁。

（五）自然资源

海南省生物资源丰富，是我国最大的热带自然博物馆、最丰富的物种基因库，森林覆盖率达62.1%（2019年），素有"绿色宝库"之称。许多植物可入药，素有"天然药库"之称。珍稀动物有黑冠长臂猿（世界四大类人猿之一）、坡鹿、水鹿、猕猴、云豹等。优势矿产有石油、天然气、玻璃用石英砂、钛铁砂矿、锆英砂矿、宝石等。

（六）经济

1988年海南建省后，海南岛成为我国最大的经济特区，有力地促进了全省经济的发展。海南经济以热带高效农业、海洋资源加工业、旅游业为基础产业。农作物以水稻为主，经济作物以甘蔗、麻类、花生、芝麻、茶等为主，不少作物每年可收获2～3次，稻可三熟。热带水果种类繁多，有"百果园"之誉。水产资源丰富，具有渔场广、品种多、生长快等特点。海南岛是我国理想的天然盐场，已建有莺歌海、东方、榆亚等大型盐场。

2019年，海南省实现地区生产总值5 308.94亿元，人均地区生产总值56 507元，居民人均可支配收入26 679元。

（七）交通

海南省公路交通便捷，干线公路直通各港口、市、县，环岛高速公路已建成通车。主要铁路线有粤海铁路和海南环岛铁路，其中，粤海铁路全长345千米，跨海与全国铁路网并网，是我国第一条跨海铁路。海南省港口众多，其中以海口、三亚、八所、洋浦四个港口为最大。航空运输地位重要，有海口美兰国际机场和三亚凤凰国际机场两个主要机场。

（八）历史文化

早在新石器时代，黎族先民就跨海进入海南岛，成为岛上最早的居民。汉代路博德、马援先后平定海南，并设立郡县。三国时始有"海南"一称。南朝和隋朝时期，岭南俚族首领冼夫人收服海南，促进了海南文化的发展和变革。历代封建王朝都把海南作为贬谪官吏的流放地，唐朝宰相李德裕、宋代文学家苏轼、宋代名将李纲等都曾被贬海南，他们都深刻影响了海南的文化。

（九）特产

海南省的特产主要有珍珠、黎锦、椰雕、珊瑚盆景、贝壳系列产品、蝶翅画、文昌鸡、东山羊、东山茶、海南粉、兴隆咖啡、胡椒、椰糖、牛角雕、椰雕、杧果、菠萝、波罗蜜、椰子、阳桃、榴梿等。

大美中国 12-10　　　　　黎锦和海南粉

黎锦是黎族人用木棉花蒴果内的棉手工织出的一种特色花布，远在春秋时期就享有盛名，古称"吉贝布"，是我国最早的棉纺织品。黎锦精细、轻软、洁白、耐用，有纺、织、染、绣四大工艺，色彩一般是红、黄、黑、白几种。

海南粉是海南最具特色的风味小吃，流传历史久远，是象征吉祥长寿的节日喜庆必备珍品。海南粉有粗粉和细粉之分。粗粉是指在粗粉中加进滚热的酸菜牛肉汤，并加少许配料；细粉则要用多种配料、味料和芡汁加以搅拌腌着吃，因此又叫"腌粉"。

二、海南旅游概况

海南有"东方夏威夷"之称，其旅游资源丰富且独具特色，主要包括以下几个方面：（1）滨海风光。热带气候和优质的沙滩使海南成为滨海旅游胜地。亚龙湾、大东海、天涯海角、日月湾、大小洞天等都是著名的滨海景点。（2）山岳风光。以形如五指的五指山、气势磅礴的鹦哥岭、奇石叠峰的东山岭、瀑布飞泻的太平山等为代表。（3）热带雨林风光。以乐东尖峰岭、昌江霸王岭、陵水吊罗山和琼中五指山等为代表。（4）火山风光。海南岛有许多死火山口，海口市马鞍岭火山口是我国保存最完好的死火山口。（5）大河、水库风光。以万泉河风光为代表。（6）温泉风光。海南岛上温泉广布，多数温泉矿化度低、温度高、水量大、水质佳，著名的有兴隆温泉、南平温泉、蓝洋温泉、七仙岭温泉等。（7）古迹名胜，如五公祠、东坡书院、苏公祠、琼台书院、海瑞（明代大清官）之墓、崖州古城、文昌阁等。（8）热带作物及田园风光。

2010年，海南岛开始国际旅游岛的建设。2011年4月20日，离岛免税政策在海南试行。

知识拓展 12-11 　　　　　　　　　**海南离岛免税政策**

海南离岛免税政策自2011年4月20日起试行，自2012年11月1日起正式实施。截至2018年末，政策内容已经过五次调整。

基本概念　离岛免税政策是指对乘飞机、铁路、轮船离岛（不包括离境）旅客实行的限次、限值、限量和限品种免进口税购物，在离岛免税店内付款，在机场、火车站、港口隔离区提货离岛的税收优惠政策。

适用对象　离岛免税政策的适用对象是年满16周岁，乘飞机、铁路、轮船离开海南本岛但不离境的国内外旅客，包括海南省居民（即岛内居民）。

购物额度　离岛旅客（包括岛内居民旅客）每人每年免税购物限额增至3万元，且不限购买次数。

图 12-17　海口假日海滩

三、海南主要旅游景区

（一）海口

海口市位于海南岛北部、南渡江入海处西侧，是全省政治、经济、文化、商贸和交通中心，常住人口达232.79万人（2019年）。海口气候宜人，长夏无冬，是人居环境极佳的优秀园林城市、国家历史文化名城。海口旅游资源丰富，是一个洋溢着热带滨海风光和海岛都市风情的生态旅游城市，主要景点有五公祠、海口石山火山群国家地质公园、苏公祠、海瑞墓、秀英炮台、热带海洋世界、假日海滩（如图12-17所示）、马鞍岭火山口、万绿园、金牛岭公园等。

1.五公祠

五公祠位于海口市区，是一组古建筑群的统称。"五公"指的是唐宋时期被贬到海南岛的五位著名历史人物：唐朝名相李德裕，宋朝名相李纲、赵鼎，宋朝名臣李光、胡铨。五公祠为全国重点文物保护单位，素有"琼台胜境""瀛海人文""海南第一名胜"之誉。主要景点有"海南第一楼"五公祠、学圃堂、观稼堂、西斋（五公精舍）、东斋、苏公祠、两伏波祠、洞酌亭、浮粟泉、琼园和五公祠陈列馆等。

2.海口石山火山群国家地质公园

海口石山火山群国家地质公园位于海口市西南15千米，是国家4A级旅游景区。园区总面积108平方千米，遗迹主体为40多座火山构成的第四纪火山群，火山类型齐全，是我国为数不多的全新世（距今1万多年）休眠火山群之一，具有极高的科考、科普和旅游观赏价值。主要景点有马鞍岭、双池岭、仙人洞、罗京盘等。

（二）三亚

三亚市古称崖州，位于海南岛最南端，因三亚河（古名临川水）由三亚东西二河至此汇合形成"丫"字形，故得名。三亚有优质的海岸沙滩和海水，空气清新，被誉为最适宜人类居住的地区之一，是我国著名的旅游城市，集聚阳光、海水、沙滩、森林、温泉、岩洞等旅游资源，拥有南山、大小洞天、亚龙湾、天涯海角、鹿回头、西岛、蜈支洲岛、大东海等著名景点，是我国热带滨海旅游资源最丰富、最集中的地区。图12-18为三亚全景。

1.亚龙湾

亚龙湾（如图12-19所示）位于三亚市东南，是海南岛最南端的一个半月形海湾，这里三面青山相拥，集海洋、沙滩、阳光、绿色、新鲜空气于一体，是我国唯一具有热带风情的国家级旅游度假区，有"天下第一湾"之誉。亚龙湾海水清澈，可以清晰地看见10米以下的海底景观，海滩宽阔平缓，沙粒洁白细腻，适宜四季游泳和开展各类海上运动。海底生物丰富，有珊瑚、热带鱼、海底珍品、野生贝类等。

图12-18　三亚全景

图12-19　亚龙湾

2.天涯海角

天涯海角（如图12-20所示）位于三亚市西南，这里海水纯净，水天一色，椰林婆娑，奇石林立，刻有"天涯""海角""南天一柱"等字样的巨石雄峙海滨，是一个集热带海洋风光、历史遗

AR全景12-3：天涯海角

迹、民俗文化于一体的旅游风景区。

图12-20　天涯海角

　　　　　　　　　　　　　天涯海角

　　古时候交通不便，海南岛与中原地区又远隔万水千山，"鸟飞尚需半年程"，因此海南岛是人迹罕至的蛮荒之地，古代帝王往往将这里作为流放"逆臣"的地方。天涯海角位于海南岛之南，面对茫茫大海，被流放的人来到这里，很容易发出到了"天之涯、海之角"的感叹，加上"天涯""海角"题刻的出现，这里自然就被认为是"天涯海角"了。

　　3.大小洞天风景区

　　大小洞天风景区位于三亚市以西40千米处的南山西南隅。景区山水相依，山上植被茂盛、风景秀丽，山下海岸线蜿蜒曲折，遍布惟妙惟肖的石景，被誉为"海山奇观"。大小洞天因奇特秀丽的海景、山景、石景和洞景，在宋代即被开辟为旅游景点，被誉为"琼崖第一山水名胜"。主要景点有南海龙王、小洞天、千年不老松、南海神鳌等。

　　（三）五指山

　　五指山是海南第一高山，是海南岛的象征，位于海南岛中部，因峰峦起伏成锯齿状，形似五指而得名。山区遍布热带原始森林，是我国生态系统多样性、生物种类多样性、生物基因多样性最丰富的地区之一，有"动植物王国"之称。蝴蝶是五指山最常见的动物，这里的蝶种占全国蝶种的50%，其中70%为观赏性蝴蝶，具有体大、艳丽、怪异等特点。五指山热带雨林风景区位于五指山市水满乡境内，景区内古树参天，溪水叮咚，彩蝶飞舞，到处是奇花异草。五指山大峡谷漂流是五指山最具特色的旅游项目，是全国唯一可四季漂流的峡谷漂流点。

　　（四）东郊椰林

　　东郊椰林位于有"椰乡"之称的文昌市东郊镇海滨，是著名的具有"椰风海韵"特色的景区。这里椰树成片，有红椰、青椰、良种矮椰、高椰、水椰等品种，共50多万株，千姿百态，美不胜收。葱翠的椰林组成了一条一望无际的林带，构成了海岸线上一道天然绿色屏障。景区环境优美，可开展各种沙滩运动和水上活动。

（五）东山岭风景区

东山岭风景区位于万宁市万城镇东 2 000 米处，面积 10 平方千米，有"海南第一山"之称。东山岭由三座山峰相依而成，海拔 184 米，于海边拔地而起，山上丹崖翠壁，奇岩异洞，泉丰林秀，自然风光秀丽。自古以来，无数文人墨客在此登山赋诗，留下了众多诗文墨迹和石刻。主要名胜古迹有潮音寺、三十六洞、望海亭、七峡巢云、正笏凌霄等。

（六）兴隆温泉

兴隆温泉位于万宁市东郊兴隆华侨农场内，共有十几个泉眼，水温四季保持在 60℃左右，最高温度可达 80℃。水中含有丰富的矿物质，蒸腾的水汽带有淡淡的清香，有很好的疗养功效。温泉附近还有兴隆热带花园、热带植物园等休闲观光点。兴隆温泉现已成为集吃、住、玩、浴于一体的温泉旅游度假区。

课堂互动 12-2

根据你所掌握的地理知识分析，为什么海南岛适合开展滨海旅游？

分析提示 12-2

第五节 台湾旅游区

一、台湾概况

台湾简称台，由台湾岛和周围属岛以及澎湖列岛等岛屿组成，陆地总面积约 3.6 万平方千米。其中，台湾岛面积约 3.58 万平方千米，是我国第一大岛。台湾是我国人口最稠密的省份之一，截至 2019 年末，常住人口 2 360 万人，主要集中在西部平原。台湾居民以汉族为主，约占总人口的 98%，主要少数民族是高山族。

（一）方位

台湾位于我国东南沿海的大陆架上，东临太平洋，东北邻琉球群岛，南界巴士海峡与菲律宾群岛相对，西隔台湾海峡与福建省相望。

（二）地貌

台湾东部多山脉，中部多丘陵，西部多平原。主要山脉有海岸山脉、中央山脉、雪山山脉、玉山山脉、阿里山山脉，主要平原有嘉南平原（台湾最大平原）、彰化平原、屏东平原、新竹平原等。玉山主峰海拔 3 952 米，是我国东部最高峰。台湾岛位于环太平洋地震带和火山带上，多火山、地震和温泉。

（三）河流与湖泊

台湾河流众多，河网密集，主要河流有浊水溪、高屏溪、淡水河、大甲溪、曾文溪等。浊水溪全长约 186 千米，是台湾最长的河流。日月潭是台湾最大的天然湖泊，曾文水库是台湾最大的人工湖泊。

（四）气候

台湾属于热带与亚热带之间的过渡性气候，冬季温暖，夏季炎热，雨量充沛，年平均降水量超过 2 500 毫米。基隆雨期长，雨量多，号称"雨港"。

（五）自然资源

台湾自然资源丰富，是富饶的宝岛，素有"米仓""鱼仓""糖库""盐库""森林之海""水果之乡"等美称。台湾生物资源丰富，全岛一半以上的面积覆盖着森林，台湾杉、铁杉、台湾猕猴等都是世界濒危生物。台湾矿产资源种类单一，储量不丰，大理石、金、铜、天然气和石油是台湾的主要矿产。台湾多数河流水势湍急，险滩瀑布多，水力资源较为丰富。

（六）经济

20世纪50年代以来，台湾逐渐形成了以轻纺工业为主体的加工出口体系，大力发展电力、交通运输、石油化工、钢铁、造船等重化工业。20世纪80年代后，台湾经济发展迅速，被列为"亚洲四小龙"之一，近年来发展速度放缓。信息产业较为发达，服务业比重上升很快。粮食作物以水稻为主，经济作物以甘蔗为主，园艺作物以水果和蔬菜为主。

图12-21　高雄港

（七）交通

台湾已形成环岛铁路网，高速公路、环岛公路、中部横贯公路、滨海公路纵横交织。台湾扼西太平洋航道的中心，是我国与太平洋地区各国海上联系的重要交通枢纽，主要港口有高雄港、基隆港、台中港、花莲港等。高雄港（如图12-21所示）是台湾最大的海港，也是世界上最繁忙的海港之一。民航运输较发达，多数大城市设有机场，主要机场有台湾桃园国际机场、高雄国际机场等。

（八）历史文化

远古时代，台湾与大陆相连，后来因地壳运动，相连的部分沉入海中，形成海峡，出现了台湾岛。台湾有文字记载的历史可以追溯到三国时期，230年，吴国孙权派卫温率1万官兵到达"夷洲"（台湾）。隋炀帝曾三次派人前往台湾，元朝进一步加强了对台湾的管理。1624年，荷兰殖民者侵入台湾。1662年，郑成功从荷兰殖民者手中收复了台湾。1684年，清政府在台湾设置一府三县，隶属于福建省。1895年，日本侵占台湾。1945年，台湾重归中国主权管辖之下。

台湾文化是中华文化的重要组成部分，儒家学说在台湾有着深远的影响，主要以中华民族传统的伦理道德观念来规范思想和言行。台湾的饮食习惯、节日习俗以及礼仪习惯等都与福建、广东等地相似。

（九）特产

台湾的特产主要有蝴蝶工艺品、樟脑和樟油、蓬莱米、阿里山高山茶、冻顶乌龙茶等。台湾美食远近闻名，主要有凤梨酥、台湾卤肉饭、台湾烤肠、麻叶羹、蚵仔煎、小笼包、牛肉面等。台湾水果种类丰富，主要有杧果、柳橙、菠萝、番荔枝、龙眼、阳桃、番石榴等。

二、台湾旅游概况

台湾是一个美丽的宝岛，旅游资源丰富，风景类型多样，大致可分为森林风景区、湖潭风景区、水库风景区、温泉风景区、瀑布风景区、海岸风景区、绿岛风景区等。海岸风景区也存在不同的类型，如东海岸属断层海岸，西海岸属上升隆起海岸，北海岸属下沉海岸，南海岸属珊瑚礁海岸。阿里山、日月潭、台北"故宫博物院"等都是台湾著名的旅游资源。

台湾旅游产业从20世纪50年代开始有计划地发展起来。半个多世纪以来，依次经历了外国人来台观光、民众出岛观光和民众岛内观光三个重点发展阶段。2008年，大陆居民赴台旅游逐步放开，有力地推动了台湾地区旅游业的发展。

三、台湾主要旅游景区

（一）台北

台北位于台湾岛北部的台北盆地，是台湾的政治、经济、文化和交通中心。台北四面环山，淡水河穿城而过，城区道路呈棋盘式分布，参天大楼交错耸立，车辆终日川流不息。台北风景秀丽，自然和人文景观都很丰富，主要景点有阳明山国家公园、北投温泉、台北"故宫博物院"、龙山寺、台北101大楼、士林夜市、西门町等。

1.阳明山国家公园

阳明山国家公园位于台北近郊，是台湾北部面积最大、景色最美的山林公园，有"台北后花园"的美称。园内植被丰富，绿草如茵，百花烂漫，著名的景点有阳明湖、阳明瀑、阳明山温泉等。

2.台北"故宫博物院"

台北"故宫博物院"位于台北市士林区，其建筑设计吸收了我国传统的宫殿建筑形式，于1965年落成。院内藏品包括清代北京故宫、沈阳故宫等处旧藏之精华，以及海内外各界人士捐赠的文物精品，以陶瓷、书画、青铜器保存最为完整。藏品的年代几乎涵盖了整部5 000年的中国历史，体现了中华文化的源远流长。

3.台北101大楼

台北101大楼位于台北市信义区，是台北市的地标。大楼地上有101层，地下有5层，占地面积153万平方米，高508米。大楼有2部快速电梯可直达观景台，上行最高速率每秒16米，相当于时速60千米，从1楼到89楼的室内观景台只需39秒，从5楼到89楼的室内观景台只需37秒。每年12月31日晚，台北市民都会在此狂欢，新年来临之时，大楼会逐层喷出烟火，非常壮观。

知识拓展12-13

台湾位于地震带上，并且每年夏天都会受到强烈台风的影响，防震和防台风是台北101大楼需要克服的两大问题。为了增加大楼的弹性以抵御强震，大楼中心由一个外围8根钢筋的巨柱所组成。大楼使用特别调制的混凝土，这种混凝土的强度比一般混凝土的强度强60%。楼内还设置了调谐质块阻尼器，即在第88至92层挂置一个重达660吨的巨大钢球，利用钢球的摆动来减小建筑物的晃动幅度。大楼外形的设计成锯齿状，据说能减少

30%～40%的风所产生的摇晃。

4.士林夜市

士林夜市位于台北士林区，是台北最具规模的夜市之一。这里商家林立，商品琳琅满目，可以尝到全台各地的美味小吃，如蚵仔面线、天妇罗、蚵仔煎、清蒸油炸肉丸、珍珠奶茶、广东粥、日式寿司、韩国泡菜锅等。

（二）阿里山风景区

阿里山风景区位于嘉义市东，是著名的风光游览区和避暑胜地。阿里山是18座山的总称，最高处海拔2 663米。景区环境优美，气候凉爽，有森林铁路可登山。"擎天神木""壮观云海""艳红樱花""日出奇观"是阿里山著名的四大景观。阿里山擎天林木众多，有"神秘的森林王国"之称，其中一棵树龄3 000多年的红桧，高50多米，树围20多米，被誉为"阿里山神木"。此外，慈云寺、高山植物园、高山博物馆、姐妹潭等也是阿里山风景区的主要景点。

大美中国12-11 　　　　　　　　　阿里山森林小火车

阿里山森林小火车从海拔30米的嘉义北门火车站出发，经过多个隧道和桥梁，最终登上海拔2 000多米的阿里山沼平车站，能够为游客带来新奇刺激的登山之旅。正因为如此，阿里山森林小火车深受游客欢迎。

图12-22　日月潭

（三）日月潭

日月潭（如图12-22所示）位于阿里山以北的南投县境内，湖面海拔748米，是台湾最大的天然湖泊。日月潭本是两个单独的湖泊，后因发电需要而在下游筑坝，水位上升，使得两湖连为一体。以拉鲁岛（光华岛）为界，日月潭北半部形如日轮，南半部形如月钩，故而得名。日月潭四周群山环抱，林木葱茏，潭水晶莹剔透，宛如一幅美丽的风景图画。

（四）野柳地质公园

野柳地质公园位于新北市万里区，是一个伸入海中的山岬，长约1 700米，又被称为野柳岬、野柳鼻、野柳龟和野柳半岛。野柳的海滩上奇岩怪石密布，有蜂窝岩、豆腐岩、蕈状岩、姜状岩、风化窗等各种类型，形如人物、巨兽、器物等，无不惟妙惟肖，曾被《中国国家地理》杂志"选美中国"活动评选为"中国最美的八大海岸"第二名。主要景点有女王头、仙女鞋、梅花石、情人石、卧牛石等。最著名的景点是屹立于斜缓石坡上高达2米的"女王头"，姿态高雅，体现了自然神工之美妙。

知识拓展12-14 　　　　　　　　　野柳奇观的形成

野柳当地受造山运动的影响，深埋海底的沉积岩上升至海面。在海风和海浪的吹拂、拍打、冲刷之下，沉积岩被风蚀、海蚀成各种奇特的造型。

（五）太鲁阁峡谷

太鲁阁峡谷位于台湾东部，是一段长约20千米的大理岩峡谷。这里绝壁千仞，怪石嶙峋，山洞隧道连绵曲折，随处可见飞瀑、古木和温泉，被认为是台湾最雄伟险峻的风景区，有"天下绝景"之称。

（六）安平古堡

安平古堡位于台南市安平区，原是明末崇祯年间荷兰人建造的贸易据点，也是台湾历史最悠久的城堡。郑成功收复台湾后，接收了该城，并改名为"安平"，作为郑氏府第。1662年6月，郑成功病逝于城内。1873年，英国军舰来犯，船炮命中城内军火库引发爆炸，安平城遂成废墟。今日所见的安平古堡虽然已是历经多次修建后的模样，不如当年那样雄伟壮丽，但是其所保存的丰富史料和所代表的文化意义，仍使其成为非常值得一览的胜地。

第六节　香港旅游区

一、香港概况

香港特别行政区简称港，陆地面积1 106.34平方千米，由香港岛、九龙、新界及周围岛屿组成，其中香港岛是香港的经济、文化中枢。截至2019年末，香港人口约752万人，是世界上人口最稠密的城市之一。

知识拓展12-15　　　　　　**香港地名的由来**

一种说法认为，从明朝开始，在香港岛南部有一个小港湾，因转运南粤香料而出名，因此被称为"香港"。另一种说法是，香港附近有溪水甘甜可口，往来于海上的水手经常来此取水饮用，久而久之，这条小溪就被称为"香江"，香江流经的这个港湾也就被称为"香港"。直到今天，"香江"仍然是香港的别称。

（一）方位

香港（如图12-23所示）位于广东省南部、珠江口以东，西与澳门特别行政区隔海相望，北与深圳市相邻，南临珠海市万山群岛，是太平洋和印度洋航线上的重要港口。

（二）地貌

香港境内丘陵起伏，大多由东北向南延伸。新界的大帽山海拔958米，是香港最高峰。香港岛上的最高峰为太平山，高554米。

图12-23　香港

（三）气候

香港属于亚热带海洋性季风气候，四季分明。春季温暖潮湿，夏季炎热多雨，秋季晴朗干爽，冬季稍冷且干燥。全年平均降雨量为2 398.5毫米，6—8月雨量最多。

（四）自然资源

香港自然资源匮乏，矿藏仅有少量的铁、铝、锌、钨、绿柱石、石墨等，食用淡水的60%以上依靠广东省供给，农业发展受到很大的限制，但发展渔业生产的条件得天独厚。

（五）经济

香港素有"东方明珠"的雅称，是一座国际化大都市，已成为国际金融中心、国际贸易中心和旅游中心。主要产业包括零售业、旅游业、地产业、银行及金融服务业、工贸服务业、社会和个人服务业。

2018年，香港地区生产总值为28 429亿港元，人均地区生产总值为381 544港元。

（六）交通

香港是世界著名的航运中心和航空中心，维多利亚港是世界上最优良的不冻港之一，香港国际机场是世界上最繁忙的机场之一。主要铁路线有广九铁路、京九铁路、广深港高铁等。香港公共交通发达，公共交通系统由铁路、小轮、公共汽车等组成。

（七）历史文化

公元前4000年左右，香港地区已有中国先民居住。秦朝时，该地属南海郡番禺县；明清时，这里属新安县。1842年和1860年，英国先后强迫清政府签订了《南京条约》和《北京条约》，迫使清政府割让香港岛和九龙半岛。1898年，英国又强迫清政府签订了《展拓香港界址专条》，强行租借了新界，租期为99年。1997年7月1日，中华人民共和国香港特别行政区正式成立，香港回到祖国的怀抱。

图12-24　香港街景

香港原有的中国传统文化和外国文化相互交融，形成了与香港快节奏的经济生活相适应的通俗文化。香港拥有大批文学家、艺术家、歌星、影星和著名的记者。香港影视业历史悠久、独树一帜，因此香港有"东南亚制片中心"之称。香港经常主办大中型文艺、体育活动和比赛，还专门为青少年举办各种游艺、暑假训练营和康乐宫、郊游等活动。图12-24为香港街景。

二、香港旅游概况

香港旅游资源丰富，其中西合璧的文化景观、古老传统与现代文化的融合、独特的自由贸易政策、来自世界各地的商品和美食、现代都市风光，以及维多利亚港、迪士尼乐园、海洋公园、太平山、浅水湾等密集存在的景点吸引了世界各地的游客。

旅游业在香港社会经济发展中有着十分重要的地位，是香港四大支柱产业之一。旅游业每年为特区政府贡献了巨额的税款，每个市民都直接或间接地从旅游业中受惠。随着香港居民收入的日益增长，香港居民外出旅游的人数也逐年增多，香港已成为亚洲重要的客源输出地。

三、香港主要旅游景区

（一）维多利亚港

维多利亚港（如图 12-25 所示）位于九龙半岛和香港岛之间，位置优越，是一个得天独厚的深水良港、世界三大天然深水港之一，也是世界上最繁忙的天然内港之一。维多利亚港是全球最美丽的海港之一，蔚蓝的海水与两岸华美的建筑交相辉映，夜幕降临时，海港两岸华灯四起，维多利亚港显得更加迷人。

图 12-25　香港维多利亚港

（二）香港迪士尼乐园

香港迪士尼乐园位于大屿山，是全球第五个迪士尼乐园，是一座集美国加州迪士尼乐园及其他迪士尼乐园特色于一体的主题公园。香港迪士尼乐园包括七个主题园区：美国小镇大街、探险世界、幻想世界、明日世界、反斗奇兵大本营、灰熊山谷及迷离庄园。其中，灰熊山谷和迷离庄园为全球独有。

（三）香港海洋公园

香港海洋公园位于香港岛南区黄竹坑，是一座集海陆动物、机动游戏和大型表演于一体的世界级主题公园。公园分为三部分，分别为位于北面的山下花园、南面的南朗山南麓及大树湾。山下花园与南朗山以登山缆车和海洋列车连接，南朗山与大树湾之间则以登山电梯连接。山上设有海洋剧场、海涛馆和海洋馆等场馆，山下则有水上乐园、花园剧场、金鱼馆及仿照历代文物所建的集古村等。

（四）浅水湾

浅水湾位于香港岛南部海滨，是优良的海滨浴场，有"天下第一湾"的美誉。这里三面环山，海滩宽阔，水清沙细，波平浪静，山、水、沙及绿色植物相互映衬，构成了一幅美丽的风景，是香港最受欢迎的海滩之一。浅水湾东南端是镇海楼公园，旁边还有长寿桥、万寿亭等景点，并建有七色慈航灯塔，气势雄伟。

（五）太平山

太平山位于香港岛中西区，古称香炉峰。太平山是香港岛的最高峰，山下有缆车直通山顶，顶层设有露天观景台和商场、银行、餐厅等配套设施。在太平山，白天可俯瞰香港美景，晚上可观看群星满天的万家灯火，"旗山星火"被列为香港八景之首。

（六）香港会议展览中心

香港会议展览中心位于香港湾仔，1988 年建成，可租用的面积达 63 580 平方米，1997 年香港回归大典就在这里举行。香港会议展览中心新翼由填海扩建而成，内附大礼堂及大展厅数个。香港会议展览中心周边建筑向外延伸出维多利亚港，开辟出了一座博览海滨花园，在此可观赏香港岛和九龙半岛的夜景。

（七）香港星光大道

香港星光大道位于香港尖沙咀海滨花园，目的是表扬香港电影界的杰出人士。香港星光大道仿照美国好莱坞星光大道而设计，从香港艺术馆旁一直延伸到新世界中心。香港星光大道沿途有小食亭、纪念品小卖亭和一些与电影相关的雕塑。

（八）黄大仙祠

黄大仙祠位于香港黄大仙区，为道教庙宇，供奉黄大仙。黄大仙祠占地面积约18 000平方米，建筑雄伟，色彩丰富，极富中国传统祠庙建筑特色。祠庙香火旺盛，每日前往膜拜、求签者成千上万。

（九）宝莲寺

宝莲寺位于大屿山中部，始建于1924年，建筑规模庞大，有"南天佛国"之称，被誉为香港四大禅林之首。宝莲寺周边群山环抱，景色极佳，其南面的凤凰山适合观赏日出。

（十）香港太空馆

香港太空馆位于九龙尖沙咀，占地面积约8 000平方米，是世界上设备最先进的天文馆之一。香港太空馆分为东、西两侧，东侧外形似一颗巨大的蛋，内设天象厅、太空科学展览厅等；西侧设有天文展览厅、演讲厅等。

第七节　澳门旅游区

一、澳门概况

澳门特别行政区简称澳，陆地部分包括澳门半岛、氹仔岛和路环岛。澳门的总面积因为沿岸填海造地而一直扩大，陆地面积已由1912年的11.6平方千米逐步扩展至32.8平方千米。截至2019年第四季度，澳门人口总数为67.96万人，人口密度居世界前列。

知识拓展12-16　　　　　**澳门名称的由来**

澳门以前是一个小渔村，盛产蚝（即牡蛎），蚝壳内壁光亮如镜，澳门因此被称为"蚝镜"，可能是认为"蚝镜"一名不够文雅，后人遂把这个名称改为"濠镜"。因为当时的泊口称为"澳"，所以称"澳门"。澳门的葡文名称则源于渔民非常敬仰的一位女神——妈祖。16世纪中叶，澳门当地有一座妈阁庙。据说，第一批葡萄牙人抵澳时，询问居民当地的名称，居民误以为是问庙宇的名称，答称"妈阁"，葡萄牙人遂译成"Macau"，英文译为"Macao"。

（一）方位

澳门位于珠江三角洲的西岸，毗邻广东省，与香港相距60千米，与广州相距145千米。

（二）地貌

澳门地势不高，丘陵、台地广布。澳门半岛地势最低，路环岛地势最高，主峰塔石塘山海拔171米，周围还有几座百米以上的山峰。

（三）气候

澳门属于亚热带季风气候，冬季多吹北风，天气较冷且干燥，雨量较少；夏季多吹西南风，气温较高，湿度大，雨量充沛。

（四）经济

澳门经济规模不大，但具有开放和灵活的特点，是联结内地和国际市场的重要窗口和桥梁。第三产业在经济中的比重最大，博彩业是澳门的支柱产业之一。

知识拓展12-17 澳门的博彩业

澳门是世界三大赌城之一，有"东方蒙特卡洛"及"亚洲拉斯维加斯"之称。最初，澳门也是禁赌的，1847年，赌博业被宣布合法化，从而揭开了赌业合法的序幕。早年澳门最盛行的赌博是番摊与牌九，20世纪西方博彩游戏传入澳门，形成了一个多元化的博彩架构。除娱乐场博彩外，澳门的博彩活动还包括赛马、赛狗、"白鸽票"、足球博彩及篮球博彩等。

（五）交通

澳门对外交通便捷。半岛北端关闸与珠海拱北相连，是澳门通往内地的陆路通道。1995年，澳门国际机场正式通航，航班可直达多个城市。

（六）历史文化

澳门在秦时属南海郡。16世纪，葡萄牙人在澳门登岸，取得了澳门居住权，但明朝政府仍然在澳门境内行使主权。1845年，葡萄牙擅自宣布澳门为"自由港"，以后又用武力占领了氹仔岛和路环岛。1999年12月20日，中国政府对澳门恢复行使主权。

澳门文化的显著特点是东西方文化共存。这里既有我国传统的节日，如春节、元宵节、清明节、端午节、中秋节等，又有复活节等西方节日。在烹饪方面，澳门吸收了广东地区的烹饪技法和食材，以及葡萄牙、印度、非洲、东南亚的烹饪特色，形成了独一无二的澳门菜。

二、澳门旅游概况

澳门自然风光优美，文物古迹众多，气候宜人，富有热带海滨风韵。市区绿树成荫，高楼大厦耸立其间，展现了澳门的现代城市特色。富有东方色彩的寺院庙宇、文艺复兴时期建筑风格的天主教堂、欧洲中世纪古堡式的炮台、原始的石板路和碎石路、中西合璧的市井风情等都体现了澳门作为一个文明交汇点的特有魅力，每年都吸引着大量游客来此观光。主要景点有澳门历史城区、大三巴牌坊、妈阁庙、大炮台、东望洋灯塔、金莲花广场、澳督府、渔人码头、黑沙湾海滨浴场、葡京赌场、澳门博物馆、邮政局博物馆、天主教艺术博物馆等。

旅游业是澳门的支柱产业之一，澳门的城市定位也是世界旅游休闲中心。自1992年起，澳门旅游业的收入已经超过其出口产值。虽然澳门人口仅60余万，但每年都接待数千万游客。2019年，澳门接待入境旅客总数达3 940万人次（其中中国内地旅客约2 800万人次）。

三、澳门主要旅游景区

（一）澳门历史城区

澳门历史城区是澳门唯一被列入世界文化遗产的项目，它以澳门旧城为中心，东起东望洋山，西至新马路靠内港码头，南起妈阁山，北至白鸽巢公园，主要包括妈阁庙、港务局大楼、郑家大屋、圣老楞佐教堂、圣若瑟修院大楼及圣堂、岗顶剧院、何东图书馆、圣奥斯定教堂、民政总署大楼、三街会馆（关帝庙）、仁慈堂大楼、卢家大屋、玫瑰堂、大三巴牌坊、哪吒庙、旧城墙遗址、大炮台、圣安多尼教堂、东方基金会会址、基督教坟场、东望洋炮台（含东望洋灯塔及圣母雪地殿教堂）等20多个历史建筑，是我国境内现存最古老、规模最大、保存最完整的中西特色建筑共存的历史城区。

（二）大三巴牌坊

图 12-26　澳门大三巴牌坊

大三巴牌坊（如图 12-26 所示）位于澳门半岛中央、炮台山下，为圣保禄教堂的前壁遗址，是澳门的地标性建筑，也是澳门的象征。圣保禄教堂始建于 1562 年，也称"大三巴教堂"，之后毁于大火，再次重建于 1637 年完工，是当时东方最大的天主教堂。1835 年，圣保禄教堂再次毁于大火，只剩下前壁留存至今。因为前壁的形状与中国传统牌坊相似，所以取名"大三巴牌坊"。大三巴牌坊由花岗石砌成，为四层叠柱式，左临澳门博物馆和大炮台名胜，下连 68 级石阶，造型雄奇，具有极高的文物价值、艺术价值和历史价值。

（三）妈阁庙

妈阁庙位于澳门半岛西南端，早期称"娘妈庙"、"天妃庙"或"海觉寺"，俗称天后庙。妈阁庙始建于明弘治元年（1488 年），至清道光八年（1828 年）才初具规模，是澳门三大古刹中历史最悠久的一座。妈阁庙枕山面海，古木葱茏，山石峥嵘，风景幽雅。

（四）大炮台

图 12-27　大炮台

大炮台（如图 12-27 所示）又名圣保禄炮台、中央炮台或大三巴炮台，是澳门众多炮台中规模最大、最古老的一个。大炮台本是为了保护圣保禄教堂内的教士而兴建的，1626 年建成，后转为军事设施区。大炮台四周设有巨型钢炮，是澳门的重要文物和历史见证。大炮台上还有不少古迹文物和历史性建筑物；大炮台空地上则长满植物，绿草如茵，古树参天。

（五）澳门博物馆

澳门博物馆位于炮台山，是一所综合性博物馆，于 1998 年建成并对外开放。博物馆共分三层，其中一层、二层位于炮台地面之下，第三层在炮台上。第一层展区的主题为澳门地区的文明史，第二层展区的主题为澳门民间艺术与传统文化，第三层展区的主题为澳门当代特色。

（六）东望洋山

东望洋山位于澳门半岛东部，又称琴山、松山，海拔93米，是澳门半岛地势最高处，也是澳门的地理坐标。在山顶远眺，澳门的城市风光一览无遗。在东望洋山山顶，有一座古老的海岸灯塔，即东望洋灯塔（旧称松山灯塔），它始建于清同治三年（1864年），1865年建成启用。灯塔建筑为圆柱形结构，总高15米，内部共分三层，塔顶设置了巨型射灯。

（七）黑沙海滩

黑沙海滩位于路环岛南面，因沙粒颜色黝黑、闪烁发光而得名。海湾呈半月形，坡度平缓，滩面广阔，水质清澈，沙滩细腻柔滑，岸边密林苍翠，是澳门著名的天然浴场。

思考与练习

一、选择题（有一个或一个以上正确答案）

1.下列水果中，不属于"岭南四大佳果"的是（　　）。

　　A.荔枝　　　　　　B.苹果　　　　　　C.木瓜　　　　　　D.菠萝

随堂测12-1

2.旅游创汇、旅游业总收入、入境旅游人数等主要指标长期居全国首位的是（　　）。

　　A.上海市　　　　　B.福建省　　　　　C.广东省　　　　　D.海南省

3.广东丹霞山属于（　　）。

　　A.国家级风景名胜区　　　　　　B.国家级自然保护区

　　C.世界地质公园　　　　　　　　D.世界自然遗产

4.桂林旅游景观以（　　）为突出代表。

　　A.森林生态　　　　B.漓江风光　　　　C.喀斯特地貌　　　D.滨海风光

5.宋、元时期我国最大的对外贸易港是（　　）。

　　A.福州　　　　　　B.广州　　　　　　C.泉州　　　　　　D.厦门

6.关于海南岛，下列说法正确的有（　　）。

　　A."天然大温室"　　　　　　　　B."绿色宝库"

　　C."天然药库"　　　　　　　　　D."百果园"

7.我国热带滨海旅游资源最丰富、最集中的城市是（　　）。

　　A.海口　　　　　　B.三亚　　　　　　C.湛江　　　　　　D.北海

8.我国唯一具有热带风情的国家级旅游度假区位于（　　）。

　　A.日月湾　　　　　B.天涯海角　　　　C.三亚湾　　　　　D.亚龙湾

9.我国生态系统多样性、生物种类多样性、生物基因多样性最丰富的地区之一在（　　）。

　　A.南岭　　　　　　B.丹霞山　　　　　C.五指山　　　　　D.武夷山

10.关于台湾岛，下列说法正确的有（　　）。

　　A.地形以平原为主　　　　　　　B.多火山

　　C.多地震　　　　　　　　　　　D.多温泉

11.（　　）为台湾最大海港。

    A.基隆港　　　　　　B.高雄港　　　　　　C.台中港　　　　　D.花莲港

12.（　　）是一个得天独厚的深水良港、世界三大天然深水港之一，也是世界上最繁忙的天然内港之一。

    A.宁波港　　　　　　B.基隆港　　　　　　C.维多利亚港　　　D.上海港

13.（　　）是澳门最重要的经济支柱之一。

    A.旅游业　　　　　　B.出口加工业　　　　C.成衣生产　　　　D.玩具制造

二、判断题

随堂测12-2

1.广州是我国口岸最多和唯一拥有海、陆、空口岸的城市。　　　　　　（　　）

2.鼎湖山是我国第一个自然保护区及首批加入世界人与生物圈保护区网络的景区之一。　　　　　　　　　　　　　　　　　　　　　　　　（　　）

3.广东长隆旅游度假区内有亚洲最大的野生动物主题公园。　　　　（　　）

4.广西灵渠有着"世界古代水利建筑明珠"的美誉。　　　　　　　（　　）

5.福建是我国少有的三类世界遗产（世界自然遗产、世界文化遗产、世界文化与自然双重遗产）俱全的省份。　　　　　　　　　　　　　　　（　　）

6.福州"三坊七巷"基本上保留了明清时期的坊巷格局。　　　　　（　　）

7.海南岛大小洞天旅游区被誉为"琼崖第一山水名胜"。　　　　　（　　）

8.阿里山是台湾岛的最高峰。　　　　　　　　　　　　　　　　（　　）

9.澳门历史城区是澳门唯一被列入世界文化遗产的项目。　　　　　（　　）

三、简答题

1.广东有哪些主要的旅游资源？

2.简要介绍开平碉楼。

3.广西旅游形成了哪些特色旅游区？

4.简要介绍漓江景区。

5.福建主要有哪些旅游景区？

6.简要介绍福建土楼。

7.海南岛的气候有什么特点？

8.海南的旅游资源有哪几方面的特色？

9.台湾旅游资源有何特色？有哪些主要景区？

10.香港有哪些主要旅游景区？

11.澳门有哪些主要旅游景区？

四、实践训练

1.福建和江西两省的气候有何不同？试从福建和江西两省的位置、地形特点进行解释。

2.从香港的自然环境和人文环境分析，香港为什么能成为国际旅游胜地？

五、课堂讨论

海南岛发展旅游业有哪些优势？海南成为"国际旅游岛"后，对海南的旅游业有哪些促进作用？

主要参考书目及网站

[1] 中国地图出版社. 中国地图册：地形版 [M]. 北京：中国地图出版社，2019.

[2] 中国地图出版社. 中国旅游导航地图册 [M]. 北京：中国地图出版社，2019.

[3] 中图北斗. 最美中国·国家地理旅游地图 [M]. 北京：中国地图出版社，2019.

[4] 《如果国宝会说话》节目组. 如果国宝会说话（第一季）[M]. 北京：五洲传播出版社，2019.

[5] 纪录片《故宫》节目组. 故宫 [M]. 北京：中国工人出版社，2018.

[6] 张经纬. 博物馆里的极简中国史 [M]. 北京：北京联合出版公司，2018.

[7] 中华人民共和国年鉴社. 中国国情读本（2018 版）[M]. 北京：新华出版社，2018.

[8] 中国地图出版社. 中国旅游导航 [M]. 北京：中国地图出版社，2018.

[9] 天域北斗数码科技有限公司. 中国知识地图册 [M]. 北京：中国地图出版社，2017.

[10] 刘士林，等. 中国海上丝绸之路城市廊道叙事 [M]. 上海：东方出版中心，2017.

[11] 中国地图出版社. 广东 [M]. 北京：中国地图出版社，2016.

[12] 中国地图出版社. 香港 [M]. 北京：中国地图出版社，2016.

[13] 中国地图出版社. 澳门 [M]. 北京：中国地图出版社，2016.

[14] 中国地图出版社. 台湾 [M]. 北京：中国地图出版社，2016.

[15] 庞规荃. 中国旅游地理 [M]. 4 版. 北京：旅游教育出版社，2016.

[16] 中国地图出版社. 走遍中国：旅游手册 [M]. 北京：中国地图出版社，2015.

[17] 谢彦君. 基础旅游学 [M]. 4 版. 北京：商务印书馆，2015.

[18] 李慧. 自然地名：在这里遇见中国史 [M]. 北京：中国社会出版社，2015.

[19] 董作宾，董敏. 甲骨文的故事 [M]. 海口：海南出版社，2015.

[20] 吴国清，冷少妃. 旅游学理论基础 [M]. 上海：上海人民出版社，2014.

[21] 广州市旅游局. 新广州行：广州导游词 [M]. 广州：广东旅游出版社，2014.

[22] 中国地图出版社. 新编实用中国地图册 [M]. 北京：中国地图出版社，2014.

[23] 《中国自助游》编辑部. 中国自助游 [M]. 北京：光明日报出版社，2014.

[24] 《走遍中国》编辑部. 走遍中国：香港澳门 [M]. 北京：中国旅游出版

社，2014.

[25]《台湾自由行》编辑部. 台湾自由行 [M]. 桂林：广西师范大学出版社，2014.

[26] 黄潇婷，吴必虎，朱树未. 旅游学100例 [M]. 北京：中国人民大学出版社，2014.

[27] 李志华. 台湾 [M]. 北京：中国旅游出版社，2013.

[28] 吕拉昌. 中国地理 [M]. 北京：科学出版社，2012.

[29] 李天元. 旅游学 [M]. 3版.北京：高等教育出版社，2011.

[30] 刘振礼，王兵. 新编中国旅游地理 [M]. 4版. 天津：南开大学出版社，2011.

[31] 北京世纪建宏文化有限公司. 中国铁路地图册 [M]. 上海：中华地图学社，2011.

[32] 赵利民. 旅游资源概论 [M]. 北京：北京理工大学出版社，2010.

[33] 李萍，孙婷，张红卫. 国家地理百科全书（中国版）[M]. 昆明：云南教育出版社，2009.

[34] 张志宇，胡柏翠. 中国旅游地理 [M]. 北京：电子工业出版社，2009.

[35] 卢丽蓉. 中国旅游地理 [M]. 北京：电子工业出版社，2009.

[36] 何丽芳. 中国旅游地理 [M]. 北京：清华大学出版社，北京交通大学出版社，2008.

[37] 万剑敏. 中国旅游地理 [M]. 南昌：江西高校出版社，2008.

[38] 人民教育出版社课程教材研究所，地理课程教材研究开发中心. 地理 [M]. 北京：人民教育出版社，2008.

[39] 赵利民，孙光. 导游基础知识 [M]. 北京：中国财政经济出版社，2008.

[40] 伍飞. 与50位大使对话旅游 [M]. 北京：中国时代经济出版社，2008.

[41] 陶犁. 旅游地理学 [M]. 北京：科学出版社，2007.

[42] 王健. 野外生存技巧 [M]. 北京：科学出版社，2007.

[43] 李伟. 旅游文化学 [M]. 北京：科学出版社，2006.

[44] 杨桂华. 旅游景区管理 [M]. 北京：科学出版社，2006.

[45] 吴国清. 中国旅游地理 [M]. 2版. 上海：上海人民出版社，2006.

[46] 崔庠，周丽君. 旅游地理学 [M]. 北京：机械工业出版社，2006.

[47] 邱云美. 中国旅游地理 [M]. 北京：人民邮电出版社，2006.

[48] 斯蒂芬. 旅游地理学 [M]. 张凌云，译.天津：南开大学出版社，2006.

[49] 唐建军. 中国知识地图册 [M]. 北京：中国地图出版社，2006.

[50] 李金龙. 国家地理百科 [M]. 呼和浩特：远方出版社，2005.

[51] 全国导游人员资格考试教材编写组. 导游基础知识 [M]. 北京：旅游教育出版社，2005.

[52] 唐国平，易庆平，钟先丽. 中国旅游地理 [M]. 南昌：江西高校出版社，2005.

[53] 颜文洪，张朝枝. 旅游环境学 [M]. 北京：科学出版社，2005.

［54］夏林根．旅游目的地概述［M］．北京：旅游教育出版社，2005．

［55］张世满，王守恩．中外民俗概要［M］．天津：南开大学出版社，2005．

［56］张志宇．中国旅游景观［M］．北京：高等教育出版社，2004．

［57］任冠文．中国历史文化［M］．大连：东北财经大学出版社，2003．

［58］赵荣光，夏太生．中国旅游文化［M］．大连：东北财经大学出版社，2003．

［59］蔡宗德，李文芬．中国历史文化［M］．北京：旅游教育出版社，2003．

［60］李瑞，王义民．旅游资源规划与开发［M］．郑州：郑州大学出版社，2002．

［61］李凤玲，孙颖，辛建萍．中国旅游景点文化概览［M］．济南：山东大学出版社，2002．

［62］周进步，庞规荃，秦关民．现代中国旅游地理［M］．青岛：青岛出版社，2001．

［63］罗兹柏，张述林．中国旅游地理［M］．天津：南开大学出版社，2000．

［64］保继刚，楚义芳．旅游地理学［M］．北京：高等教育出版社，1999．

［65］邵骥顺．中国旅游历史文化概论［M］．上海：上海三联书店，1998．

［66］中国地图出版社．最新实用中国地图册［M］．北京：中国地图出版社，1995．

［67］中国政府网，http：//www.gov.cn．

［68］中华人民共和国国家统计局网站，http：//www.stats.gov.cn．

［69］中华人民共和国住房和城乡建设部网站，http：//www.mohurd.gov.cn．

［70］中华人民共和国交通运输部网站，http://www.mot.gov.cn．

［71］中国民用航空局网站，http://www.caac.gov.cn．

［72］中国经济网，http：//www.ce.cn．

［73］安徽省人民政府网站，http：//www.ah.gov.cn．

［74］湖北省人民政府网站，http：//www.hubei.gov.cn．

［75］湖南省人民政府网站，http：//www.hunan.gov.cn．

［76］重庆市人民政府网站，http：//www.cq.gov.cn．

［77］四川省人民政府网站，http：//www.sc.gov.cn．

［78］成都市人民政府网站，http：//www.chengdu.gov.cn．

［79］云南省人民政府网站，http：//www.yn.gov.cn．

［80］贵州省人民政府网站，http：//www.gzgov.gov.cn．

［81］上海市人民政府网站，http：//www.shanghai.gov.cn．

［82］广东省人民政府网站，http：//www.gd.gov.cn．

［83］北海市人民政府网站，http：//www.beihai.gov.cn．

［84］福建省人民政府网站，http：//www.fujian.gov.cn．

［85］福州市人民政府网站，http：//www.fuzhou.gov.cn．

［86］泉州市人民政府网站，http://www.quanzhou.gov.cn．

［87］三明市人民政府网站，http：//www.sm.gov.cn．

［88］海南省人民政府网站，http：//www.hainan.gov.cn．

［89］三亚市人民政府网站，http：//www.sanya.gov.cn．

[90] 黑龙江省人民政府网站，http：//www.hlj.gov.cn.

[91] 吉林省人民政府网站，http：//www.jl.gov.cn.

[92] 长春市人民政府网站，http://www.changchun.gov.cn.

[93] 吉林市人民政府网站，http://www.jlcity.gov.cn.

[94] 辽宁省人民政府网站，http：//www.ln.gov.cn.

[95] 沈阳市人民政府网站，http://www.shenyang.gov.cn.

[96] 大连市人民政府网站，http://www.dl.gov.cn/index.vm.

[97] 北京市人民政府网站，http：//www.beijing.gov.cn.

[98] 天津市人民政府网站，http：//www.tj.gov.cn.

[99] 河北省人民政府网站，http：//www.hebei.gov.cn.

[100] 山东省人民政府网站，http：//www.shandong.gov.cn.

[101] 江苏省人民政府网站，http：//www.jiangsu.gov.cn.

[102] 广西壮族自治区人民政府网站，http：//www.gxzf.gov.cn.

[103] 内蒙古自治区人民政府网站，http://www.nmg.gov.cn.

[104] 宁夏回族自治区人民政府网站，http：//www.nx.gov.cn.

[105] 银川市人民政府网站，http：//www.yinchuan.gov.cn.

[106] 甘肃省人民政府网站，http：//www.gansu.gov.cn.

[107] 兰州市人民政府网站，http://www.lanzhou.gov.cn.

[108] 甘南藏族自治州人民政府网站，http://www.gnzrmzf.gov.cn.

[109] 天水市人民政府网站，http://www.tianshui.gov.cn.

[110] 新疆维吾尔自治区人民政府网站，http：//www.xinjiang.gov.cn.

[111] 喀什市人民政府网站，http：//www.xjks.gov.cn.

[112] 西藏自治区人民政府网站，http://www.xizang.gov.cn.

[113] 青海省人民政府网站，http：//www.qh.gov.cn.

[114] 陕西省人民政府网站，http：//www.shaanxi.gov.cn.

[115] 山西省人民政府网站，http：//www.shanxi.gov.cn.

[116] 河南省人民政府网站，http：//www.henan.gov.cn.

[117] 浙江省人民政府网站，http：//www.zhejiang.gov.cn.

[118] 江西省人民政府网站，http：//www.jiangxi.gov.cn.

[119] 杭州市人民政府网站，http：//www.hangzhou.gov.cn.

[120] 海口市人民政府网站，http：//www.haikou.gov.cn.

[121] 澳门特别行政区政府入口网站，https://www.gov.mo/zh-hans.

[122] 中央人民政府驻香港特别行政区联络办公室网站，http://www.locpg.gov.cn/index.htm.

[123] 香港政府一站通网站，https://www.gov.hk.

[124] 中共中央台湾工作办公室、国务院台湾事务办公室网站，http://www.gwytb.gov.cn.

[125] 北京旅游网，http：//www.visitbeijing.com.cn.

［126］河北旅游资讯网，http：//www.hebeitour.com.cn.

［127］好客山东网，http：//www.sdta.cn.

［128］乐途旅游网，http：//www.lotour.com.

［129］新浪旅游，http：//travel.sina.com.cn.

附　录

一、中国十大名胜古迹

1985年，中国旅游报社发起并组织了"中国十大名胜古迹"的评选，入选"中国十大名胜古迹"的有：

万里长城、桂林山水、杭州西湖、北京故宫、苏州园林、安徽黄山、长江三峡、台湾日月潭、承德避暑山庄、西安秦始皇陵兵马俑。

二、中国旅游胜地四十佳

1991年，国家旅游局（现为文化和旅游部）主持了"中国旅游胜地四十佳"的评选，入选"中国旅游胜地四十佳"的有：

（1）原有以自然景观为主的旅游胜地：长江三峡风景区、桂林漓江风景区、黄山风景区、庐山风景区、杭州西湖风景区、峨眉山风景区、黄果树瀑布风景区、泰山风景区、秦皇岛北戴河海滨、华山风景区。

（2）原有以人文景观为主的旅游胜地：八达岭长城、乐山大佛、苏州园林、北京故宫、敦煌莫高窟、曲阜三孔、颐和园、明十三陵、中山陵、承德避暑山庄-外八庙。

（3）新开发的以自然景观为主的旅游胜地：九寨沟黄龙寺风景区、桐庐瑶琳仙境、贵州织金洞、巫山小三峡、井冈山风景区、蜀南竹海风景区、大东海-亚龙湾风景区、武陵源风景区、五大连池风景区、黄河壶口瀑布风景区。

（4）新开发的以人文景观为主的旅游胜地：秦始皇陵及兵马俑博物馆、自贡恐龙博物馆、黄鹤楼、北京大观园、山海关及老龙头长城、成吉思汗陵、珠海旅游城、深圳锦绣中华、夫子庙秦淮风光带、葛洲坝。

三、中国地理的世界之最

世界上最高的高原——青藏高原

世界上最高的山脉——喜马拉雅山脉

世界上最高的山峰——珠穆朗玛峰

世界上海拔最高的盆地——柴达木盆地

世界上最大的黄土分布区——黄土高原

世界上最大的峡谷——雅鲁藏布大峡谷

世界上最大的高原湖泊群分布区——青藏高原湖区

世界上含沙量最大的河流——黄河

世界上最高的悬河——黄河下游800千米的地上悬河

世界上最早的船闸——灵渠的船闸

世界上最长、工程量最大的运河——京杭大运河

世界上距海洋最远的内陆大城市——乌鲁木齐

四、中国地理之最

最大的平原——东北平原

最大、最高的高原——青藏高原

最大的盆地——塔里木盆地

最大的沙漠——塔克拉玛干沙漠

最大的草原——内蒙古大草原

最长的山脉——昆仑山脉

最长的河流——长江

最长的内陆河——塔里木河

海拔最高的大河——雅鲁藏布江

最深的峡谷——雅鲁藏布大峡谷

最古老的运河——灵渠

最大的湖泊——青海湖

最大的淡水湖——鄱阳湖

最大的盐湖——察尔汗盐湖

最深的湖泊——长白山天池

最大的瀑布——黄果树瀑布

最大的岛屿——台湾岛

最热的地方——吐鲁番盆地

陆上最低处——艾丁湖

降雨量最大的地方——台湾火烧寮

五、数字中的中国地理

三大平原——东北平原、华北平原、长江中下游平原

三大古建筑群——北京故宫、承德避暑山庄、曲阜孔庙

三大名楼——黄鹤楼（湖北武汉市）、岳阳楼（湖南岳阳市）、滕王阁（江西南昌市）

四大高原——青藏高原、内蒙古高原、黄土高原、云贵高原

四大盆地——塔里木盆地、准噶尔盆地、柴达木盆地、四川盆地

道教四大名山——湖北武当山、四川青城山、江西龙虎山、安徽齐云山

四大避暑胜地——莫干山（浙江德清县）、庐山（江西九江市）、北戴河（河北秦皇岛市）、鸡公山（河南信阳市）

古代四大名镇——汉口镇、佛山镇、景德镇、朱仙镇

古代四大园林——颐和园、承德避暑山庄、拙政园、留园

四大天池——吉林长白山天池、新疆天山天池、青海孟达天池、浙江天目山天池

四大名亭——安徽滁州醉翁亭、北京陶然亭、湖南长沙爱晚亭、杭州西湖湖心亭

五大淡水湖——鄱阳湖、洞庭湖、太湖、洪泽湖、巢湖（也有人认为是鄱阳湖、洞庭

湖、太湖、呼伦湖和洪泽湖）

五大咸水湖——青海湖、色林错、纳木错、扎日南木错、当惹雍错

七大古都——安阳、西安、洛阳、北京、开封、南京、杭州

六、古代常用地名的含义

中国：现为中华人民共和国的简称，但在古代也用来泛指中原地区。

中华：上古时期华夏族居四方之中的黄河流域一带，故称"中华"。后来泛指中原地区，现已成为中国的别称。

九州：传说中，我国上古时期划分为冀、兖、青、徐、扬、荆、豫、梁、雍9个州，此后"九州"成为中国别称。

海内：古代传说我国疆土四面环海，故称国境之内为海内。

六合：上下再加四方，泛指天下。

八荒：四面八方遥远的地方，也可指天下。

中原：狭义的中原指今天的河南省一带，广义的中原指黄河中下游地区或整个黄河流域。

江河：现在的江河泛指河流，但在古代，江河往往指长江、黄河。

江东：长江自西向东流淌，在安徽境内则向东北方向斜流入海，因此长江把这块区域分成东西两块。东面的称江东，指安徽芜湖以下的长江下游南岸地区，即今天江苏南部、浙江、皖南部分地区。李清照诗云："至今思项羽，不肯过江东。"三国时期，这个区域是孙权的根据地，所以当时又称孙吴统治区为江东。

江左：即江东，古人以东为左，以西为右。

江南：广义指长江以南地区，狭义指长江下游以南的地区，即江苏、安徽两省南部和浙江省北部。

山东：顾名思义，指的是山的东面，但这个"山"可以指崤山、华山、太行山、泰山等多个不同的山。秦汉时指华山或崤山以东地区。《汉书》曾提到："山东出相，山西出将。"这个"山东"指崤山以东。秦汉以后多指太行山以东地区。金改北宋京东东路、京东西路为山东东路、山东西路，山东始成为政区名称，明置山东布政使司。

山西：原为与"山东"相对的地区名称，明置山西布政使司。

关中：一般指函谷关以西地区。

关东：古代指函谷关或潼关以东地区，近代指山海关以东的东北地区。

关外：秦、汉、唐等定都关中的王朝称函谷关或潼关以东地区为关外。明清称东北三省为关外（山海关以外）。

西域：古代称我国新疆及其以西地区。

百越：又称百粤、诸越，指古代居住在江浙闽粤各地的民族，古时也用来泛指南方地区。

京畿：国都及其附近地区。

三秦：指潼关以西的关中地区，项羽灭秦后，曾将此地封给秦军的三位降将。

东吴：三国时对孙吴政权的称呼。古代也泛指太湖流域，或专指旧苏州府。

塞外："塞"指长城要塞，塞外又称塞北，指长城以北，又称朔北、漠南。

西洋：明代把今南海以西的海洋及沿海各地（包括印度、阿拉伯半岛和非洲东部）统称为西洋。明末清初以后，西洋泛指大西洋两岸，即欧美各国。

玉门关：汉置，在今甘肃敦煌西北。

阳关：甘肃敦煌西南，因在玉门关之南，故得此名。王维有诗"西出阳关无故人"，使阳关广为人知。

七、我国部分城市名称由来

南京：楚威王灭越之后，认为此地有王气，故埋金镇之，称此处为金陵。三国时孙吴在此建石头城，故又称"石头城"。明太祖在此建都，称南京。

西安：古称长安，取"长治久安"之意，明代始称西安，有"安定西部"之意。

昆明：最早是古代居住于昆明一带的部族的名称，后演变为地名。因四季如春，又称"春城"。

银川：据说是因银川附近多咸地，呈银白色。

成都：古蜀国取"一年成邑，二年成都"之意定名成都。也有人认为"成"是蜀的族称，"都"是地区、地方的意思。后蜀时期，城墙上遍植芙蓉树，故成都简称"蓉"。

郑州：春秋时，此地为郑国子产的采邑，郑州即袭用郑国之郑。

贵阳：古代称山南为阳，山北为阴，贵阳位于贵山之南，故得此名。

衡阳：位于衡山之南，故得此名。

兰州：因南面的皋兰山而得名。据说筑城时得金，故又名金城。

海口：因地处南渡江入海口附近而得名。

珠海：因位于珠江与南海之间而得名。

承德：清代定名，为"承袭祖上恩德"之意。

宁波：明初为明州府，因避明国号讳，改名宁波，取"海定则波宁"之意。

绍兴：南宋绍兴元年（1131年）定名，以年号为地名。

桂林：因沿江种有许多肉桂树，取"桂树成林"之意。

洛阳：古代称水南为阴，水北为阳，洛阳在洛水北岸，故得此名。

咸阳："咸"是"都"的意思，咸阳因位于"九峻山南，渭水北，山水俱阳"，故得此名。

温州：因此地四季温暖而得名，古代这里盛产瓯一类的陶器，故简称"瓯"。

无锡：周、秦时这里盛产铜锡，至汉代锡开采完，故称无锡。